匡之文集 卷 6
Kuangzhi Personal Collection Volume 6

玉戒之文

The Character of the Jade Ring

齐匡之 著

竹和松出版社

出版：竹和松出版社 (Zhu & Song Press)

Zhu & Song Press, LLC

North Potomac, Maryland 20878

书名：玉戒之文

著者：齐匡之

责任编辑：朱晓红

责编信箱：editor@zhuandsongpress.com

封面设计：竹和松传媒

出版社网址：www.zhuandsongpress.com

印刷地：美国，英国

开本：8.27 inch x 11.69 inch

字数：277 千字

印次：2024 年 6 月第 1 版

发行：全球（中国大陆除外）

ISBN-13: 978-1-950797-48-6

ISBN-10: 1-950797-48-1

电子版 ISBN-13: 978-1-950797-49-3

电子版 ISBN-10: 1-950797-49-X

2010 年元月，南京金陵制造局旧址

作者简介

齐匡之，笔名匡之。1950 年生于南京。籍贯天津。

是“老三届”一份子，曾插队高淳县顾陇公社松溪大队笠帽墩村。返宁后在南京市五金机械公司仓库工作，后任公司计统科专职商业情报员。就读于南京大学中文系，文学士。

曾辗转工作于数家企业，经历了国营五交化批发企业盛极而衰最后被外资集团收购兼并的全过程。

诗集《今夜无梦》和中篇小说集 《简单程序》千禧年由黑龙江人民出版社出版。另有数百篇文学作品散见于国内《诗刊》、《江苏文艺》、《新华日报》、《雨花》、《南京日报》、《青春》及香港《新晚报》、美国《世界日报》等各家报刊杂志。1986 年成为江苏省作家协会会员。

自上个世纪九十年代初不再给报刊投稿，闭门尝试感兴趣题材长诗创作，题材遍及两千多年前的牧野之战、十九世纪太平天国攻占南京及后来湘军攻陷天京、辛亥革命、二十世纪日军攻占南京、知青节拍等重大历史事件。

近年致力于“五古”（五言古体诗）的创作，所作一系列长篇五言古体诗，重点表现南京古城墙、雨花石、六朝建康繁华、历史胜迹、器与人之间关系、多维世界等，“以箫和歌”，体现南京悠久文化历史的独特魅力，实现形式和内容的统一。

目录

玉戒之文

母亲手指上戴着一枚玉戒，一年四时，须臾不离。这是一枚碧青色的小首饰，造型浑朴，气韵古拙。

母亲生育九胎，共有十个儿女，我是老幺。孩提时代，母亲的玉戒就给我留下深刻的印象。夏秋之夜，一柄蒲扇在身边静静摇晃，身上有只柔软的手轻轻哄拍，母亲指上的玉戒像一粒翠绿的星星滑过夜空，营造出我童年的香甜梦境。

朝夕相见，我对母亲的玉戒熟悉至极。这玉戒说不上是名贵宝物，对着阳光细察，隐约可见数道暗纹，观赏性首先打了一个折扣。正因为这枚玉戒朴实无华，普通平淡，在“文化大革命”中才避过了“横扫一切”徒众的注意，得以幸存。当今女性世界“珠光宝气”日盛一日，钻石铂金大行其道，这玉戒就显得无足轻重。

1

童时，把玩着母亲指上的玉戒，最爱听上人讲述玉石的掌故逸闻，“和氏璧”、“完璧归赵”的故事烂熟于心。玉石最初多用作于工具，新石器时期出土的玉斧、玉铲、玉锛至今已有七千年历史。青铜时代的到来，结束了玉石工具的实用性，礼仪用玉和装饰用玉便开始盛行，殷墟妇好墓出土的七百多件玉器中，多为琮、璧、璜、圭、环、盘等礼仪用玉以及戈、矛、戚、钺、刀等仪仗用玉。周朝重玉之风甚于殷商，《周礼》规定了玉器的形状和用途，赋予玉石以德的理想和内涵。就这样重玉爱玉之风绵延数千年，形成了特有的中国玉文化，影响着一代又一代中国人。人们习惯以玉石象征君子，如玉石洁雅象征高贵气质，玉石坚硬譬喻坚贞品格，玉石温润体现谦恭个性，大大丰富了玉石价值的内涵。久而久之，玉石演化成为中华民族的图腾，人们争相佩戴玉饰，“自天子以下，人人佩玉”。

“玉能避邪”，祖祖辈辈的中国人对此深信不疑。历史上玉石避邪的传说很多，引起我共鸣的故事仍与孩子有关。相传河北农村曾发生过这样一件事情，农忙时分，村民天未亮便套马拴车送肥下地，夜色苍茫，头几辆大车辗过大道中央的一捆柴草，皆没有在意。第四辆大车隆隆驶来时，曙色渐明，隐约看见大道中央那捆柴草中有名割草少年正在酣睡。车把式大惊失色，慌忙勒住飞驰的快马重车，下车唤醒少年。这时人们发现，前三辆疾驰而过的满载大车居然没有给少年带来丝毫伤害，而少年脖下悬挂的护身玉符上，突然间增添了三道贯通黑纹。割草少年的奇遇引起我极大的兴趣，在少年的我眼中，母亲的玉戒升华成为一件魔力无边的法宝。

母亲是河北省武清县王庆坨镇人，母亲 18 岁出嫁时，姥姥舍不得膝下独女远嫁天津卫，临分手前摘下祖传的玉戒交给母亲，祈求上苍保佑孩子平安幸福。神话的钥匙开启了我想象力的大门，我常常会攥住母亲指上的玉戒奇思怪想，神骛八极。在旁人看来，母亲的玉戒平淡无奇，可在我眼中，玉戒上的少些细纹，看上去像是结构奇特的古文字，无法判读，但寓意深奥。

2

1941 年下半年，随着太平洋战争的临近，恐怖阴影笼罩整个华北。父亲当时在美国驻华大使馆武官处工作，每逢周末他乘坐火车由北平返回天津老家，便会有一位日本宪兵全程陪同监视。日本宪兵嘴里“齐先生，齐先生”热情地叫个不停，时不时地还会借故触碰一下父亲的箱包，以判断出父亲随身携带的是什么物品，父亲的一举一动全收在日本宪兵的眼底，人生安全受到严重威胁。这年 5 月末至 7 月初，父亲偕部分同事奉派离开北平，辗转上海和香港，绕道前往大后方重庆。当年年底“珍珠港事件”爆发，北平的美国大使馆留守人员悉数被日本宪兵扣押并投入了集中营，连后来担任美国驻中国大使的司徒雷登先生也在天津被捕，被日本人囚禁了四年多。父亲幸运地逃过一劫。

父亲远走高飞前往重庆后，母亲一个人拉扯着三个年幼的儿子，生活十分不便，遂也把家庭从北平王大人胡同搬回到天津新华里老宅居住。太阳旗飘扬下的华北，市面萧条，百业凋敝。天长日久，母亲心中渐渐萌生一个大胆的念头：举家出走，横跨半个中国大陆，到重庆去与父亲团聚。经过一番筹划，1943 年端午节前后，32 岁的母亲与 34 岁的小姑做伴，带着三个孩子和一大堆行李，在兵荒马乱一片混乱之中，辞别天津老家，踏上西去重庆的万里旅程。

母亲一行从天津搭乘列车经徐州到达河南商邱下车，转乘两辆大轮车南下安徽亳州，如此一番周折的目的，是辗转脱离日占区。胶皮大轮车在尘土飞扬的淮北大地上疾奔，一路上餐风宿雨，历经千辛万苦。天黑时无处投宿，便在路旁废墟中摊放一堆稻草聊充睡榻，一家人相拥过夜，一觉醒来，天上繁星历历在目。三天后，这支小小的妇孺远征队灰尘仆仆进入生产古井贡酒而闻名的淮北名城亳州，把日伪钱币兑换成国民政府的货布。然后母亲等人改乘人力架子车，历经十二天长途颠簸，抵达河南省洛阳市。至此，一干人等终于脱离了“日占区”，进入“国占区”。

洛阳在国民党政府的军队控制下，公路上严密布防，路卡检查甚紧。沉沉的战云笼罩着这座自夏周至隋唐一十三朝为都城的文化名城，全城上下建成了一座碉堡联营的大工事。母亲等人在洛阳稍事休整，便翻来覆去研究入川的计划，决定要冒一个天大的危险搭乘列车西去潼关。当时中国的战事十分严峻，中日二十几万大军正在国民党第六战区宜昌一带酣战不休，侵华日军后来陆续增兵三十余万北逼陕西潼关，进占黄河风陵渡，对重庆政府形成三面夹击的战略态势。当时黄河北岸的日军炮火对南岸的陇海线铁路实行严密封锁，一旦发现陕州至潼关路段“国占区”来往列车的踪影，立刻万炮齐发，弹片横飞，过往旅客九死一生，牺牲惨烈。母亲左思右想，颇费踌躇，但是她已经没有其他选择，在那个时代，这条铁路线是入川的必经之路呀。母亲铁下心来最后要硬闯这道“生死关”，她和小姑带着一行人换乘上闷罐子货车冒险出发了。当时铁路员工出生入死基本摸索出了敌人打炮的间隔和弹着点规律，一路上开开停停与敌人玩起了“藏猫猫”，尽可能设法保障“闯关列车”的安全。旅客们无不惊恐万状，侥幸的是母亲搭乘的这一趟列车有惊无险，一路上安然无恙通过了潼关。而前后两列火车皆被日军炮火击伤，军民死伤无数。

平安到达古城西安后，母亲一行人稍作停顿便继续西行，在宝鸡下了火车。接下来的艰巨行程是翻越秦岭。巍峨秦岭，高耸云天，最高峰太白山海拔三千七百多米。连绵的崇山峻岭如排天巨浪般汹涌澎湃，横亘绵延1500多公里，横贯中国腹地。母亲一行人不由地惊呆了，来自北方平原的妇孺们从来没有见到过如此宏大规模的高山险峰。云横秦岭家何在，雪拥蓝关马不前。母亲和小姑领着三名未成年的孩子改乘长途汽车，从宝鸡大散关进入秦岭，开始了历时十三天的翻越秦岭之旅。在南下200多公里的路程中，每走不到一公里，就要翻越一座山。客车在秦岭的重重山岭之间翻来覆去地盘旋，沿着山间公路无休无止地绕来绕去，一路上险象环生，摔落在山间的车辆遗骸历历在目，令人见了胆颤心惊，全体乘客最终都被漫长的行程拖得精疲力竭，没了脾气。

车轮滚滚总算辗上了天府之国的土地，客居成都的亲属张罗着为母亲一行人洗尘，在他们眼中，两名年轻妇女疲顿至极令人叹息，三名孩童尤为可怜。我的大哥达之当时已届十四岁，患有骨结核病，行路不便，处处尚需八岁的弟弟师之搀扶，而覃之当时年仅三岁。三名孩子面对香喷喷的饭食狼吞虎咽，观者无不心酸。

嗣后，母亲一行继续南下，一鼓作气到达山城重庆，与阔别近两年的父亲会聚，全家终于团圆。这一段万里长途旅行长达两个月，历经千劫万险。母亲等人抵渝后不足一月，大哥达之病情恶化去世，长眠在山城的土地上。

对于母亲1943年的远行，七年后才出生的我当然一无所知。幼时听说这段“万里辗转”的故事，我常常会提出一些稚气的问题，譬如，我会捉住母亲的手指，认真分辨玉戒上隐约可见的细纹，追问母亲：一路上消祸弭灾，保佑平安，“究竟是哪一道纹？”

母亲总是微笑着，帮我辨认玉戒上的图案，她会顺着我的目光一指，答道：“哦，也许是这一道吧。”我记得，那根条纹就像母亲眼角的皱纹一样时隐时现，不留心辨认，还真看不出来。

3

“史无前例”的岁月对我家的影响，是以红卫兵突然闯进门来抄家开始的。1966年夏秋之交，“文化大革命”的阴影迅速笼罩大江南北，腥风血雨一遍遍登陆中国大陆，造反派们眼突目眦，凶神恶煞。父亲几番受到批斗，一方“美帝国主义间谍”的大号木牌沉甸甸地吊在父亲脖上，鸡鸣则挂牌示众，霞落则扶帚扫街，斯文扫地，受尽凌辱。隔三岔五，父亲还要接受所谓的隔离审查，实际上就是被造反派们非法囚禁在单位里限制人身自由。由于“家庭成分问题”，我和三哥贯之均不得继续求学，被安排一道下农村插队。虽然我家成份一直是“职员”，与“地富反坏右”不同，与“走资派”更无牵连，但是成分的差别从来并无什么实际意义，对于“无产阶级专政”名义下的国家专政机关来说，成分的不同并不能束缚他们打击和镇压异己者的手脚，“职员”一般来说是个中性的成份，一旦当权者的大棒转向了你，“职员”成分立马可以比照“现行反革命”也未可知。

1970 年，造反派们的整人运动告一段落，父亲已届 66 岁，他供职的长江路卫生所当时是集体所有制编制，没有退休待遇，这位以优异成绩毕业于南开大学的老人辛勤毕生，最后收到一纸“退职”通知。父亲接过六个月工资的遣散费回到了家里，那是单位对于他今后生活和家庭开支的一揽子交待了，那是何其凄凉何等薄弱的一点给予啊。

作为家庭主妇，母亲肩上承受的巨大压力可想而知，年长子女的津贴从此成了全家唯一的生活来源。为了减轻父亲的心理压力，母亲省吃俭用，量入为出，默默无闻挑起了生活重担。为了维持最低水平的生计，家中一切可以变卖的物品全部出让给别人了。一次，陌生人前来搬走一对装饰精美的大樟木箱，母亲扶着木箱的手颤抖了，这两只沉甸甸的樟木制品是母亲的陪嫁妆奁，制作考究，而当时卖价只有区区十元人民币，家境窘迫，可见一斑。家中财物几经抄家和变卖，早已荡然一空，除了原美国武官 Davis D. Barrett 在离华前转让给我家的一房西式家具之外，阖府上下唯一能令人产生价值观念的物品，也许就只剩下劳碌的母亲手上的那枚玉戒，其实，那又是一枚何其普通的环形小石呵！一次，母亲叹道：“这年月，人不值钱，何况一枚玉戒。”

4

沉重的心理负担，生活来源的中断，再加上病魔缠身，迫使父亲几度住院治疗。就这样在穷困交迫中，1979 年，父母迎来了他们的“金婚纪念日”，父亲和母亲携手相庆。五十年来如一日，正是夫妻之间相敬如宾，母亲殷勤相夫教子，给了父亲莫大的安慰。

这年9月，父亲再次入住鼓楼医院心脏科治疗。9月10日晚上，轮到我在父亲病榻前值班。饱受心脏疾病折磨的父亲预感到来日无多，他轻轻对我说“这一次我可能过不去了”，态度异常平静。父亲最后一次谈到希望找回他常年使用的那本《韦氏大字典》，父亲把他在美使馆工作时参加美国文官委员会按月缴纳养老金的个人登记号码抄在这本工具书的附页上，这个 claim number 是美方将来给他发放养老金的唯一联系，而这本大字典在1949年以后于当局一系列对父亲无穷无尽的审查中最后作为“为美国人当走狗”的“铁证”抄走了，一直杳无下落。翌晨四时，父亲握着我的手，平静地去世了。

就在父亲去世一个月后，美国首任驻华（此处系指中华人民共和国）武官 William S. Gillilland 上校到职视事。这位武官到北京后一星期即携妻子一起专程从北京到南京来拜访我家。时序金秋十月，全身戎装，肩环穗带的美军上校的突然出现，在母亲居住的红庙街上引起骚动，街议纷纷，人头攒动。路头巷尾，便衣密布。上校先生仔细查看了父亲有关资料，听取了母亲等人的介绍，并拍下大量照片，证实父亲正是他们寻找的那名曾在美国驻华（此处系指中华民国）使馆工作长达二十五年的正式雇员。上校先生代表美国政府对母亲表示慰问和关怀。后来我终于从美国政府的文件中知道了，父亲的个人登记号（也就是 claim number）是 CSF 1275149。

当时母亲想对千里迢迢上门来访的美国客人表示一点感激之情，奈何家徒四壁，何以为酬？母亲褪下指上的玉戒欲敬女宾，自已打量一番，亦觉得不足为礼，她担心表达敬意不足，反招怠慢之嫌。

那次会见，Gillilland 夫妇眼中见到的母亲，是一位历经风霜、风范依存的普通中国妇人。他们并不了解母亲一生曾集几次跨度甚大的人生经历于一身，其中有些属于时空转移，如从华北迁徙西南又移居华东，另一些则属于生活环境的升降跌宕和大起大落，如父母晚年长期厕身于社会底层生活。无论荣华贫贱，母亲一贯自持浩然正气，临危不惧，处逆不退，为了家庭的生存和子女的教育做出了全部奉献。如果美国客人听说这些故事，他们或许会对中国母亲所特有的玉石品质，有更深的理解。

6

母亲出生于1911年，到2006年已届九十五岁。母亲八十七岁时还曾单身坐飞机长途旅行到长春我大哥那里去度夏，八十八岁时开刀治疗白内障。母亲九十岁那年曾患轻微脑梗住进鼓楼医院治疗，由于医治及时而且处置恰当，母亲恢复较快，至今生活一切自理，连剪指甲和铰脚趾甲都不要旁人帮忙。母亲一生竭力保持自立和自强的这股精神，由此可见一斑。

母亲祖籍是河北省武清县王庆坨镇，我的曾外祖父名叫刘德昌，字孟修，太学生五品衔，曾开过钱粮行，广植田产。我的外祖父名叫刘喆诚，字鹤舫，拥有窑厂和大量田产。母亲自小生长在一个大地主、大窑主家庭，兄弟姐妹多人均在未成年时染病夭折，只剩下母亲一根独苗苗，被外祖父和外祖母视作掌上明珠。外祖母娘家也姓刘，外祖母的母亲是桃花镇大户谢家的闺女，外祖母的父亲是旗人，在北京当御史，其实外祖母的祖上原本是汉族，数辈前有一位清朝公主下嫁到老刘家来，"皇室血统"一度居于强势的"主导地位"，外祖母家便"识大体顾大局"改成了满族，真的成就了满汉一家亲。母亲的大舅刘清纯曾在天津德鹤永海货店当过掌柜。

南京的冬天寒冷潮湿，在我青少年时代，南京家庭普遍缺乏取暖设备，有些老房子倒是建有壁炉，可是由于缺乏燃煤也是白搭。那年月燃煤是定量供应的，谁家要是一时奢侈用来取暖，就会面临着无煤烧饭的危险，有可能要沦为干吞生米和白菜帮子的生番。我家红庙旧居的朝南一面不是砖墙，而是六扇顶天立地的玻璃木格栅门，阳光充沛时采光很好，但由于年久失修，门缝较大，保暖效果甚差。每逢严冬腊月寒风肆虐，年幼的我便冻得抖抖瑟瑟的像只小鸡崽儿依偎在母亲身边。母亲让我坐得离火炉近些，一边料理针线活儿，一边笑着讲述冬天的故事。母亲说北方老家天寒地冻，气候要比南京冷上几倍，每逢春节前夕，姥姥家总会包上几大簸箕饺子，有的是韭菜猪肉馅，有的是白菜猪肉馅，有的是牛肉馅或羊肉馅。北方的冬天室外滴水成冰，饺子一拿出屋就冻得硬梆梆的，如化石一般。饺子分门别类装进几只麻袋吊在院里的大树上，随吃随取。北方大屋里炕火烧得旺旺的，暖和得要命，孩子们常溜出屋去掰下屋檐下的冰棱当冷饮吃……

我眼睁睁听着母亲讲述遥远年代故乡的故事，幻想着一炉熊熊火苗和麻袋里香喷喷的饺子，那是我年幼时百听不厌的最美好的童话。

1949 年中国大陆政权的更迭，触动了一长排多米洛骨牌梯次倒下，我家的命运也是其中一块倒下的骨牌，经久不得翻身。这主要是父亲曾为美国政府雇员的这一历史背景强烈地不见容于中国共产党政府。其实 1949 年后中美几十年的直接对抗原有机会得到避免，1949 年初，国民党外交部长叶公超亲自拜会美国大使司徒雷登先生，请求他率领美国大使馆随国民政府南迁广州，司徒雷登拒绝南迁，坚持呆在大使馆内坐等解放军进入南京城。这一非同寻常的动向一时举世瞩目。原来司徒雷登先生曾于当年 3 月 10 日致函美国国务院，要求批准他与中共高层接触，以增进双方的谅解。请求获准后，司徒雷登先生便开始了一系列活动。后来面临各种意想不到的压力和难题，司徒雷登先生不得不在解放军占领南京的一百天后，于 1949 年 8 月 2 日乘专机离开南京，取道东京回国。父亲随同武官处人员前往南京大校场机场为司徒雷登先生送行。嗣后，父亲被安排在南京上海路 82 号美国大使馆武官处留守。

1950 年 2 月美国彻底放弃了南京的美国大使馆的留守计划。按照撤退方案，父亲一家将乘美军运输机前往美国。但那时候母亲怀孕在身即将临盆，不能成行，而父亲曾经目睹过白俄在中国东北的悲惨命运，对于自己一家前往美国成为“白华”心存疑虑和忌惮，我一家的命运从此发生巨大逆转。

1950 年 6 月韩战爆发，北京政府和华盛顿政府在朝鲜半岛上兵戎相见，双方直接武力对抗。北京政府表现出了激烈的反美倾向，一时间大陆仇美反美的政治氛围如炽如焚，对于曾在美国驻华大使馆工作了 25 年的父亲来说，这可不是什么好消息。父亲在生命的后几十年中始终为新政权所猜忌，并在每次政治运动中成为边缘人物。父亲在四十年代曾经在经济上接济过处于危难当中的几位共产党地下干部，这段历史或许冥冥中对他有助，否则父亲很难逃脱牢狱之灾。美国人撤走后，父亲方才 46 岁，正是年富力强的时候。为生活计，父亲抓紧时间学习了俄语，重新就业改作会计工作。“人民币五十九元四角”，父亲的工资收入长期冻结在这一标准，二十几年未增加过。母亲 1950 年 3 月底生下我，当时三哥贯之两岁，二姐桔之四岁，大姐萍之六岁，二哥覃之十一岁，除去长兄师之投身军旅自食其力外，家中六名子女有五个嗷嗷待哺，家庭财政面临严重的收支不平衡。

食有鱼，出有车的日子一下子成为永远的回忆。家中长期雇用的五名佣人先后被辞退，其中辞退门房尤太学老伯之举，还夹带着些许恐慌和不安。解放军占领南京后，忽有一日尤太学老伯的亲弟弟尤太忠光临我家，来看望他的胞兄。尤太忠当时是解放军第二野战军 12 军 34 师师长，是一颗杰出的将星。尤太学老伯这门显赫亲戚的出现使得母亲感到较大压力，让师长的哥哥来为有“美帝分子”背景的家庭打工可能有些不太合适。不久，母亲便奉上一笔优厚报酬作为经济上的补偿，婉言恳请尤太学老伯“退休”。尤太学老伯的妻子徐妈原先在我家厨房帮佣，也一并“退休”回家。据桔姐回忆，那时爸爸妈妈拿出咱家的积蓄在保泰街上建了个草绳厂，因咱家是军属，所以取名为“军属草绳厂”，尤太学夫妻俩就改在那里工作。

母亲角色一下子天翻地覆，由雍容主妇转化为家庭劳工，繁杂家务，不分巨细，俱要亲力亲为，这是一个“化玉佩为玉锛”的过程，母亲把自己当成辟地开天的玉锛整日价操劳不已，为维持生计日夜辛劳，不舍昼夜。家庭角色的巨大转换并没有改变母亲坚强的性格和贤淑形象，这从母亲的发型可以看得出来。在我有印象以来，母亲一直梳理着一种十分独特的发型，打点这种发型须借助一条马蹄铁形状的专用发箍，发箍约有幼童手腕粗细，估计是用人发编织而成，梳头时秀发向上包绕发箍，显得十分精神和秀丽。江南梳理这种发型的妇女极少，南京的左邻右舍见了这种发型倍感新鲜纷纷传说母亲是旗人。母亲的这种发型经久未变，六十年代大饥荒时期国人个个“面有菜色”，仪容不整，母亲仍未舍得放弃传统发型。我想，这也许是母亲怀念家乡和珍视过去的唯一联系吧，每当早晚母亲揽镜自盼，会使她联想起北方老家天寒地冻的孩童时光和巨大跨度迁徙的难忘生活。直至横扫一切的“文化大革命”罡风呼啸而来，母亲的发型才作改变。

1960 年 3 月，中共江苏省委召开了六级干部会议，中共中央华东局第一书记柯庆施专程赶至南京为会议打气，当局无视农村大跃进带来的种种恶果，持续掀起城市大跃进的狂潮。会后中共江苏省委城市人民公社办公室宣告成立，决定大办集体食堂，各种宣传工具奉命开足马力反复告诫群众“食堂是干不干社会主义的分水岭”，强求居民实行“准共产主义化”的集中膳食。据有关资料，“至（1960 年）4 月下旬，仅南京市玄武区办起各类食堂 454 个，平均每个居委会有两三个居委会食堂，四五个院落食堂，搭伙人数达 52，927 人，占应搭伙人数的 72%”。我家居住的红庙这条小街就属于南京市玄武区辖区，忽如一日乾坤转，不由分说就把母亲一家人的粮票划归了居委会食堂，驱使我们去接受不折不扣的大锅饭。这种短命的城市集体食堂仅办了几个月便漏洞百出，弊端丛生，无以为继。居委会集体食堂散伙的时候更是一盘烂账，居委会干部“三横子”与集体食堂会计“戴胖子”沆瀣一气，说我家孩子多造成吃饭超支，蛮横克扣下我家的粮票。从不与人争执的母亲被彻底激怒了，护犊心切的母亲毫不畏惧狐假虎威的居委会干部，一次次声色俱厉据理力争，终于震慑住那帮红色宵小，追回了属于自己家庭的那份粮票，保护住孩子们赖以生存的那份微薄口粮。那时候大饥荒已席卷全国，农村路有饿殍甚至“人食人”早已不是什么新闻，粮票的意义对于每一个人来说变得极为重要，把那些小方纸片说是我家的生命线当时也不为过。母亲大无畏追讨粮票的勇敢举动，保证了全家人艰难度过了那段饥寒交迫的时光。

母亲小时候读过私塾，记性极佳，老齐家族或者老刘家族几辈人的来龙去脉，母亲不假思索就娓娓道来。三舅六姑生辰忌日，八时十节鬼神祭祀，母亲无不了若指掌。一次我曾就老齐家族的血统传承关系请教过母亲，其中牵涉到一位曾祖父和两位叔曾祖父，一位祖父和六位叔祖父、我的父亲和十五位伯伯叔叔以及九位姑姑。当时母亲已是九十四岁高龄，几年前还患过一次轻微脑梗，但这一切并没有损害到母亲的超级记忆能力，母亲全凭记忆一一道来，无一差错。亲戚朋友闻知无不诧异万分，惊叹道，母亲的记忆力真的胜过了一台电脑。

母亲一生历经坎坷，她始终是荣辱不惊，力克困境，自强不息。我懂事后曾戏问母亲是否为当初没能移民美国而后悔，母亲沉思片刻，用一句极简练的话解答了我几十年未释之疑，她说：“你一直朝前看，那么过去的任何事情都不值得令你后悔……”

母亲的言行，像戴在她指上的玉戒一样朴实无华。我端详着母亲慈祥的面容，思索着“玉主吉祥、玉能避邪”的道理，渐渐地对玉戒上暗纹的来历有了一种全新的认识。那些稀疏的、自然走向的条纹，多么像母亲眼角的纹路，每一道都昭示着不惜牺牲自己，勇于承担一份责任。无论这种责任，何其艰难凶险。

母亲，人间美玉。

（原文发表于 1996 年 1 月 19 日的美国《世界日报》）

遥想父亲

——追思齐健隆家族

置身于一节车厢，我挤向窗口，目光四下搜寻。这节车厢名叫南京，正加载在星球的高速列车上，沿着晶莹剔透的时间轨道飞快运转。熟悉的树木和建筑纷纷向后方掠去。我的目光收拢翅膀，准确降落在久已期待的那个站点：1979 年的 9 月。

正是彼时，某晚，在南京的一家大医院里，父亲攥着我的手平静地辞世离去，享年七十五岁。

再一次接近“9 月”站点了，父亲，您听得见儿子的疾声呼喊吗？

我的呼唤在空中发散，延展，像云彩越伸长便越稀薄，渐渐地淡泊无痕了。余音仍在天际奋力前突，试图与百年前那一声天籁般的婴儿呱呱落地声音汇合。

1904 年腊月的一天，父亲齐植果诞生在天津杨柳青镇一个画商的家庭。祖上世代经营年画，堂号“齐健隆”。小时候父亲告诉我说，老家门匾上的那个“健”字是“双立人儿”，书家笔下把单人旁特别写成双人旁，应该是个异体字吧。

就是这个“双立人儿”的齐健隆堂号，轰轰烈烈经营了三百来年，出版了亿万张彩色年画，让姹紫嫣红和五彩缤纷一层层地渗入了中国人灰暗的生活基色，又宛如数百年来清冽见底的一股文化甘泉，源源不断地注入同胞们几近干涸的心田。

我不禁好奇了，“双立人儿”的齐健隆在几百年间究竟是如何作为，竟让“齐健隆”三个字在中国美术史、中国印刷史以及中国民俗文化史上，留下了不可磨灭的深深印记，取得瞩目的成功。

1、遥瞰杨柳青

追逐父辈昔日的脚步，我来到天津杨柳青镇，这里是父亲的出生地，也是齐健隆家族世代奋斗的大本营。老齐家族原先生活在渤海湾东南一隅，也就是山东半岛黄县和登州交界地区，黄县现在更名龙口市，登州更名蓬莱市。“山阁蓬莱客，储宫羽翼师……”明末，一支浓烈山东口音的齐氏族人，隔着波涛汹涌的渤海湾，把目光锁定在日趋繁荣的天津卫（注 1），决心到那里去建立事业。勇敢无畏的山东汉子拖家带口，步上了艰辛的迁徙之路。齐健隆、齐惠隆兄弟等就是这支族人的后裔。

当齐氏先人抵达天津卫杨柳青镇，只见十里柳荫，燕穿莺啼，垂枝轻拂水面，颇有几分江南水乡的绰约与灵动。子牙河、大清河、南运河分别从杨柳青镇蜿蜒流过，帆樯林立，漕运繁荣。杨柳青是津西的一座千年古镇，地处直隶腹心，京畿要地，又是交通要冲，重要的地理位置奠定了这座津西名镇雄厚的经济基础，为之带来不可限量的文化影响力。龙舟御辇、南北商船往来不绝，帝子王孙、文人墨客流连驻足，文化氛围十分浓厚。

杨柳青镇的另一个优势是出海口近在咫尺，海外通商带来的巨大影响，异域文化的再三撞击，决定了这一方水土明朗洒脱的开放型性格。某些内地古镇交通不便长期以来囿于闭塞而封步不前，相比之下，杨柳青镇可谓是优越天成。

这一支齐氏家族在天津杨柳青镇上安顿下来，一住就是四百来年。2003 年初，杨柳青镇被评为“全国优美乡镇”，这一国家级的考语，反证出齐氏家族当年眼光不俗。杨柳青的精彩之处不仅是河清天蓝，镇富民安，更在于它深厚浩荡的文化底蕴，在于它几百年来通过中国年画这一艺术体裁对于民间文化施加的巨大影响，在于民间艺术潜移默化、不留痕迹、博大精深的教化功用。

说起杨柳青镇，便不得不说蜚声海内外的杨柳青木版年画。

我国木版年画的历史可以上溯到汉朝，唐代佛经版画的发展促使雕版技术进一步成熟，宋元市民文化的快速发展大大促进了木版年画的繁荣。清代初期我国的民间年画事业进入了鼎盛阶段，内容丰富，形式多样，艺术上更达到了巅峰。每逢辞旧迎新，官舍民屋便一起开始忙碌，先清扫，后布置。城镇街巷、天下户陌，一幅幅色彩艳丽、形象传神的年画相继贴上房门堂屋，来了个集体亮相，一时间城乡气象为之一新。对于亿万中国人来说，年画是新年的象征，家里不贴年画就不算过年。农商工渔成年累月操劳生活，或躬耕田间，或游贩巷闾，或煅铸炉前，或曳网江湖，平素的文化生活近似荒芜，寒苦的生活沉闷单调没有亮点。忽一日柴扉土墙上纷纷贴起大幅年画，金光灿烂，大红大紫，犹如在他们心里腾腾燃起一大盆火，对于富足生活的希冀飙升而起，这种希冀与殷切的期望交织在一起，如深埋的火种周期性复燃，鼓励亿万大众祈福纳祥、禳灾避祸，唤醒对于美好生活的憧憬。那时节，将天下百姓普贴年画说成是平民生活中的一道精神大餐实不过份。

中国木版年画的风格各有千秋，山东潍坊和河北武强的年画粗犷朴实、乡土气息浓厚；苏州桃花坞年画细腻工整；河南朱仙镇年画古朴稚拙。相比而言，杨柳青年画则更突出了宫廷画技和市民趣味。京津的大都市地位决定了本地年画必须迎合官宦商绅和市民百姓的美学品位，杨柳青年画常作为贡品进献皇宫，由此杨柳青年画制作尤为精细，色彩柔和，制作完美。“北宗画传杨柳青”指的就是杨柳青年画继承了北宋以来的宫廷画院技法。杨柳青两家大画店“齐健隆”和“戴廉增”经常邀请全国著名画师精心撰构画稿，不断提高年画的创作水平，数百年间这两家大画店印刻的年画珍品不计其数。

自 17 世纪明朝万历年间至民国初年，在这 350 年间，杨柳青木版年画艺术在中国北方冲天崛起，大规模普及，上演了一幕轰轰烈烈的文化盛事。杨柳青镇一时成为举国瞩目的年画文化集散地。

杨柳青木版年画艺术兴起之时，遥远的欧洲大陆上，文艺复兴运动方兴未艾席卷整个欧罗巴，达到了全盛时期。东西方文化艺术在同一历史空间先后不同方式地大规模崛起，这种现象值得做一番横向比较和思考。中国的封建社会发展缓慢，人民生活水平低下，90%以上的百姓是文盲和半文盲，年画于是成为劳苦大众有能力鉴赏并有条件接受的少数艺术样式之一，也是中国大陆上受众面最广泛的文化媒介。那一幅幅色彩艳丽寓意深长的图画反映出服务大众、教化世道、鼓励向善的一种普遍实践，成为大众化的一种精神财富，年画的社会功用充分体现。逢年过节，年画成了中国家庭眩目的文化亮点，成了世俗百姓追求理想世界的精神支柱，成为劳动人民的希望依托。一幅幅年画在显示，在炫耀，在提醒，在呼喊，在告诫，在耳提面命，在督率和催促，在诱惑每名中国人的眼睛。一辈辈孩童看着年画长大，一个个家庭面对年画艰难地度过一年又一年。年画对于中国人精神生活的影响之大，并不亚于西方文艺复兴时期的美术作品对于西方人生活的影响，如果不说是在某种程度上还要超过它的话。

明清以降，年画艺术在中国民间广为普及，也最受欢迎，最贴近人民生活状态，又最能反映人民的精神愿望。人们在一年之内可能看上几场戏曲表演，手边可能流传几册诗词或小说刻本，但毕竟有限得很，还要受到经济条件和文化水平的极大约束。唯有一幅幅年画贴在门扉上，挂在厅堂里，悬在帷帐间，与主人默默相对，无声交流，长期厮守。在民间，老百姓不仅在门窗上和厅堂里张贴年画，还把年画贴进了内室、炕头、灶间、影壁、水缸，成为装饰房屋、烘托喜庆气氛的必不可少的吉祥物。时至今日，中国家庭逢年过节依然普遍张贴年画，年画成了中国人过年专用的艺术品。东南亚和其它一些国家的华裔社会，受到异域文化的影响，原初的生活习俗或已有所改换，但是张贴年画的“中国”习俗却从来未变，年画对于中国人节庆生活的影响力可谓大矣。

西方文艺复兴时期的美术创作多是单件作品，而中国木版年画最大特点就是批量印刷出版，一幅年画精品通过木版套色印刷摇身一变就成为上万件、甚至百万件作品，浩浩荡荡直入万户千家，无远弗至。长期以来每个中国家庭都拥有多幅年画，虽不是“同命运”，却也是“共春秋”。

杨柳青年画的繁荣并非一种孤立现象。在明清中国，资本主义萌芽潜滋暗长，市民阶层不断成熟和壮大，社会面临着一系列令人瞩目的价值冲突和社会转向。赞美向往自然情性，排拒朱程理学和封建教条对人性的压迫，构成了明清文学艺术的显著特色。这是一种对“人”的肯定，是对“个人”存在价值的肯定。明清时期建树颇丰的中国文化艺术，成为杨柳青年画崛起的文化摇篮。

清代是杨柳青木版年画的黄金时期。当年杨柳青一年要购进两千多件纸，一件 10 令，一令 500 张，一件就有 5000 张。按每张纸可以裁成三至四张年画用纸测算，杨柳青木版年画每年的产量要超过三千万张。三千多万张色彩斑斓，形象万千的年画，首尾衔接足足可以排出去 3 万公里，沿着赤道排列可达地球大半圈，每年仿佛是给地球镶上一条崭新的彩色腰带。这是何等阔大的一种艺术气象啊！

明清两朝，杨柳青的木版年画作为贡品源源不断进献进紫禁城，为三宫六院输入浓郁的文化色彩。一些大型年画作品如巨幅门神高 6 尺横 4 尺，如真人一般大小，制作精细，售价昂贵，多数悬之朱门。杨柳青著名的年画艺人一再被请到皇宫中作画，促进了宫廷与民间的绘画技艺直接交流，进一步提高了杨柳青年画的艺术水准。杨柳青画师回到天津后，又把宫廷彩绘和工笔技法大量运用到年画创作中，杨柳青年画的风格得到提升，技艺更上层楼，创作方法更加丰富。清初杨柳青年画达到鼎盛时期，乾隆王朝特许杨柳青年画作为贡品折抵税收，由此杨柳青年画声望更隆。

明永乐十三年（1415 年），南运河重新疏通，杨柳青作为运河重镇，经济日渐繁荣，南方的宣纸和颜料可以直接运到镇上码头卸载，促进了彩版年画业的快速发展。明万历年间(1573-1619 年)，相继出现了一系列朱、绿、黄、黑等颜色套印的杨柳青年画。清初，杨柳青镇上的年画作坊鳞次栉比，店招高悬，彩幌相对。其中数齐健隆和戴廉增两家画店的经营规模最大。秋冬是年画制作的旺期，数百画工和印刷工匠聚集此地，昼夜不停地忙碌工作。每年冬至前后，各地画商云集杨柳青镇，船运车载，把杨柳青年画运往京城和华北、东北及西北地区销售。到清代中叶，全镇画庄作坊近百家，从事年画创作的民间艺人达 3000 多人，形成国内闻名的年画之乡。

杨柳青年画的题材十分广泛，神话传说，历史故事，世俗生活，无所不包。其中，仕女娃娃，花鸟虫鱼，吉祥喜庆的题材数百年来兴盛不衰，受到民间热烈的欢迎。杨柳青年画的主要题材大体可分五类，一是仕女和娃娃，二是历史及戏曲故事，三是喜庆吉祥主题，四是市俗生活，五是时兴事物，如清末年画《天津火车站》、《天津马路骑车》画的都是新鲜事物，让面土而耕、足不出村的广大农民在自家门前就欣赏到来自外国的新技术和新产品。另有禁吸鸦片、女子学堂等多种积极意义的素材。有时年画作坊争奇斗胜也会标新立异施展“破格”手法，譬如年画中明明是春秋人物或六朝故事，工匠们依然画上两个自鸣钟，真正是别出心裁，令人忍俊不禁。

杨柳青年画的特点主要有四，一是高超的艺术性，杨柳青年画介乎文人艺术和大众艺术之间，既体现出民间艺术“直率、强烈、表白”的特点，又追求运用文人艺术“高雅含蓄深沉”的表现手法，线描挺拔流畅，敷彩鲜明典雅，主题深入浅出，布局丰满匀称，富有民族民间的艺术特色。二是强烈的符号性，如儿童抱鱼的主题亘古不变，娃娃寓意后继有人，大鱼意味着年年有余，这两件事的重要性在中国人生活中一直名列前一、二位。又如年画“金玉满堂”则以一缸金鱼喻示儿女满堂的愿望。三是独特的美学品位，杨柳青年画在选材立意上既有对市民情怀和大众趣味的友善迎合，更多的是强调审美格调的提升和审美品位的引导。透视法的普遍采用大大增强了杨柳青年画的艺术表现力，画师们纷纷依据现实生活进行创作。杨柳青年画中的仕女形象格外艳丽俊秀，人物衣饰分外华贵精巧，表情和神态更是惟妙惟肖，眉眼传神，栩栩如生。杨柳青年画中的精品作品与传统文人画在艺术造诣上已经不相上下、难分伯仲。四是市场的普及性。版画大规模制作的特点，以及中国家庭对于年画的普遍需求，从供和求两个方面促进了杨柳青木版年画事业的快速发展。明清以来杨柳青木版年画一再刷新了出版数量和市场覆盖率等多项纪录，在今日看来成绩也是十分骄人。

清末民初，“洋画”大量输入和现代石印胶印技术的普及，严重冲击了中国木版年画市场，对传统木版年画构成严重威胁，木版年画的制作和经营一蹶不振开始走下坡路，杨柳青年画市场逐渐衰落。及至二十世纪三十年代，杨柳青年画已经式微，残酷的城镇高利贷剥削又为虎作伥，贪婪吮吸年画行业的鲜血。在几重高压之下，杨柳青年画难以为继。1922 年，齐健隆画店终于关上了沉重的店堂大门，正式宣布歇业。几百年来杨柳青年画重重叠叠绚丽的色彩，在中国历史的天空下留下耀眼的一抹亮色。

杨柳青年画的劫难并未到此结束，战乱时期，大批珍贵的杨柳青画版被移作填平道路。文革期间硕果仅存的少数画版又被毁之一炬，“楚人一炬，可怜焦土”。事到如今，传统木版年画和许多其它濒危的传统民族民间艺术一样被列入了国家抢救和保护对象。1992 年春，天津杨柳青举办了杨柳青国际年画艺术节，2003 年建立了天津杨柳青年画博物馆。2003

年国家邮政局发行了《杨柳青木版年画》特种邮票一套四枚，四枚邮票的图案名称分别是：五子夺莲、钟馗、盗仙草和玉堂富贵，同时发行小版张一枚，还印制了首日封、邮折、邮册插页等邮品与邮票同步发行。这些都是身后哀荣。

2、走近“齐健隆”

回望“齐健隆”，面临着一个行业分类的问题，杨柳青的老齐家族到底算是哪一行？制版业？美术作坊？年画出版商？民间艺术托拉斯？还是控制剥削民间美术工匠的大奴隶主？这个疑问的提出，缘于40年前一位敦厚堂兄的书呆子式的问题。

40年前，划定成分一度畸形突出，成为大陆中国政治生活中的一件头等大事。中国不像印度那样传统以来就有森严的种族等级，心有不甘的人们便设法“国产化”一套出来，把人划成三六九等，把一些人算作是中国的红五类，又把更多的另一些人看作是中国的黑八类……文革前夕，天津一位大学生堂兄苦恼万分写信到南京来问我父亲：咱老齐家的成分是不是应该填“破落地主兼资本家”？放下信件，咱全家一起为那个特殊时期的独特视野放声大笑，笑完之后又感到有些苦涩。这个问题问得好哇，“齐健隆”在三百六十行中到底属于哪一行呢？

年制造销售年画上百万张，算得上是屈指可数的中国年画的大生产商了。大规模生产，连锁式销售，加上给宫廷当差，涉足传媒业和广告领域，“齐健隆”的影响非同一般。

当时我曾经想告诉那位堂兄，在那个特殊时代，借用那个时期的“专业”语言，咱家成分恐怕应该填写成“明清封建王朝的御用画商，四百年封建士大夫阶级的文化经纪人，剥削压迫广大劳动人民的带有很大文化欺骗性的破落地主兼文化资本家”。这样一来，那些严厉的成分论者看其态度诚恳反省深刻自查严格，或许会放他一马让他蒙混过关。

齐姓源自三千年前周代的齐国。《姓纂》一书上指出：“炎帝姜姓之后，太公望姜子牙，受封营丘为齐国，氏焉”；《通志氏族略》上也说：“太公望封于齐，子孙以国为氏……”杨柳青古名“流口”，因子牙河、大清河在此汇流入海而得名，相传姜子牙曾在此直钩垂钓数载。太公扶周受封后，姜氏后人在子牙河畔遍植杨柳，形成风景，故更名为“柳口”。杨柳青镇绿树成荫风景秀丽名冠华北，人称“北方苏杭”。当年齐氏家族从山东半岛返回杨柳青来发展事业，他们可能没有意识到，无意中他们是对齐氏老祖宗“直钩垂钓”发源地的一种回归。

遥想当年，走进杨柳青镇上著名的齐健隆胡同，众多四合院一溜排开，车辚辚，马萧萧，大批纸张颜料络绎不绝运进门来，院落中间，各种画版的半成品堆积如山。朝南正房一概闭门谢客，高薪聘来的国内著名画师正在专心精制画稿，新画稿是一项重大的商业机密，需防走漏风声。管账先生房间挤满了各地画商和供应纸张颜料的商人，静候着交款或者取钱，人们互递纸烟，南腔北调各种方言在此交流。流动的印刷技工挤在门口逢人打听有没有活儿干。一批培训合格受聘手工彩绘的年轻姑娘羞怯地望着地面，排成长队静悄悄穿过大院前往厢房工场上岗。那些埋首雕版的小伙儿纷纷扬起脸来，脸上同样现出羞怯的笑容，互相交换着神秘的眼神，窃窃私语。院内花木茂盛，姚黄魏紫，香气四溢，高大的石榴树和海棠树分外茂盛，鲜红的石榴花像一片绚烂的彩霞在湛蓝天空上变换着深浅颜色。一名花匠坐在墙角静静吸着旱烟，愉悦地欣赏着眼前热闹繁华的场面，几个世纪以来齐健隆大院的场面一直是这样赏心悦目。他的父亲是齐健隆画店的花匠，他的祖父也是，他们都喜欢种花，他们更喜欢年画之乡鲜花一样美仑美奂的生活。

年画是中国独有的一种绘画体裁，说起来，齐健隆画店与中国“年画”的正名还有些关系。汉唐宋明，年画一直被叫做“画帖”、“画样”，没有统一的名称。清道光年间，李光庭在《乡言解颐》一书中，正式提出了“年画”一词，“扫舍之后，便贴年画……”年画拥有了固定含义，专指木版印制的黑白或彩色的年俗装饰图画。此时齐健隆画店刻印了一系列配合社会改革、反映禁吸鸦片、兴办学堂和女子自强等内容的年画，称为“改良年画”，并在《满汉平等》、《女子求学》等年画中刻上了“请看看吧，齐健隆出了改良的年画”的文字，首先使用了“年画”一词。这一举动得到了业界一致公认，“年画”名称从此叫响，自此沿袭应用开来。

在杨柳青年画史上，齐健隆和戴廉增两家画店的经营规模最大，并列“年画双雄”。戴家画店传到清乾隆年间的戴廉增时已历经九世，画店从四座四合院扩大到十座四合院，并分出三个字号。史载当时戴廉增一家画店每年印绘年画就达到百万张以上。齐健隆画店也分三个字号，并分出上百个小字号。齐健隆画店每年印绘年画的数量历史记载不详，但从经营规模来看足以与戴廉增画店媲美，达到了年产销百万张的水平。戴家先后在北京、绥远（呼和浩特）、东丰台（宁河县）设肆卖画。齐家在奉天（沈阳）设立分庄，行销东北。杨柳青年画大量销往北中国地区乃至新疆、甘肃等少数民族地区。目前俄罗斯博物馆收藏中国木刻年画最多，其中不少是杨柳青齐、戴两家年画店清末印绘的精品。

自清中叶开始，齐家和戴家年画风格明显不同而形成两大派，齐家以表现历史故事为主，“文戏”居多，如《完璧归赵》、《三顾茅庐》、《文姬归汉》等。而戴家则以表现小说戏曲为主，“武戏”居多，如《大破天门阵》、《拿黄龙基》等。为了赶超戴家，齐健隆画店致力于大量增加套版，仅套色就达 20 多版，比戴家多出 10 版，因此画面色彩层次更丰富，人物刻画更加细腻。2003 年春节，天津历史博物馆举办馆藏杨柳青木版年画展，展出清代齐健隆画店制作的《翠屏山》、《全本春秋配》、《大观园》、《耕织全图》等作品，时隔数百年以后，观众依然感受到了醇厚浓烈的历史文化神韵。

杨柳青年画的制作采用了木版套色与手工彩绘相结合的方法，这是杨柳青年画区别于其它地区年画的独特之处。年画的整体轮廓和大片色块则采用套版印刷，而人物面孔等细部色彩全靠手绘，版画的刀法版味与绘画的笔触色调巧妙融为一体，两种艺术相得益彰，既保持了木版年画浓厚的情趣，又突出了手工彩绘的明快鲜艳风格，人物形象尤为生动，赋予了极强的艺术生命力。一幅杨柳青年画的制作，从画稿到成品要经过勾、刻、印、画、裱等五道工序。一块工艺精细的画版往往需要几个月的时间才能刻成，可以使用几年甚至几十年。

画师是杨柳青年画的灵魂人物。杰出的画师不仅绘画艺术出类拔萃，而且洞晓广大消费者的心理，能够根据以往年画销售的市场行情，创造出迎合未来消费预期的新画稿。杨柳青的年画巨擘往往不惜重金，高规格延聘海内画界名师担纲年画的“总设计师”，有史可考的如齐健隆画店于光绪中叶曾邀请上海著名画家钱慧安先生北上，为齐健隆画店提供《红楼梦》、

《皆大欢喜》、《谢庭咏絮》及唐人诗意等四十余种年画样稿并广泛印刷。钱慧安先生是上海高桥人，在画界名重一时，宣统元年曾与高巨之、蒲作英、吴昌硕、杨东山、程瑶签等人于沪上得月楼发起“豫园书画善会”，会员数百人，钱被推为首任会长。“画工人物仕女，细笔于墨；道劲方折，姿容炯雅，其调介于老莲、十洲之间。”

杨柳青年画一般采用水彩颜料、有时也会掺入水粉颜料，其色彩鲜艳夺目，笔触细腻柔和，画法细致。与一般画师立在桌前挥毫作画不同，杨柳青镇的画师多数是站着往“门板”上画，人称“画门子”。画室里为每名画师安装了一组门板，每组有十几扇门板，每扇“工作门”的两面都夹上画，画师上色时画一扇翻一扇，方便犹如“流水线”。画师每次用一支笔蘸一种色，每张画只画一处，紧接着画下一张画的同一处，流水作业一直画下去。几十张画全画完了，再换笔换色从头开始画另外一处。“流水线”上生产出来的彩色年画，成百上千张画下来，一样保证高质量和高水平。杨柳青年画在彩绘过程中间通常会把年画左转 90 度贴在“工作门”上，这样画上的人物都是“躺”着的，年画“躺着画”是杨柳青年画的另一大特色。

“娃娃”是齐健隆年画的“当家形象”，形象生动，活泼可爱。“仕女”形象则是“重中之重”，齐健隆年画中的仕女安详悠闲，美丽端庄，举手投足透露出北方大户人家女性娴静贤惠的特点。2003 年国家邮政局发行了《杨柳青木版年画》特种邮票一套四枚，其中第二枚“钟馗”和第三枚“盗仙草”都是齐健隆画店的代表作品，“盗仙草”是齐健隆画店创制于乾隆年间的扛鼎之作，画中三个人物形态各异，鹤童头扎双角髻，乘云而降，仗剑追赶；小青拔剑护主，沉着迎战；白素贞手持灵芝无心恋战，又恐小青不敌回眸凝望。通观全画，人物线条流畅，扮相清秀隽逸，衣装色泽华丽悦目，这幅年画传承了传统绘画的工笔重彩韵味，体现出很高的绘画水平，艺术价值不可估量。

今日的杨柳青，年画事业已经式微。2004 年下半年，杨柳青镇上的齐健隆胡同开始拆迁，一砖一瓦，牵动了所有“年画人”的心。杨柳青人像回忆一位曾经显赫的祖先那样，缅怀着明末清初发生在此地的非比寻常的轰轰烈烈年画事业。人们唏嘘着，幻想着，然而历史不再重现。

3、牵手父亲

1979 年 9 月 11 日，凌晨四时，父亲在南京市鼓楼医院住院期间因心脏病发作去世。当晚轮到我在医院值班，父亲去世前并无异常征兆，破晓之前，他握住我的手渐渐就平静下来了，继而不再呼吸，手心发凉。齐健隆家族的链条上，又一个重要的环节无声无息断裂开来。

父亲齐植果是“齐健隆”家族的直系后裔。我的曾祖父齐维常，在兄弟三人中排行老大，是“齐健隆”画店的掌门人。我的祖父齐鼎乾在兄弟四人中排行老大，继续成为“齐健隆”画店的当家人。“齐健隆”画店于 1922 年在祖父手中正式歇业。父亲在七兄弟中排行第三，七兄弟无一人继承祖业，多数到天津上了大学，只剩下“齐健隆”画店的锦绣历史，在齐健隆后人的无限追思中，一代代口授心传。

祖父齐鼎乾于 1866 年出生，1928 年病逝，终年 63 岁。祖父的三名亲弟弟分别是齐鼎谦、齐鼎升、齐鼎恒，另有堂兄弟三人。齐鼎升、齐鼎恒和一位堂兄弟三人曾经留学日本。

祖父先后娶过三位祖母，第一位祖母只生了四伯父便故去了。第二位祖母是我的亲奶奶，生了六伯父，父亲、十二叔和姑姑，由于三祖父齐鼎升只有一个女儿，没有儿子，祖父便将六伯父过继给他了。第三位祖母齐于氏享年 77 岁，于 1963 年病故，先后生了十四叔、十五叔和老叔。

父亲齐植果，字育仁，1904 年 12 月出生于天津杨柳青。父亲从天津南开中学毕业后，直接考入天津南开大学商科。1925 年父亲大学毕业时，“齐健隆”画店歇业已届三年，祖父及一大家人返居天津，生活压力甚大，父亲时年 21 岁，迫切需要一份工作养家糊口，时逢美国军队驻天津司令部招聘翻译，父亲应聘后即被雇用，从此开始了他在美国驻华机构中连续服务二十五年的历史。

父亲在南开中学、南开大学读书期间，张伯苓先生是他的校长。张伯苓先生早年毕业于天津北洋水师学堂，接受西方近代科学知识，他主张教育救国，强调“德育为万事之本”，德、智、体、美四育并进，为探索适合中国国情的教育模式做出重要贡献。张伯苓先生是南开大学的创办人，亲任校长 30 年，斯人斯德，对父亲一生起到重要影响。

父亲诞生在丹青世家，上天赋予他杰出的语言能力，父亲求学期间，正值“齐健隆”画店经济最困难的当口，为此父亲在中学和大学读书阶段，就给许多人家当过家庭教师，主要教授英语。父亲有时会同时教授两家家馆，其中有大陆银行行长万家，剧作家曹禺本名万家宝是万家的亲戚，当时也跟着听过父亲的英语家教，父亲教过的家馆还有万弼臣家、张状元家、王家、刘家等。父亲 1925 年报考美国驻华机构时，有意识地使用十四世纪古英语写了一篇作文，顺利被录取了。

1950 年秋，朝鲜战争爆发，中美交恶，社会上的仇美情绪汹汹泛滥危及整个家庭的安全。父亲最大的语言特长一无用处，美国政府支付父亲养老金的联系渠道又告中断，生计一时没有着落。父亲把胡乔木的“中国共产党三十年”这本书翻成英文，寄给北京新政府表明他的合作态度。父亲期望长他三届的南开大学校友周恩来能够明察忠奸，莫伤无辜。同时父亲发愤学会俄文，积极迎对局势。尽管俄语在父亲此后的生涯中没有发挥过什么作用，父亲的杰出语言能力却又一次得到了证实。

父亲在南开中学求学期间，祖父尚在杨柳青惨淡维持“齐健隆”画店的经营。父亲上南开大学时，祖父放弃了杨柳青年画业务，全家族退居天津，“齐健隆”画店轰轰烈烈的事业就此全面中止。在“齐健隆”家族金字塔结构的族谱上，可看到这个大家庭的后裔纷纷出洋留学或者在国内深造。1929 年农历九月，四伯父、父亲和十二叔同时结婚，三兄弟长袍马褂，三新娘凤冠霞帔，场面热闹而宏大，可惜祖父没有看见这一喜庆日子，这位“齐健隆”画店的最后一位掌门人，已于此前一年撒手人寰。

但是齐健隆家族的意志品质，眼光胆魄，千丝万缕融入后代的血脉，一辈辈永远传承下去。

在我印象中，父亲性格十分随和。1950 年我在南京出生，自那时起，家庭长时期处于逆境，经济始终拮据。但我从未见过父亲震怒和失落的脸色，他从不对子女厉声疾词。也许是期待子女沿袭祖风吧，我上小学期间，父亲便送我和三哥贯之一起师从著名书法家“江东周琪”习字，三哥铁划银钩练得一手好字，而我笔下蛇蚓蟠结，父亲也从不责备我。父亲一生大处着眼，小处随便，一个典型的例子是父亲吃完锅贴饺子后，母亲常会笑着考问父亲：吃的是什么馅？父亲基本上是交白卷，答不出来。

父亲性格幽默，语言诙谐。这个特点一脉相传到我兄弟姐妹六人。我想，这也许是“齐健隆”家族根深蒂固的特点之一吧。“文革”期间，父亲被当作“美帝国主义的间谍”受到隔离审查，禁闭在单位里不准回家。他在“深刻反省、彻底交代”之余，还被造反派逼迫在单位打扫卫生。那些热心制造中国“贱民”的人，此一时刻终于达到了他们的目的。那时我常常去给父亲送饭，目睹父亲狼吞虎咽，吃得很香，我便悄悄问父亲是否感到不自由。父亲抹抹嘴，笑曰：“哪里哪里，十分自由宽松，我可以先擦玻璃再扫地，也可以先扫地再擦玻璃，社会主义的公民享受着充分自由……”

我大笑，我听父亲自己说过他年轻时很顽皮，冬天常在结冰的河面上骑自行车，而且不是一般的骑行，是双手撒把，双臂交叉抱在胸前，与小伙伴们比赛看谁骑得最远。自行车轮胎在冰上的摩擦力极小，稍不留神就会连人带车摔出去很远，需要惊人的平衡能力和很强的心理素质，才能做到人车“完好如初”。父亲常常取得冰上竞赛的胜利，这种“齐健隆”式竞技求胜不服输的能力，伴随父亲一生。

父亲长年戴着一副淡色茶镜，春夏秋冬，从不离身。我原以为父亲崇尚时新，从未留意。父亲晚年一次洗脸时，手指在右眼上抹了一下，取出一物放在桌上。我当时恰巧从一旁经过，发现桌上竟然是一只仿真眼珠，内心立刻受到极大惊吓，连忙奔去询问母亲。母亲轻描淡写说明了原因，原来父亲六岁左右与堂兄弟游戏时，被一支竹箭射中右眼，导致一目眇。从此，父亲终生佩带一只义目。

我大为震惊，气急败坏，一时说不出话来。父亲的一生经历了抗战、内战和长久的红色政治风暴，生活大起大落，体魄健全的男子尚且会丢盔弃甲，溃不成军，而失去一目的父亲始终含笑自矜，从容应对严酷环境和生活压力，这是何等不易啊！稍后我悄悄做过一次尝试，我掩住一目“独视天下”，方才半个时辰，便感到极大压抑，最后竟产生了窒息的感觉，慌慌地迫不及待解开眼上的束缚，逃也似地摆脱出来。那一忽儿，我本能地明白了，我的笑吟吟的父亲是世界上品格最坚强的男人之一，我心中充满自豪感和幸福感。我敬重父亲，热爱父亲。

终于，我渐渐悟出齐健隆“双人旁”的含义了。“双人旁”的齐健隆，世世代代的每一位成员都付出了双倍甚至多倍的努力，才创造出了历史上的辉煌，才铺展开未来的远大。

（注 1）天津原名直沽，1404 年，明永乐皇帝在此设天津卫，天津即“天子的渡口”，卫是明朝军事建制，相当于警备区，每卫有 5600 士兵编制。

本文写于 2004 年 9 月

什锦菜谱

1

中国人讲究庆祝节日，一元伊始，喜庆不断。在众多中国品牌的节日中间，春节最为隆重，四季十节，“唯此为大”。春节的重头戏却不在正月初一。事实上，正月初一这天上午，中国人很不情愿离开他们温暖的床铺，多数人流连在半梦半醒之间，并不在乎分分秒秒的流失。也就是说，如果老天爷有一次恶作剧，悄悄把正月初一屏蔽起来，也没几个中国人会留意，不会有人对此提出抗议，连一波最温柔的责备眼神也不会有。春节的乐趣，原本就不在于正月初一这一天。

那么春节最大的乐趣在哪里呢？准确地说，“高潮在节前”。乐趣自打腊月就开始了，气候越冷，趣味就越盎然，兴致就越浓厚。希望和憧憬在缤纷灯光下染色，生活变幻出无数可能的组合。农人腌制鸡鸭鹅鱼并为全家老小购置新衣，新人呼朋唤友预备步入婚礼殿堂，老家的向心力引发出一波又一波旅行大潮，上班一族手提怀抱往家里送回过节物品，孩子魂不守舍幻想着把手中的笔杆变成炮仗……趣味和兴致来自于殷切期待，来自于忙碌准备。随着除夕的日益临近，中国人越来越亲切地感受到古老的传统文化正隔着数千年岁月在柔软地抚慰自己心理上的创伤和疲惫，那的确是个人人欢欣鼓舞的时刻。

我以上都是实话实说，可是您如果不依不饶，把长长的录音话筒伸到我下巴前，非要我指认出南京人过春节的一件具体象征不可。我有些力不从心，但我发现，如果我不从命，您有可能一怒之下引爆那根爆破筒形状的可疑东西。您的助手长时间一言不发隐身在摄像机取景框后面，意味深长地瞄准我，一直不放我离开镜头上的十字线中央，如果我坚持守口如瓶，这位看上去像狙击手转业的技术青年很可能会毅然决然地习惯性地按下发射按钮。我权衡利弊，审时度势，觉得还是乖乖举起双手大声坦白这个秘密为好。我乖乖招认说，南京人过春节的最大乐趣在于烹制一道素菜，“有千里莼羹，但未下盐豉耳。”

本道菜的南京官名叫做“什锦菜”，专供烫金描银的菜谱上登录使用。南京人私下里亲切地把它叫做素菜。

“什锦菜”是一道典型的春节大菜，美在精髓，重在创意，它体现出南京老乡超群脱俗的生活品位和口舌智慧。中国的食文化博大精深，春节期间，人人征战于肉林酒池，山珍海味铺天盖地，满汉全席无一不备，一时间营养严重过剩，口味麻痹不敏，即使再添上一盘鱼唇雀胗，疲乏的肠胃也无法笑纳。无人不感到了“食疲劳”。如果南京人只端出一道构思简单、用料普通的菜肴，则完全压不住饮食界“春秋战国”的纷乱阵脚。君不见中国餐桌上，水陆毕陈，千变万化。炒、熘、爆、汆、煎、煮、蒸、烤、涮……条、丁、丝、片、块、粒、茸、段……金波玉液，象著玉杯。如果不能做到横空出世，独步天下，谁会记得住究竟哪盘菜才算得上是一道南京名菜呢？

用一道菜来凸现出南京人高古儒雅的品位，真正是谈何容易。南京在历史上十朝为都，千百年间大户人家世代簪缨，藏龙卧虎，荣华富贵，连这座城市的普通居民言行举止中都流露出士林习气，张扬着魏晋风度。那些排在菜肴龙虎榜前几名的天潢贵胄——如鱼翅海参鲍鱼燕窝——在南京人眼里，统统无下箸处，春节期间被系数弃置一旁，不屑一顾。“尊罍溢九酝，水陆罗八珍”，根本不足为奇。至于肉山脯林，烹龙炮凤，只会博得南京人一声哂笑，那是暴发户式的吃法。

惟有莼羹鲈脍，可以寄托南京市民的餐桌见识，可以发皇南京饮食文化的耳目。而在春节期间，600 万南京人唯独选中一道蔬菜，用来表达自己的饮食审美观点，“山肴野蔌，杂然而前陈者，金陵宴也”。什锦菜就这样闪亮出场了，寓高贵于平淡，化神奇于普通，犹如一名年方及笄、青春逼人的绝代仙姝，姗姗出现在披金挂银、徐娘半老的模特方阵前，反差实在是太大了。南京几百万市民，背倚紫金山沐日，足踏扬子江纳凉，内蕴十朝古都的魂魄，彰显高雅不俗、绝妙不艳的美学品格，美食文化升华到

了这种地步，才叫做臻入化境。其代表作就是这么一道不显山不露水的纯粹的素菜，

什锦菜是南京地方的一道名菜，一端上桌来，便让体系森严、谱牒古老的中国美食场出乎意外地“地震”了一把，向众人面前投放出南京食文化的一片耀眼清辉。一大盘什锦菜被南京主妇娉娉婷婷端上桌来，色泽清新，淡雅爽口，芬芳扑鼻。美食的丰富颜色和错落有致的形式美感紧紧吸引全体食客的目光，由视觉接受后又与嗅觉打通，两者共同发力，对味觉感受产生了潜移默化的重大影响。一俟您读完了本文，亲历了什锦菜精工烹制的全过程，更会领略到南京厨艺的博大精深。这道素菜由 20 余种蔬菜做成，丰富多样的物质内涵与层楼叠嶂的烹饪工艺相得益彰。南京厨艺的高明之处，在于创立独特的烹饪审美关注，善于从绘画艺术和造型艺术的角度开发中国烹饪的审美内涵，独辟蹊径，原汁原味，一下子就打动食客心灵并轻而易举地虏走所有人的好感。

2

如果您从来没有品尝过地地道道的南京什锦菜，还没有这份荣幸捉摸这道菜的滋味究竟如何，那么您的损失不可估量，我为您顿足惋惜。古往今来称得上是国色天香的东西不多，南京的什锦菜味美绝代，确实应该在中华国宝目录中牢牢占有一席地位。夸张一点说吧，撒哈拉大沙漠里有多少砂子，我就有多少文字来形容和描绘这道菜肴，介绍这道菜是得用无穷多的篇幅。如果采用数码技术把全部解说词刻录成 DVD 光盘，这张光盘怕也有足球场那么大，别说浏览内容了，您穿一双溜冰鞋从光盘这边滑过去，没五分钟您别想从光盘那边撤下来。

南京的超市柜台里面现在也销售什锦菜，要是您认为那玩意儿就是南京什锦菜的代表作，那您的采访计划就全毁了，一切彻底完了。那种在流水线上机械配制的产品，没有激情缺乏理想死气沉沉，“啪嗒，白糖 27 克……”“啪嗒，味精 5/8 盎司……”食品托拉斯千篇一律制造的“那种菜”与本人此地介绍的地道什锦菜相比，简直就是南辕北辙，二律背反。法国黑森林的松蘑和江宁菜农大棚里培育出来的平蘑是一码事吗？黑海的鲟鱼籽酱与六合鲫鱼的鱼籽可以相提并论吗？不，决不！什锦菜的制作

过程是一种博大精深的综合艺术，是一门深奥复杂的食品科学，是一次心口相传、手工完成的文化表演，在我看来，南京的什锦菜应该列入联合国濒临灭绝的人类宝贵遗产，与昆曲一样精心保护起来。不然的话，历史的悲剧就会重演，我们的后代就会指着墙上拇指长的小壁虎大声惊叫说，妈妈，我发现了一只恐龙。

什锦菜——顾名思义——是用多种蔬菜制成。具体多少种？不太好定义，因人而异，“浓妆淡抹总相宜”嘛，就像是狄更斯善写长篇巨制，马克·吐温偏爱短篇小说，材料多少不是关键，精心选料，妙手烹制才是诀窍。一般来说，选料品种的下限不宜低于20种，而上限则不论。但我私下里认为，假若某位美食家想创造一个什锦菜的基尼斯世界纪录，冒险凑上50种、甚至80种蔬菜斗胆来个“一锅端”，其下场必定惨不忍睹。这盘大杂烩一旦新鲜出炉，厨房所有人员立刻会呼吸困难血压升高心动过速，侍者肩胛僵硬屏住鼻息托起菜盘一路疾走冒着风险出现在大堂，餐厅里尖叫声四起，敏感的女士接二连三昏倒，失手打破的酒杯像鞭炮响成一片。侍者没有别的选择，只有加快步伐从侧门窜出去一直奔向餐厅后场，连盘子带菜一古脑儿扣进泔水大桶中去。因为那种堆砌品种的做法，实在为美食家所不齿，纯粹是在煮猪食。

3

每次南京市民家庭烹制什锦菜都是一项费时费力的重大工程，事先您得策划于密室，流连于菜场。您得对那些销售二等品甚至等外品蔬菜的供应商坚定地摇头，大声说“不”，决不能让这项了不起的事业毁坏在狡黠小贩的手里。清代袁枚在《随园食单》中曾说，“凡物各有先天，如人各有资禀。物性不良，虽易牙烹之，亦无味也。”这位美食大家又称：“大抵一席佳肴，司厨之功居其六，买办之功居其四。”由此可见买菜的重大意义。比如购买菠菜，您得选用叶面不超过二分硬币大小的那种碧绿水灵的小菠菜，凡是脸大臂粗的气势轩昂的菠菜界大汉，蔬菜商白送给您也不能用。因为您得讲究用料搭配呀，您想想看，各种食材都是袖珍身段，不能过于悬殊呀，就像鼓楼幼儿园小二班上，一排板凳高的小朋友正在唱歌，突然老师牵手领进一名身高两米流着口涎的巨无霸，谁看着也别扭。在采购过程中，您得时时刻刻睁大眼睛，仔细辨别水芹、蒲芹、白芹、洋芹和药芹之间的不同，把凡是不用南京本地特产的“高脚白”大青菜腌制的咸菜坚决推向一边弃之不用。这需要一定的专业知识和负责精神，还需要极大的定力。总之您要细心取舍，有所买，有所不买。

采购结束，那只是万里长征走完了第一步。更繁重的理菜劳动开始了。理菜就像是一场蔬菜界的“选美”活动，棵棵筛选，必须仔细。您只要设想一下，把一大草篮野荠菜加上一大竹筐豌豆苗全部摘干净要花多少时间，您就明白了这道工序实在是漫长而且累人，非强劳力不能胜其任。黄豆芽必须除根，叶菜要削根去帮，删繁就简，去芜存精。说来也怪，荠菜呀菠菜呀拿在手里的时候也没觉得有多脏，可一下到水里就全不同了，“黄河夺淮”的历史悲剧便立刻在洗菜盆里真实地再现了。滚滚泥汤，泛滥成灾，洗上五遍八遍也不见得能洗干净，好像那些翠绿的小叶片始终在源源不断地演变成浑浊的泥沙。待到把 20 多样蔬菜全部摘清洗净，洗菜工也差不多累得腰酸背痛，不思茶饭了。

大厨师初露锋芒，牛刀小试，要事先对一些菜肴进行预处理。胡萝卜必须在几天前就切成细丝，摊在竹匾里晒干。花生米要用盐水煮熟。黑木耳，黄花菜和香菇都要用清水泡发。腌生姜和腌菜瓜可以在南北货商店买到，您不必亲力亲为，说实话一般家庭手艺也未必能腌好这两样东西。切菜更是很有讲究，譬如鲜藕不能剁成丝，要切成片状，这是中国人过节的讲究，每只藕眼要保存完整，“路路通”嘛，菜未进嘴，首先讨个吉利的口彩。等到该切丝的全部切成了丝，该切片的全部切成了片，荠菜、菠菜和豌豆苗保持着原生态的整棵状态，碧绿可爱，亭亭玉立。这幕戏的第一场就此结束，粗杂人等统统立正稍息，退后让到一边儿去，下面该大厨师和火头军粉墨登场了。

炒什锦菜讲究用火，火头要大要暴，温度要高，对此我的经验尤其丰富。我年少时不止一次在家中主动帮厨，目的是在一本正经帮忙的幌子下偷偷过一把玩火的瘾。每逢烹制什锦菜的时候，母亲为了争取更大的活动空间，便把阵地从厨房转移到院子中来，特地在小院中支起一口大号缸灶，大批硬木材整齐排列在一旁。见到此情此景我便欣喜非常，立刻“投笔从戎”主动当上火头军。我坐在小板凳上，面孔凑近灶膛，塞进一大团刨花，划着一根火柴投进去。火焰始而灿灿，继而煌煌，后来呼呼喷射，情景十分壮观。然后我不断调整炉膛中硬木材的位置，一般搭成井字形，下面架空，以利充分燃烧。我灵巧地使用铁火钳，不断续柴添木，绝不敷衍了事。遇到炉膛里火焰过大缺氧熄灭时，忠于职守的我立刻迎难而上，眯起眼睛俯向烟雾，一面被呛得不断咳嗽，一面伸出铜吹火筒直达灶膛死角，大口大口鼓吹入新鲜空气，直到炉膛里“轰”的一声木材又开始充分燃烧。在我的亲自主持下，炉膛里总是火焰熊熊甚至是“供过于求”一再从灶口“夺门而出”，那情景不似是家庭炒菜，倒像是深山道观中术士在炼制金丹。话说回来，“炼丹”一事倒真还不是子虚乌有，趁母亲专注于炒菜无暇分心之际，我便偷偷干点私活儿，把打弹弓用的黄泥弹子塞进炉膛中去烧。每当“什锦菜工程”收工后，我从通红的木炭中间扒出一批弹子，颗颗坚如顽石，无坚不摧，杀伤力比得上机制霰弹。我很遗憾没有留下几粒“齐窑”烧制的泥弹子保存到现在，我怀疑这种来自民间的泥制弹子甚至可以洞穿美制 M1 艾布拉姆斯主战坦克坚硬的钢甲。您还真的不要不信，您只要看见当时炉膛中熊熊烈火，再看上一眼陶瓷一样闪闪发光的泥弹子，您就明白是怎么回事了。

4

炒什锦菜的时候，究竟哪一样菜先下锅？这里面可大有讲究，起手绝不能随便，有严格的秩序之分。这就像计算机操作有着严格的路径和顺序，不允许搞错其中的任何一个步骤。假若有人在烹饪的迷宫中走错了第一步，往往会招致满盘皆输，导致您晕头转向找不到北不知道面前是到了哪里。您也许最初从红地毯上出发春风得意顾盼生辉，最后却狼狈不堪顶起下水道盖子从马路下面钻出来。

油香之后，下锅的第一道菜永远是黄豆芽，铲起铲落，满目是活泼乱跳的小音符，个个造型是“如意”，这是在祝贺主人大吉大利，万事胜意。黄豆芽在民间又被称为如意菜，辞旧迎新是头一口彩。等到带有祭祀意义的黄豆芽做成牺牲端到大盘上供起来后，腌菜呀豆制品呀才随之陆续下锅，而绿叶蔬菜一般要留在后期加工，因为什锦菜烹制的时间一般较长，往往要超过两小时，如果绿叶菜下锅太早，炒出来后被捂黄了十分影响美观。菠菜之类的叶菜更是要偏后下锅，以保持翠绿欲滴的色彩。

“封锅之菜”通常是鲜藕。鲜藕易碎，而什锦菜在陆续制作过程中要在大盆中不断搅拌均匀，如果鲜藕提前出锅，七搅八拌地会把娇嫩藕片弄得支零破碎，最后没了个看相。如今生活水平提高，食客十分强调食物的品相，朱元璋在发迹之前如果不是沦落到吃“翡翠白玉汤”的地步，决不会留恋口味混杂全无看相的乞丐饭菜。约定俗成，鲜藕为什锦大菜最后的“一锤定音”，而其他十数道、甚至数十道食材的烹调顺序，掌勺人可以自主确定，并无一定之论。什锦菜制作的全过程，是在无拘无束激情迸发的自由中完成的，因此左右街坊各家的什锦菜即使食材完全相同，炒出来后风味还是会有千变万化，由此大大增加了什锦菜的烹制乐趣，丰富了这道菜肴的烹饪风格和内涵。

一道道蔬菜必须单独下锅烹炒，各自的调味品尽管使用，该放糖的放糖，该洒盐的洒盐。但是在我印象中间，一般不用酱油、味精或葱姜蒜等佐料，以保持总体上的清新明快及口味纯正。各道菜炒好后逐一起锅，相继倒入一只巨型的广口容器里，每炒好一道菜，就必须用竹筷及时搅拌均匀，不然的话，最后二十几道菜推砌在一起就很难拌开。如果搅拌得不均匀，不仅严重影响美观，简直就是关乎到这道菜的胜负大局。倘若上桌后客人每挟一筷子上盛在盘子里，却不是花团锦簇的六七个品种五颜六色美不胜收，而全是清一色暗乎乎的雪里蕻之类，那么当初不如索性直接炒一盘雪里蕻肉丝得了，不要连带败坏了南京什锦菜的旷世名气。难吃事小，名节事大。盛放什锦菜的容器必须要大，最好是敞口的，以利于菜肴的热气尽快散尽，尽可能保持住蔬菜本来的色彩。好在烹制什锦菜时南京一般都是寒冬腊月，冰雪交加，朔风侵骨，热腾腾的蔬菜转眼就变得冰凉，这特别有利于保鲜，并做到了原汁原味不走样。

什锦菜全部炒好并搅拌均匀后，当菜温下降到人体温度那般上下，再将整瓶的小磨麻油来回淋浇到菜上，让麻油渗透浸入，烹制工程便宣布告成。

最后一道程序属于是礼仪性，乃是选择一双适合这盛大典礼使用的古朴竹筷，挟起一筷子什锦菜送进嘴里细细咀嚼品尝。倒不是如果您使用了一双纯银筷子，这盆什锦菜的味道就会逊色，而是在这种典雅场合下，原始朴素显得最自然和谐。当然，越是自然和谐，也就越是顶级拔尖。

无论您事先做好了何种的思想准备，也无论您一生中品尝过多少种山珍海味，积累了几多美食经验，一旦您往嘴中送入了一口刚才炒好的什锦菜，闭口咬合，细细品嚼，一种极大的快感会像一辆磁悬浮列车带着您直升上天堂。从此以后，您的味觉审美标准会被颠覆、推翻和更新。传统的中国文化从总体上讲是一种乐感文化，这种乐感文化在饮食文化——具体地来说是在一盘南京品牌的什锦菜上——可以达到非常成熟非常精致的程度，进入了巅峰状态。

"齿颊留香"，我的天哪，留香又岂止在唇齿之间，这是一捧何其动人的情怀，一种经久不忘的感情历程，是一群叫做人的动物与一部分蔬菜植物之间的惊天动地的情感交流。下颚的咬合过去主要靠植物神经指挥，现在则唤起一阵强大的磁力切割通过了全身心，吸引牙齿不断地忘我运动，激起了空前美好的向往……一旦启齿，欲罢便不能。一片清新和芬芳长久耽留在个人的骨髓深处和精神上空，幻化出高不可攀的极品审美境界。品尝完这道菜，第一个钻进脑中的念头就是：大隐隐于市啊。

什锦菜过去是我母亲的厨艺品牌，母亲年事已高之后，退为家庭炊事总监，这道菜又成了我妻子的镇厨之宝。在传统的什锦菜烹饪规范中，母亲和妻子各自推出了个性化创意，峰回路转收到了意想不到的效果和韵味，形成了不同的鲜明风格。这大概是主厨们在进入化境之后，一种得心应手挥洒自如的自由，充满创造意识的进取自由，张扬个性和才情的审美自由，冲破固有烹饪模式后获得的个性化自由。什锦菜的历史发展到此，成就了一部伟大的作品，如同"左旋螺"弥足珍贵，不同的是"左旋螺"属于造物主的神来之笔可遇而不可求，而什锦菜却在千家万户南京人的餐桌上飘香。

在我这名南京男人的眼中，什锦菜还是一道有性别的菜，它充分体现出了南方女性的清丽和婉约。母亲是直隶人，她老人家出生时满清王朝尚有几个月寿辰未及推翻，母亲后大半辈子住在石头城内，深得南京文化的真传。而妻子是苏州人，吴侬软语的背后蕴积着吴楚文化的深厚内涵。就性格秉性而言，燕赵女性和吴楚女性判然有别，但就心灵细腻和感悟准确来说，女性在烹饪时能够把握住各种蔬菜的优点和不足，也只有女性才会通过扬抑和取舍的复杂手段，最终理顺了在不同条件下什锦菜谱系的最佳配合关系。什锦菜命中注定要在南京面世，这与南京的自然环境和地域文化休戚相关。这道菜的一招一式背后，体现出以优雅、适度为主体的南方文人文化，显示出闲适、中庸的饮食风格，清丽而且淡雅，具有不可抵挡的超凡魅力。

一般而言，食者的味觉快感属于较低的生理层次，这是从把味觉快感孤立起来的角度来看。一旦味觉快感与其它感官的感受错综联系起来，味觉审美向其它审美领域——如视觉、嗅觉、听觉——渗透延伸后，会产生出一种整体性美感，反过来就会极大地强化美的感受程度。品尝过正宗的南京什锦菜后，您一定会惊叹于南京什锦菜无穷无尽的造化，我相信那不是一次短暂的“领悟”，那其实是一次永远的“得道”。

5

话说到这个地步，读者立马来了兴趣，急于撩开红盖头来，见识一下正宗南京什锦菜的菜谱。

假若这份菜谱来自美国微软公司这样的世界超级企业，气量肯定特别小，一准要噜噜苏苏申请专利，绞尽脑汁搞出来“什锦菜 98”，“什锦菜 2000”，“什锦菜 XP”……公司的安全部门铁定会严密封锁源代码，不准泄密，又要派出代表团远赴五大洲去交涉知识产权。说不定还会授意弄出一些伪版本，还有真真假假病毒，令您吃了以后找不着北。末了还要捆绑上许多从属产品一同销售，比如什么什锦菜搜索引擎、什锦菜游戏大礼包等等。而日本代表团则另有自己的一套，他们会在参观途中对全过程秘密摄像，再弯下腰故意把领带浸进什锦菜汤，预备带回去后在研究室中仔细分析，然后研制出一种罐头什锦菜，轰轰隆隆大张声势返销中国大陆。

这些现象有些没错，但令人感到很累，作为泱泱大国的华夏会换一种方式来处理这个问题。既然是大家喜欢，既然是有利于全人类的口惠，这份菜谱白白奉送给您又何妨。南京的主人会大大方方请您在家庭餐桌前就坐，上尖竖流盛一大碗什锦菜给您端到面前，耐着性子伺候您一口等不及一口地全部咽下肚去。在您心满意足打着饱嗝舔净盘子之前，一份烫金描银的正宗什锦菜菜谱加上整套加工工艺流程文件工工整整放进文件夹，请您赏光务必随身带走。数千年的礼义之邦嘛，不能让铜臭气息败坏了传统形象。

在公布这份菜谱之前，我感到很轻松。假如在2011年春节期间，Internet网上有三百种语言在交流这份菜谱，假如全世界的黄孩子、白孩子、黑孩子、红孩子、蓝孩子、金孩子、银孩子、钻石孩子统统系好餐巾，拉近盘子，大吃特吃这道南京名菜，我会感到极其愉快。

春节期间，南京的室外气温最低，特别有利于菜肴保存。有条件的南京家庭都会特意炒上一大瓷钵什锦菜，一部分馈赠亲朋好友，自己也可以美美多吃上几天。在花费了巨大人力资源的前提下，产品数量的适当增多，效益也会同步增加，经济矢量学课程的道理看来在民间不是没有基础。

以下便是按照“一大瓷钵”的概念，来确定一道什锦菜的配菜数量。我家的“一大瓷钵”容积，相当于一个能坐进6个月婴儿的大脸盆，容积大约在10公斤左右，请原谅在此我没有采用金匮石室里菜谱的标准计量方式。

以下就是炒制“一大瓷钵”什锦菜需要的基本原料：

“雪里蕻　1.5公斤　“九头鸟”品牌，切丝

“腌大青菜　1.5公斤　南京特产“高脚白”大青菜，切丝

“胡萝卜丝　0.8公斤　晒干后使用

“鲜藕　0.8公斤　切片

“腌生姜　0.1公斤　切丝

“腌菜瓜　0.1公斤　切丝

“水芹　0.8公斤　切丝

“白芹　0.8公斤　切丝

“蒲芹　0.8公斤　切丝

“菠菜　0.8公斤　整棵

“荠菜　0.5公斤　整棵

“豌豆苗　0.5公斤　整株

“豆腐果　0.3公斤　切丝

“酱油干　8块　切片

“茨菰　　　　　　0.5 公斤　切丝

“黑木耳　　　　　0.1 公斤　泡发，整株

“香菇　　　　　　0.2 公斤　泡发，切丝

“黄花菜　　　　　0.1 公斤　泡发，整棵

“花生米　　　　　0.5 公斤　盐水煮熟

“薄千张　　　　　10 张　　切丝

“黄豆芽　　　　　0.8 公斤　整棵

“冬笋　　　　　　0.8 公斤　切丝

……

辅料则有豆油 4 斤，麻油 1 斤，作料有盐和白糖。忌酱油。”

以上就是一种伟大的蔬菜魔法在演出前需准备的全部原材料，看起来十分平常和普通，但是正如任何魔法一样，在平常和普通中孕育着非凡和伟大。一把能飞起来的女巫扫帚，与千千万万把只能用来清扫大街的扫帚一族，最终拉开了巨大距离。

林林总总一大盘南京什锦菜端上桌来，五颜六色，异香扑鼻，满桌生辉，首先提供了视觉上的欣赏享受，以“颜色什锦”冲击食客的注意力。世界上从来没有一种菜肴能够像什锦菜这样具有如此丰富的美丽颜色。白色洁净清淡明快，红色强烈鲜明浓厚，黄色愉快温暖含蓄，绿色清新鲜嫩淡雅，褐色沉稳浓郁芳香……什锦菜在配色上达到了完美无缺的地步。色彩的反差和渲染均达到极致。一方面五色鲜明，另一方面五味俱全，什锦菜在色香味上的和谐统一，给人悦目赏心的享受。面对如此一盘世界上最美丽的菜肴，金龟换酒的故事油然浮起在心头，太空中仿佛听见李太白式在慷慨陈词：“五花马，千金裘，呼儿将出换美酒，与尔同销万古愁。”

最后透露一个秘密，什锦菜一定要凉吃。除夕之夜，当您大开吃戒，把鸡胗鸭掌鱼翅海参龙虾卤肉乳猪花蟹烤全驼一起收入胃囊后，您再夹上一大筷子冰凉的什锦菜送入口中，快试试看。

天哪，您会立刻感觉到清凉爽口，香脆滑嫩，齿颊生津，这世界上由于社会的政治的人事的亲属的复杂纠葛制造出的种种不快和郁闷立马消失，仿佛是三伏天的火辣辣太阳顿时隐入云彩后面。

而一轮无比温柔、清凉可人的月亮温馨地移出来，暗中靠近了您，惬意的凉风恰到好处地呵护着您的身体，抚摸您的耳轮、手指和后背。一股来自深山密林的新鲜空气亲切依偎着您，屏退了大都市那部分由机动车废气、飘扬尘土、化工厂烟雾和别人肺部吐出来的废气混合成的有害气体。您的肺叶此时就像一朵娇嫩的玫瑰花儿羞羞答答完全开放了。精神和肉体鸾凤和鸣，此时此刻，您一定会欣然同意：南京的什锦菜确实名不虚传。

南京什锦菜，久已专美于前，今后当然是天下第一。

一稿于 2002 年 3 月

二稿于 2010 年 6 月

我心敬畏

人类要不要敬畏自然，围绕这个命题展开了一场大辩论，各方的意见尖锐分歧，论争也很激烈。此处所说的“自然”，是一个内容宽泛的宏大概念，除了人类之外，大约涵盖了包括宇宙万物在内的整个大千世界。

在我看来，人类要否敬畏自然，答案不在于对于客观尺度的拿捏，更无须对自然万物做出价值判断，“人为地”去评判什么值得敬畏，什么可以忽略。因为人类对于自然的认识永远是一个渐进的过程，不可能超越时代的局限性来拔高自己对于客观世界的认识。再说把视线总是紧盯住客体与人类的利益关系，其结论就不可避免地带有片面性和局限性。我认为“人类要否敬畏自然”的答案，须紧扣人类行为的本体做出内省，从主观上思考人性有无底线，与人性相对应的人类行为有无底线，以及人类应以何等方式对应自己的底线等。那些受到宗教、信仰、道德、法律、文化约束的人群（以下简称“敬畏一族”），行为举止的底线清晰可见，其行动的范围、效果和善后基本上可以预见。而那些认为自然不过是人类社会的配角、人类有权按照自己的意思向自然进取和攫夺、人类底线“无穷尽也”的人群（以下简称“大无畏一族”），举手投足每每振聋发聩，人类历史包括地球史的进程因此意外地一次次被改写。

人性和人类行为到底有没有底线呢？我认为肯定是有的。人类的底线非但存在，而且尺度明确，界线严格，分野判然。所谓底线实际上也就是人类行为的边界，刀斧锄镰、枪炮箭弩统统到此为止，不越雷池一步。把底线视作是人类社会有序发展的准绳和原则，一点也不为过。“敬畏一族”与“大无畏一族”的根本分歧，就在于对自己的行为到底是应该约束还是不应该受约束存在着认识上的不同。认为不必敬畏自然的观点，首先在思想上就不承认人类的底线，自以为“人类至上”，不想接受任何约束和节制，“兜底”亮出了人性偏狭和自私的一面。

人类的底线是在漫长历史中形成和确定下来的。人类在与自然界的长期矛盾冲突中权衡利弊，比较得失，总结教训，最后寻找到了平衡点，产生了自我约束的要求，这约束就是人类的底线。美国人在墨西哥湾海面钓鱼，一名钓者每次只能钓 3 条红鼓鱼，红鼓鱼不得小于 20 英寸（50.8 厘米），也不能大于 28 英寸（71.12 厘米）。这几个数据就是垂钓者必须恪守的底线。凡不符合标准的鱼钓到手，即使差一毫米都要扔回海里去放生。据统计，2001 年全美游钓的海洋渔获总量为 4.42 亿尾，其中多一半约 2.5 亿多尾被钓鱼者按照保护资源的相关规定又放归了大海。而沈阳大东区长安路附近运河边上张网捕鱼的渔网则极为细密，当地人称“绝户网”，连一寸（3.33 厘米）长的小鱼儿都在劫难逃，所有水生的鱼虾螺蛳一律“斩尽杀绝”，张网者和那些对这件事情负有责任的管理者，至少在“渔利”这件事情上就是没有原则或谓底线。

在同一人类底线面前——如遵守交通规则——人群不同，态度不同，结局也可能迥异。有人把底线当一回事，认真遵守严谨执行，红灯止，绿灯行，机动车自行车行人各行其道。而有人对底线熟视无睹，偏要压黄线闯红灯超速行驶任意变道，视交通法规和公共秩序如无物。2005 年中国交通事故死亡人数接近 9.9 万人，居全球最高，相当于世界上最近一次战争——伊拉克战争——美军死亡人数的 348 倍（此处统计美军在战场死亡人数截止到伊拉克战争开始后的第 5 个月为止，而那场战争其实一个多月就算打完了）。

人类行为底线的明晰化和得到公认，是随着文明程度的发展在历史进程中逐渐形成的。有些原则起初并不明确，如在战争中如何处置俘虏，“秦将白起破赵，坑降卒四十万”，白起在长平之战大规模屠俘的行为，“赵人大震”，世人也大震。20 世纪经历了两次世界大战，俘虏的安全和待遇问题提上了议事日程，《关于战俘待遇的日内瓦公约》明确提出了不准杀害和虐待俘虏，战俘待遇有了一个公认的底线，自那以后，俘虏的命运在多数情况下得到了明显保障和改善。但人类的底线常常会被肆意践踏，有约在先有时也不能完全保证战俘们的权益甚至性命。1939 年，前苏联与法西斯德国暗中勾结沆瀣一气瓜分了波兰，前苏联内务部在卡廷森林秘密杀害被俘的波兰军官 2 万多人，在前苏联主导的众多国际“大手笔”事件中，又添上一笔耸人听闻的世界纪录。

人类对于底线的不同态度，取决于不同的法规制度，文化教育，品行道德素养，还与公共道德水平，社会组织力量，公正裁判和相应处罚等相关。文明程度较高及社会保障系统较完善的人群，通常在主观上把恪守底线当作一件重要事情，以期达到制度进步、社会和谐、环境完善的长远目标。在重视底线的人群那里，底线通常表现为一道分界，或者说是提供了一种标准，按照这种标准去做，美洲北部和非洲南部一度肆虐的种族歧视最终转换为种族和谐，说明人类自律自制后，原先存在的社会缺陷就有可能得到纠正。而在漠视底线的人群那里，既向大自然过分强调人类的片面权益，又向人类社会表现出强势群体的自私和专横，如果社会的约束再不到位，那么沸反盈天，乱成一锅粥的局面就不可避免。以银行的“一米线”为例，一些人循规蹈矩，另一些人则毫不介意，两类人群的行为举止判然有别。前者敬重“一米线”所体现出的人类公共道德标准，把“一米线”视作是衡量自身文明程度的一个尺度，表现出对社会秩序的拥戴和对他人隐私的尊重。而后者则“根本烦不了那么多了”，插队喧哗，旁若无人，犹入无人之境。银行短短的“一米线”，可真是人类进步史上的一段漫长的距离。

社会有时候会根据需要临时划出一条底线来，要求人们遵守，如中国的独生子女政策。既然国家要求“独生”，遵纪守法的家庭便只生一个孩子。来帮我家封闭阳台工程的安徽籍王老板年龄比我小一两岁，他赫然生有五个孩子，三个儿子初中毕业就在他的小工程队里干活。别人多子多福我倒是没有意见，我心里考虑的是，如果明天真的搞民主选举，王老板一家有七张选票，而我家只有三张，这种票决局面的落后，是对所有遵守国家计生政策的人的一个极大讥讽。这个例子提醒我们，相对“大无畏一族”来说，“敬畏一族”很容易就落于下风。

潜意识中有底线存在，在态度上表现出来就是敬畏自然和社会自律，而无论其本人自觉不自觉、意识不意识、承认不承认“敬畏”这个词汇的意义。一些口头上自诩“大无畏一族”的人，并非对于恪守底线抱有多少成见，只不过他们在意识中更倾向于追求心灵解放和人生洒脱，个性更加张扬罢了。

“大无畏一族”的“族”史，与“敬畏一族”的“族”史一样久远悠长，从焚书坑儒到“9.11”事件，从义和团的法术到克隆人实验，虽不能说“凡悲剧都是没有敬畏之心的人造成的”，但是反观中外历史灾难性事件，多数都是“以个别人或极少数人大无畏”开始，最后以“全社会千疮百孔”收场。

2003 年，一个叫做 SARS 的新鲜病名从中国叫响，震惊整个世界，公共秩序一度纷乱，国民经济损失严重。在 SARS 成病原因上，一种野生小动物果子狸难脱干系，据说广州发现非典疑似病例样本的 S 基因序列，与果子狸携带的 SARS 冠状病毒的 S 基因序列具有“高度同源性”。果子狸是否属于“山珍”我不清楚，南方某省的食品好像也并不匮乏，没有必要一定要用果子狸充饥。一些食客无节制地大快朵颐，终于惹火烧身弄出惊天动地的一个大动静来，实在是一种咎由自取。由于 SARS 的高度传染性和致命性，联带上全国人民一起“连坐”，被迫“有难同当”了一把，至今仍记忆犹新。中国有 13 亿张嘴山吃海喝并不可怕，可怕的是不知自爱“吃出毛病来”，况且是吃出一种可怕的大毛病来。那时节在公交车上轻轻咳嗽一声都会引起大众的恐慌，一时间无人敢再说人类的“吃”没有个底线，处处告诫“莫贪食啦”。

“大无畏一族”并非总是以饕餮食客的嘴脸出现，在更多情况下，他们衣冠楚楚，冠冕堂皇，科学家礼帽，企业家光环，一样不缺。三门峡水电站曾是科学利用自然能源的一个典型，当时有诗人热情讴歌：“望三门，三门开，黄河之水天上来。”不幸一语成谶。资料显示，黄河三门峡水电站 1960 年 9 月建成蓄水，到 1962 年 3 月其上游渭河潼关河床就抬高了 45 米，汹涌黄河水真正成了“天上来”，渭河成了地上悬河，严重危害关中平原的安全。三五年一遇的洪水流量，就形成了 50 年不遇的特大洪灾，“小水酿大灾”。专家和院士们共同呼吁三门峡水库应该尽快停止蓄水和发电。一个大坝的主要功能是蓄水和发电，主要功能的丧失便意味着大坝的死亡。三门峡水电站作为中国政府治理黄河的第一项大型水利工程，现在看来当初的“科学论据”多不科学，其效用适得其反，整个工程弊大于利是一个败笔，遭到了大自然默不出声的报复，还遗留下一个沉重的历史包袱留给子孙们去面对。

历史上有无数沉痛的教训，告诫后人要“有所为，有所不为”。但总是有人自信满满，无视人类的底线，自以为“人定胜天”。曾几何时“征服宇宙，改造自然”之类的口号响彻耳际，这种大无畏的世界观受到了官方推波助澜和着力宣扬，它把宇宙看作是人类社会的从属物，任予取之，任予处之，要把人类意志（准确地说是少数人意志）强加于宇宙万物。树该不该砍，湖该不该填，羊要不要养那么多，三季稻该不该提倡，完全是凭长官意志决定。几十年来，这种生猛无比的“大无畏”精神给中国造成极大损害，产生的恶果“盈筐满箧”，不胜枚举。大炼钢铁，农村合作化，滥伐树木，破坏植被，排放废物，污染江河……心中没有准绳，“摸着石头过河”走到哪里算哪里。“大无畏”人群习惯了对于大自然为所欲为，名义上标榜着要顾全全人类的利益，实际上是只符合少数利益集团的需要。既损害了整个自然界又损害了人类世界的绝大多数，给大自然和人类环境造成莫大损害，干出许多“把手伸进火里烤熟了充饥”之类的蠢事来。

人类之渺小，只有人类之狂妄自大可以“媲美”。那些无所畏惧的人，其行为往往不欲控制，临到关键时刻，一定会无所不为，一定会无所不用其极。希特勒在法西斯政权灭亡之前，先是下令毁灭巴黎和华沙，后来又下令彻底毁灭柏林，体现出了战争狂人歇斯底里的阴暗心理。如果不是一批德国高级军官良心未泯暗中抵制，时至今日这几座城市的辉煌文明恐怕就只能与庞贝古城遗址等量齐观了。“大无畏”的人生观的极度扩张造成了一系列严重后果。一是在人类与自然之间，片面强调少数人利益，恣意损害地球环境，掠夺其他物种利益。二是在人类短期利益与长期利益之间，寅食卯粮，片面追求现世利益，加速加重加大了人类的长期生存危机。三是在个人利益与群体利益之间，大肆攫取个人利益。当然，所有个人利益的巧取豪夺，无一不是以“阶级”、“人民”和“革命”的名义进行的。至于种种借口是否障得住旁人耳目，那就顾不了那么多了。

人对自然的认识是阶段性的，人类认识的提高永无止境。早期人类的目标是追求温饱，后来是发展机械和能源，现在是研究干细胞胚胎，将来还要走向宇宙深处。无论到了什么时候，人类与自然的关系都是人类对于自然规律这一研究过程的深化、细化和进化，而不是“穷尽”。都是对于自然提供的一切可能性进行人工利用，而非将人类意志凌驾于自然界之上。生活在二维空间的蚂蚁不能完全认识到三维世界的存在而始终局限在狭小的认识范围，人类或许就是两足的“三维蚂蚁”，对于自然界或许存在四维、五维和六维的世界缺少足够的认识能力。如果人类能自省缺陷，转换视角，可能会以更加自觉的敬畏态度对待自然界。

地球上生物链的形成至今有上亿年历史，物种间的相克相成，自有一套规律，毋庸人类干预。“人类利益至上”的人类活动法则既不符合自然界其它物种的利益，从根本上来说也不符合人类本身的利益。人类利益的最大化只有在其利益兑现方式与自然法则一致时才能实现，除此之外，只会是两败俱伤。崇尚自然并非不要利用自然，而是提倡更清醒地认识自然规律，把不损害自然规律列为“物为我用”的重要前提，在符合自然规律的条件下，进而利用自然资源为人类利益服务。如受到普遍谴责的活熊取胆，就体现出一种无视其他物种基本生存权益的典型的赤裸裸的绝对自私，牟利手段过于残忍和下作，到了路人不齿的地步。作为有组织的生物群种，人类活动容易由于决策群体的短视而误入歧途，一味贪恋即得的局部的小团体利益，损害了长久的全局的全人类的利益。当今社会高度商业化，“拜物质教”潜移默化转为生活的主旋律，人类心灵难逃市场经济的腐蚀。要做到“心灵去商业化”并保持清醒的独立，是一件很难的事情。不尊重自然的人，自然也不尊重他，2005 年初印度洋一次海啸显示出无边威力，十数万生灵顷刻间灰飞烟灭。舆论再次清醒意识到人类不过是一种渺小的生物，自然界的规律我们远未掌握，自然界的威力我们远难应对。“力单势弱”的人类却口口声声妄言“不必敬畏自然”，充其量只是演绎了一出唐吉坷德式的神话。

2004 年 10 月，全国政协人口资源环境委员会和中国发展研究院共同组织“保护长江万里行”考察队，在对长江主要流域进行调研后宣布：长江的生态寿命只余下十年，这意味着没多长时间给人类折腾了。黑格尔说：“当人类欢呼对自然的胜利之时，也就是自然对人类惩罚的开始。”说实话，与“大无畏一族”挤在同一条船上，其他人真得多多留神。

长期以来，人类历史始终受到一条不成文规律的嘲弄，这规律简单说来就是“正不压邪”，或者叫做“善不敌恶”。真善美的阵营看上去人多势众，显示出盛大的气势，但常常在极少数人一手炮制出的假丑恶面前落于下风，败下阵来。后者的言行举止往往悍然出位，对他们来说，道德、名誉、信用、尊严、理想、价值……统统是捆绳和绊索，必须无情抛弃。“大无畏一族”投鼠从不忌器，行事处世便压过了恪守底线的“敬畏一族”一头。再加上施展了一些权谋和诡计，“大无畏一族”便可以“以少搏多”逆转局势击败正义和道德，最后掌控全盘，颠倒乾坤，一再大获全胜。人类史上的这种怪异局面，真正令人大跌眼镜。

公交站台上少数不遵守秩序的插队者，其上车速度和寻到座位的几率，永远领先于规矩排队的乘客。不同人群为等车付出的时间和努力遂与其成效不成正比，这是日常生活中最常见的以不同态度对待底线的不同结果。在寻常外出时浪费一点排队等车时间并无紧要关系，人们通常不会介意。但如果兹事体大，牵涉到财产生命——譬如决斗——那就不能小觑，对待底线的不同态度就可能引发严重后果，一方作弊提前开枪，恪守底线静候射击信号的另一方，就会付出鲜血乃至生命的代价。

“善不敌恶”这条规律无数次证明，破坏底线的人凭借着无所顾忌，一次次赢过恪守底线的人。细菌战和化学战玉石俱焚，“大无畏一族”冒天下之大不韪而为之，就能陷对手于失败或丧命。1988 年 3 月，萨达姆政权为惩戒本国的库尔德人和遏制伊朗军队的进攻，命令伊拉克空军对阿拉卜贾镇实施化学攻击，投下大量装有神经毒剂、芥子气和氢氰酸的化学炸弹，造成五千余人死亡，万余人中毒的惨烈局面，有效地扭转了战局。历史上一位独裁统治者的出现，一次推翻民选政府的军事政变，一个极端主义的政党执政，会极大地破坏民主、民生和民治，把现代文明社会一次性拉回到中世纪的黑暗年代。在工业革命之前，在人类文明史的主轴上多是落后文明征服先进文明。蒙元取代赵宋王朝，满清取代朱明王朝，都是野蛮对于文明的战胜，落后对于先进的占领，愚昧对于教化的践踏。宋朝重文、重商、重贸易，史学家邓广铭教授认为“宋代是我国封建社会发展的最高阶段，其物质文明和精神文明所达到的高度，在中国整个封建社会历史时期之内，可以说是空前绝后的。”然而宋代也是中国历史上第一个让野蛮民族整体性占领并从此实施残暴统治的朝代，1127 年金军陷汴梁，北宋朝廷被一锅端。1276 年元军攻占临安，南宋亡。

蒙古当时是游牧狩猎文明，其经济文化总量与中原的农业文明不能比肩而谈。蒙古统治者政治上的落后更是对宋代开明政治的一种逆转，元朝实行了极端愚昧的民族压迫政策，将全国人分为贵贱四等，即蒙古人、色目人(西夏、回回、西域等地人口)、北方汉人和南方汉人，同时废除科举，强烈排斥汉族文化。后来夺取中国政权的满清统治者则以一道剃发令毁损了汉族千年的衣冠文明，清王朝在科举取士和选拔官吏上，更是有许多不公平的政策，

蔑视底线的最高形式就是屠杀，是彻底的肉身消灭。蒙古人在征服世界的过程中灭国无数，许多民族被斩尽杀绝。在人类的进化史上，蒙古人对世界的征服几乎没有任何意义，只酿成了一系列巨大的灾难。据不完全统计，蒙古人整座屠光的大城市不下五十多座。1215 年，成吉思汗攻陷金国都城中都（即北京），屠城逾月。1221 年，蒙古人第一次西征对乌兹别克斯坦的撒马尔罕城进行了疯狂屠杀。1227 年元灭西夏，成吉思汗临终前发出灭绝指令：“殄灭无遗，以灭之、以死之。”蒙古大军血屠西夏都城兴庆府（今银川市）和西夏境内的居民，党项民族从此灭绝。1231 年，成吉思汗的儿子拖雷引兵攻掠四川大肆屠戮成都居民。1258 年，蒙古铁骑攻陷巴格达，底格里斯河水一片血红。满清也制造了“扬州十日”、“嘉定三屠”这样的血腥事件。

与蒙古人征服世界一样，波斯人征服埃及，罗马人征服古希腊，日耳曼人征服古罗马人，都是当时落后民族对于先进民族的野蛮征服。当暴戾的罗马士兵攻进雅典，举剑杀死人类历史上最伟大的科学家阿基米德时，野蛮对于文明的杀戮，落后对于先进的摧残，暴力对于价值的毁灭，表现出了毫不犹豫和冷酷无情。阿基米德永远也不会想到要去结束一名素昧平生的罗马士兵的性命，他那包括“给我一个支点”在内的所有构思和智慧，不外乎是为地球人谋求更多福祉。但是任何伟大善良的心胸，面对着一把不分青红皂白的锋利青铜剑，都会遽然落于下风。

先进民族并非总是束手待毙，他们坚城深壕，秣马厉兵，枕戈待旦。但是民族的先进性永远只在建设过程中具有优势，而战争是一种破坏，一种大规模破坏，越是肆无忌惮的战争方式破坏力就越大。古往今来，为赢得战争而手段“出位”的事例屡见不鲜，譬如军队会挟裹无辜民众作为挡箭牌，把风险转移给普通老百姓，这种无视底线的“创造性”作为，永远地输去了军人荣誉。

“底线观”决定了输赢，战争如此，人类所有的对抗无不如此，只不过是“底线”影响的规模大小、程度紧缓、后果轻重罢了。“大无畏”一族无视人类的底线，恣意妄为，无恶不作，讨尽一切便宜。而恪守人类底线的阵营肩负着沉重的道义负担，受到严格的约束，在这种不对称条件下与对手周旋，往往要付出更多甚至几倍的努力，才能够势均力敌，与恶敌打成一个平手。底线是善和恶的分界、是与非的边缘，客观上有时也会“扬恶抑善”造成意外的效果。如“摩抢”案件近来在各地有上升趋势，飞车抢劫对于事主非常危险，撞击拖带动辄会导致受害人死伤，一般的劫财案件往往会演变成害人性命的惊天大案。但“摩抢”劫匪根本不顾受难者的死活，因为他们的行为没有底线。如果遇到失主进行反抗，开车追逼造成劫匪死伤，这一撞一逼失主不知不觉就越过了底线，变成了“以恶制恶”。“摩抢”劫匪一旦受伤死亡，甚至会主动“拿起法律的武器”向受害人索要赔偿。机动车的围追紧逼和高速冲撞固然危险，但不这样做又会纵容劫贼逃之夭夭，遁出法网。底线在这时就变成了一个“不等式”，“正”和“邪”分处在这个不等式的两边，利弊得失就大不一样。

但这绝不意味着恪守底线的人就会永远吃亏，恰恰相反，这个世界唯一的希望就在于人人坚持底线。香港公交车的候车秩序曾经很好，“表叔”来多了后秩序一度变差，但由于良好的候车秩序对所有的乘客有利，在一个法制健全的社会环境下，变差的候车秩序渐渐又会变好。眼下国内城市公交车扎堆争抢靠站，候车群众来回奔跑挤车和随车追逐，险象环生，两地公交的种种现象孰是孰非，高下立判，优劣尽知，谁不会做出清醒认识和正确抉择呢。只要“敬畏一族”规行矩步，不计报应和得失，一如既往坚持下去，把上述种种“吃亏”现象视为上帝辛苦造人同时又赐予的一种磨练，社会进步就会“缓慢而痛苦地”坚持下去。

在《实践理性批判》中，康德写道："有两种东西，我们愈是时常反复地思索，它们就愈是给人的心灵灌注了时时翻新、有加无已的赞叹和敬畏：头上的星空和心中的道德法则。"

让我们敬畏之心长存，昼夜惕厉。

寻医记

1

“人食五谷，焉能无病？”中国人习惯了随口复述这个概念，有时是劝导别人，更多是在宽慰自己。这两小节文字精悍严谨，念起来口齿铿锵，抑扬顿挫。前是陈述句四平八稳，后是反问句异军突起，朗朗上口，很像是来自《诗经》的文体。千百年来代代因袭，众口一词，司空听惯，仔细想想却没有什么道理。

就像轿车使用汽油为燃料，您如果套用“人食五谷……”的句式结构，改口说“车’食’汽油，焉能无恙？”这种“高见”能把汽车制造商立马乐晕过去。他们恨不能把您这一名言铸成一人高的金字镌刻在工厂大门口，把汽车故障统统嫁祸给石油公司，让消费者相信汽车本是金刚不坏之身，罪魁祸首在于汽油和柴油。其实底盘呀，方向呀，制动呀，电路呀，发动机呀，轮胎呀……有没有毛病压根儿与汽油没有直接关系。您的车如果使用液化气、蓄电池、太阳能或者是风力水力人力，这辆车的毛病不会因此而减少，汽车各部分该出问题还是得出问题。就算您什么能源也不用，套上一头瘦骨嶙峋老牛，抽响丈二长鞭拉着汽车去上班，这辆车该坏还是得坏。

然而，“人食五谷，焉能无病”毕竟是古训，千年传诵，无人怀疑。小民这样说，大儒也这样说。

前些年，妻子忽然感觉到关节疼痛，起先发生在右踝，后来转移到左膝，隔三差五又波及到手腕关节。忽而左手三指，忽而右腕半边。这种疾病来无影，去无踪，飘忽不定，纯粹是游击作风，响马习气。

病初，妻子早晨醒来时会感到关节僵直紧涩，指节转动不灵，活动片刻，症状便减轻并消失了。后来病情渐渐严重起来，膝关节疼痛开始影响走路，步履难免异常。病情最厉害时，妻子膝盖不能弯曲无法正常下楼，只好手扶栏杆一步步倒退着走下来。妻子年轻时是乒乓球桌旁的骁将，挥拍抽杀，脚下虎虎生风。人到中年伤病困扰，竟然落得举步艰难，叫人无法接受这一事实。

妻子在南京最大的一家医院工作，寻医治病本该不成问题。事实上给妻子看病的大夫都是国内顶尖的医学权威，一个个学富五车，才高八斗，在各自的医学领域具有重大影响。“英雄所见略同”，偏偏在妻子腿痛的成因上，这些医学泰斗们的见解出现了尖锐分歧，有人诊断是关节炎，有人说是风湿性关节炎，有人认为是类风湿性关节炎，有人则完全推翻上述诊断，说根本就不是关节炎。在妻子看病的那几年间，这些针锋相对的观点始终在激烈碰撞，大夫们各执己见，医嘱完全不同，一会儿嘱咐抽液，一会儿要求做关节镜手术。令我们莫衷一是，私下里十分迷茫。

不论病因为何，至少我们保持一种清醒的认识，那就是妻子健康的这种毛病，无论如何不能归咎到“食五谷”。

2

病因可以从容查证，真理有待耐心探讨，妻子眼下的病却拖不得，必须抓紧时间医治。妻子自嘲说，再不抓紧治疗，下次参加乒乓球比赛，一不小心就会发现被编入残疾人运动员的队伍。

忉忉怛怛的我们，从此踏上了漫长的寻医之路。当务之急，是设法减轻关节的“这种炎”带来的苦痛，把由此产生的对生活和工作的不便降低到最少程度。

最初的医疗措施是一些自我治疗，擦抹疗骨水，贴麝香虎骨膏。几天下来，妻子膝盖的皮肤又红又肿吃不消了，每次换贴药膏，妻子痛得大呼小叫，如临酷刑。一痛未平，一痛又起。我们发现事情并非原初想象得那么简单，自我治疗是一种轻敌的态度，元凿方枘根本不解决问题。我们立即提高了人身安全的警戒级别，转入阵地战和正规战，择医的目光首先落到西医身上：检查，服药，打针。我们可不想贻误病情。

步入宽敞明亮的西医诊室，我们焦虑紧张的心情大大缓解了。一眼望去，面前坐诊的全是博士生和博士后，留洋归来的专家大有人在，一个个年富力强，目光敏锐，动作快捷。尽管坐在面前的病人长叹短嘘，他们却始终不露声色。他们富有经验的目光尖锐地交叉扫视病人身体，一下子就把病人头痛脑热肚胀脚跛看出个八九不离十，再用听诊器探查一遍，病人的心跳肠鸣肝抖胆颤便大白于天下。在他们身后，辅助科室陈列着B超机、CT机、核磁共振、PET等庞大豪华的诊疗仪器阵容，一字儿排开足有上英里长，拉开了与病魔死神面对面打一场世界大战的架势。他们个个从著名的医学院校毕业，母校在授业解惑的同时，铸就了他们盛气凌人的气势和贵族气质，这从他们书写处方刷刷落笔挥洒自如的姿势中可以看出，救死扶伤，如烹小鲜。我们心中开始充满了希望，如此庞大的博士、博士后和归国专家阵容，治疗区区膝痛，那还不是以狮搏兔，势若破竹吗？

坐镇医疗席指挥大局的中年博士热诚接待我们，详细询问病史。妻子的病情虽无性命之虞，但看得出来中年博士一点没有轻敌。他志在必得，决定牛刀小试，以礅投卵之势，一举治愈妻子的病，为他的医学战绩增添一份新的纪录。

按照中年博士的治疗方案，首先使用在妻子身上的是“非甾体抗炎药物（NSAID)”。中年博士解释说，这是第一线药物，具有关节快速止痛消肿的作用。于是我们从医院药房捧回双氯芬酸、布洛芬、萘普生、舒林酸等药品，一盒盒包装精美，既有中外合资药厂的产品，也有进口药。药价不菲，但是很有效果，一星期后，妻子膝盖和手腕的疼痛明显减轻。但我们还来不及庆贺和喜欢，她向来安静内敛的胃却破天荒地绞痛起来。几天后妻子的胃痛越演越烈，直痛得她弯腰屈膝，蹙眉捧心，无所适从。我俩感到束手无策，病痛此消彼长，“总痛量”未见减少，这可不是我们乐意接受的结果。我细心查阅药品说明书，文字凿凿写明了胃溃疡和肾病变一般而言是这类药最常见的副作用。

中年博士闻后，方寸未乱，他胸有成竹开出了“第二线药物，即缓解病情药物（DMARD)”，处方中包括许多改变疾病的抗风湿药物，如金制剂、氯喹、MTX等。这些药属于慢作用药，病人要有足够的耐心等待药物逐渐发挥作用。看来那些指日参加国际大赛的运动员就不适用于此类药品。根据医嘱，几种缓解药物联合使用可望早日控制病情。中年博士略一思索又开出类固醇制剂合并第一线和第二线药物使用。这种药可以口服，也可以肌肉注射或关节腔内注射，药名叫作什么甲氨蝶呤，听起来像是南美洲深山的某种大蝴蝶。

三个月过去了，慢作用药的药效实在是慢，妻子的病情未见明显起色。届时正好有一个国际关节炎学术会议在上海召开，中年博士在会上谈到妻子的病情，几位外国专家一同建议使用叶酸抑制剂。这种药早期曾用于治疗急性白血病，1988 年经美国食品药物管理局（FDA）通过，正式用于类风湿关节炎的治疗。“本品可持续使用三、五年，但是，”中年博士特别交待说，“副作用在治疗后 3 至 6 周就会显现。常见的副作用有腹泻、食欲不振、口炎、恶心、呕吐、白细胞减少、血小板减少、肝功能障碍、头痛、全身倦怠、白细胞减少、血小板减少、肝功能障碍、头痛、全身倦怠、落发、肝纤维化等……”

我仔细数了数，天哪，叶酸抑制剂的副作用不下于 17 种。妻子和我沮丧无言，面面相觑。一通药服下去，为了膝盖的局部利益，影响到全身健康的大局，这样做是不是太缺乏全局观点了。副作用中有一项是“头痛”，我们也说不上来到底是膝盖痛好，是胃痛好还是头痛好，假如为了膝盖不痛，脑袋就必须剧痛欲裂，那么这种“跷跷板”似的药，还是不吃为妙。

中年博士十分负责地为妻子治疗了一段时期，我们明显看得出来，医生比病人更焦急地期待着治疗出现积极的成果，也许是中年博士的某篇论文急需一个具有说服力的病例来作为论证和结尾。按照他的思维定势，在最新科技的强大药品攻势面前，即使关节炎病魔构筑了双重马其洛防线，也早已溃不成军了。

偏偏这一切徒劳无益，妻子的病痛未见减轻，深深辜负了中年博士的殷切期望，我和妻子有些心怀愧疚。下一次走进医院的时候，我俩悄悄地绕开西医诊室，按照事先准备好的方案，蹑手蹑脚地走进了中医诊室。

3

回到了祖国医学的怀抱，心中立刻充满了游子返乡的喜悦。我们在一位须髯飘飘仙风道骨的中医大师面前坐下，敞开心扉一古脑儿倾吐出心中的诸多惆怅和痛苦。

我们“先西后中，先洋后土”，迟迟才来皈依中医，内心感到有些愧疚。好在中医大师从不计较患者的这种信仰过失，他宽容一笑，便原谅了我们。中医大师认真问过病史，号脉切诊，略一思索，便提起毛笔在砚台上饱蘸墨汁，凤翥鸾回地写下处方，然后他的一位大弟子拉开电脑键盘“滴滴达达”把他的处方输入电脑。医院实现了电脑联网和处方无纸化，药房根本就不买中医大师“墨宝”的帐。但大师出于对传统医学的深深眷念，在电脑字体中独树一帜选用了古篆字体，不留痕迹地张扬了一把杏林文化。

我们夫妻去“看中医”有一个偏见，那就是特别尊重上年纪的老中医的意见，仿佛中医科学主要是靠经验积累，年龄越大学问就一定越多，病人心理上就感到更可靠更亲切。年老的中医从年代上讲更接近历史上的中医先贤，一位鹤发童颜历经沧桑的老人开出来的医嘱医方，病人们往往心无旁骛全盘接收照单抓药按时服食。说实话，每当报章上刊出一位老资格中医仙逝的讣告，中医的粉丝们便痛心疾首，心中有说不出的遗憾，将之视为人类史上无法弥补的损失，几乎视同地球上一种珍贵物种的消失同样重要。而相同年资的老西医驾鹤西去——以下两行文字，建议从事西医行业的读者略去不读——那意义也许等同于用鼠标点击一个陈旧过时的西医知识文件夹，在电脑中一次性永久删除。

看完病后，我们身背手提，把一瓶瓶、一包包、一捆捆、一袋袋中药陆续搬回家去。晒干的草药被打开后，屋里屋外充溢着植物的芳香，这气味陌生而且强烈，表明了深山老林中奇葩异草的特殊身份，令我们这些被城市异化的现代人，骤然回想起先民穴居的原始岁月。药草林林总总，多数是植物界的木乃伊，或条状，或块状，或片状，或丝状，千奇百怪，匪夷所思。有些又是暗褐色的粉末，用小纸包特别包装，来历十分可疑，有可能产自于千米地下的矿藏，也可能是一道念过咒语的符箓烧成了灰，秘密掺合了进来。

面对一碗碗深褐色药汤，妻子疾首蹙额，终日愁眉不展。她的勇气和决心需要蓄积一昼夜的时间，才够帮助她咽下一小汤勺苦辛的药水，而在此期间，医嘱用量足足有三海碗，供求严重脱节。妻子面对药汁充满了戒心，每次服用总是临深履薄，持一种大义凛然的态度。更令妻子难以接受的是中药蜡丸，这些蜡丸约有乒乓球大小，嚼不碎咽不进又吞不下，能把病人逼疯。中成药经过了九转丹炉脱胎换骨，制成了胶囊、药片和圆丸，服用起来似乎方便了一些，仍然对食管和肠胃形成古怪的刺激。

中医认为，风湿性关节炎属于痹症范畴。中医所称的痹症，是指风寒湿热等外邪侵袭人体，闭阻经络，气血运行不畅，造成肌肉筋骨关节发生酸痛、麻木、屈伸不利、关节肿大灼热等病症。中医学所指的“经络”比较玄妙，同样费解的还有“气血”这些词汇。我一直搞不清楚“气血”究竟是单指血液系统还是同时包括呼吸系统……国粹的博大精深，令人敬畏有加。

中药内治和中药外治两大疗程同时开始了。妻子首先内服了“风湿诸痹通”1号胶囊，随后2号、3号和4号胶囊接踵而来，需要妻子一视同仁，照单全收。与此同时，通痹汤、清痹汤、祛痹汤、逐痹汤、消痹汤等等方剂相继登场，内服药还包括复方三蛇液1号、2号和3号。

中药外治包括肿痛消搽剂，疗痹浴药1号和2号，风湿外敷散1号和2号等。药浴的名堂比较复杂，有适用于湿热痹症的宜痹汤，有适用于寒湿痹症的温痹汤，有适用于毒热痹症的清痹汤，还有适用于虚痹症的顽痹汤……我们打开一大包药浴用药，辨认出里面有熟地、当归、鸡血藤、枸杞子、牛膝、没药、乳香，还有骨碎补、乌梢蛇、全蝎、蜈蚣等。如果没有赴汤蹈火慷慨就义的大无畏精神，病人还真不敢轻易迈脚走进如此“不知深浅”的浴盆。

一次在为妻子熬药之前，我从药包中拣出一块峥嵘面目的药材，这是件可怕的东西，形状极不规则，瘦骨嶙峋，鸡爪鹤皮，奇形怪状。我翻来覆去打量半天，不敢轻易投入药罐。难道这世界上任是什么古怪东西都可以入药？我疑心顿起，抽出身来直接去了一趟医院向中医大师去讨一个说法，这药究竟来自人间还是来自外星球，作为病人家属，我应该享有知情权。

“这是一种咀片。”中医大师淡然一笑，从容理髯说。传统中药材多是自然植物的根、茎和叶，普遍没有经过修治和炮制。过去，一些需要折断或咬碎的药材，就由行医卖药的人径自用嘴去撕咬，这就是原始的饮片加工。而那些咬碎的草药材称为咀片。“好药材呀，这说明，我的药材是地地道道的真材实料，那些人工培植的花花草草，根本不能相比……”

“上医医国，其次疾人。”我为自己的肤浅和无知而羞愧难当，我当时尴尬的模样一定比这个咀片好不到哪里去。对于我的贸然询问，老中医不以为忤，挥挥手放我离去。

从此我们对老中医死心塌地笃信不疑。遵照老中医的嘱咐，我们相继做了一系列辅助治疗，包括针灸，拔火罐，推拿等。老中医用药如神，名噪一时，但是妻子的病始终没有治好。过了不久，我们不得不另做谋算。

4

妻子的一位同事是理疗师，理疗师的身材如同模特儿一般，娉娉婷婷，魅力无穷，活脱脱就是给理疗行业作了一幅真人秀广告。理疗师当然向我们推荐理疗法。

“开始于公元前 7000 年的石器时代……”我陪妻子走进理疗大厅，理疗师脱口说出的第一句话就差点儿没把我震倒。我们被邀请引导到宣传橱窗前，那里陈列着《黄帝内经》，还有长长一排先民针灸拔罐药熨按摩水疗导引等诸种起死回生的病例。我想，中华血脉历经洪水饥荒疾病得以延续和传承，一举实现了今天 13 亿人口的世界冠军梦，理疗法一定功不可没。

由于是熟人的缘故，理疗师并没有硬性规定妻子采用何种医疗措施，她递过来一本理疗方法目录，让我们自己挑选，颇像是顾客进餐馆去点菜。我俩怀着敬畏的心情，把目录从头翻到尾，对于理疗世界的博大精深在短时间内获得了一点肤浅的认识。理疗学包括电疗学、光疗学、超声治疗学、磁疗学、水疗学、自然疗法等各种不同的领域，具体说来各类理疗方法不下千种。譬如“电疗法”中包括静电疗法、空气离子疗法、直流电疗法、直流电离子导入疗法等，又区分为低频电疗法、中频电疗法、高频电疗法、超高频电疗法、特高频电疗法等。我们无法知道微波疗法、分米波疗法、厘米波疗法、毫米波疗法之间有什么不同，也不知道中频电疗法中的正弦调制中频电疗法是不是灵感来自于一种作曲方式，那个“正弦”是不是“大弦嘈嘈如急雨，小弦切切如私语。嘈嘈切切错杂弹，大珠小珠落玉盘。”

假如林林总总这一切展示还不够的话，理疗师跟着又出示了一组图片，进一步启发我们说，跳舞做操也能达到祛病强身的效果。从图片上看，理疗师一会儿示范“驱痺健身操”，一会儿又演练 “自然松静功”，病人们排在身后顺从练习。我看得出模特儿理疗师十分热衷于展示她迷人身材和袅娜曲线。那一大帮衣着臃肿的病人像做广播操那样缓慢举臂，吸气，提肛，甩手，一方面幻想着摆脱自己的病痛，更贪心的想法恐怕是追求一举练成模特儿理疗师那样动人妖娆的体型。

妻子觉得做操跳舞比吃药要好，她尝试着举手，投足，摇头，扭腰，高扬左臂过头同时目光注视右掌平伸，马步蹲裆向后同时侧视向前……妻子就这样一重天一重天地进步，直至进入九重天后，才朦朦胧胧悟出一点儿似是而非的理疗道理。久而久之，操练者渐渐进入了意味深长、大彻大悟、异想天开的境界，我觉得妻子练习这种操的意义远远超出了理疗的范围，明明是有“禅”的意思在里面。不知道那是不是就叫做造化。

有所为，就要有所不为。妻子紧跟着断然拒绝了一大排理疗“刑具”的伺候，包括针灸、拔火罐、刮痧片、小针刀、药棒，多功能训练器……理疗师颇通人情，连连点头赞许。她的倩影忽前忽后在我们面前闪动，转眼又把我们引入里间大厅，那里主要是腊疗、磁疗、高压氧疗法、推拿按摩等诊室。祖国传统的导引疗法在这里大放异彩，通过周身按摩、拍击脏腑、五脏导引，你全身的每个细胞都会受到细心周到的照顾，都会在恰到好处的按摩下舒舒服服，修成正果。理疗师指着楼梯口一面大铜牌补充提醒说，提肛疗法，滴耳疗法，挂线疗法，引流疗法，颠簸疗法种种，一律是楼上有请。

至于生物全息疗法的诊室就设在理疗大楼的三层，全息生物学和全息胚医学认为，植物的枝条叶片以及动物的器官都是全息胚，一切生物体都是由全息胚组成的。理疗师捧着妻子的手掌饶有兴趣地翻来覆去观察，她告诉我们说，在人手第二掌骨侧或其他节肢，存在着对应全身各部位的穴位群。在这样的穴位群上进行针刺，可以治疗全身 150 多种疾病。据说这套新穴位系统已被世界上 30 多个国家的医生应用，已经治疗 100 多万例，取得良好的治疗效果。理疗师征得我们的同意后，便在妻子的第二掌骨侧的一个全息穴位上接上电极，按通开关，输出微小的脉冲电流。

妻子接受生物全息疗法的那一刻，不知为何，一旁的我突然产生了莫名激动，骤然间底气上升，丹田满盈，全身充满了冲击力。我心中升起了与理疗法相见恨晚的强烈感觉，现在刀锯鼎镬也不能把我们与理疗法分开了。

几个疗程过去了，妻子腿痛依旧。

5

正规的西医，中医和理疗手段持日旷久不见效果，妻子和我不免有些失望。江湖上一些左道旁门的治病方法，渐渐地入围我们的视野。

有那么一段时间，某位资深的病友向我们隆重推荐饮食疗法。劝来劝去，终于劝出了我们的兴趣。不吃药不打针，光是吃吃喝喝就能治病，这样的好事到哪里去找？我们欣然从命。可是，当真一道道驱痺粥，驱痺汤，驱痺饼……洋洋洒洒端上桌来，小山似地堆放到你面前，指望你一筷子一汤勺地吃进嘴里，咽下肚去，妻子不禁傻了眼。

药疗食品为什么全是些令人难以启口的劳什子？不对口味的饭菜其实比药还要难吃。驱痺粥颜色怪怪的，像晚霞褪尽的那种绛红色，暗处还有可疑的深影蠢蠢浮动，浑似屠宰场漂洗大池里身不由己的牺牲品。而驱痺饼整个儿是在屁股底下压扁了的一个大药丸子，只不过是在油锅里煎了一遍，便冒充是南瓜饼的表兄弟。只有绿油油的驱痺汤看上去平易近人，与平素我家餐桌上的菊花叶蛋汤不相上下。妻子便满怀希望舀上一勺药汤，凑近鼻前，立刻嗅到一种不知名树汁的酸味，好像是一瓶被遗弃的酸奶在草坪阳光下曝晒一个夏季后的味道，又像是千年泥潭有朝一日清淤挖出一个祭神的骷髅头的气味。由这种气味，我可以想见捐献树叶用来做汤的这棵树的一些基本情况，它自小至大一定生长在深山老林某块终日不见阳光的地方，它怀着郁郁不乐的心情囚禁在世界遗忘的某个角落，体内满是怨气，它奉献给别人的只能是“霉味”而不可能是什么“美味”。

妻子皱紧眉头，勉强吃下了半盒“药饭”，那些枝枝杈杈的中药和米饭混合煮在一起究竟是什么味道，实在是可以意会而无法言传。这顿药膳的治疗效果肤浅而且短暂，那份糟糕的记忆却是天长地久，刻骨铭心。

看样子饮食疗法没什么戏了，就在我们偃旗息鼓打算尽快全方位退出食疗阵地时，那位病友心有愧疚将功折罪转弯抹角抄来一份宫廷偏方，兴冲冲地送到我家。打开偏方一看：食地龙。一听说地龙就是蚯蚓，妻子差点儿没晕过去。妻子是地地道道的苏州人，自小在吴侬软语环境中长大，传统的苏州人食谱本来就窄，不食辣，不食酸，不食蒜头，不食羊肉，猛然间你把一大盘蠕动万状的活蚯蚓端到她面前，强迫她茹毛饮血，期待着她甘之如饴，那是何等不现实的一件事啊！

妻子不假思索当面严拒，声称哪怕只是口吞一小条蚯蚓，膝盖的病痛就会立马根除，她也不干。即使造物主本人亲自现身，画押具保，满口答应只要妻子口吞半小条这种曲里拐弯的软绵绵虫子，她立刻会腿生双翼，身轻如燕，上天入地如履平地，妻子也一概坚决谢绝，还要为一不小心这种危险就可能成为现实而恶心得几天吃不下饭去并惶恐不安。

我很理解妻子的这种心情。道可道，非常道，名可名，非常名。这位病友的动机本来无可挑剔，问题在于个人的接受能力有所不同。非常的治疗方法，需具备非常的治疗条件，否则，就不成其为非常之举了。

拜拜，食疗。拜拜，蚯蚓。

6

蜜蜂疗法的出现叫人又敬又畏。那些杀气腾腾的小家伙呼啸而来，“嗖”地一声抽出寒光闪闪的微型佩剑，剑头上染有蜂毒，它们一个个步伐灵活，腾挪自如，奋不顾身，见血封喉。

有段时期，蜜蜂疗法受到许多人的顶礼膜拜，“蜜蜂教”的成员迷信蜂毒可以以毒攻毒，从而一举战胜人体内的病毒。我曾经小心翼翼请教过一位“蜜蜂党人”，我说水无常形，兵无常势，既然是以毒攻毒，两毒相攻，那么，病毒也有可能反过来“攻”而取胜，一举打败蜂毒，从而控制住局势。“蜜蜂党人”不屑一哂，说“你找一只害关节炎的蜜蜂来给我看看，我再回答你的问题。”

蜜蜂疗法的过程，活似自虐。在西方的某些宗教仪式上，宗教极端分子通过自虐来表达自己对上帝的虔诚。他们在自身皮肉上挂满尖锐的铁钩，用木杆刺穿自己的面颊，头戴荆棘做成的王冠，浑身上下鲜血淋漓，惊心动魄，惨不忍睹。在我看来，蜜蜂疗法比那些宗教狂热分子的做法强不到哪里去，治疗师在确定病人的病灶范围后，会用小网罩引导蜜蜂集合在那里，通过刺激蜜蜂等手段，引诱蜜蜂“痛下杀手”，一时间百剑齐发，生灵荼毒。

妻子的胆量又一次达到了临界点，她不明白这些治病救人的疗法为什么总像是一种种的极限运动，需要参加者心力交瘁，九死一生去冒巨大的危险，她再一次濒于崩溃。但是这一次妻子坚持下来没有临阵脱逃，她想，既然前次已经拒绝了蚯蚓，这次就不能再拒绝蜜蜂，讳疾忌医事小，膝痛久治不愈事大。偭轨越矩，才可以探骊得珠。在此历史的关头确实也需要“变法”，否则真个是“不利于行”。

于是，我亲眼目睹了蜜蜂大军来而复去，征战不已，在妻子的膝盖部位留下一片“残戟断剑”，真的是剑剑见血。蜂毒立即发作，妻子膝盖很快就肿胀起来，她差点儿没哭出声来。我把妻子扶上车，缓缓向家里驶去，心中默默祈祷，治病的事就全拜托给蜂毒了。转念一想我心里又有些疑惑不安，谁能确认蜂毒一定有这种责任心来强攻关节炎病毒呢？两毒相遇，不一定就是势如水火，说不定原先人体的免疫功能单打独斗正与病毒相持不下，突然后院失火，蜂毒横插一杠子，彻底包抄了人体免疫功能的大本营，两毒联手，铁壁合围，为虎作伥，也未必可知呢。

这样的治疗，无疑于用刑。几次“蜜蜂军团”挥杀过后，蜂毒的副作用立马凸现出来，妻子感觉到心慌眼花，呼吸急促，血压波动起伏，看样子蜂毒攻膝尚无战果而蜂毒攻心已经占了上风。一患未除，又添一患。指望蜂毒战胜病毒看来是不可能了，我疑心蜂毒本身或许比病毒也好不到哪里去。遑论蜂毒的治疗效果如何，单看膝盖上外伤累累，便知道病人已经是雪上加霜。

蚂蚁疗法最劳心伤神，妻子平生最怕的生物就是蚂蚁，一旦见到那些忙忙碌碌的细碎影子在脚下爬来爬去，她必定大呼小叫，躲避唯恐不及。我则不以为然，蚂蚁就是蚂蚁，有什么可怕的呢。我常常故意逗弄妻子，捉上几只蚂蚁放在自己手臂上任其爬来爬去，妻子见了后几乎昏厥。但是我的这种挑衅游戏形同玩火，千万要掌握好分寸，因为我也有一怕，短处攥在妻子手里。我平生最不能入目的家伙要算是蟑螂，那些鬼鬼祟祟的扁平家伙，形象猥琐，行动诡谲，可谓是昆虫界的第一败类。倘若在碗柜或灶台间我与蟑螂窄路相逢，我立即会方寸大乱，碗跌盆洒，急急地退避三舍，败北而逃。而妻子对蟑螂这帮匪徒不但毫无畏惧，而且颇有兴趣，只一个回合，纤纤十指便活捉了那厮，旋即开庭，处以死刑，立即执行。

经过开展蚂蚁疗法的医生的一再开导，妻子深明大义，毅然地全盘接受了蚂蚁疗法。据大夫介绍说，氧化自由基这个幽灵在人体内神出鬼没，是造成一系列疾病的元凶，蚂蚁是天然的抗氧化剂。此外，蚂蚁还含有人体必需的70多种营养成分，包括28种游离氨基酸，19种酶和辅酶，以及锌钙铁磷硒等微量元素。妻子咬紧牙关，从药房窗口接过一包包蚂蚁粉，一罐罐蚂蚁糖浆，一瓶瓶蚂蚁药酒，那些不知采自何方大山中的大蚂蚁，想当年都是雄居一方的山大王，眼下纷纷溺毙在药酒中，尸首沉浮，惨绝“蚁”寰。

从此蚂蚁世界正式与我家的生活全方位对接，形形色色黑蚂蚁、白蚂蚁、棕蚂蚁、红蚂蚁、花蚂蚁等登堂入室，长驱直入，小的犹如芝麻，大的浑似花生米。我国几千个蚁种中真正可食用的只有六七种，其中要数拟黑多刺蚁最有药用价值，据说“蚁酒”、“蚁膏”对风湿性关节炎、身体虚弱、神经衰弱等疾病具有一定疗效。

蚂蚁疗法的另一个问题是它们携带病菌并可能受到过农药污染。 大多数蚂蚁无毒，但少数黄褐色蚂蚁含有奥蚁素和杂醇，国外称之为“举尾蚁”，这种蚂蚁绝对不能食用。在蚂蚁治疗的过程中，我一直默默分担着妻子巨大的精神压力，我想假如有朝一日病魔真的得到了降服，那也不能全部归功于蚂蚁药物。这种治疗是在一举击溃病魔的同时，不分轩轻顺带也收拾了病人。只要你见过平生最怕蚂蚁的妻子张嘴活吞蚂蚁的惨烈镜头，你就明白巨大的精神压力良莠不分足以造成玉石皆焚。

一个疗程结束了，我不忍心再看妻子受罪，便主动建议另辟杏林蹊径。妻子高兴得几乎哭出声来，欣然接受了我的提案。对于病人的身心健康来说，我这个深得人心的建议似乎胜过了几十份处方药的效力，妻子面露喜色，腿脚顿时也似乎轻快多了。

第一次见识中药蒸汽浴，道具就是一只硕大的木桶。病人深深坐入桶中，桶上的盖子像两片木枷一样合拢，光留个病人脑袋露在大木桶上方，看上去有些恐怖。它使我联想起某种古代酷刑，心中不免怵惕恻隐。

开展这项疗法的诊所，就位于离我家不远的街上。“21 世纪是预防医学的时代”，“蒸出健康，烤出美丽”……诊所内外广告铺天盖地，面向劳动大众的推广，成本必须低廉，所以宣传品多数是“车篓广告”。除了蒸气浴，诊所另有一种汤浴，与煲全鸭没有什么太大的区别。

细细一问，才知道这个蒸汽浴大木桶非但不是什么刑具的翻版，而是济世救人的超大号菩萨净瓶，它有一个后现代主义的学名，叫做“蒸气与远红外二合一两用型个人式原木浴烤箱”。不知何故它还有个艳名：三温暖浴箱。顾名思义，不禁令人浮思联翩，想入非非。

再一打听，笨头笨脑的大木桶居然是出身名门，来历殊为不凡。据称浴箱的红外线精密陶瓷发射体是用含 28 种元素的稀有矿石烧制而成，在常温下能发射出特定波长的远红外线，加热后放射率高达 95%，渗透力深入病人皮下组织，产生共振，激发生物细胞活力，从内部温暖身体。人体一旦进入木桶，便处于红外线磁场内，身体机能活性化，一举创造出身心活跃、精力充沛的状态。

主持大木桶事务的眼镜大夫告诉我们，同时使用蒸气与远红外两种治疗方式，效果就更加突出了。在蒸汽的配合下，浴箱内药草包里的纯植物香精油可以徐徐渗透进皮肤内部，藉由经脉遍及全身，加速新陈代谢，达到活络筋骨，防病祛病的效果。这种治疗方式能够有效地治愈腰酸背痛及风湿关节痛。他特别强调说，这种疗法对于美容塑身“更有不可思议的效果”。眼镜大夫宣称，浸泡药物完全是遵循古方，是从深山老林采集来三十几种珍贵药材经煎煮兑入热水。他信誓旦旦保证说，病人入浴绝对是一人一药，别担心有陈年“老卤”，决不会出现药水反复使用的状况。

眼镜大夫在一旁口若悬河，天花乱坠，妻子始终显得十分小心和谨慎，蒸也好煮也好烙也好煸也好，这些方法毕竟都是适用于烹饪食品。一旦自己身陷锅釜，那可绝不是闹着玩的。虽说是眼镜大夫慈眉善目不太像是食人族，但还是不要轻易冒险，别一不小心把自己变成一盒“汉堡包”。

话虽这么说，病还是要治的，中药蒸汽浴“别树一帜”，令人耳目一新，感到新奇新鲜。药浴分为洗浴、擦浴、坐浴等几种。全身浸泡在温暖药液中，药物的有效成份便通过人体开放的毛孔，快速进入体内发挥药效，这种方式有一定的可取之处。可以强化气血循环功能，增强患者皮肤的通透性，使体内有毒物质及代谢产物通过汗孔随汗液排出体外，达到迅速降低体内有害物质的治疗目的。我俩围着大木桶转来绕去，妻子最后同意一试。她说，最不济就算是洗了一把澡。这可真是一言以蔽之。

妻子对于中医药浴疗法的接纳态度，无意中打通了一个重要间隔，历史悠久源远流长的祖国医学至此便与我俩连通了经脉。我国现存最早的临床医学文献《五十二病方》中已开始提倡使用熏洗沐浴，把韭和酒煮沸，产生热气蒸熏治疗伤科疾病。孙思邈在《千金要方》中记载说柳太后中风不语，经许胤宗用大剂黄芪防风汤熏蒸后而苏醒。

蒸过几次，烤过几次，又浴过几次。妻子总体的感觉还比较好，每次治疗结束，她红光满面，精神饱满，食欲大开。唯一美中不足的是全身都舒坦了，膝痛始终未愈。膝盖这个局部，像是封建割据的地方霸主，始终不肯顾全大局，“天下未乱膝先乱，天下大治膝未治”。每天早晨只要妻子脚尖一落地，钻心的疼痛顷刻发作，就像潜伏的匪军揭竿而起一哄而出。

诊所热闹了一阵之后，病人越来越少。后来妻子前去治疗，大夫会比病人多出许多，十羊九牧，总叫人有些尴尬。妻子的病偏偏不争气，始终不见起色。我脸上有些讪讪的，好在眼镜大夫们比我们豁达，不经意地说，没关系没关系，如果别的地方治疗不好，欢迎再回到这里来。

8

20 世纪是心理疗法盛行全球的伟大时代，心理治疗在各个领域取得了令人瞩目的成功。心理医生不像西医那样虚张声势叫你张嘴吐舌仰卧起坐，不会抽取你的大量宝贵鲜血用于灌满检验试管，更不会手起刀落划破病人肚皮切除病人某个重要的器官随手扔进垃圾桶。心理医生也不像中医那样斤斤计较树皮草根的质量，不会沦落为搬运干枯药草的奴隶。心理医生始终是独树一帜，他们讨厌人间所有的医疗器物乃至物质手段，除了吃饭的时候，他们的双手始终插在白大褂的衣袋深处懒得拿出来。他们遵循

“小人动手，君子动口”的最高准则，一旦他们开口，只消动动嘴唇，只词片语就可以解救世界于倒悬。正个是字字珠玑，句句千金。

心理医生如同一群仙人驾乘云团出现在我们面前，让我们夫妻俩迷途知返，幡然醒悟。原先我们在物质世界沉沦得太久不能自拔，变成了不可药救的拜物教者，沦落为物质的可怜奴隶。这是多么可怜多么危险的一种堕落啊。

怪不得西医，也怪不得中医中药，而蚯蚓、蜜蜂和蚂蚁统统是无辜的，也怪不得那只外表敦厚的大木桶。所有的物质疗法之所以绠短汲深，是因为它们只能触及我们的皮肉，不能挽救我们的灵魂。“疾在腠理”，深层次的疾病久治不愈，根本的问题在于治病的方法不对路。

心理康复的途径和效用，凭借肉眼根本看不到，那是灵魂与上苍亲近的通道，是潜意识一路上升的天梯。心理医生的重要作用在于引导凡夫俗子进入超凡脱俗的虚无世界。在那里——而且只有在那里——人的精神面貌得到恢复，品格情操得到推崇，思想意识得到重视，人的心理变得儒雅飘逸清高起来。我们这些俗人“九九归一”终于归顺到心理治疗的门下，思想境界有望得到升华，举止行为有望得到提纯，这可真是不幸中的万幸。

心理医生开出来的处方最有意思，也最受欢迎。他们建议妻子常听舒缓的音乐，多看悠闲的电影，还有就是下棋，打牌，读书看报，游览名山大川，参加体育锻炼。此外，还要投身于种花，养鸟，钓鱼，布施……当然，医生的目的是想通过这些活动来拓展病人的人际关系，建立与社会环境之间的能动性联系，克服孤僻、衰退、逃避环境、离群独处等病状，减少病人生活的单调和苦闷，以此来提高病人的兴趣和热情，陶冶情操，恢复良好的心理状态。

心理医生是一帮有趣快乐的家伙，他们滔滔不绝地拉家常，口若悬河，大摆龙门阵，时常引起妻子和我哄堂大笑。其实这是他们“解释说服疗法”的一个组成部分，只不过他们没有把“心理疏导”四个字写在处方上，叫我们去医院的收费处交款罢了。一位年轻的心理医生甚至拿出两副扑克牌来，要与我们凑成四个人打一局“八十分”，扬言说这是心理疗法中的“行为治疗法”的一种，后来经过护士长一旁再三提醒说医院下午检查劳动纪律，怕瓜田李下引起误会，才作罢了。

隔三差五，妻子和我一忽儿上夫子庙宠物市场挑选金鱼，试验“生物反馈法”。一忽儿捧回几十张CD，全是欧美音乐大碟，我们惟妙惟肖学会了dido的thank you，这是在体验“音乐疗法”。自然疗法耗去我们较多的时间，要把温泉浴、森林浴、海水浴、日光浴、空气浴、泥沙浴、景光浴、花卉浴……一一操练下来，没俩仨月是无论如何不行。

心理医生们自视甚高，也都是些非常宽容的人，架子也不大。一次妻子自作主张腿上多出了一条保健护膝带，他们看见了并没有表现出心情不爽，没有被门户之见弄得失去理智加以抨击，妻子在疗病方面表现出的自由主义倾向在一片宽容氛围中被默许了。心理医生只是淡淡地批评说，所谓风湿保健服装、保健腰带、护肩、保健睡袋等，梧鼠五技，多而不精。

中国古代的医学家们早已经注意到了精神因素在疾病的发生发展过程中起到了重大作用。“喜怒哀思悲恐惊”，七情太过或不及，都会导致人体内的气血运行紊乱。怒则气上，思则气结，恐则气下，一个人的性格特点通常会成为许多疾病的发病基础，并可改变许多的疾病过程。而且，它往往会比引起疾病的病原性质更能决定疾病的表现。如果周围环境的刺激超过了一个人能够做出相应反应的能力，也就是说当环境的要求与机体的能力不平衡时，身体就会产生紧张，或处于衰竭的状态。如果某种刺激相当强烈，持久或重复作用于机体，使机体持久重复地做出相应反应时——心理医生如是说——机体器官系统的结构和功能就会发生障碍，因此出现疾病。心理医生特别指出，风湿病患者往往具有一些特定的行为模式和性格特点，如这些病人性格敏感，仔细，整齐而有秩序，他们屈从于习惯，依赖性强，某些人有过度发展的责任感，甚至达到拘泥不化的地步。他们的性格内向并习惯于隐藏，抑制内在的精神生活，常为某种固定观念占据心思而易受各种外界因素的干扰。对生活事件反应脆弱，极端敏感等。

治疗三个月后，妻子的膝痛依然是时好时坏。心理医生告诉我们，这主要是因为风湿病患者会有着非常复杂的心理状态，而每名患者都有着不同的心理反应。风湿病是一种顽固的缠绵难愈之症，绝非一朝一夕就能够治好。慢性病不能以每天的变化来判断病情的好转或恶化，而需要经过几月甚至几年，才能做出治疗评价。康复的关键在于病员必须以相当大的主

动性和积极性来发掘其潜在的躯体功能，以获得最大限度的代偿。虽说是一丁至微，主观能动性的发挥却具有十分重要的作用，

我们听了十分感激。

9

藏医疗法像高原上的日光明晃晃地撞进门来了，我真的有些晕。古往今来，我家与西藏从没有过任何来往，我的祖上也没有被 5 世达赖或者 8 世班禅封上个“万户”什么的官爵。我家与西藏的唯一联系，就是上个世纪七十年代大姐夫两次进藏参加科学考察。大姐夫在中科院南京地理研究所工作，与他同时进藏的一位同事曾用 50 斤全国粮票在藏民手上换取了一只麝香。他本人曾在藏北草原目睹一只黄羊被步枪打断前腿，黄羊受伤后凭借三条腿亡命逃跑，伤腿凌空甩动，那场面在我听来惊心动魄。

一位面孔黢黑的汉子出现在我们面前，须髯如戟，手扶腰刀，仿佛他惯常不是依靠药物和其他医疗手段来驱除病魔，而是挥舞沉甸甸的武器与邪疫之魔浴血奋战八百回合你死我活决出胜负来，再按事先谈好的比例来瓜分病家的酬金。

汉子一身藏装打扮，头顶金花帽，足蹬“松巴拉木”花靴。大襟无扣，宽腰，衣袖超长，在提花皮面袍的衣襟、袖口、底边等处分别镶上水獭皮、虎皮和豹皮，镶边足足宽 15 厘米，藏语称这种民族服装为“曲巴”。汉子腰部的佩件最有特色，十来样金银铜铁雕镂器物和玉、珊瑚、珍珠等珍宝，长长短短系在腰带上。作为这些宝物的保护神，一把制作精美、嵌金镶银的西藏匕首明晃晃横在他的腰际。这是“止穷”，他指着匕首用藏语介绍说。

这位藏医汉子自报山门是一名真和尚，虽然从外表上看不出他究竟是不是方外之人。远方的和尚会念经。他用半通不通的汉语解释说，在云游四方到达南京之前，他曾是西藏山南桑耶寺的驻寺医师。他翻腾了半天从行囊中取出一张藏文度喋，可在离西藏无限遥远的南京城市根本没有几个人能够看懂藏文。藏医汉子目前行医的地点是南京一家门面很小的社区诊所，我有些疑惑，要寻找到如此之小的诊所，其难度不亚于治愈一种疑难杂症。

医病双方在语言交流中屡屡出现障碍，我们不大能够理解藏医汉子口述中的天方夜谭，看来藏医汉子也很难听懂妻子在描述病情时的那一口吴侬软语。不过，藏医汉子一口宣布说他有十成把握治好妻子的病，他当场拍板采用药浴和缚浴两种疗法，态度坚决，犀利无比，犹如老吏断狱，不容置疑。

汉子变戏法似地从藏袍中掏出一本厚厚的《四部医典》，他用黢黑的手指七翻八翻，找到一章，如获至宝地指点着那些复杂细长的文字告诉我们说，13 世纪以来藏医南北两派及新宇妥·元丹贡布等历代藏医名家大力举荐药浴疗法，这种疗法一直延用至今。藏医药浴疗法是将部分肢体或全身浸泡于药物煮熬的水汁中，然后卧热炕发汗，使腠理开泄，祛风散寒、化瘀活络。

藏医汉子转身外出，取来一个硕大的包裹，抖开一看，多是牛溲马勃，败鼓之皮，狼粪，马、驴胃中未消化的草，人脚骨、鱼骨、雀粪、酒糟、各种动物心脏磨粉，8 岁童便，油渣饼，地下一尺深处未见阳光土壤等，林林总总，应有皆有，统统散发出异常的气味。这些都是藏医大法师经常使用的药物配方，其中许多“药物”闻所未闻，少数更是耸人听闻。假如不是藏医汉子随身带来，这些药材在南京地区还真不好随时准备停当。

藏医也许真的是法术无边，可对于我们来说，最重要的是治疗风湿性关节炎的方子。藏医大法师东翻西找，取出一包形迹可疑的粉末来，他当场加水煮成糊状，三下五除二，便要动手缚在妻子膝盖上。妻子忙问用的是什么药？汉子神秘兮兮透露说，是用最好的喜马拉雅紫茉莉根和人骨磨碎制成。一听是用人骨制成的药方，妻子发出一连声惊叫，立刻打退堂鼓，远远地退避三舍，任大法师说破嘴皮也不肯试用。

大法师一看医疗进入僵局，习惯性地伸手摸了一下腰刀。我不禁心生怯意。好在他的手很快就缩回去了。下面他一张口又吓了我一大跳，“这个病包在我身上了，”这句汉语他说得十分流畅，“药浴包治百病，特别对关节炎治疗有效。”大法师一再强调说，他态度认真，信心百倍，真正是不二法门。

藏医药浴的主药叫做五味甘露汤，是用圆柏叶、黄花杜鹃叶、水柏枝、高山麻黄、“坎巴”（白野蒿）、“森等”（青海俗名野山楂）等制成。辅助用药又叫做五根散，用黄精、天冬、迷果芹、喜马拉雅紫茉莉根、蒺藜研成细末。除了主药和辅助用药之外，藏医会根据不同的病情添加不同的药物，这才是藏医的精髓所在。如治疗风寒不消化，就加用寒水石、野姜、红耳鼠兔粪膏和荜茇。如治疗各种神经障碍，就加用麝粪、望月砂，也可以加羊粪及碱花，还可以加各种动物骨或者高山无毒花蕾。

藏医汉子顺带向我们演示了一种缚浴，就是将各种用药加水煮成糊状，热涂于患部，然后用布条包扎起来。缚浴用药奇特大胆，横跨阴阳两界，具有强烈的地域特色，一朝过目，永不能忘。譬如主治头部热性肿胀，就用麻花艽、犏牛屎，加犏牛酪汁拌成糊状物，涂在头部包扎起来。又譬如治疗麻风和化合毒中毒，就一定选用山羊粪、麝香用 8 岁童便调糊，缚之。主治珍宝毒中毒，就应该选用墙壁或塔壁的白石灰，加上畜圈一尺深处地下土，用尿调糊，缚之。藏医汉子说他经常为藏民排出体内的箭镞子弹，就选用山羊粪、鼠粪加八岁童便煮成糊状，缚在伤处。倘若他的病人四肢肿胀溃脓，他就选用干酒糟、鼠粪放入酒中，煮成糊状，缚之。

眼看大法师又摸了一下腰刀，我们不便马上辞去，妻子左退右缩，最后勉强同意见识一次西藏药浴。此时正有一位青年病人在治疗室里等候药浴，大法师取出酒香扑鼻的主药装入纱袋，置入铁锅内，加水浸泡后煮沸，哗哗地倒进去一斤白酒，一克麝香，再加入五根散和各种方剂。他打开身后一口细颈圆缸，一阵酒香立刻窜了出来，他伸手捞出五味甘露药嗅了嗅，满意地点点头，这些药加上“森等”用水煮软后混入酒曲放入缸中已经发酵了 3 至 5 天。大法师自行其是往大锅里投进去几把五味甘露药。大法师的助手抬来一块大木板盖在大锅上，木板上有许多小孔，助手们又在木板上铺了一层毛毡，大法师口中念念有词，打手势引导青年病人卧在木板上，身上盖上了几层被褥。锅下开始改用大火，蒸气顿时大作，要利用蒸腾作用来治疗病人。

不一会儿，青年病人面色鲜红，大汗淋漓，活像一只在烤炉中不断滴油的烤鸭。我背着藏医汉子从灶膛中抽出几块硬柴，减小了一些火力，免得把那位陌生的病友给活活蒸熟了。“我可以把芥末直接涂在你的手臂上……”我逗那可怜人说。

“别忘了多放盐和味精。”那人有气无力地叮嘱我。

平心而论，藏医药浴的功效还是比较显著的，“大蒸活人”结束后，病人一般会明显觉得疼痛减轻了许多。回到家中我们在互联网上看到一篇文章介绍说，现代医学研究证明，藏药浴对类风湿性关节炎的有效率达90%以上，可通过提高类风湿性关节炎的CD8细胞和降低CD4细胞水平，达到对该病的免疫调整作用。这篇文章的作者叫做什么“强巴”，我不知道这是不是藏医大法师的一名师兄弟的笔名。

10

近年来开始兴起“网上看病”，这是一种先进时髦的玩意儿，与互联网挂上了钩，大大方便了病人。南京各大医院自打几年前专门开设了“远程治疗”门诊部后门庭若市，如同是让全世界的名医一起恭恭敬敬立在门口听从病人调遣，病员不禁有些飘飘然，“万物皆为我用”嘛。

打开荧屏，一则消息如燕归来掠入我的眼帘，我的脊背一下子挺直了，两眼闪闪放光。一个叫做“世界关注关节炎”的活动正在广袤的太平洋某个热点地区进行，举办单位是“亚太区风湿病及关节炎理事会(APARC) ”，主办方的专业性和权威性一下子博得了我们的尊敬，我立即点击入网。

那个时节，我还是拨号上网的用户，电脑与英特网的连接速度比较慢，每点击一次鼠标，我便开始从容倾听自己的心跳，有时候心跳超过三位数后，图像才姗姗来迟。虽然科学家们悬壶济世宣布网上免费治疗，不收我们一分钱，可是当地的电信局默不出声暗中饱饱地收走了我们一大笔“电子挂号费”呢。

亚洲和太平洋地区风调雨顺，水汽充足，这一地区的风湿病人因此就多些。当地的医学专家们见多识广，阅历丰富，经验更加老道。他们普遍认为关节炎是一种退化性慢性病，起因是关节软骨功能变化，从而引起疼痛、炎症和僵直，直至功能丧失。而类风湿关节炎是一种自身免疫性疾病，是由于免疫系统功能紊乱导致关节滑膜炎症。类风湿关节炎往往会导致关节损伤、疼痛、肿胀、僵直和变形，并使受损关节的活动范围受限和畸形。

网上会诊的医生们普遍使用西药，很少有人捧出“土特产”以飨患者。假若马达加斯加的“马医”推荐使用当地的一种蝴蝶入药，那么西伯利亚的患者显然无处去寻。据来自第九届亚太地区风湿病学会大会上的报告称，移植自体的软骨细胞可治疗慢性风湿病，意大利米兰大学的 E. Paresce 医生及其同事将培养的自体软骨细胞移植到 22 名严重膝关节软骨损害的病人身上，11 名患者症状部分或完全缓解，疼痛减轻，关节活动能力改善。

网上的世界十分精彩，我们一下子迷恋上了互联网，每晚夫妻俩便在各种文字的网页之间徘徊，不肯离去。逢到双休日，我们的上网时间更是通宵达旦，那时候电话线和网线用的是同一根线，上网就不可以打电话，打电话就不能够上网，鱼翅熊掌不可兼得。有时候朋友们无法打进电话来，便误以为我们没有挂好话机，每天有几十条中文寻呼机短信息发来提醒和告诫我们去巡查电话话筒的确切位置。妻子在网上一口气注册加入了好几个“病友俱乐部”，通过联合国卫生组织义务提供的自动翻译机，巴西、斐济、尼泊尔、日本、塞内加尔、南非、加拿大等国的病友们济济一堂，畅所欲言，载歌载舞，恰似全球病友大联欢，一位资深的病友年龄竟然接近了 120 岁。

我们寻医的身份不慎暴露在互联网上，各种各样的电子邮件纷至沓来，不绝如缕，我家的电子邮箱每天塞得满满，足有上百封之多。单从电子邮件的数量上分析，网络管理员完全有资格把我家列入业务繁忙的跨国公司一类，户限为穿，键盘为穿。

多数信件流露出善良和友谊，各国的医生和风湿病患友纷纷把自己宝贵的临床经验毫无保留地分享给我们，认真负责地提出了一大堆意见和建议。由于国家、民族和生活习俗的不同，这些意见和建议常常彼此抵触，甚至截然相反。汉人煮箦，不得要领。一位住在巴黎乡下的法国老大妈九折成医，深谙救人一命胜造七级浮屠的道理，万里迢迢给妻子寄来一大本治疗风湿性疾病的法文专业书籍，足有 5 厘米厚，一下子又寄来几十张法语教学光盘，要求我们循序渐进，自学法语成才，彻底读懂那本专业书籍。一位墨西哥医生答应在下一个夏季自费来南京为妻子做治疗，“友谊第一”嘛，按照纯粹墨西哥式的民间医疗方式，他将带来两公斤智利的指天椒，这种辣椒也叫“地狱之火”。1992 年墨西哥人甘默斯在竞吃“地狱之火”的比赛中吃到第 13 个指天椒时全身着火，被焚身亡。现在这种辣椒多用做生化武器……

互联网也经常使我们感到吃惊和意外，一位化名“真武大帝”的网友起先规规矩矩，打听到我们的邮件地址后，他突然来信透露有武当山秘方私下出售，专治风湿性疾病，他开列了一个账号，要求我们先打入人民币2万元。

另一位自报山门是名医世家之后的网友神秘兮兮宣布说，他对我们的考察期已经结束，他指令我们在下一个月圆之夜，出城往东行一千米，把患病膝盖贴紧在一棵大槐树上，从子时到寅时，历时一个时辰，方可离开。“偏方气死名医，可以根治疾病。”他信誓旦旦说。事后一天，我办事路过城东郊外指定区域，发现那里是军事管制区，那棵大槐树下，就是一群凶猛军犬的犬舍。

互联网上的胡言乱语比比皆是，各种异想天开的建议多不胜举。我一般不做答复，一删了之。唯有一次，一位病友认真而固执地叮嘱我们，“把外星人飞碟的碎片，裹在膝盖处。”我动容了，专门回复一信说，“已在网上订购飞碟碎片，指日可待，谢谢。”

11

在寻医求药的漫长过程中，妻子膝盖的疼痛时好时坏，遇到病情严重时她只好依靠医院外科医生用针管抽出膝盖积液，以期减轻膝盖内部的压力。外科主任医师不断敦促妻子早日开刀换上人工膝关节，切莫贻误医疗时机。

妻子的眉头越皱越紧……

就在我们束手无策、一筹莫展之际，谁也没有想到，妻子的膝痛正在悄然消失，三年来如影随形困扰她的无名伤痛，像是一座巨大冰山正在暗地里不断消溶。终于有一天晚上，病痛不辞而别了，妻子伸伸左腿，又蹬蹬右脚，她从三级台阶上一纵身跳下来，又扛着我的两只重磅哑铃压腿负重起立，她灵巧得像一只撒欢的羚羊，像孩子似地又蹦又跳，那幅欢欣鼓舞的情景美不胜收。我们又哭又笑，不敢相信眼前这一切居然是真的。

一周过去了，一月过去了，一年又一年在身后消失，妻子的膝痛病症如同古代失事的运宝船，从此隐身海底不再抛头露面。我一颗绷紧的心这才渐渐放松下来。

“有多少‘痛’，可以重来？”高兴之余，我俩又感到大惑不解。这病缘何而来，又缘何而去呢？我们搜遍种种答案，都不满意。最后我倾向于这么一种解释：这可能是妇女四十岁前后偶然发生的一种不太常见的生理反应。

而人生如同寻医，不明原因受难，不明原因解脱。在漫长的一生中，每个人都会遍尝各式各样“处方”，你说不清楚哪种处方正确，哪种处方有错，也许问道于盲的事情每个人都有可能遇上。

相对妻子那厚厚一摞病历来说，我写下的这篇文章，就显得太单薄了。

写于 1996 年

挑水张

1

“挑水张”是我少年时期的街坊，曾经同住在南京市中心的一条小巷。这小巷在历史上籍籍无名，巷东曾有座小庙，遂得了个半俗半僧的名字叫做“红庙”。红庙街巷是东西走向，百米来长，坐落在长江路和珠江路之间，从地图上看属于南京市区的腹心地带，相当于“皮带扣”的位置。那时节，“挑水张”的身影常在红庙街上逡巡反复，犹如一头老狮，步履蹒跚但是沉稳。我注意到他走起路来腿有些罗圈。

1966 年冬季，西北风呼呼横扫过南京，枯枝落叶在大街小巷四处飘飞，人们的心绪就像纷乱落叶一样忐忑不安，片刻无法安定。一大清早，“挑水张”便开始清扫红庙街上的块石路面。他拄着一把高出他一头的大扫帚，判断一下风向，然后沉重地走向上风的一方，大扫帚左一下右一下划过路面，仿佛是操练一件古代的兵器。城市还在酣睡，街面上空无一人，凛冽寒风充当了监工的角色，时常找他的麻烦。有时罡风忽起，辛辛苦苦扫成一堆的残枝败叶呼啦一声又漫天飞舞，“挑水张”便转过身去又从头扫起。

一名耄耋老者，清扫着一条历史古老的小街。

那年我十六岁。全国学校都在“停课闹革命”，我无课可上，遂成了一名“待学”小子。清晨，我顶着呼啸寒风上街去买豆浆，远远看见“挑水张”哗啦哗啦抡动扫帚，专注于他的扫街事业。我原先以为这是他挣钱的一份差事，后来才知道他是在无偿劳动，说得准确些，他在被迫服一份劳役。

“挑水张”是一名“四类分子”。那年他大约六十多岁。

时至今日，“四类分子”这个词汇早已像一块天外飞来的陨石，由当初的通红滚烫渐渐褪温，终于变得冰凉坚硬，留作这个共和国政治地层的一个化石标本。当今年轻人多不清楚什么是“四类分子”，假如今天你在智力测试节目中突然举出这个问题，很多高智商的青年可能会因此而丢分。但在几十年前，“四类分子”这个专有名词就是钢与火的肆虐，是暴力与惩罚的化身，意味着铁腕，镣铐，强制执行，剥夺权利和罪加一等。中国所谓的“四类分子”，是指这个国家那一群由于身份而罹祸的政治人犯，是国家专政机器镇压打击的对象，是背负着“原罪”荆棘夹着尾巴做人的贱民，是被剥夺公民权利压迫在社会最底层的一大群人。说得直白些，“四类分子”就等于是庭外判刑监外执行的准囚犯，科头跣足，动辄得咎，连他们的子女也一起遭殃。这一大批活生生的罪人阶层标本，长期以来醒目地散布在民间，威慑着所有不是“四类分子”的广大芸芸众生。

地主，富农，反革命分子和坏分子，这四种人通称为“四类分子”。1949 年后，全国有两千多万人被定性为“四类分子”，无产阶级专政的铁拳毫不留情地挥打在他们头上。国家机器对于“四类分子”采取了“政治上剥夺公民权利，经济上同工同酬，生活上‘给出路’”的政策，让他们白天参加生产劳动，晚上集中开会聆听训话，接受群众监督和评审。二十世纪六十年代初期，一批“四类分子”被强制迁出城市，押回原籍接受劳动改造。

“文革”期间社会动乱不已，一般市民自身难保，“四类分子”更是大难临头，“公检法”瘫痪后对“四类分子”的监改工作改由“群众专政”全面接管，清算和批斗愈演愈烈，雪上加霜掀开了“四类分子”史上最惨烈的一页。那时节大批“四类分子”被折磨致死或被迫自杀，幸存者受到杀、关、管的不同刑事处分，子女株连，亲属歧视，由此“体现出群众专政的强大威力”。后来四类分子的处境每况愈下，终于“人将不人”，一些地方公然爆发了屠杀“四类分子”惨剧，如 1969 年 8 月末，河北省大兴县的 13 个公社 48 个大队以“反攻倒算”、“妄想变天”、“阴谋杀害贫下中农”等莫须有罪名，先后杀害“四类分子”及其家属 325 人，年长者 80 岁，年幼者才出生 38 天，有 22 户人家被斩尽杀绝。大辛庄公社仅 8 月 31 日一天就杀了数十口“四类分子”，有口水井填满了死尸。这些专政对象在世界上活生生遭罪，生不如死，死亡对于“四类分子”来说有时倒像是一种解脱，相当于彻底“给出路”的一种令人叹息的待遇吧。天子脚下，王命森严，可大兴县地处畿辅尚且如此草菅人命，四荒八野的“四类分子”的悲惨命运便可想而知了。

1978 年底，中共中央做出了关于地主、富农分子摘帽问题和地富子女成分问题的决定，结束了 2000 万人近三十年倍受歧视的悲剧生活。这里所说的“摘帽”，就是摘去“四类分子”的政治帽子。

“四类分子”的轮回，就此告一段落。

在当时那种酷烈的政治背景下，作为一名“四类分子”，“挑水张”度日之艰难便在想象之中了。清晨扫完小街，他回家略作歇息，便又返回红庙街上为居民家里挑自来水，开始他赖以谋生的一份劳动。

二十世纪六十年代，南京传统民宅多数没有自来水，居民生活用水全靠肩膀一担担地从自来水站挑回家，再倒入水缸储存起来，我家用水也不例外。文革初期，在第九中学读高中的三哥贯之和我两个半大小子“赋闲在家”，取水任务完全可以自己解决，母亲说，“还是让挑水的老张给咱家挑吧。”言下之意，“挑水张”是靠着这个收入过日子呢。

这条街上东西两头各有一个自来水站，成为当地居民生活的主要水源。有些人家缺乏劳动力，便请“挑水张”挑水送上门去，送一担自来水能赚上几分钱的力资，“挑水张”就靠这份收入过活。他每日东家出西家进，忙得不亦乐乎。一担水连桶毛重约有一百多斤，挑水扁担两头的水桶挂钩又长，而我家小院的台阶较高，“挑水张”年老体缩显得个头不高，他每次给我家送水的时候必须歪着身体，让后一桶水先落在地上，前一只水桶连刮带擦地越过门槛，颤颤巍巍送进门来。然后老人负重进入，后面那水桶底部再次与门槛“亲密接触”一番，送水人才进得小院来。每当此时，老人便气喘吁吁，毕竟年岁不饶人。

我家的大水缸安放在小院的西北角，缸高一米有余。“挑水张”放下扁担，解开桶钩，呼吸尚未平稳。如果我当时在家并且留意到送水老人的动静，我总会瞅准机会抢先一步赶到近前，抢着帮助送水人完成倒水这个动作。当时我年轻气盛，浑身有一股用不完的蛮力，这件差事在我做来毫不费力。而“挑水张”嘿嘿一乐，说声谢谢，转身就走。

就这样我和“挑水张”算是认识了。

“挑水张”每天都要给我家挑水。这老汉骈手胝足，讷言敏行，引起我的关注和同情。那老狮般的身影常常一声不响地闪进小院来，肩上沉甸甸的两桶清水与他苍老的身姿形成美学上的很大反差。闻知他是“四类分子”后，我才明白政治命运对他来说是一种更加沉重的负荷，那种精神重压令人窒息。他犹如一株沙漠老树在恶劣环境中艰难生存，根系顽强插入贫瘠砂石吮吸水分，枝叶披挂着一波又一波酷暑热浪，却从来一声不响。

他是我认识的唯一一名“四类分子”。

他也是我认识的最后一名“四类分子”。

2

红庙邻近的几条街巷在历史上名声显赫，如杨将军巷，安将军巷、相府营等，一听街名就知道曾经居住过达官显贵，车马盈门，来历非凡。当时与红庙比邻的鸡鹅巷是条狭窄破旧的陋巷，可看过名著《桃花扇》的读者都知道，明朝时的鸡鹅巷大名鼎鼎，声名远播。明弘光王朝偏安南京时，大权臣马士英和阮大铖的府邸就集中在鸡鹅巷，名卿巨公，肩摩毂击，一路上尽是钟鸣鼎食人家。鸡鹅巷的清真寺乃是明代南京民修的八所清真寺之一。鸡鹅巷自明代以来长期主售鸡鹅等活禽，缘此谋得街名，而今家禽的聒噪声只有往历史回音壁上或有可闻。我家迁居红庙之前曾在邻近的估衣廊和廊东街住过几年，明代南京的商业活动大部分是在街道两旁的廊下进行的，廊檐外伸可以避风遮雨，有利于形成全天候的专业大市场，估衣廊既是如此。南京以廊命名的街巷很多，如明瓦廊、糖坊廊等。估衣廊过去是买卖旧衣服的市场，多部明代小说中曾留有这条街的“芳名”。而红庙则始终不见经传。

终于——1966 年秋——红庙在一夜间闻名全市，这条普通的街名开始被万人传诵，从气势上压倒了周围所有的老古董街。文革初期政警二界的头面人物纷纷被当作“走资派”打倒，权势中枢忽然成为真空地带，连续的社会动乱导致了社会对于实力的崇尚，大大小小的派系组织急于寻找新的实力派人物作为靠山。有那么一段时间，在青少年中间，强大的臂力一蹴而就也成了“实力”的代表。红庙街上的青少年无书可读，闲着也是闲着，习武健身蔚然成风，练出了好几位在全市数一数二的“粗膀子”，奠定了几位红庙籍“大侠”的事业基础。这几位“大侠”上臂围达到42厘米，力大无穷，早晚昂首阔步走过红庙街上，仿佛是人猿泰山再世。

红庙是条小街，门牌号码约有70来号，住着二、三百户居民，半大小子加上愣头青共有百十号人。失学在家的青少年本来就精力过剩，一窝蜂地开始习武健身，总体水平很快上了规模。街头巷尾随处可见三两同好在练习举重、摔跤、擒拿、少林拳和长拳。红庙的摔跤手力大势猛，很快就闻名全市。红庙“大侠”举重超过100公斤，石锁重量30公斤，一个个阔背宽肩，走起路来鹰扬虎视，每次出现在公开场合均引起万人瞩目，而这正是大大小小派系所要的效果。虽然各派系之间的争斗不是次次都要诉诸武力，但是“大侠”驾到，扈从左右，无形之中会形成一种威慑和影响，不怒而威，以静制动，重大的话语权往往就非我莫属了。

至于冷兵器的加入则是后来的事情。红庙“大侠”一时风头十足，引起了这座城市其他旮旯一些青年的注意和不满。这些被戏称为“小杆子”的年轻人貌不惊人，也不耐烦含辛茹苦健体强身，便另辟蹊径展开了对于话语权的争夺。他们也许身体瘦弱却一个个都是握炭流汤之徒，三句话不投机，便亮出匕首刀棒，心狠手辣，敢于刀尖见红，很快地这帮人又用枪支和炸弹进一步武装起来。武器的介入打破了传统武术一统天下的争斗格局。在“亡命”招牌面前，红庙籍“大侠”的江湖权威受到了严峻挑战，局势越来越错综复杂，最后变得不可控制，红庙籍“大侠”的影响这才渐渐淡出了社会。

红庙街上轰轰烈烈的健身热引起了很多市民的注目。“挑水张”始终是视若不见，充耳不闻。与大多数“四类分子”一样，他一直小心翼翼地与这个社会保持着必要的距离。历史经验无数次提醒他们必须夹紧尾巴做人，偶有闪失便会带来灭顶之灾。如果他们对于某种现象表示出一星点儿兴趣，他们一定是阴谋复辟；假如他们表示出一丝冷漠，反过来就证明他们仇视无产阶级专政。皮鞭在两个方向等待着他们。他们最稳妥的策略就是外表上顺从，像外星人一样对纷乱世态完全无动于衷，泰山崩于前而色不变。

“挑水张”肩荷两大桶清水，吃力地越过院门台阶，进入我家小院。我赶紧放下杠铃或者哑铃，偏身礼让。那时候健身于我是一种时髦，反正是无学可上，无工可做，整日价无所事事，总得想办法打发光阴罢了。练来练去，体格增强了，也养出了一把蛮力想出出风头。我照例抢先表白一句：“让我来吧。”然后单手各提起一只水桶，左右开弓倒进水缸，我很满意自己在老人面前举重若轻的潇洒扮相。唯一令我脸红的是自己的动作略嫌夸张带有表演性质。

巷门半掩，院门紧闭，远远地把外部世界隔开，身边没有警惕的眼睛，只有在这时，面对像我这样一个乳臭未干的毛头小子，“挑水张”的精神上才会放松些。他喘口气，露出笑容，接过我从家中取来的一支香烟说声谢谢，他边抽香烟，边与我攀谈上两句，话题始终不离习武健身的基本功。

对于我迹近炫耀的“大力表演”，“挑水张”始终不置臧否。他只发表一些具体意见，譬如我扳哑铃的动作是否正确，练习俯卧撑的姿势是否走样等。“挑水张”的文化程度不高，加上他和我年龄悬殊太大，相差了半个世纪，一根香烟抽完，“挑水张”取来扁担横在肩上，挑上两只空桶走了。一出院门，他又变得沉默寡言，对任何事务三缄其口。

3

有谁知道呢，这位中等身材、貌不惊人的老者，却是身藏绝技的武林高手。环顾华东六省一市，“挑水张”算得上是武功盖世的顶尖人物，无人堪与之比肩。只不过他明哲保身，深藏不露，一般人轻易不得知晓内情罢了。

“挑水张”日日给我家送水，与我交往时间长了，两人渐渐熟不拘礼。他看出我本质纯朴一心向善，一次便邀我观摩他清晨练功。“挑水张”晚年练功的套路，举世无双。我长大后工作出差走遍全国各地，见识过各种江湖异人和武林高手，从没发现过有人练习他这种功夫。

凌晨四点多钟，“挑水张”早早起身，来到街西头一棵大榆树下，摇头耸肩摆臀转踝，开始做练功前的准备。这座城市仍然沉浸在酣睡中，红庙小巷空无一人。“挑水张”面对空寂世界，正好施展手脚。

“挑水张”练功的第一项内容是“头顶榆树”。他站在树旁一尺多远，马步蹲档，双手握拳，养精蓄锐，收敛真气。稍许，他把呼吸调节停当，便运气丹田，积蓄功力，头颈上的青筋渐渐暴露。猛然老人脑袋前冲，“咚”地一声重重砸在大榆树上，他随即运气发功，把功力输往头顶。

这棵大槐树的树径合围，坚如磐石，树冠足有五层楼高。晨曦微明，一丝微风也没有，阔大的树冠像巍峨的大雄宝殿声息全无。“挑水张”头顶大树，目合口闭，运气全身。稍后，树梢发出细小的窸窣声响，纤枝碎叶开始微微抖颤。又过一会儿，整座树冠明显摇晃起来，树叶声响越来越大，仿佛一阵强劲阵风正路过此地。终于这棵大榆树大气磅礴地摇晃起来，前仰后合，左俯右拾，像是植物界一名狂热的舞者。树叶整齐地哗哗作响，如同奏响一曲高昂的交响乐。

我四处张望，发现周围的大树仍如老僧入定那样保持沉默，树叶一动不动。我这才明白催动“大槐狂舞”的这股力量并非来自自然界，而是来自“挑水张”的身体内部，这老汉的内功深厚异常，端的了得。约摸五分钟后，“挑水张”徐徐收功，他抬头抹去额上的汗水，大榆树声响和抖动随之全部消失，恢复了此前的平静。缄默无语的大树和一声不响的老人之间的交流，以我不明白的另一种方式在继续进行。

“挑水张”每天练习的第二项功夫，类似于“游锤灌顶”，胆小的人还真不敢看。练功器具是南京人家普遍使用的一种小板凳，这小板凳用寸半厚度的硬木制作，尺余长，五寸宽，重笨坚实，十分结实耐用，往往是世代相传，寿命有时比钢铁器物还要长。

“挑水张”双手执牢小板凳，马步蹲档，双目凝神，运气片刻。他突然发力，挥动小板凳一下下猛砸自己头顶，发出“咚咚咚”巨响，听上去很像是攻城机一次次撞击坚实的城门。我在旁边紧张得说不出话来，内心揪紧成了一团，我想这只笨重的小板凳只要砸中我一次，我一定会脑浆迸裂，鲜血淋漓，命丧黄泉。这老汉哪里像是练功啊，他简直是在玩一种“自杀游戏”。“挑水张”板着面孔眯细眼睛，他手臂挥舞的幅度越来越大，手臂收缩的速度越来越快，他的每一记动作都创造了“快准狠”的新纪录，比世上真想自杀的人做得还要绝情，好像他把自己当成个大钉子企图一口气砸到地平面以下去。

狠砸自家头颅几十下后，“挑水张”扭头瞅我笑了一下，放下小板凳。经过一番残酷折磨，他的光脑壳微微泛红仍然完好无损。我低头瞄了一眼小板凳，两强相遇勇者胜，我开始担心这只可怜的小板凳迟早保不住完尸。“挑水张”练功正在兴头上，他从随身携带的布褡裢中抽出一根厚重铁尺，继续演绎他的“自杀游戏”下集，铁尺呼啸着划破空气劈打在他的头顶上，发出惊心动魄的击打声，足以把实心的铁秤砣像磕开鲜鸡蛋一样轻易打碎，而“挑水张”的头颅还是完好如初，他项上真生了一颗铜头铁颅啊。

稍后，那柄铁尺“转移了斗争大方向”，放弃正面攻击，改为两侧迂回，“挑水张”时而举起左臂，时而高扬右手，左抽右劈“呼呼”击打人体脆弱的两肋。空气呼啸，声响沉重，老人脸上露出了满意的笑容，仿佛正在享受一次通体按摩。可怜我在一旁夹紧双臂保护住自己两肋下的命门，两股战战，几欲先走。我实在看不下去了，全身颤栗泛起鸡皮疙瘩，我连想也不愿想，这样无情的击打万一落到自己身上该是怎样皮开肉绽……

凌晨时分，四下无人，只有我一名观众战战兢兢立在一旁，名为观摩，其实是担惊受怕，被几近恐怖的气氛所震摄和吓阻。“挑水张”每天练的第三项功夫，连胆大的人也不敢看。他双腿分开，脸上露出一股凛然的神色，奋力挥动沉甸甸的铁尺，使劲击打自己的裆部，练起了“铁裆功”。

空气呼啸，当第一下打击到来时，我在一旁失声呻吟，弯身曲腿，矮下身去，下意识地采取了一种自我保护动作，由于过度紧张几乎失足跌倒。那一下打击霹雳万钧，仿佛不是落在“挑水张”的两腿之间，而是直奔我而来，一下子把我的命根子打成了稀烂的肉酱。我的痛苦瞬间膨胀到了极限，“挑水张”练功的过程像初春黄河的特大冰凌席裹了我，淹没了我，窒息了我，冻僵了我，撕裂了我。我精神上体无完肤，创伤累累。我被压扁榨净烘干烤熟，成了一具新鲜的木乃伊。我完全崩溃了，再也承受不了哪怕是一粒灰尘的压力。“挑水张”有一个儿子，几年前他还抱上了孙子。如果我不知道这些家庭细节，我真要怀疑这名疯狂老人的所作所为只有一个目的，那就是千方百计“自宫”，想让我当一名见证人。

第二下打击到来了，我伸手捂住眼睛无法再看下去。男子裆部神经组织丰富，对痛感十分敏锐，是人体防卫的最薄弱环节。一旦受到侵犯，立刻全盘崩溃。我在中学踢足球时一度专司后卫，一帮男孩子没有什么技战术，多数时间是胡乱踢来踢去，夹着一些危险的动作。有几次对方带球过人直逼我方球门，我大义凛然迎上前去，对方立功心切，不问三七二十一举脚大力射门，足球呼啸着直射我的档部。我眼前一片漆黑，呼吸立刻停止，当场以身殉职倒地“阵亡”。片刻之后，我心有不甘挣扎着爬起，屈辱地蹲在地上大口大口喘气，浑身酥软无力，眼瞅着那帮坏小子张牙舞爪绕过我，长驱直入球门，爆发出胜利的欢呼。只撂下我一人浑身瘫软长久蹲在地上，嘴中只有出气没有进气，心中如同“就义”一般痛苦和惨烈，由此我知道男子的禁区是绝对“顶撞”不起的。

而“挑水张”若无其事地继续干那“自宫”差事，好像他不是男人而是一名正在炫耀自虐的妖魔。我怀疑这老汉一定是疯了，专拣恶毒凶险的刑罚来伺候自己，苦苦寻找生命的休止符。要不然他就是一名长期潜伏的变态的清朝老太监，早已一刀两断割掉了自己的命根子没有后顾之忧。再不然的话，他就是本世纪亚洲第一号自虐狂，他此时的疯魔和狂野，绝对是举世无双。

他的坦然自若和我的惊恐万状，一定形成了鲜明对比。可怜我手心冒汗，心口冰凉，我仿佛无形中被五花大绑按倒在老虎凳上，脚下垫上了六块砖，鼻孔中狂灌辣椒水。这一刻岂止是度日如年，简直是“度秒如年”。

……

终于，“挑水张”“放下屠刀，立地成佛”，完成了他每日的必修功课。他精神奕奕擦去额上的汗水，一边收拾他的“刑具”，一边转脸瞧了一眼瑟瑟发抖的我，咧开嘴笑了，说：“没事”。

至今回顾“挑水张”练功的细节，我额上仍然沁出细汗，双拳紧握，浑身紧张得像是一张绷紧的硬弓。在那个令人难忘的凌晨，我目睹了中华硬气功中的几手绝招，练功达到钢筋铁骨的境界是武林的最高追求，但很少有人企及这个目标，换句话说，练这种“不要命”功夫没有失手把自己打死的人极少。我相信红庙全体粗膀子“大侠”的功夫加起来，再乘以一百倍，其总和还比不上“挑水张”功夫的一个零头。

“挑水张”清晨练功是半公开的秘密，几十年来，我行我素，“吾道一以贯之”。即使在阶级斗争的弦绷得最紧的文化大革命期间，他的操练也从没有间断过。这件事令我觉得十分奇怪，这个谜至今也未揭开。为什么那些神经高度紧张的造反派、公安员和治保主任对一名“四类分子”“嚣张的”练功熟视无睹呢？为什么没有向他寻衅，没有下令中止他的锻炼？要知道在当时的形势下，各种借口俯拾皆是，譬如“蓄积匹夫力量，在南京积极配合台湾军舰反攻大陆”，“亡我之心不死”，“蠢蠢欲动，以求一逞”等，任意找个理由都可以像拍苍蝇一样把“挑水张”随随便便拍死。可事实上，南京地面上管辖一方的权势人物自始至终没把“挑水张”清晨练功的行为视作大逆不道，这就等于默许这名“四类分子”卧薪尝胆，面壁修行。这在当时的确是个奇迹，我百思不得其解。也许是权势人物们自恃“枪杆子”牢牢掌握在手里，“不怕阶级敌人翻天”吧。

4

自那次“观礼”以后，“挑水张”送水上门，两人的话题就丰富起来了。老人的理论是，功夫当以“能守为主”，关键在于提高个人的自我防护的能力，要能够承受得住江湖上武林强手的偷袭和打击，出其不意遇上对方“三板斧”后，一定要保证自己安然无恙。“如果一下子就被对方打垮，就谈不上后发制人了。”“挑水张”说。他高度重视金钟罩、铁布衫功夫，并简要演示了悬钟、罩钟、撞钟、落钟四势，强调说每次要练习七到三十遍。

“练到什么时候算入门呢？”我问。

他说，最低程度要能经得起别人的握拳冲击，好一点的要能承受竹条、木棒和铁棍的击打。“最高境界是刀砍不入。”“挑水张”笑笑说，一口气把半截香烟吸到尽头。我很好奇，问他有没有练到最高境界，他没有正面回答，建议我到厨房去取一把菜刀来“砍两下看看”，我当然不肯。他笑笑不语，伸出一双手来给我看。老人的大手十分宽厚，肌肉发达，手指异常粗壮，仿佛是人猿巨掌。“挑水张”年轻时练习双手抛接铁砂袋，铁砂袋重 1.5 公斤，在抛接过程中，只准用拇、中、食三根指头抓接。他同时练抓“石荸荠”，“石荸荠”圆形光滑，重 10 公斤，青石制成，无处发力，十分难抓。练到能提起“石荸荠”悬空 5 分钟时，再换 15 和 20 公斤的大石锥。

“挑水张”介绍说，练习这两种功，功后一小时内不能用生水洗手。我问他为什么，他笑笑说你听我的话就行了。他自幼练功，每天单是面壁静立运气一项，至少要练习三小时以上，直练到四肢麻木方才停止。每日如此，他整整苦练了数十年，为他以后深造武功打下了坚实的基础。晚年的“挑水张”从不示人以武功，但内行人看得出来，他举手抬足，内功深厚，力大势沉。

“挑水张”每天给我家挑水，一老一少，只言片语，相互切磋习武健身的话题，把个纷乱动荡的世界远远抛在九霄云外。每天这个时刻，“挑水张”便暂时抛开了身家的不幸，徜徉在自己喜爱一世坚持一生的武术健身话题中，露出了峥嵘真容。他或许并没有与社会为敌，却为现实社会所不容，整日扫街挑水，干些粗笨体力活计为生。他一身卓越武功，却不能够招聘武功弟子，他明白自己只有夹紧尾巴做人，才能安度晚年。从总体上来说，“挑水张”安贫乐贱，曳尾涂中，他没有任何不切实际的幻想和念头。

“挑水张”的指点和启发，属于习武健身的启蒙教育，于我来说是乞浆得酒，句句精辟准确，切中要害。在此后的四十年里，这些话语对我健身强体仍然发挥着有益作用。

文革时期，风雨如晦，派系混战不断，人身安全得不到保障。常有各派首领轻车简从前来拜访红庙的各位“大侠”，邀请他们出山相助，或攻坚，或守寨，或押镖，或扈从。一旦红庙“大侠”应诺出山，一时会造成南京派系武斗力量的微妙调整，产生轰动性的效果，极大地威慑对方阵营。在红庙“大侠”的强大实力面前，一些不逞之徒望风批靡，退避三舍。

社会形势很快急转直下，黄钟毁弃，瓦釜雷鸣。1967 年夏秋之交，“文攻武卫”的口号导引全国陷入更大的混乱。广西率先刮起了杀人“十二级台风”，有消息说“数以万计的群众死于非命”。仅宾阳县在十一天里打死 3681 人，有 176 户全家灭绝。湖南省道县农村纷纷成立“贫下中农最高人民法院”，大队干部随意宣判死刑，被害者数万人，屠杀的手段有刀砍、铳打、铁烙、活埋、沉河、尖刀刺、钝刀剐、锄头挖、绳子勒、石头砸、数十人捆在一起用炸药炸、几十人丢进红薯窖用火活活熏死等，还大量采用砍头、挖眼、割耳、削鼻、剖腹、割乳、切指、断肢等种种残忍手段。那年月国内同胞窝里斗的残酷性“开创了历史的新纪元”，一个显著特点是“无所不用其极”，刀枪斧钺不足，连牙齿也来助阵。广西多处地方在光天化日之下脔割肢解‘牛鬼蛇神’等活人，然后煮熟分食。仅广西武宣县被吃者就达一百多人。其中被砍头后吃肉的 1 人，挖心肝的 56 人，割生殖器的 13 人，全部吃光的 18 人，活割生剖的 7 人。武宣县武宣中学大批学生批斗完校长和老师后，在校园内就地架起简易炉灶将他们剖腹脔割，煮熟分食。据不完全统计，“文革”造成全国逾千万人非正常死亡，无数群众遭受迫害和屠戮。

以血洗血，以暴易暴。百川沸腾，血流飘杵。血雨腥风的漫延再一次重创了南京十朝古都的文明传统，传统儒道释思想尽被弃市，武斗死人的事件几乎天天发生。红庙“大侠”开始称病，深居简出，闭门谢客。这些肩宽腰圆的“粗膀子们”四肢发达，头脑并不简单，他们明白“打砸抢”是犯罪行为，这笔帐迟早要被清算。红庙“大侠”们纷纷退隐江湖，淡出武林。风靡红庙的习武健身风气在 1968 年末走上了下坡路。从此红庙青年的习武健身活动转入封闭化和私密化，与外界打打杀杀拉开了距离，泾渭分明。“挑水张”更是噤若寒鸦，一门心思低头扫街担水。在外人眼中，他活脱脱是一名半截身子入土的糟朽老汉，境况堪怜。

5

1968 年冬季，北风肆虐，气温陡降。周末，母亲为我准备好换洗衣物，催促我去公共浴室洗澡。那时节一般的南京居民冬季洗澡必上澡堂。无论是红庙西头居住的局长大人，还是红庙中部杂居的平头百姓，也无论是我家对面省歌舞团宿舍院里大红大紫的演艺明星，还是街头巷尾的牵车引浆之徒，都会在公共浴室蒸汽环绕的“大庭”和赤身裸体的“广众”之下，上演一把真人秀。

冬天的澡堂里人满为患，上午九时澡堂开门，顾客便排出长长队伍，有些人上午开始排队，要等到下午甚至晚上关门打烊前，才轮上洗澡的机会。我来到北门桥南端的“又新浴室”买了洗澡筹码，又等了好一会儿才轮到叫我的号码。服务员举起近三米长的叉棍，为我把外套高高挂在大堂屋顶下的挂钩上。我脱去内衣裤衫和袜子，塞进长榻靠背后面的衣箱里，服务员从十来米外抛来一条热毛巾，我准准地接住，便直奔热气弥漫的大澡堂。我吸足一口长气齐脖浸入大池滚烫的热水中，舒适温暖立刻在体内充溢舒张开来，数九寒冬令人畏手畏脚的寒气顿时一扫而空。那年月老百姓缺少性病艾滋病等传染病的知识，或许这些知识是有的，不过受到物质条件的限制，“眼睛一闭”嗤溜一声下水也顾不上那么多了。那时男子到公共澡堂洗澡，在大池中集体浸泡一阵是十分自然的事情。

大池很大，池水面积约有四十多平方米。为方便澡客沐浴，几条长木板横架在池水上方，任人坐卧。这些长木板厚笨粗大，十分结实。大池上空蒸气缭绕，澡客们热得直喘气，有人喜欢在长木板上或坐或躺，自由自在地搓洗自己的身体。

此时有人捅捅我的肩膀，回头一看，正是“挑水张”。没想到彼此会在这里“赤诚相待”，相互一乐。两人搭讪了一阵，“挑水张”悄然露出顽童般的坏笑神色，他暗中递给我一个眼神，叫我留意他的举动，然后便全身没入池水，像一头心怀叵测的大鳄鱼缓缓离去。

“挑水张”无声无息地在水下挪动，丝毫不引人注意。他渐渐靠近一条长木板，那上面足足坐着十几位资深的澡客，或谈笑或放歌或吟戏热闹非常。“挑水张”回望了我一眼，身体潜入水下，肩膀渐渐贴近长木板，暗地运足功力扛了过去。

受到一股巨大力量的牵引，那条四平八稳的长木板缓缓地发生了水平移动。众澡客一起惊骇大叫，为保持平衡手舞足蹈洋相百出。有人狂喊地震来了，澡堂里面骤然大哗。长木板的一端持续位移终于脱落池沿轰然滑落水中，长木板上的澡客们四脚朝天像下饺子“通通通”栽入热汤中，巨大水花一直溅到天花板上，一时秩序大乱。

“挑水张”若无其事从水下悄悄潜回到我身边，他张开没牙的嘴，愉快地发出大笑，开心地欣赏眼前这出闹剧。落水澡客惊魂甫定，纷纷对于“长板自移”这一神秘事件感到十分困惑，七嘴八舌，议论汹汹。但绝没有人怀疑肇事者是这位年近古稀的孱弱老人，即使有人当面指证他，旁人也根本不相信。要知道那条长厚木板常年在热水中浸泡沉重无比，加上众澡客坐在长木板上的“净重”，总重足足超过了一吨，若非神力，谁也不能奈何那条长木板半分。

我开怀畅笑。老人抓住一次难得的机会，善意地调侃了一下南京老乡，让精神和身体得到一次积极放松。也只有在这种无妨大雅的世俗场合，老人才偶然地自娱自乐，调剂一下倍受歧视而毫无乐趣的单调乏味的生活，开一个无关宏旨的玩笑。他不显山不露水地张扬了一把个性，宣泄了一通情绪，却让我再次领会到他内功深厚和力大惊人。据说女娲补天后，为防止天塌地陷，特派四名力大无穷的金刚力士守卫四极，世称“四大金刚”。金刚力士长三十丈凶神恶煞，一切妖魔鬼怪都怕它们，所以才把天给保住了。我的街坊“挑水张”称得上是当代一名真正的金刚力士。那年月有资格列入南京“大侠”名单的有好几位红庙籍人士，若论南京力士，我想：一夔已足。

一同起身穿衣的时候，我又笑了。“挑水张”不是一名老太监，他的命根子完好无缺，我亲眼目睹可以为证。但我又想，那可能是一枚顽石样的东西呢，不然的话为什么连钢条也无奈它何呢。

那时候红庙街头流行玩石锁。一块长方形条石，嵌凿出一个把手，容手可握，就成了石锁。石锁外形很像是旧式橱柜门上的中式铜锁，轻则十来公斤，重则四十公斤以上，需要一把蛮力才能拎起。石锁的玩法有多种，主要是抛向空中再分别用手腕、额部、肩膀或肘部接住，有正面扔、背后扔、掏裆扔、片腿扔，两人还可以对扔。玩石锁对腰腿和手臂力量的要求极高，“挑水张”见我跃跃欲试，几次告诫我说，“石锁要玩得好，首要是练好气功”。

“挑水张”多次强调气功的重要性，一次“挑水张”曾在我家小院马步蹲档，边演示边说，气功的形包括三个方面：一为肢体动作。二是内脏运动，三是呼吸。呼吸与动作的配合要协调，呼吸与意念的配合要默契，打通周天，气循经络在体内运行，这是气功首要之义。“挑水张”说，气功是中华武术的根本基础，我国最初的拳术套路就是在导引派气功的某些术式的基础上发展而来的。气功大师把技艺练到炉火纯青，就能“引重千钧，踏壁横行”。

“挑水张”笑着说，现在的年轻人兴致上来了，无论什么时候都会下场子练功，而他绝不这么做。他师傅传授给他的经验是，分别在寅、午、戌、子四时练功。具体为什么这样做，他却没有详谈。“挑水张”认为，武术是御强抗暴、抵抗外侮的手段，又是强健体魄、陶冶性情的运动。那是我第一次从他嘴中听到止戈为武的话语。

交往日多，信任益笃。一日，“挑水张”冒着极大风险悄悄取来一个旧布包，展开一看，是几张发黄变脆的民国时期的旧报纸。报纸头版新闻是 1935 年在南京召开的全国国术表演大会，“挑水张”参加了硬气功表演。从照片上看，他当时表演的节目共有两个，一是他赤裸上身仰卧在地上，一辆满载乘客的大卡车的轮子从他肚子上面碾过去。另一个节目在我看来匪夷所思，“挑水张”在一块碗大的青石上面摆上一块豆腐，众目睽睽之下，“挑水张”运足全身功力右掌猛拍下去，青石四分五裂，而豆腐完好如初。我反复阅读报纸，耳听为虚，眼见为实，我这才确信“挑水张”绝非一名普通的金刚力士，他是旷世难见的武功奇人。这才是真人不露相，露相非真人。

至于“挑水张”为什么会被界定为“四类分子”，一次我听母亲简单说过其中原委。大意是日本人占领南京期间，南京地界上有一名武功高强的大师穿墙越壁，神出鬼没，令占领当局十分头疼。日本宪兵队多次捕捉此人失败，便请“挑水张”出山相助。“挑水张”直接把对方堵在屋内，令其束手就擒。解放后他被人揭发“帮助日本宪兵队做事”，这段历史成为了“挑水张”的一项罪状，从此被罩上“四类分子”的帽子。

但我的疑问并未得到验证和解答，当年“挑水张”手擒的那位武林高手究竟是什么货色？是祸害一方的周处似的人物呢，还是抗日义士？如是前者，“挑水张”的四类分子帽子可能就来得有些冤枉。这段历史湮没已久，已然没人说得清楚。我想，很多事原本就是模糊不清，也许这样才更符合历史的本来面目。

1968 年 12 月末，我响应当局号召去高淳县农村插队落户。临行前，“挑水张”来送水时从怀中摸出一只褐色小药瓶递给我说，“我没东西送给你，这玩意儿治疗跌打损伤，很有效的。”

我拧开密封的药瓶盖子，瓶内的物体约鸽蛋般大小，深褐色，散发出一股奇异香味。这是一块麝香。

我坚持不收这份礼物，我知道“挑水张”的家境艰难，一无长物，这块麝香弥足珍贵，算得上是他的镇宅之宝了。他却无心与我谦让，挑起水桶就走，出了院门又转过脸来，他的思绪已飘飞到更高远的层次，他再三叮嘱我说：练武不练功，到头一身空。你要一辈子记住这个道理。

当时，“挑水张”牙齿已全部脱落，每顿仍能食两碗干饭。

“挑水张”弥留之际，我正在“广阔天地”里“接受贫下中农的再教育”。听说“挑水张”在病榻上硬挺了许多天，直待把身上的功夫褪尽，方才踏上黄泉之路。

“挑水张”的本名,似乎是张正清。

写于 2006 年 2 月

高淳剪影

桂花飘香时节，信箱里飘入一封请帖，高淳县举办固城湖螃蟹节，广邀各界人士光临。我曾经在高淳插队落户，一向以半个高淳公民自诩。烫金描银的大红请帖引发了我的思乡幽情。固城湖位于高淳境内，水质清新，饵料丰富，自然条件得天独厚，盛产鱼鳖虾蟹。固城湖的“中华绒螯蟹”个大体肥味鲜肉美，名闻遐迩。

这封请帖被搁在书桌上一个醒目位置，我不时扫去一眼，很珍惜这份来自乡村的联系。我离开那个插队所在的云深雾浓的小村落 30 多年了，农村经历依然历历在目。这段务农生涯潜移默化地铸成我生命的一部分，长久地影响我一生的生活。不同的是，当年我在那里当公民，没人下帖来请我吃大螃蟹。

这份薄薄的请帖，标志出一块乡土和一个人的联系。近来各县面对回城的老知青举办地方风情活动，多是政府搭台，企业唱戏，“醉翁之意不在酒也”，联络情感的目的是招商引资。尽管如此，“老家来函”毕竟渲染出浓浓的乡情。高淳位于南京以南一百多公里，丘陵起伏，水道纵横，湖泊星散，物产丰富。三哥贯之曾与我同在高淳山乡顾陇公社插队落户，不久后他当上了生产队会计，后来他又被“选秀”调去高淳圩乡沧溪公社永丰中学教书。沧溪位于固城湖边，烟波浩淼，白帆点点，颇有诗情画意。1974 年夏天，三哥暑假返宁，捎回一条十五斤重的鳜鱼王。可惜天不我助，洪水突然泛滥淹没了回宁的公路，他只好乘船假道芜湖辗转绕回南京。那天奇热，三哥历经千辛万苦进得家门时，这条一米来长的超级鱼王已不能食用了。左右街邻纷纷聚来，争睹这条无与伦比的水中巨无霸，虽然未有口福，人人大开眼界。

有这样一条鱼王佐证，难怪在一些南京市民心里，高淳就成了肉山脯林的代名词。

1

光阴荏苒，当年插队落户的知识青年，如今纷纷由“知天命”转入耳顺行列。插队落户是城乡文化之间一段血脉贯通、骨肉相连的人生历程，有趣有痛有得有失，感情相当复杂，不能一言以蔽之。

1968年12月28日，再过三天，这纷乱的一年就要结束了。早晨，天色阴暗，北风肆虐。南京城的几条主干道上集中了大批军用卡车，我携带行李来到长江路上的集合地点，攀上一辆军车的后厢板，默默坐下来。大姐萍之代表母亲前来送我，她挤在熙熙攘攘送行家属中间，跟在车后千叮咛万嘱咐，车上车下，泪水禁不住同时夺眶而出。路边的高音喇叭不停宣播最高指示：“知识青年到农村去，接受贫下中农的再教育，很有必要”，雄壮的进行曲反复播放。高淳位于南京正南方，可当局出于政治宣传的需要，安排所有的知青车队必须行经当年新建成的时代象征南京长江大桥，于是南下的车龙也掉过头来，随大流浩浩荡荡往北进发。“南辕北辙”，这不是“方向性错误”吗？当时我头脑中一不留神闪出个大不敬的念头。那年我18岁。

往高淳方向行进到半路，冬季的第一场大雪赶上了车队，雪花飘飘扬扬落了下来，渐渐就化成了恣肆纷飞的鹅毛大雪，车厢外面很快白茫茫一片，最后竟然连路也看不见了。一群青年男女挤在卡车篷布底下东张西瞅，早已失去了方向，只好听天由命，不去考虑身归何处。下午卡车在高淳境内一片丘陵地带停了下来，一大群顾陇乡民伫候在雪地里等候已久。有公社干部在一旁声嘶力竭大声宣读名单，乡民们横过扁担挑起行李，热情领上城里来的青年，东面五个、西面三个，逐渐星散开来。我背起书包，与南京九中初一的三名男生一起，被分往一个叫做笠帽墩的小村庄。雪虐风饕，田园皆白，我们跟在一长串扁担后面跋涉了五里雪路，于天擦黑时进了笠帽墩村。当时本地还没有电灯，从这天起，囊萤映雪的日子开始了。

天低云厚，阡陌纵横。僻远的农村没有报纸，电台的收听效果也不好，我们这些离乡背井的知青犹如一群隐士，过起与世隔绝的日子来。那年国际国内发生的大事还真不少：国产第一艘万吨远洋货轮“东风”号建成下水；南京长江大桥正式通车；第十九届奥运会在墨西哥城召开；苏联坦克以“华沙条约国”名义，率东德、匈牙利、保加利亚、波兰等五国军队从东、北、南分 18 路进入捷克斯洛伐克进行武装干涉，粉碎了“布拉格之春”的改革探索；马丁·路德·金被刺身亡，在美国 125 个城市中引起黑人暴乱；塞纳河左岸学府大街中心区的巴黎大学被学生们占领着，校园里到处飘扬着红旗，墙壁上贴着一排排“大字报”，学生们一度甚至占领了国家剧院；哲学家萨特站在街头散发传单、发表讲演；美国学生们发动反战运动，后来成为拳王的阿里对记者发表讲话坚决不去越南打仗；也在这一年，周恩来在北京市公安局军管会关于人民大学教授何思敬死亡情况报告的批示中，严厉批评那种撇开国法和专政机关而由群众组织来“私捕私讯，打人致死，专政机关置之不问”的现象，指出这种所谓“群众专政”的做法“决非善策”；根据毛泽东的决定，工人宣传队进驻清华大学；跟着中共中央、国务院、中央文革发出《关于派工人宣传队进驻学校的通知》，由工人宣传队领导斗、批、改工作……

世界上发生的所有这一切，离我们这些知识青年们距离越来越远。零星通过媒体听到种种新闻，竟有恍若隔世的感觉。两千万中国知青上山下乡开赴边疆农场，只是 1968 年历史大河的一朵浪花，瞬间消失。可对于知识青年本人来说，农业、农村和农民身份三者合一，构成了自己百分之百的生活，成了自己不可抗拒的命运。我们无来由地被从城市放逐了，遣返第一产业的前线，重头学习古老的农垦技艺。几千年来，农业技艺在高淳地区没有什么变化，不同的仅是物是人非。

笠帽墩村不大，只有二十来户人家，清一色姓芮，只有一名生产队副队长是外来户姓王。这个村与汤桥、大庄、当沟里、下新村等四个自然村一起组成了松溪生产大队，大队部设在大庄。村与村的距离一般约有二、三华里。汤桥村是本大队的首富，1968 年劳动力的工分值是人民币一元五角，当地农民的收入竟然比南京普通工人的收入还要高。笠帽墩村的一个工分是七角五分，在松溪大队经济排行榜上属于老幺。可本地农民生活条件尚可，住宅清一色是砖墙瓦房。知青初来乍到，住进了生产队新盖的泥墙草房，也有少数例外，如三哥贯之看见大家一起下乡插队不愿一个人留在南京，他三天后——也就是 1968 年 12 月 31 日——“自投罗网”主动申请前来高淳县顾陇公社胜利生产大队夏家村插队落户，被优待安排在古老的夏家祠堂里借宿，那就是一幢青砖小瓦的古旧建筑。

事后我才知道，我当初选择以与哥哥一起插队的名义“混迹”于九中学生队伍里落户高淳，于我来说是一种“非分之福”。我在南师附中的同班同学多数下放到苏北泗洪、淮安一带插队，泗洪界集公社某生产队一天的工分值只有 4 分钱。当时“南京”牌香烟每包售价二角钱，也就是说当地的壮劳力辛苦劳作一天，挣来的工钱只值四根南京香烟。苏北的同学们没有充裕的大米可食，杂粮成了三餐的主角，收获什么就吃什么，有时候顿顿饭吃绿豆和玉米。绿豆干饭，绿豆稀饭，绿豆炖汤，绿豆馍馍。可怜我昔日的同窗一箪一瓢，断齑画粥，脸都吃绿了。在苏北欠发达地区的农民眼里，高淳农民的“高薪”收入和充裕的农耕经济，几乎就迹同于石油输出国组织的亿万富豪吧。

高淳地势偏僻，笠帽墩村又位于高淳县的边角旮旯，如果不是插队落户来到此地，我相信我一辈子也不会在这样的偏远乡野留下人生的足迹。村边有条简陋的沙石路，每天有两班客车一路扬起灰尘经过此地，摇摇晃晃开往 30 公里开外的县城。我在田里劳作时，每逢看见灰头土脸的客车在公路上缓缓移动，目光便忍不住追随了去，毕竟那是在完全封闭的乡村环境下，精神和肉体被高度“边缘化”的知识青年与外界唯一联系的交通纽带。

在南京知识青年看来，顾陇公社的社部“驻跸”地，其实就是一块不入法眼的蛮荒之地。公社大院门前有一条短街，不足百米长，两边分布着粮油加工厂、农具厂、邮电所和供销社。布帛菽栗，镰锄耙犁，一眼望去，尽收眼底。街面上平时也没有什么路人，几条闲散的草狗懒洋洋地踱着方步，一派中古时期农业社会的风景。

我当时年少无知，物质生活的贫困又令我目光短浅，限制了我的进取心，我当时盘算的只是尽快离开乡村远走高飞，根本不能静下心来做一番深刻思考，这是我知青生涯无法弥补的一个错误，后悔已来不及。我的这种行为永远留下了浅薄标签。其实在那种封闭条件下，当地各类本土文化现象保存完好，那些古朴简单的农村生活场景后面，活跃着纯粹地道的乡土文化，保留下生香活色的生活原型，萌动着丰富大量的潜意识涡流。这正是文学创作者梦寐以求的题材宝库，弥足珍贵，一些文人墨客花钱“采风”尚且一“风”难求，而眼前这种免费普及的机会却被我视若不见，我与一座真正的本土文化金库失之交臂。事后想来，当初的我可谓是井蛙之见。

2

1970年早春，南京通往高淳的公路上，车辆稀少，偶尔会有一辆满载化肥的拖拉机轰隆隆驶过，在沙石路上扬起一大片灰尘。灰飞尘散后，这条南来北往的公路上又恢复了空寂景象，仿佛是一条被遗弃的旧腰带扔在山野间无人问津。

一骑孤零零的单车，影单形只地行进在寂寞的公路上，或南下高淳，或北上南京。那年我20岁，选择了骑自行车长途旅行的这种方式，来锻炼自己的意志和体力。自行车是一辆绿色的26寸永久牌女式旧车，骨架有些单薄，踩起踏板来有些费劲。笠帽墩村离南京约110多公里，遇上顺风，我5个小时可以到达目的地，中途在溧水县城打尖休息。

骑在车上，我清楚地知晓今天自己的目的地在哪里，可多数时间里我心中一片茫然，不知道本周本月本年究竟该干些什么才具有价值和意义。我喜爱园艺，对农业也充满兴趣，但强迫我务农的这种硬性安排使我心生厌恶，随即产生了强烈的抵触情绪。时代把我撂到世界的这个旮旯里来，是因为当时这里最适合成为命运的一所大集中营。我一边吃力地骑车，一边陷入深深苦闷，不知道自己将来会成为一个怎样的人，以什么为特长，又以什么来谋生。那段时期我经常在南京和高淳之间来而复去，纯粹出自于一种下意识的前进动作。那时我的生活更像是一条失去了舵和帆的独木舟，随风飘泊，逐浪前行。

丘陵连绵起伏，公路时高时低，路旁的稻田一望无尽。高淳地界有个地名叫做古柏，一排排古柏树高耸入云。我想这些“树瑞”一定见识过历史上无数次这样人来人往的流浪景致。春秋和三国时期，高淳土著曾两次围湖造田。宋朝北方遭受外侵，中原人纷纷南下逃生，大批流入高淳境界，后来的人口无田可种，又掀起了第三次大规模围湖造田，最终形成了高淳三面环水的半岛地形特征。高淳之名，就是“高地浸润在水中”意思。

腿脚乏了，我便停下车来坐在路边休息。我在古树下枯坐良久，树上也没有落下只果子来击中我的头顶，让我顿悟自己的命运。我不想久留高淳并非因为这里是蛮荒之地，相反高淳文明源远流长。考古发现高淳先民头骨上有敲掉上颌切牙的习俗，印证了《山海经》、《淮南子》中“凿齿”的记载，与广西隆林、云南文山一带峡谷中的仡佬族及日本和南太平洋一些岛屿上民族的拔牙风俗类似。高淳古固城建于春秋时期的吴国，是南京地区最早的城邑，在固城遗址发现了大量西周、秦、汉、唐等朝代的文物。其中东汉《校官之碑》是江南第一篇教育志，也是江苏现存最早的汉碑。高淳老街是江苏省保存最为完整的明清建筑群。

茅山余脉横穿过高淳东部，这一带岗峦起伏呈现出典型的丘陵地形，当地普种水稻，也种山芋等旱地作物，被当地人称作山乡。而高淳西部的景致全不相同，固城湖经过历史上的三次大围垦，还保留下二十多万亩水面，河汊纵横，帆影点点，一派水乡风貌，高淳西部因此被称作圩乡。每年夏季湖水上涨，圩乡的首要大事便是全力护圩，莫让虾兵蟹将们攻破圩埂把眼看到手的稻米尽数掠去。高淳西北面又与石臼湖相接，水产资源十分丰富。孔子周游列国时曾来到楚吴交界地的高淳境内并登上东坝游子山留记。李白游历高淳时题诗以大写意画的方式描述水乡风情：“湖与元气运，风波浩难止。天外贾客归，云间片帆起。”先贤们持的是“到此一游”的作客的放松心情，触景生情，诗情画意。而我则是不由自主被强迫到这里做了“主人”，反而患得患失，变得悲观起来。

高淳境内有条胥河，是春秋时期吴国大夫伍子胥主持开凿的世界上最早的人工运河，全长450多公里，仿佛是一条丝带横贯东西，曾在吴国击败强楚的战役中发挥了决定性的作用。铁器时代要完成如此巨大的开河工程，工程难度和劳动强度之大可想而知。高淳原先有条古街名叫“一字街”，比高淳老街规模大得多也更为著名，已于1512年沉没在固城湖底，成了鱼龙之宅，如今无法目睹其壮丽景观。

我在高淳期间，常随农民去东坝和定埠赶集，这两座古镇分别离笠帽墩村20华里，每去一地，一次需在蜿蜒的乡间小路上往返步行四个小时。东坝在三国时期就是著名粮埠，此后一直是重要的粮食集散地。定埠位于南京市最南端，与安徽郎溪交界。定埠的“跳五猖”是江南极为罕见的古老傩舞，起源于西周，舞剧人物以东西南北中五方神和土地道僧为角色，各戴红黄蓝白黑五色假面具，身穿长袍，手擎刀枪剑戟，载乐载舞，古韵沧然。离笠帽墩村最近的集镇是约 7 华里远的桠溪镇，当地的知识青年常借采购副食品和日用品常在此碰面，交流信息和动态，给贫瘠生活和更贫瘠的精神“充一次电”。

三哥贯之插队农村的后半程在高淳县沧溪乡永丰中学教书授业，此地在历史上绝非是籍籍无名之处。东吴大帝孙权为纪念大都督周瑜曾在沧溪乡修造一座三元观，观虽不复存在，但三元观的附属建筑戏楼保存完好。原三元观前的两棵丹杨历经千年风雨，至今枝叶茂盛，生机盎然，树干需三、四人合抱。北宋政和年间，宋徽宗诏命蔡京募集建康五县民夫围垦固城湖，成田五万余亩，赐名“永丰圩”。宣和年间宋江受招安后，迁部分梁山士卒来永丰圩定居。这就是说，贯之的门生也许就有梁山一百单八将的直系后裔呢。贯之教书在当地颇有人缘，但是还没达到当地耆宿大贤感恩戴德为他集资再建一座“贯之授业楼”的地步，他就考取大学远走高飞离开了这里。

“知识青年到农村去，接受贫下中农的再教育，很有必要。”发布这条最高指示的人，在另外一个场合下发表过另外一句名言：“严重的问题在于教育农民。”由于这两句话彼此间不可调和的矛盾和语义直接冲突，知青们常会反复玩味和重复这两句语录，以增加一些生活乐趣。两千万知识青年在“广阔天地”里很快就成了一盘散沙，像一蓬蓬野草栉风沐雨，枯荣由天。多数知青的群居点里“室如悬罄，野无青草，何恃而不恐？”生活窘迫令相当数量的知青成了涸辙之鲋，肤黄肌瘦，鸠形鹄面。也有少数知青无拘无束沦落成了群氓，落拓不羁，偷鸡摸狗，聚众群殴。几乎没有一名知识青年相信自己真的会终生在农村接受“再教育”，一些知识青年开始复习功课备考，“敛翼待时，候风云而后动”。乡土文化与知青随行的“面具化”都市文明正面碰撞，油和水不能相互融入，最终油还是浮在水上，水仍然沉在油下，谁也没有“教育”了谁。

3

高淳的与众不同，首先是高淳人物。

南京知青初来乍到，生活上的第一难题是语言无法交流。起初高淳老乡眉飞色舞滔滔不绝说笑半天，南京知青却只字不懂，不知所云。高淳方言属于古吴语，保留大量入声，又把声母 r 全读成 n，如好人读成 “好您”，染缸读成“泥缸”。数字“一二三”，高淳话念作“衣泥泻”。集市上如果有一位卖蟹人指着自己的蟹篓说：“格搭阿有十那胡海，捋捋捧捧少脚巧底把伲。”“翻译”成普通话就是“这里还有十几只螃蟹，便宜些统统卖给你。”高淳虽然地界不大，山乡和圩乡之间的语音差别还不小，有次我去位于圩乡的县城在大街上问路，山乡的老乡答完了，旁边的圩乡老乡又作了热情补充。耳边的两种发音吐字诸多不同，如果一种像圆润的英语，另一种就像铿锵的德语，我听完后一头雾水，陷入更深的方向性迷茫。

在高淳插队，每天清晨的第一个节目是队长派工。薄霭未散，露水遍地，上工钟声一响，生产队的男女老少睡眼惺忪扛着钉耙夹着锄头陆续来到村头打谷场，听从一日的生产调度。队长是名粗壮汉子，个子不高，声音却很宏亮，噼哩啪啦一通发言，先把前一日的劳动情况简单做了小结，然后开始调兵遣将“男子汉如何……妈妈娘子如何……阿尼嘎如何……妹头嘎如何……”队长训话虽没有苏州评弹宽厚苍劲和动听，却也是韵味十足，抑扬顿挫。当地方言把男子称为“男子汉”，显得雄壮威武，把妇女喊作“妈妈娘子”，又透出风韵优雅。男女少年则分别称作“阿尼嘎”和 “妹头嘎”，清脆悦耳，亲切自然。倘若我的目光离开了那位蓬头跣足滔滔不绝唾液四溅的生产队长，那场景、那语境，会使我误以为回到了原始氏族社会，一场分工合作、规模宏大的先民围猎活动即将隆重开始，旌旗猎猎，马嘶犬吠。

一个雨天早晨，照例不出工。一位老乡披着蓑衣路过，在知青屋门前立住，冲我笑着说：“猫哈嘎义”。我一时懵住了，不知所云。老乡重复几遍，便高高兴兴走了。后来我才明白这位老乡的话语中蕴藏着一个重要信息，他告诉我“到夏家去”。夏家是胜利大队的一个村落，离笠帽墩村 5 里路，三哥贯之当时插队落户在夏家，那位老乡的意思是暗示我说如有东西捎给三哥，他便是理想的人选。可惜我初来乍到语言不通错失良机。半小时后我冒着雨雪把近期的家信送给三哥也“猫哈嘎义”一趟，一路上我的胶鞋四周粘连的泥土足有篮球那么大，如果我钻研过古吴语并且通晓文字训诂学，跑这趟泥路的辛苦本来可以避免。

莫怪南京知青对高淳话的反应慢，高淳话难懂的程度甚至会影响一场战争。据说在对越自卫反击战的“两山”战役中，由于越方相继破译了我军用粤、闽南、客家等方言的联络暗语，一次我军改用高淳话传达指令。越军如听天书，莫明其妙，一时措手不及。那次在高淳方言的助战下，我军一鼓作气取得了松毛岭、小尖山等战斗的胜利，最终收复了老山前线失地。

高淳地理偏僻，与外界交流较少，村民们情操简单，崇尚自然，对生命本能地存有一种敬畏感。当地民风古朴，保留许多原初习俗，有些是外界以前闻所未闻。我受到地域文化的浸润，在高淳第一次洗上了“大锅澡”，让知识青年们眼界大开。

那是一个冬日的黄昏，寒风凛冽，积雪遍野。插队在笠帽墩村的四名男知青抱着换洗衣物，怀着好奇的心情来到村头澡堂。澡堂是间草房，约有十多个平方米，屋里堆放着很多柴草。屋角矗立一口超级大灶，灶台约有特大八仙桌那么宽敞，灶中央支起一口特大铁锅，热水沸腾。灶台四周有砖墙一直砌到屋顶，仅留一个方孔，容人低身进出。

炉膛下面火光熊熊，腾腾蒸汽挟裹着欢声笑语从灶上的方孔冒出来，弥漫四方。澡堂里水雾四溢，空气又湿又热。从灶台上的方孔里钻出一名赤裸男子，浑身水珠淋漓散冒热气，仿佛是新鲜出炉的烤火鸡，正准备自动登桌装盘。借助昏暗的煤油灯光，我辨认出这男子正是生产队长大人。知青们个个面带微笑，愉快地接受了村领导最高形式的“赤诚以待”。在队长的指点安排下，几名南京小伙子犹豫不决脱去衣服，从大灶上的方孔鱼贯而入。

大锅里满装热水，蒸汽灼面，水温烫人。几名同村男子光溜溜地围锅而坐，腿脚浸泡在热水中。他们一边往身上撩拨热水，一边用毛巾使劲搓擦四肢，愉悦之情，溢于言表。灶台四周有一圈凹槽，肥皂泡沫顺着凹槽潺潺流出屋外，形成了一套循环系统。一名汉子身边有一只冷水桶，他不停舀出凉水补充到大锅中来，他的这一举动非常重要，不然的话，水温迅速上升，一会儿汉子们便会像生猛螃蟹活活给煮熟了。

汉子们为我腾出一个位置。我怯生生在灶台上坐定，犹豫再三，才敢试探着把腿脚伸进锅里。热水有些烫人，我脚丫子与灶膛里的熊熊烈火仅隔着薄薄一层锅壁，脚底有时不慎会接触到锅壁，但并不像我想象的那样灼烫。此时此刻本人的处境与汤锅里炖的蹄膀没什么不同，假如这口锅再大些，也许我们这些澡客还会像煮熟的饺子上下翻沉呢。水温气温不断升高，呼吸有点儿困难，看来灶膛前那个忙于添柴加火的“阿尼嘎”工作得太卖力气了。

一名汉子嬉笑着往外吆喝了一声，一桶凉水立即递了进来，随后炉膛温度也降了下来，水温渐渐恢复了正常。我心神甫定，不慌不忙洗起澡来。汉子们洗完后陆续跳下灶去，只剩下几名男知识青年边笑边洗，话题中心自然是第一次洗这种名副其实的大锅澡。

“南京佬还没有洗好啊？……”突然一串脆亮的女声从方孔传进来，紧接着一片嘻嘻哈哈女子嬉闹声近在咫尺。我们大惊失色，这是又一次不同寻常。按当地风俗男性有优先权洗大锅澡，下半场属于女性。但我不知道男女澡客之间的过渡，居然会是“零距离”。

听动静约摸有五、六名妈妈娘子和“妹头嘎”登堂入室进入了澡堂，灶下的温度迅速上升，分明是有人在大力添柴。我还听到外间窸窸簌簌脱衣服的声音。

“等一下……”我们光溜溜地困在灶台上束手无策，立时慌了手脚，只好大声求情。外面的笑声更响了，“半边天”们乐成一团，纷纷提高声音跟我们逗趣，几位年轻姑娘彼此开起了玩笑，惹得屋内响起一片追打声。

终于，听上去女士们从方孔前暂时避开了，我们用毛巾围住下身，钻出灶台直向自己的衣物奔去。妈妈娘子们并未退出房间，只是背过脸去不辨妍媸一起窃笑。由于房间太小，我们只好就立在她们身后伸胳臂蹬腿地忙碌穿衣，未等狼狈不堪的我们把自己包装妥当，身后已有大胆的异性在腾腾雾气中脱光衣服捷足先登钻进灶台，澡堂的交接仪式就此结束。

出得屋来，四名男知青越想越开心，一个个开怀大笑，直乐得站立不稳，步履踉跄摔倒在谷场的稻草堆中。民俗作为社会群体的一种行为模式，其生成、传习、变异或消亡，受到多种文化要素的制约。保存下来的不一定全是进步的，消亡的也不一定全是落后的，但凡存续下来的民规民习一定有其充分的理由。下乡后我们很少开心大笑，纯真简朴的民俗友好地拍了一下我们的肩膀，农村生存的严酷性此时也被轻松化和淡薄化了，

南方的春季特别短暂，气候说热就热得喘不过气来。到了麦收季节，一阵阵强劲的南风灼热烫人，动辄汗如雨下。这时村里的男子汉们下地干活便纷纷穿上了盛夏的“时装”——小围腰。高淳农民的小围腰是当地独有的一种服饰，大小与家庭主妇的短围裙差不多，准确地说就是一件专供男人穿着的超短裙。小围腰用粗布制成，约摸一尺来宽，侧面用布带系在腰间。农历六月，你经常可以在乡村小道上看见一大排赤足男子迎面走来，赤裸的古铜色上身在阳光下反射着熠熠光辉，下身仅穿一条超短裙。那时你会眼前一亮，误以为自己身处米兰国际时装节，米兰多和普西尼等先锋设计大师正推出一款振聋发聩的划时代杰作。

我没穿过小围腰，但我私下认为，在高淳农村极其炎热的天气中外出露天劳作，如此着装一定非常凉快。古人有大智慧，告诉我们说凡有一利必有一弊，小围腰在给主人赢来清凉之余，随之带来一些问题，主要就是暴露现象无处不在。譬如谷场上男女老少排成一字长队挥动连枷劈里啪啦打小麦，一趟打完之后，须弯下腰去把谷场上的小麦翻过身来再打一遍。可怜的小围腰实在太短了，一旦男子汉们撂下连枷弯下腰去翻动小麦，身后立刻严重走光。目光所及之处，犹如是男科医生快速检视肛肠病人就医队伍的现场。我虽是“男子汉”，又系“穿裤一族”，一时也感到尴尬不安。侧目望去，身边的半边天们心理素质超强，一个个熟视无睹，视若不见地接受了这种不经意的暴露。

比“小围腰”现象有过之而无不及的，是当地的车水汉子全裸出镜。盛夏时分骄阳当头万丈金光烤得高淳大地青烟缭绕，这里或者那里，会有一架水车孤零零地矗立在公路旁，几名壮汉顶着烈日正忙着向稻田里车水。他们头上一般会很严肃地带着斗笠，而他们全身的遮掩物也只有这一顶斗笠了，也就是说汉子们一个个赤身裸体完全写真，健壮身体被强烈阳光晒得黝黑，强度很大的劳作逼迫他们收敛起锐气和幽默，水车匀速转动，不

断把汩汩清水泵入田间。一旦遇有客车从身边大路上驶过，汉子们的情绪立刻就如潮水高涨起来，他们会满脸微笑一边尖声叫嚷向长途客车里的男女旅客挥手致意，一边恶作剧在瞬间把水车踏得飞快，水车大轴的快速旋转在霎那间达到了令人眼花缭乱的地步，肉眼几乎看不清大轴上踏步的位置，汉子们全凭经验和技巧本能地提步和下脚，才跟得上那种近乎疯狂的节奏。终于其中有一人跟不上趟，一下子悬吊在水车扶手上，这场比赛才宣告结束。车水汉子真人秀表演的火爆程度视客车的远近距离而定，客车越近，汉子们就越“人来疯”。裸汉们满不在乎喜笑颜开纷纷向近来的客车上的知识青年打招呼，而车上的女知青们会羞得面如桃花，掩目垂首，入定一般半晌不动。

有时候，真人秀做得太过火了，当地的大佬就会出面干涉，煞一煞始作俑者的气焰。1970 年夏季的一天，邻近的新庄大队派出一队强劳力到公社去挑化肥。新庄离公社约 4 公里左右，长长一队担夫挑妇满载而归从公社浩浩荡荡出发后，有人便寻思着要找点乐子，起哄要与一名三十来岁的男子打赌，条件是大白天光着身子把两袋化肥从公社挑回家去。当赌注上升到一条南京香烟的时候，那男子一咬牙便应了下来。这汉子转瞬之间脱了个精光，乡间路上便出现了惊心夺目的一幕场景，那位勇士全身上下一丝不挂，连鞋子也脱了挂在化肥袋上面。无惧无畏地领衔走在队伍最前面。随着道路颠簸起伏和吃重步伐的抑扬节奏，那男子身体某个深藏不露的部位平日呈自由落体状态，此时便活蹦乱跳高下翻飞，十分引人注目。这支队伍一路上要穿越大大小小四、五个村落，所到之处过街穿巷无不引起阵阵惊呼怪叫。当队伍横穿过松溪大队的当沟里村时，恰巧被松溪大队民兵营长迎头撞见。这位乡间的执法官勃然大怒，立即命令本大队的民兵将这大不雅的莽汉拦了下来，用绳索绑了这泼厮送到公社去处理。莽汉的伙伴们哈哈大笑，将被缚之人留下的化肥分散挑了，继续走他们未走完的路程，一场恶作剧草草收场。

性格率真，观念古朴，是高淳乡民千百年民风民俗。在这种传统文化的大背景下，村中厕所的“秀臀”文化只算得上是一档微不足道的节目。高淳农村的厕所一般建在室外，居住和如厕完全分离，比起外地农村“居厕合一”甚至人猪混住是一个进步，可是我本人以前没见过像高淳这样“开放式”的家庭厕所。

厕所一般建在离家不远的地方，其实就是在村子中间的空地上。下方乃是条砖砌成的一个圆形粪窖，约两米多深。粪窖上方支起一人高的圆锥形草棚，一面留有缺口，好方便入厕的人由此蹲下来，这就是高淳乡村一个标准的私家厕所。各家厕所大同小异，分布在村庄中到处都是，并无一定排列规律。笠帽墩村只有二十来户人家，厕所现象尚不突出。如像汤桥这样百多户农家的大村庄，上百间厕所赫然陈列在各要道口，那场面就蔚为壮观了。

每天清晨，男子汉们睡眼惺忪陆续来到自家厕所前褪裤蹲下出恭，随手点上一根香烟提神。各家的妈妈娘子们忙于淘米喂猪提水放鹅采菜，穿梭不停在他们面前忙忙碌碌地走来走去。男子汉们用一只手掩住裆部不致公然走光，其余部分完全开放，就蹲在那里与路过的妈妈娘子搭腔说话，神色泰然自若，如入化境。完事后，男子汉伸手从身后草棚子上抻下一绺稻草擦擦屁股，就结束了全部如厕仪式。

盛夏某晚，知青屋的灯油耗尽，我到村中老乡家里去借煤油，乡亲非要我坐下品尝新收获的西瓜不可。按当地风俗，已婚妇女夏天可在家里裸露上身，这种允许妇女赤裸身体的习俗在农村简陋的物质条件下实在是一种仁慈的文明，大暑时节房屋犹如蒸笼，多穿一件衣服也足以把人热昏过去，于是当地妇女们纷纷效法男子实现了“上空秀”。农村女孩结婚普遍较早，及髫之年多已订婚，17 岁结婚成为新妇比比皆是。这家老乡新婚的 18 岁女儿日前回家省亲，随后盈盈走来捧上瓜盘。这女孩眉清目秀，长得跟观世音菩萨一般，当晚就赤裸上身在面前走来走去，双乳耸动，颇具视觉杀伤力。“隔壁农家子，嫁作商人妇。”我只好始终低眉垂眼，一味埋头啃瓜，嗫嚅着说，“恭喜恭喜”。夏热一到，男知青到村中访问的次数明显减少，眼不见为净嘛。

4

下乡数年，知青逐渐熟稔农家生活，也学会了按照当地农民的生活方式打发光阴。高淳农业属于精耕细作，耘田这道工艺很能反映出当地农耕的精致行为。我在高淳参加过耘田劳动，私下认为那就是向农神三跪九叩，行君臣大礼。

耘田工具十分简单，仅是一只小巧的短柄手锄，巴掌般长宽，很适合单手操作，运用起来十分方便灵活。下田耘草时，男子汉们一字排开，双膝跪下，在稻田中向前膝行。耘锄在双手间交替使用，或左或右地在稻行中间来回拖曳，利用锋利的锄刃除去稻株周围“贴身”的杂草顺手就攮成一团深埋泥中，令其永世不得翻身。这是一种十分原始的劳动方式，然而非常有效，能一次性歼灭田间绝大部分杂草，同时达到了给稻田松土的功效。耘田的劳动成本很低，当然，那时候农村劳动力的成本往往得不到足够估算。

耘田时节，先期已经施过肥料，稻田积水足有一拳来高，猛然抓到一手猪粪或人粪是常有的事。耘田的人直接跪在粪水中间劳作，腥臭冲鼻，直面龌龊，那份心情那种心理实在难以言表。半天跪田下来，膝盖又红又肿其实还是事小，另有一重痛苦不堪言说。耘田的站位与插秧一样，每人负责六行秧苗，双腿之间两行，左右各两行。跪耘稻田的时候，始终有两行茁壮的水稻横扫过档下。稻叶的锯齿状边缘像是一道道锋利锯口，在大腿内侧娇嫩的皮肤上划出无数道伤痕，一经稻田污水浸渍，立刻火辣辣地痛个不停，跟上酷刑的效果差不多。男知青穿着帆布短裤也很容易就被稻叶磨烂了裤裆部。每一趟耘田对城市知识青年来说都好比是上刀山滚钉板，“有多少苦可以重来”？我想苏北农民未必能吃这种苦，泗洪插队同学干一天工分只有 4 分钱，而高淳同学干一天工分能有一元多钱，这不是没有原因的。

知识青年辛苦一天回到茅屋，第一件事就是上灶烧饭。无论是烧稻草烧麦秸烧豆杆，在高淳一律是“扑来扑去”，当地人称作是扑灶，这是高淳独具一格的烧灶方式。燃料放进灶膛后，不是任其自由燃烧，而是双手紧握上下扑动，草动风起，风起火旺，烧火人不停地扑动燃料，以便更多接触到新鲜的氧气，使燃烧更加充分。扑灶烧饭优点多多，速度快，时间省，最重要的是节省燃料，一年暑天我曾用碗口粗的一把稻草烧熟了四斤米饭，自以为是创造了高淳当地知青节省柴草的一项纪录，至今相信无人能破。

天长日久，南京知青逐渐适应了高淳语言、高淳民风和高淳的农业劳动，心情也一日日变得平和起来。劳动之余常尝试渔钓之乐。我先后参加过放鳝鱼笼，摸河蚌，叉青蛙，钓鳝鱼，捕甲鱼，捉黄鼠狼。高淳的野生鳝鱼肥壮凶悍，一次，本村农民在看水时从稻田里挖出一条手臂粗的特大鳝鱼，那妖精只一口，便在铁锹木把上咬出一排深深的牙印，农民吓得手一哆嗦，鳝鱼脱身，扬长而去。

离开高淳 30 年了，往事历历在目，有些谜团至今仍未解开。我在农田里劳作时，常听见远处山中传来低沉洪亮的声响，宛如火车鸣笛，持续半分钟，每次响好几声。乡民们传说那是山龟在鸣叫。我问山龟什么样？无人能解释清楚。据悉这种神秘声响自古有之。我曾经想过那可能是地鸣，但我更情愿接受那是一只神秘山龟的传说。

有些谜后来虽然被破解了，来之却大不易。汤桥村有一户常州下放老师家庭，老师是大学毕业生，在当地算得上是一位大知识分子。我与这位老师无话不谈，有段时期我发现常州老师一度精神恍惚急促不安，一种苦恼久久折磨着他，他又不愿意说出口来。最后他完全崩溃了，某天我路过他家门前时，他一把拉住我神秘兮兮地说，他坚信去公社路上的一座桥有鬼。

我大为惊讶，忙打听是怎么回事。常州老师说，他常骑自行车去公社办事，可是到了那座桥前总是骑不过去，一定会半路上摔下来，狠狠跌倒在地上。前两天他在桥上突然来了个倒栽葱，差点儿没被后面驶来的拖拉机活活碾死。

我哑口无言，呆呆地瞅着他，半晌说不出话来。我很熟悉那座桥，桥并不算高，顶多只能算得上是一道较长的斜坡。常州老师完全同意我的这个定义，他眼眶通红，充满血丝，使劲点头，又补充说，邻近一条公路上有座大桥，比这座桥高几倍，他试验过了，他每次都可以骑车飞跃而过，扬长而去。偏偏逢到他骑车来到公社这座桥上就像是恶鬼打墙，必定会碰得鼻青脸肿，人仰车翻。

我百思不得其解，决心来一次现场实地考察。救人一命，胜造七级浮屠呀。我陪着常州老师骑车去公社，一路上两人边骑边聊，气氛轻松。临到那座桥前，骑在前面的常州老师明显紧张起来，他身体僵直，手臂弯曲，还没等骑到桥顶，他的车已经是龟步蜗行，越走越慢。未等我明白过来，他车身一横狠狠摔倒在地上，人仰马翻，狼狈不堪，仿佛冥冥中有无数恶神堵在路上存心刁难他。

我轻松骑车经过了那座桥，没发现任何疑点。我在桥上来回骑行几趟，并无异样。我请常州老师退回去重新骑车上桥，我则远远立在他对面仔细观看，如此再三，反复试验。忽然一个微小的细节映入我的眼帘，我终于发现了真正的谜底。我看出常州老师一到公社桥前就会下意识地紧张起来，全身动作失调变得神经质兮兮。他骑车上桥时，一方面在使劲蹬动双腿，另一方面会不由自主地双手紧抓住车闸。于是整个骑车上桥的过程变成了他在与自己角力，腿部在不断增加蹬踏力量企图前行，手指同时越来越用力地捏紧了刹把，下意识地加强了控制龙头的力量，这是一场毫无希望的比赛，结果一定会是两败俱伤。常州老师次次都在桥顶上筋疲力竭，惨烈万状地跌倒下来，陷入深深的迷茫。一切都明白了，他成了他自己精神紧张的牺牲品。

我同情地望着他，那个时期，何止是这位常州老师心情郁闷紧张呢？那年月全体中国人都在苦熬中等待，梦魇折磨着我们每一个人。只不过各人摔倒的地点和方式不同罢了。

这就是我在高淳的那个时代。

这就是那个时代我所在的高淳。

写于 2006 年

明孝陵记

1

南京的东郊青山秀水，森林茂密，素以景致雅静著名。可自打地方政府开发旅游业资源以来，这里变得喧闹起来，游客如织，人声鼎沸。最近我重游一次明孝陵，石像路上游客汹涌，导游举着五颜六色小旗你来我去，嘴唇贴近手提喇叭嘚啵不停。一拨拨游客摩肩接踵，方言呱噪不休。年轻的南方女子抱着哇哇啼哭的孩子匆匆离开队伍，边走边抽出尿不湿，在参天大树下面把溺。喧宾汹汹，其势逼主。世俗情欲和商业氛围像浓厚得化不开的肉汤，完全改变了明孝陵原本静穆浩瀚的性质。

悲乎帝陵。这不是我熟悉的景致。我记忆中的明孝陵，一如清晨晶莹的露珠，幽静深邃。四十多年前，林木葱茏的明孝陵是我最喜爱逗留的地方。那时候正值“文化大革命”时期，学校停课，我曾整日盘桓在此地，聆听深林鸟语，观望石兽寂寞，回味空谷天籁。“南有乔木，不可休思……翘翘错薪，言刈其楚”，历史的坐标在此地交会，古风和时尚发生撞击，撩拨着一个少年人不着边际的浪漫情怀。

起先，我来郊外是为了猎鸟。明孝陵一带的古建筑群代远年湮荒芜失修，苍茫森林成了鸟儿们的天堂。我和小伙伴散开端着气枪和弹弓在树林里搜索，把自己幻想成是越南战场上的特种兵，渴望着建功立业。斑鸠冷不防地由丛林中拔地飞起，“啪啪啪”地笔直冲向天空，打破了明孝陵沉闷的寂静。这种羽翼斑斓的鸟儿藏身树叶深处其实并没有被发现，而响亮的拍翅声倒是把“特种兵们”吓一大跳。我们追逐金翅鸟，跟踪白头翁，无时不刻在觊觎鹩哥夫妇的俪影。十几岁的大孩子穿过巨型石人石兽跑来跑去，在此方土地和神灵面前，演绎人类狩猎史诗的当代脚本。

看过几本儒勒•凡尔纳的著作后，心里充满了奇思幻想，寻宝的念头在潮湿的树林里迅速膨胀。我在林子里东盼西望，恨不能生擒一匹恶狼或者扣住一头香獐。那时节，我心中最有价值的宝物并不是太祖皇帝价值连城的随葬珠玉金银，也不是太平天国将士搜遍半个中国秘埋下的天库财宝。我有时憧憬网到一只拖曳五彩尾翼的凤凰鸟，我有时希望泥土塌陷暴露出夏钟商鼎或者成捆的占卜甲骨。在更多时候对我来说宝藏的意义其实简单而又直白：最好的宝物就是一大碗热腾腾白米饭上面扣满了鱼片肉块，好让我在六十年代初大饥荒中饿得虚脱了的少年身体，好好滋补一番。

再长大一点，懂得要与鸟类和平共处，于是放下气枪，立地成了诗人。乱世出诗人，我从此开始了思想寻宝的历程。我常常一个人骑自行车来到明孝陵觅一方清静之处，背倚参天大树独自坐下，头脑中捉摸不定的诗句像一盘珍珠打翻后在脑海里滚来滚去，我殚思极虑要把它们有序排列起来，连成一组组令我满意的字串。白云流水，飞鸟鸣虫，日起月落，明孝陵万籁俱寂，唯有我一名少年郎独自默坐，遐想联翩。

我写诗处，多在美龄宫附近。我埋头捉摸“推与敲”时，隐约可听见远处南京农学院的高音喇叭声音。那年月形形色色的战斗队不断发表火爆的革命檄文，扬言要把旧世界打倒，击垮，砸烂。那些慷慨激昂的语句顺风飘来，话语断续，音乐依稀，让身处明孝陵深处的我遥遥听来，显得十分荒诞古怪。周围的古墓、密林和石像，营造出一种特别的历史纵深感和通透感，承受和包容了世间的一切荒诞不经行为，让千百年来人类社会疯狂出格的搏杀和相残，在浑厚的历史面前统统消融于无形。凋零依旧，生死依旧，苍翠依旧，更新依旧。放在这样一个不同寻常的大背景下来看那场正在进行中的如火如荼的大革命遥远陌生，恍若隔世。明孝陵的景致以一种物化的博大宽厚，既化解了现实中的纷乱和狂躁，又肯定了超然物外的人生态度，那就是时间必将否定一切虚妄不实，推倒所有的光怪陆离。历史无声的回应，是一种深刻而发人深省的回答。那时节世间发生的种种无法求证的浩劫和运动，明孝陵早已预备下了终极答案，提供出了权威验证。

明孝陵附近有一座紫霞湖，湖水清澈碧透，深不见底。盛夏时分，阳光会把湖面晒得滚烫，一旦入水，又立刻会感到底部湖水冰凉刺骨，寒意瘆人。紫霞湖年年会淹死人，罹难者多是游泳能手，知情者都说不可思议。有些溺死者水性极好，倒缚双臂光凭脚腿摆动也能顺顺当当游到长江对岸去呢。我独自坐在草地上苦思冥想，神摇意夺之间，有时会蓦然意识到冥冥中有一行面目隐秘难辨的神衹正在巡查它们的领地呢，而那些淹死的少男少女可能正是献给明孝陵的神圣祭品。想到这里，我便害怕起来，眼见得暮色四合，夜幕低垂，四周丛林可疑地晃动起来，仿佛将有可怕的事情发生。我顿时浑身冰凉，跳起身来，跨上自行车没命地逃回城去。

直到现在我仍相信，我年轻时痴迷写诗，实属于一种明孝陵妄想综合症。那里的土地上神秘莫测，云蒸霞蔚，终年变幻着虚幻迷茫的氛围。直到如今我仍无法领悟其中的真谛，也从没有走出过那云遮雾障的境界。

2

明孝陵最大的谜团，是无人知晓朱元璋最后究竟葬身何处，也就是不明白哪里才是真正的明太祖墓地。六百多年来，此谜一直未破。按照明太祖生前的密诏，为防止后人盗墓，他大行之日由南京 13 个城门同时出殡，13 支车马仪仗完全相同。自那以后，谁也搞不清楚龙驭上宾后魂归何处。这位多疑善忌的大帝把自己的最终归宿深藏在历史的最隐秘处，他算得上是一位嗜好大摆迷魂阵的帝王级发烧友了。他的大智慧既庇佑他在冥界中得到了宁静安息，免受掘墓者镐铲的打扰；又借助龙脉风水一举奠定朱明王朝的精神寄托，借助天地交互作用来利好身后子孙们各朝的局势，这位苦寒出身的皇帝佬确实智高一筹。

部分学者认为朱元璋的陵墓就隐藏在南京城西的朝天宫地下，朝天宫是明代国家祭祀天地的场所，从规制上确实配得上藏龙卧虎。一些学者声称朱元璋可能秘葬在明孝陵和灵谷寺之间的某处神秘地点。也有文章指出，朱元璋或许就葬在南京明故宫内的奉先殿下。此外，还有“远葬北京万岁山上或北京景山之麓”等多种假说。近期的研究证明，明太祖墓很可能就在明孝陵的正穴即紫金山南麓的独龙阜玩珠峰下。朱元璋玩弄了种种障眼法，最后还是名正言顺地归葬于大明孝陵。这里紫气环绕，松涛林海，亭阁相接，鹿鸣鸟啼。与原先建都南京的那些偏安一隅的小朝廷相比，明太祖是在南京建都“君临全国”的第一位皇帝，帝陵的气势非凡就在意料之中了。“帝陵”的归属至今仍是一个未解之谜，众说纷纭，扑簌迷离。

明孝陵的另一个秘密，在于它的建筑风格十分新奇别致，于中国古代帝王的陵寝工程中独树一帜。明孝陵的神道布局相当奇特，左绕右曲，一再折冲。神道始自四方城，由南向北延伸，经过外金水桥后向西北拐去，绕过梅花山后，神道再折向东北，总长度约 1800 米，其中一而再、再而三地“曲折”，明显蕴含深意。神道两旁相向排列着 12 对高大的石兽和 4 对文臣武将，一对高大的云龙华表气势不凡。明孝陵的朱红大门坐北朝南，正对梅花山，而不是正对着神道，这又是一个异数。原先流传的解释说，明太祖敬重孙权是条好汉，要留下梅花山上的孙权墓给自己守灵，所以忍受下自己神道的“屈节礼让”。可近年有学者研究发现，孝陵的神道左拐右弯，像一条巨龙腾空，前曲后拱，与享殿和宝城配合，呈现出一幅典型的“北斗星”图。朱元璋本人十分迷信“天人合一”学说，“北斗星”造型的神道结构看来是大有来历。而这种造型的帝王陵寝建筑前无古人，后无来者。

世传朱元璋面像怪异，长脸，高颧骨，下巴前突。明太祖的这副尊容把“天庭饱满，地角方圆，鼻正而隆……”的贵人相词彻底推翻，颠覆了经典相术的基础。正是这位放牛娃出身且面目怪异的布衣汉子，在中国历史和汉民族史上扮演了双重的重要角色。十四世纪中叶，朱元璋投身起义军，参与了反抗元朝统治者的斗争。经过 20 多年的浴血奋战，元朝灭亡，陈友谅、张士诚等其他义军也被朱元璋指挥的军队打败，怪脸汉子最终胜出。公元 1368 年，朱元璋当上了明王朝的开国皇帝，史称明太祖，年号洪武，汉民族也从少数民族手中收回了中国的全面统治权。

朱元璋的部队于 1356 年便攻取了元军盘踞下的旧称“集庆”的南京城，又把城名改为“应天府”。自那以后朱元璋一直生活在南京，他在这座古老城市中足足居住了四十二年，直至他 1398 年驾崩。朱皇帝治理大明王朝的全部施政方略，运筹帷幄尽出自于南京这块土地。朱元璋在南京的日子，先王后帝，治国平天下，抖擞精神奠定下三百年明王朝雄厚基础，由此看得出他“治天下”的手段和功夫。雀跃于牛背之上的牧童摇身一变，成了君临天下万邦来朝的大明皇帝，社会角色翻天覆地的变换，确实是一种奇迹。朱元璋的后半生好好地在南京“龙蟠虎踞”了一把。

马上得天下，马下治天下。我读史不精，总觉得与“得天下”相比，“治天下”就显得相对艰难和复杂。“得天下”的目标相对单一，“城头变换大王旗”即可。攻城掠池一般来说主要也是军事力量的比较，辅之以敌友联盟之间的纵横捭阖，胜负往往重在机缘并具有一定的偶然性。而“治天下”则完全不同，那自始至终是对统治者智慧、能力、道德和品质的严峻考验，这种考验层出不穷，没完没了，不断升级。由于“治天下”不慎，“得天下”者又失去天下的例子，历史上不胜枚举。

朱元璋治天下的成果如何，史家见仁见智，说辞不一。但明孝陵享殿内的一块碑文，却可以借来，作为后人的参考。清王朝的康熙皇帝南巡时，曾亲谒明孝陵，手书“治隆唐宋”四个大字，勒石立碑，敬供在明孝陵前，表达出明王朝的敌人们对于朱元璋一生作为的由衷仰慕之情。清王朝从明王朝手中夺取了江山，马前为敌，势不两立。可清王朝历代统治者对于明太祖朱元璋都是十分敬重，评价甚高。

3

从布衣到天子，朱皇帝的社会地位先后有霄壤之别。一个人要在地位悬殊变化的各个历史时期扮演好各种不同的角色，殊为不易。当年朱元璋率军打入南京，他采纳了皖南池州学者朱升的战略建议：“高筑墙，广积粮，缓称王”。区区九字箴言功不可没，一举帮助朱元璋顺利击败各股割据势力，一统了全中国。朱元璋在南京治国的四十二年，也可用寥寥几笔浓厚的粗线条，来勾勒出这位开国皇帝施政的主要轮廓。大致可用九个字来概括，就是“高筑墙，严惩贪，不造神”。

南京明城墙是“高筑墙”战略的传世之作，又是世界城垣史上的经典作品，是一项声势十分浩大的建筑工程。六百年前，二十万民工呕心沥血，前后历时 21 年之久，在紫金山下筑成一座巍峨砖城。城围长度 34 公里，约为西安城墙的三倍，比闻名世界的巴黎城垣还要长出 4 公里多。古往今来，南京明城墙始终是世界第一。在此后六个世纪的时间里，明城墙内的四十多平方公里土地，一直是南京市的主城区所在。南京城市发展突破城墙的局限，不过是近几十年的事。

南京明城墙的城基多选用花岗石或石灰岩条石铺底，宽 14 米左右。城墙平均高度为 14 米，厚 7.6 米。照此计算，城墙的总体积超过了 362 万立方米，跻身于世界上最大的建筑物之一，其工程量大约是埃及胡夫大金字塔的 1.5 倍。南京的城砖都是特制的青色大砖，长宽高各为 40、20

和 10 厘米，犹如婴儿包般大小，规制统一。每块城砖重约 20 公斤左右。由于各地造砖尺寸略有不同，大砖的尺寸可能达到了 44、23 和 13 厘米，而小一点的砖则只有 40、19 和 9 厘米，因此城砖重量从 26 公斤到 15 公斤不等，但以 22 至 20 公斤为最多。据初步估算南京明城墙用砖量超过了 4.6 亿块，这还不包括城门和堡垒的额外用砖规模。

南京明城墙共有 13 座城门，城门建有壮观的城楼。有些城门由三道至四道城墙组成瓮城，结构复杂。如城南的聚宝门就是南京最大的城门，由三个瓮城和四道拱门贯通，建成一座巨大的城堡。城门两侧砌有缓坡，守城将士可以策马挥戈直登城头。瓮城内建有 27 个藏兵洞，可埋伏 3000 突击队员并容纳大量军事物资。聚宝门的城墙高 25 米，城堡总面积 16500 平方米，构筑极为壮观雄伟。1928 年，南京的聚宝门更名为中华门。

由于南京城墙在建筑过程中的用砖量十分巨大，朱元璋下令苏皖赣湘鄂等省的 152 个州县集中向南京供应城砖。为保证城砖的质量，特地在每块城砖的侧面统一铭刻上制作地的府、州、县名称以及监制官员和工匠的姓名，记录下责任人资料。这就相当于在每块城砖上都镌刻出了“质保书”，砖好砖孬，无论何时何地，一眼就可以明察是何人所为，追究起来十分方便。从而有效保证了建材质量，避免了豆腐渣工程的出现。在经历了六百多年的风风雨雨后，南京明城墙至今巍然屹立，正是得益于古代这种独特的承包责任制。明初工匠们在建造城墙时，又用糯米汁、高粱糊拌以石灰汁或桐油，制成黏性很大的“古代混凝土”，浇于砖缝之间，使得城墙墙体浑然一体，极其坚硬，密封性能甚好。至今走近城墙，仍可看到糯米汁勾填砖缝的痕迹，城砖上镌刻的文字清晰可辨：如“袁州府宜春县提调官 主簿高亨　司吏陈廷玉　烧砖人彭朝一　人户彭玉　洪武十年　月　日”。

有些城砖两侧皆有铭文，一侧是制造地及督造官员的官职和姓名，另一侧是负责造砖的地方里甲和工匠、夫役的姓名，如一侧是“扬州府提调官同知竹祥司吏陶旭　高邮州提调官同知常松司吏纪衡”；另一侧则是“总甲顾德名　甲首郭智名　小甲王一鸣　窑匠吐保子　造砖人夫陈九”。

每次走过明城墙下，明城砖上的文字总会牢牢吸引我的目光，令我再三端详和辨认。眼前的一行行文字，是品牌，是质保书，是责任状，是终极的承诺。无数这样的承诺累积在一起，构筑起一道伟大坚强的历史屏障，承载起沉甸甸的责任。

南京明城墙这座雄伟屏障的强大御敌功能，明王朝终于没用得上。1644 年三月十九日凌晨，李自成率农民起义军攻陷京城，明王朝面临没顶之灾。崇祯皇帝自缢于景山寿皇亭，明王朝从此灭亡。1645 年清军南渡长江，南明王朝的最后一位统治者福王朱由崧由南京逃往芜湖，城高沟深易守难攻的南京变成了一座弃城，清军兵不血刃，长驱直入。而福王朱由崧随后也被反叛的明将俘获，押至南京献于清军。

然而，南京明城墙毕竟是一道坚强的防线，这道伟大的城市藩篱在清王朝中后叶和中华民国时期几次排上极其重要的用场，上演过惊心动魄的故事。1853 年太平军围攻南京，清军凭借城墙殊死抵抗，“死者四万人，城中大宅尽毁。”太平天国定都南京后，清军卷土重来，围困“天京”长达十年之久，骁勇的湘军大队攻城不已，却一直受阻于城墙外，屡攻不入。1864 年 7 月，清军挖出长长的地道堆满炸药轰倒太平门的一段城墙，经过惨烈的战斗终于冒死攻陷了南京，城中焚烧七天七夜，太平天国彻底覆没。明城墙最后一次发挥作用是 1937 年 12 月上中旬，入侵的日军分三路猛攻南京，十余万国民党军队凭借高大城墙顽强抵抗十余昼夜，一次又一次给予进攻者沉重杀伤，毙敌数千。南京明城墙在这几次攻防战役中的超群绝伦的防御能力得以淋漓尽致发挥，令世人刮目相看。

中国古代的城郭多为矩形，而南京明城墙的布局却是一个多角不等边的宝葫芦形，这种十分罕见的建城模式，成为朱元璋留给后人的又一个不解之谜。原先一些学者解释说这是因地制宜，利用山脉和水系筑城，又把制高点圈入城内。可近来专家们发现，这座世界上最大规模城墙的整体布局竟与天象的“南斗星”与“北斗星”不谋而合。南部的聚宝门、三山门、清凉门、石城门、定淮门和仪凤门六座城门为“南斗六星”，北部的通济门、正阳门、朝阳门、太平门、神策门、金川门和钟阜门为“北斗七星”。通过研究朱元璋“魂归北斗”、“天人合一”的建筑意图，可以窥探他崇仰天象，合乎天意，顺从天道的世界观。沿着这一线索深探下去，或许可以洞悉这位开国皇帝许多惊世骇俗行为的原初动机。

4

城墙再高，也会被攻破。在特殊的情况下，坚城甚至会不攻自破。朱元璋心里十分明白这个道理。对明太祖来说，面南称帝只是在序幕中胜出。如何在一盘散沙式的元朝政府基础上，建立起一个稳健务实的大明王朝，那是一场长期的更加艰巨的战争。明王朝建立以后，王权最大的危险来自于内部，来自于满朝文武中暗伏着的大批贪官污吏。所以在建立起世界第一的明城墙之后，“铁腕惩贪”成了朱元璋在南京施政的主要作为之一。他大张旗鼓，严惩贪官污吏，筑起了中国历史上前所未见的一座吏治城墙。

元末政治腐败，经济残破，民不聊生。元代的吏员素质极差，污吏横行，“元亡于吏”是历代士大夫的一致共识。元代著名理学家吴澄说：“数十年来风俗大坏，居官者习于贪，无异盗贼，已不以为耻，人亦不以为怪”。朱元璋来自于民间的底层，他对于执政阶层的腐败堕落有着刻骨铭心的深刻体会。所以当洪武初年官贪吏污的腐败风气再次沉渣泛起，“赃吏贪婪，如蝇蚋之趁朽腐，蝼蚁之慕腥膻”，朱元璋立刻洞若观火，采取了一系列应对的严厉措施。首先他十分重视依法治贪。“元制不足法”，1397 年，明王朝正式制定《大明律》颁行全国。《大明律》脱胎于《唐律》，但在惩贪方面要比《唐律》繁细得多，对惩治贪官作了极为详尽的规定，这在历代法律中绝无仅有，这部法典堪称是中国治贪法律的不祧之祖。《大明律》直接影响到清代立法，还对朝鲜、日本、越南等国的立法产生了重要影响。

《大明律》是朱元璋“劳心焦思虑患防微近二十载”的经验总结，朱元璋把它看成是“一字不可改易”的治国法宝。如《大明律》规定，官吏“若与内官及近侍人员互相交结，漏泄事情，夤缘作弊，而符奏启者，皆斩。”“大臣不经朝廷专擅选用官吏者斩”等。《大明律》是封建时代的一部具有代表性的重刑法典。就连朱元璋的孙子明惠帝朱允炆也承认，“较前代往往加重”。

对于《大明律》的严刑峻法，朱元璋并不满足。鉴于贪赃枉法之风渐渐席卷全国，新生政权的官员腐败渐成燎原之势，官吏犯罪直接损害了朱明王朝的利益，明太祖决心要法外用刑。朱元璋亲自指导编纂了《明大诰》。《明大诰》的主要内容一是摘录刑事案例，二是另行颁布新的重刑法令，三是朱元璋对吏民直接“训导”。这种以诏令形式颁布的、由案例、峻令及训导三方面内容组成的法规文献，在中国法制史上前所未有。《明大诰》共 4 编 236 条，其中有 150 条列举出惩治贪官污吏的事例，为官吏们提供了活生生的反面教材，“俾为官者知所监戒”。《明大诰》实际上是一部判例法，其量刑幅度和法律效力均高于《大明律》，成了凌驾于《大明律》之上的另一部法律，史称“以诰破律”。

《明大诰》罗列了族诛、凌迟、枭首案例几千件；斩首、弃市以下罪案万余种。其中酷刑种类还包括墨面文身、挑筋去指、去膝盖、断手、斩趾、刖足、枷令、常号枷令、枷项游历、重刑遇、充军、阉割为奴等几十种。依大明律只应处笞杖的罪名，《明大诰》一律加重为死刑，远比《大明律》严酷得多。如官吏隐漏文书不报，按律只杖八十；收粮违限的，只杖一百；而《明大诰》全都升格为用凌迟之刑。又如有司滥设官吏，按律只杖一百，囚三年，而大诰却是族诛。明洪武年间一次破获假钞案，“捕获到官，自京至于句容，其途九十里，所枭之尸相望”，连朱元璋自己也感叹说“其刑甚矣。”《明大诰》中甚至还列有“免死发广西拿象”等令人匪夷所思的惩罚措施，驱使罪臣远戍西南边疆追猎野象，将功折罪。《明大诰》的本意是重典治国，但是其蔑视人命，无节制滥杀，滥用刑罚，皆到了无以复加的地步。明初“空印案”和“秋粮案”两件大案，更令朱元璋大开杀戒，一是处死数百官员，受杖戍边者数千人。另一次是自六部左右侍郎以下者皆处死，“举部伏诛，诛累天下官吏，死徙数万人”。

朱元璋的肃贪举动还不止如此，他公然采用剥皮之刑来“伺候”贪官墨吏，在世界肃贪史上写下了触目惊心、不可思议的一页篇章。“赃至六十两以上者，枭首示众，仍剥皮实草。府州县卫之左，特立一庙，以祀土地，为剥皮之场，名曰皮场庙。官府公座旁，各悬一剥皮实草之袋，使之触目惊心。”就这样，在明王朝的官衙大堂之上，竟然出现了如此恢诡谲怪的景象：紧挨着“一把手”官员的太师椅旁边，悬挂着从前任贪官污吏身上剥下来的人皮，用麦秸或稻草塞满皮囊，使之成为一个极端恐怖的草袋人形，以这种“用其极”的肃贪做法来警示继任的官员要好自为之。至此明洪武官场上人人自危，一片恐怖气氛。“京官每旦入朝，必与妻子诀，及暮无事，则相庆以为又活一日。”外官也都约己谨慎，名儒方孝儒在《逊志堂集》中写道：“郡县之官虽居穷山绝塞之地，去京师万余里外，皆悚心震胆，以为神明临其庭，不敢少肆。”朱元璋还下令各级衙署在照壁上绘制“狂妄吞金乌图”，图中怪兽血盆大口，妄图吞吃天上的太阳，自己不觉已临万丈深渊，以此“警戒官员，整治吏治”。官员升堂审案，举目即见此图，立刻联想到“贪如火，不遏则燎原；欲似水，不遏则滔天”，顿生警戒之心。

朱元璋“重绳赃吏”，一举扫荡了明初的贪腐之风，“一时守令畏法，洁己爱民，吏治焕然……民人安乐，吏治澄清者百余年”。严厉的刑事制裁使得官吏贪墨之风有所收敛，各级官吏“居职惴惴，惟恐不能奉法恤民”，对稳定社会秩序起到了一定的促进作用。但是，朱元璋大量恢复古代酷刑并“发明”种种严刑峻法，致使绝迹七百余年的肉刑在中国死灰复燃，则是法制建设的一种倒退和对法制文明的肆意摧残。“以诰破律”，法外用刑更是对法制的直接破坏，其行为本身就是一种残酷野蛮的手段，“收效一时，遗患无穷”。

贪污腐败是中国历代政权屡铲不平的心腹之患，反贪肃贪，“其道远矣”。一个政权腐败到了最后就是亡国亡宗，即便是以反腐急先锋著称的朱元璋，其子孙也终于踏上了腐败的不归路。崇祯皇帝自缢之后，南明弘光王朝以南京作为政权统治的中心，与入侵的清军分庭抗礼。南明王朝当时坐拥全国最富庶的地区和一支强大的军队，却是一个非常昏庸腐朽的政权，“朝政浊乱，贿赂公行”。前线军事异常吃紧，史可法在扬州浴血奋战，宗庙社稷危在旦夕，而南京弘光王朝的君臣们依旧花天酒地，荒淫昏暗。明福王朱由崧“不孝，虐下，干预有司，不读书，贪淫，酗酒”，一味选淑女，好倡优。原凤阳总督、大学士马士英等奸臣卖官鬻爵，大肆敛财，残害忠良。1644 年除夕，朱由崧闷闷不乐，大臣们以为他忧心局势，一个个叩头请罪，不料朱由崧答道：“朕未暇念此，所忧者梨园子弟无一佳者，意欲广选良家以充掖庭，惟诸卿早行之耳。”清军很快兵临城下，朱由崧逃往芜湖，被反叛的明将俘获，押至南京。“丙午，帝乘无幔小舆入城，首蒙缁素帕，身衣蓝布袍，以油箑掩面，两妃乘驴随后。夹路百姓唾骂，有投瓦砾者。……帝嬉笑自若，但问马士英奸臣何处尔。”清豫王多铎令人把朱由崧解往北京，后斩于宣武门外的柴市。

如果说朱元璋是搏击日月的蛟龙，朱由崧已沦落为微不足道的跳蚤。明朝的反腐败以轰轰烈烈的残酷惩贪手段开始，最后以自身的腐烂透顶落花流水而宣告结束，历史教训明明白白放在面前，谁能熟视无睹？

5

朱元璋“严惩贪”由过激走向了极端，“诛人如麻”，引来后人颇多抨击。特别是他诛戮功臣、严刑峻法，造成了朝野之间一派恐怖气氛。令人不堪回首。不过话讲回来，这位开国之君在解决官员贪赃的问题上，至少还是试图从制度上做出一些努力，企盼在法制的框架下一条出路。朱皇帝的可贵之处，是他始终把自己放在“人”的同等地位，尽管他的地位是在万民之上，但从来没有装神弄鬼来唬弄百姓，至少还把自己当成是人类的“同类项”。作为来自草根的农民起义军领袖，他的这个特点今天看来尤其难能可贵。古往今来，多少扯旗造反者大肆散布迷信，谣言蒙蔽群众，往自己脸上贴金把自己美化成天王圣帝，干的却是残害民生令人发指的勾当。与那些等而下之的家伙相比，朱元璋“不造神”是他的明智之处。

自朱元璋挥师攻入南京算起，五百年之后广西农民洪秀全也在南京登基坐上了皇帝宝座。朱、洪二人同是平民出身，同是黄袍加身，同是在南京建立了国家政权，但两人在历史上扮演的角色殊不相同。

回顾历史，大明王朝是中国历史上浓墨重彩的一部华章。明朝农业的进步使更多劳动力解放出来，进一步促进了手工业与商业的发展。明瓷、宣德炉等手工业产品弥足珍贵。明朝科学文化发展迅速，四大名著中的《西游记》、《水浒》和《三国演义》三本出于明朝，李时珍的《本草纲目》、宋应星的《天工开物》、徐光启的《天工开物》以及《徐霞客游记》等著作更成为了研究技术的珍贵文献资料。明初三宝太监郑和七次率远洋船队出使，最远到达非洲东海岸，加强了明王朝同世界各国经济政治上的往来，为中国走向世界做出了贡献。

与之相比，南京的太平天国政权在中国历史上留下的却是一片荒芜和无穷浩劫。与朱元璋实行的封建主义君权制度不同，五百年后洪秀全在南京建立了一个政教合一、不伦不类的神权王国，宗教迷信不但是他的手段，更是他的目的。洪秀全在历史上祸害甚烈，他自称是耶稣的弟弟和降临人间的救世主，是一个把自己扮成救星的特别伪善的家伙。洪秀全以大奴隶主和宗教帮主的腐朽思想条规，在南京对军民实行极其残酷的剥削与统治，企图把中国引入中世纪化和宗教化，完全走向了历史的负面。有了后世洪秀全血腥统治的这部反面教材，此前朱元璋在南京安邦立国采用的种种治贪惩污酷烈手段，真正是小巫见大巫。

洪秀全在南京大力推行神权统治，那是中国历史上空前绝后的一次浩劫，也是太平天国一方水土最大的不幸。洪“天王”规定：凡不拜皇上帝者、信仰“邪神”者、或者不能虔诚礼拜颂扬皇上帝恩德者，均属违犯“天条”，轻则杖枷，重则斩首，直至处以“点天灯”和“五马分尸”酷刑。太平天国当局认可的书籍，除了《圣经》中的《新约》、《旧约》外，就是洪秀全、杨秀清等人的言论集，或太平天国有关典章制度及儿童教材，总共仅有 28 种。其他诸子百家的典籍，皆加以摧毁。“搜得藏书论担挑，行过厕溷随手抛；抛之不及用火烧，烧之不及用水浇。读者斩，收者斩，买者卖者一同斩。”太平军的禁律中更规定：“凡一切妖书，如有敢念诵教习者，一概皆斩。”当时在太平军控制下的南京及苏浙皖赣鄂等地区，古老的中华文明犹如“过了一次山火”，遭受到一次彻底摧残。太平天国摧毁一切旧有的文化资源，排斥其他的宗教信仰，控制人民的精神，奴役人民的身体，以一种疯狂的邪教意识形态开展独裁统治。学者郭廷以在《太平天国的极权统治》一文中指出：“太平天国是一个低级的迷信，绝对的暴力集团，神权、极权、愚昧的统治，只为满足自己的无限欲望，丝毫不顾及大众的福利，所造成的是遍野的白骨，满地的荆棘，丧失的生命最少为二千万至五千万。”

太平军攻入南京后，大兴土木把清朝两江总督衙门扩建为天王府，“所坏官廨民居，不可胜计，以广基址。”洪秀全本人拥有 1659 名“执事官”，这种奢侈排场因因相袭，降至石达开还有 1044 人。洪秀全出巡时，一千多人打着灯笼、旗帜、衔牌、遮伞、扇饰等，一路铮鼓齐鸣，前呼后拥。大小官员士兵市民如不回避跪道，一律斩首不留。农民暴发户狭隘的“唯我独尊”心理暴露无遗。太平天国皇权专制和等级制度恶性发展，天王世袭，各王也都世袭，从高官到基层官员如两司马也世袭，“世食天禄”，“累代世袭”，打破了以往封建统治者只袭爵位不袭职位的惯例，形成了中国官宦史上最为腐朽最为荒谬的一个样板。太平天国建国阶段每个王都有七千人的僚属和侍从，生活极度奢侈腐朽，大大加重了平民百姓的负担。到了后来太平天国总共封了两千七百多个“王”，形成了一个庞大的特权阶层。洪秀全自己有 88 名嫔妃。洪秀全之子被俘时招供说：“老天王是我父亲，他有八十八母后，我是第二个赖氏所生，九岁就给我四个妻子。”就在诸王和官僚穷奢极侈尽情纵欲的同时，“天国”却荒唐地在中国废除了家庭制，将男女分别集中在“男馆”、“女馆”里过集体生活，强迫全体臣民禁欲。洪秀全还规定“臣下有称及谈及后宫姓名次位者斩不赦也……臣下有敢起眼窥看后宫面者斩无赦也……臣下女官有敢传后宫言语出外者斩无赦也。”洪秀全之流在南京实施的完全是白色恐怖。

洪秀全的装神弄鬼花样很多，常见的是他宣称上帝有“五子一婿”，即洪秀全、冯云山、杨秀清、韦昌辉、石达开和萧朝贵等，“恭承天父亲之命，下凡辅定真主。”洪秀全口称耶稣为“天兄”，还说自己上天见过“天妈”和“天嫂”，借以树立自己的权威。“天父天子”的天朝统治者口口声声“杀尽清妖”，可是真正妖气逼人的其实是洪秀全自己。虽说是中国历史上农民起义或流民起事总不免与宗教迷信有牵连，封建社会老百姓不能集会结社，便通过秘密宗教活动串联和聚会，势力壮大后便扯旗造反。如汉末黄巾军首倡太平道，宋代方腊兴起摩尼教，清代有白莲教与义和拳等。农民起义军把封建迷信当作“谋事”手段本来无可厚非，可像洪秀全这样把个人的极度膨胀建立在亿万劳苦大众的痛苦之上，通过神权高压威逼陷百姓于深重苦难潭渊的却少见。曾任英国驻上海领事馆翻译的富礼赐认为：“天王的基督教不是什么东西，只是一个狂人对神圣之最大亵渎而已，而他的部下之宗教，简直是大笑话和滑稽剧。天王是一个最为顽固不能匡正的异教徒。”马克思对太平天国的评论十分不客气：“他们给予民众的惊惶比给予统治者的惊惶还要厉害。他们的全部使命，好像仅仅是用丑恶万状的破坏来对立与停滞腐朽，显然，太平军就是中国人的幻想所描述的那个魔鬼的化身。”上海学者潘旭澜先生一针见血指出：“这种洪氏宗教，披着基督教外衣，拿着天父上帝的幌子，以中国奴隶主和封建帝王的腐朽思想、条规，对他控制下的军民实行极其残酷的剥夺与统治，实际上是一种极端利己主义的政治性邪教。洪秀全造反获得局部成功，是以中国社会的大动乱、大破坏、大倒退为代价的，是以数百万计军民的生命、鲜血为代价的，是以中国丧失近代的最后机遇而长期沦为帝国主义刀俎下的鱼肉为代价的。”

我不禁哑然。本文此前列举明太祖在南京三大作为，第三条属于是“不作为”。这个不作为，是指不去借神明的幌子来祸害百姓和糟踏民生，也就是不殃民。对于身居高位一呼百应的皇帝来说，“为所欲为”是一种委实难挡的诱惑，真正戒得掉独裁者的胡作非为毒瘾确属一件幸事。明太祖足踏实地治理国家，尊重儒学，开办科举，礼义道德，纲纪伦常，种种举止令人额手称庆。五百年前朱元璋实行的君主制度，要比五百年后的太平天国神鬼乱舞，不知高明了多少倍。

洪秀全之流得逞于一时，与其大搞宗教迷信活动是分不开的。换句话说，如果洪秀全之流不装神弄鬼，他们未必能在历史上掀起那么高的腥风浊浪，太平军也未必能挟裹数量如此众多的农民来充实军队承当炮灰，受害群众更未必会忍气吞声甘受劳苦。由此可见，统治者装神弄鬼把自己扮成人民的大救星，实际上胡作非为，倒行逆施，屠虐民生，妄图万世而治，这才是黎民的最大不幸。后人通过比较洪秀全之流倒行逆施，反衬出朱元璋“不造神”行为的难能可贵。相对太平天国涂炭天下百姓的发指行为，朱元璋在治理贪赃腐败方面的吓人过失，充其量只是“肃贪扩大化”的错误。

洪秀全在南京称帝，活动范围局限于东南数省，没有影响到全国，这是中国百姓不幸中之万幸。但洪秀全现象的教训异常深刻，完全具有全局性的意义。教训之一，有能力夺取政权的领袖人物并非一定比常人聪慧和英明，他完全可能劣于一般百姓，甚至可能是昏聩残暴之徒。教训之二，后来之人并非一定比前辈更善于总结经验，更会正确驾驭自己的行为。公元 1860 年的一个天王，就可能比公元 1368 年的一个皇帝表现更坏，更不足挂齿。洪秀全与朱元璋的对比，便是一个明证。

我想，朱元璋的面容或许并非如画像中那般丑陋。再次走进明孝陵的林地，我寻宝的目光始终如一。我并非要携锄荷锹挖开郊外潮湿的泥土，去筛选土壤中星散的遗物。我更珍惜心灵体验和精神飞逸。思想启迪是我的探宝利器，也是我不经意间收之四海、藏之名山的无价宝物。

阳山大碑

1

南京有多少项世界第一？

于我这样的地地道道的南京“土著”来说，从事这项数据的统计是一件赏心乐事。我出生于斯，就读于斯。饮长江水，食江宁米，沐钟山风，听前湖雨，我的童年青少年和壮年时光，一锭金一封银地滑落在紫金山麓，潜入了扬子江滨。南京是我梦魂牵绕的故乡。

南京究竟有多少个世界第一呢？粗略算来，可谓是不胜枚数。南京建城两千五百多年，风华物宝，各逞风骚，如金陵大报恩寺的琉璃塔，如在南京编纂的《永乐大典》，如郑和七下西洋营造巨舰的宝船厂等。多数胜迹湮灭无存，尚留世间的有巍峨耸立的明城墙，以及四百八十寺中若干古庙宝刹等。

南京在历史上十朝为都，曾创造出许多“世界级”的奇迹。但凡提及南京的世界第一，一座体量异常巨大的影子，便像游弋的小行星从天外飞来，穿过历史星空进入我们的视野，令人肃然起敬。这庞大的影子来自一座硕大无朋的石碑，史称阳山碑材。

阳山碑材，一部惊心动魄的手工作品，总重量达到 3.1 万吨，举世罕见。这石碑从设计创意到开凿成型，只花了不到一年的时间，就把一项极富想象力的旷世杰作，坦陈在世人面前。若此碑全部立起，高度将达到 73 米，相当于 24 层楼的高度，规模宏大，空前绝后，当之无愧是全球第一碑。阳山碑材制作于六百年前的明朝永乐年间，自那以后，但凡来到这座石碑前面的历朝历代的英雄豪杰，一概是收声敛息，仰为观止，崇敬之情溢于言表。

提到这座巨碑工程，就不能不念及一个人的名字：明成祖朱棣。

2

南京东郊有山，名叫汤山。汤者，热水也，汤山温泉来自地下两公里处，当地人用温泉疗治疾病已有一千五百多年历史。阳山位于汤山镇西北。明太祖一统中国后，南京成为明王朝的首都，千藩臣服，万物生辉。阳山蛰伏在天子脚下和京畿要地，暗中收敛了它的熠熠灵光。

1405 年春夏之交，一天清晨，马蹄得得，旌旗飞扬，纷乱的脚步声惊醒了沉寂阳山。大批衣革被甲的士兵控制了交通要道，宣布戒严。紧随其后，出自全国各地的万余工匠，组成一支庞大的队伍风尘仆仆先后来到阳山，被征召来完成一项史无前例的伟大任务。

山风挟裹着南北方言，轻轻掠过工地上空，成群候鸟歇落在四周山头，静静注视着此地的动向。工匠总领班是一位须眉皆霜的老汉，他举起结实的硬茧大手，在古铜色的前额下搭成凉棚，反复打量这爿陌生的山水。南京城内的明成祖朱棣一声令下，要制作一座前所未有的摩天巨碑，用来标榜其父朱元璋的丰功伟绩。这些能工巧匠走南闯北，见多识广，他们许多人来自石匠世家，祖先曾亲手开凿过乐山大佛，敦煌石窟和云冈石窟，见识过宏大的世面。但这座巨碑不同寻常的巨大尺寸，不要说他们从来不曾听说过，他们连想也不敢想象。铁骨铮铮的硬汉们紧皱起眉头，没人再敢吱声，谁也没有信心完成如此艰巨的任务。到处是惊悚的神色，到处是忐忑不安的心情。工匠们卸下沉重的麻袋布包，叮叮当当地清点铁锤和钢凿，紧张地准备工具。

成百营帐依山势矗立起来了，打铁的炉火生旺起来了，笔直的石灰线沿着官吏踏勘过的山体画下去了，一道道开凿的命令逐级传达下去了。这是一项被凡人惊为天意的大举动，皇帝朱棣果断做出决定，要限时限刻抓紧完成。在这位正值壮年的统治者面前，天下没有办不成的事情，越是“不可能”他越是有兴趣要在自己手下变成事实。一声开工号吹得天崩地裂，工匠们束起长发挽起衣袖不再犹豫，他们倚山借势，挥锤劳作，日以继夜，风雨无阻。

大量碎石和石屑以惊人的速度产生出来，很快堵塞了工地空间，严重影响到工程的进度。开工后不久，施工现场就完全湮没在废石渣中，如果不能及时清理废石，浩大的工程就难以为续。阳山虽说是古石场，早在南北朝时期就开山取石，但从未展开过如此大型的工程，山路崎岖陡峭，运输碎石十分艰难。大量工匠被组织起来专门负责清理石渣，近半数的劳动力投入了清运废石的队伍，他们肩扛背驮，手搬担挑，你传我递，在羊肠小道间跌跌撞撞，辛苦异常，工程进度十分缓慢。工匠们最后想出一个主意，他们驱来大批山羊，把成袋石屑驮放在羊背上，由羊群的“传送带”绵延不绝地远远运出到山外。牧羊鞭一声声在阳山上空炸响，羊群来回往返，朝夕不止。按照成材与废石“一比三”的比例估算，当时有接近十万吨碎石和石屑被及时清运出去。这项任务若放在今天来完成，至少要动用十吨大卡车连续运上一万次。可见在当时简陋的施工条件下，单就清运废石这一项来说，就是空前艰巨的工程。

一排排工匠倒下去再也没有起身，一群群山羊歪倒在山沟里抽搐几下便不再动弹。老子吐血染红的钢凿，儿子抹抹眼泪捡起来继续挥锤不止。开饭的钟声响了，工匠们丢下手中的活计齐刷刷瘫倒在工位上，立刻睡熟了，他们连吃饭的力气全耗光了。无人统计当时这项工程导致多少工匠死亡，死去的工匠多数被运到阳山西面集中掩埋。至今，那片土地仍然名叫“坟头”，村落也叫“坟头村”。

终于，九个月后的一天黄昏，活下来的工匠们扔下手中秃钝的工具，轻松直起腰来，长长吐出了一口气。在他们面前，阳山上三座栖霞灰岩被巧妙凿成了三大块巨型碑材。这三块碑材分别是碑座、碑额和碑身。一旦“三合一”组装起来，就将成为一座伟大的石碑。

碑座也就是龟趺，高 13 米，厚 13 米，宽 16 米。这座巨型石龟卧地面积达到了 208 平方米，是“世界第一碑”的宏大基座，当仁不让当上了“世界第一龟”。碑座的西北端仍与山岩相连，底部已凿空，仅留 2 行石柱支撑。

碑额呈椭圆形，高 15 米，厚 8.4 米，宽 10.7 米。通体凿有蟠龙头、龙爪、龙身等十来个图形，底部仅留 3 行石柱支撑。

碑身石材横卧在地面上，碑身高 45 米，厚 4.4 米，宽 10.7 米。底部凿空，留有 3 行石柱支撑，东北端尚未与山岩凿离。

这三块石材都已开凿成形，碑额已与山体完全分开，碑身、碑座也仅有一端相连。只待画龙点睛最后一道工序，这座巨大石碑就要惊天动地横空出世，“云起龙骧，化为侯王”。

时间停留在最后一道工序上凝固不动了，一个呼之欲出的巨型胚胎，就这样久久耽留在历史的母腹之中。莫非它觉得还没有做好面世的准备，正在候机而动？或者是一个真正伟大的生命本来就需要如此漫长的时间，来完成它的孕育期。

3

我一次次来到阳山，一遍遍摩挲石碑，面对面倾听它的无语心声。时间过去了 600 年，陈年石渣早已被繁茂草丛覆盖，当年工地上的喧哗和工匠辛苦呐喊声也已逝去，自那以后，无数场次的历史剧目次第谢幕了，而阳山碑材，一个宏大的起跑身影仍蹲伏在山间，久久在等候发令枪的召唤。

我采摘了一束野花，搁置在碑材面前，寄托我对石匠们的追思。随后又跟着游人攀上高大的碑身，用脚步来测量它不同凡响的尺寸。我需要知道的是，一件惊世骇俗的巨大工程，就在顺利完工的前夕，为什么全面中断？就像一组气势磅礴的交响乐，激情万丈正演奏到最后一组乐段，高潮掀天，鼓号齐鸣，突然一切嘎然而止，指挥家不置一词掉头它去，从此不再回首。

阳山石碑，就这样功亏一篑，最终没有顶天立地站立起来。究其原因，历史上众说纷纭。有人说石碑过于巨大，古代常用的滚木与冰运方法都无法运输，所以弃用。有人说朱棣忙于迁都北京，无暇顾及此碑。朱棣后来在明孝陵四方城内另树一碑取而代之，这就是后人熟悉的“大明孝陵神功圣德碑”，通高只有 8.87 米，仅为阳山碑材的八分之一弱。

在阳山碑材那具旷世未有的巨大身躯旁，我默默走开，心中疑云密布。为什么是 1405 年的中国，为什么是在南京，为什么是皇帝朱棣，与这座巨碑结下了不解缘分？600 年前的这座星球上，南京的土地上不可思议地孕育出“阳山碑材”式的超级构思，让一座人工建筑去问鼎穿破云空的 24 层楼的高度，表达出心雄万夫的宏大气魄。这一举动前无古人，后无来者，即使是在21世纪的今天，地球上也没有一座石碑可以仰望如此可畏的高度。

阳山碑材超常的尺寸，是南京城里的新皇帝亲自定夺的，这一点毫无疑问。但把这一壮举理解为是帝王一时心血来潮则有些牵强。纵观中国数千年历史，在南京登基的这位帝王明显与众不同，他登上王位的方式以及后来他的所作所为，无一不是惊天动地，大气磅礴。他是一位雄才大略的君主，他独特的思维方式通过阳山巨碑展示在我们面前，并投射出漫长的影子，一直延伸到21世纪的今天。

对于朱棣来说，巨碑最后有没有完工，与他的胆识襟怀魄力统统无关，更不是资金运输技术方面的问题。帝王一般很少考虑运作的条件和成本，他直接要求运作的结果。越是不可能完成的事业，他越是要得急要得狠要得不近人情要得不可思议，这是多数帝王的共通点。我有时会想，也许正是思维方式的根本不同，帝王最终才成其为帝王，而百姓才成其为百姓。

我的目光离开石碑，转向它的总设计师，转向了决定它命运的那条硬朗汉子。600年前，那个万众瞩目的人物手指阳山下旨开工。他完全了解这项任务是何等艰巨，他从不怀疑自己的计划能否最终完成，他的目的就是要把奇迹变成现实。他话别阳山，后来又话别南京，迁都北京并神游万里之外，一个历史人物的胸中该有几许丘壑，才这样拿得起，放得下？

在遥远的1405年，能有资格加入“73米俱乐部”的人工作品，在中国的土地上是绝无仅有。73米是个孤独的高度，是气贯长虹的高度，是遥不可攀的高度。在那个高度上，世间上没有几个人能够长时间驻足停留。环顾寰宇，即使在今日，除去钢铁水泥组合的建筑物不算，单纯是天然石刻作品，73米的巨型雕塑恐怕也是屈指可数。

回望历史，雪泥鸿爪，断编残简，一项惊人纪录却直逼云天，明明白白放在世人面前。这是3.1万吨重、73米高的一项纪录，这是来自南京的一项纪录，这是世界第一的纪录。

4

朱棣是明太祖朱元璋的第四个儿子，出生于1360年。小朱棣呱呱坠地的时候，朱元璋已在南京坐地称王已达四年之久，并把城名由“集庆”

改为“应天府”。小朱棣一生下来就是口含金匙的天潢贵胄，他 10 岁被封为燕王，20 岁离开南京蓝旗街的宗人府，前往北京燕王封地赴任。藩王府邸按制应该“亚天子一等”，但朱棣在北平的驻藩府邸是元朝旧宫，其规制如同天子。为此朱元璋还曾特地告谕诸王，说燕王府邸是元朝旧宫，不需要新建，诸王不要与燕王攀比。然而，朝夕住在天子规制的宫殿里，会不会令年轻气盛的朱棣浮想联翩，好高骛远呢？这种“超规格待遇”究竟埋下了何种伏笔呢？我们不得而知。朱元璋后来又有另一个非同寻常的动作，他在为诸王选妃时，选中明王朝第一功臣徐达的长女为燕王妃，这种高规格的婚姻实质上是一种政治行为。朱元璋生前或许没有意识到，正是他对燕王一次又一次的另眼看待，潜移默化最后影响了明王朝数百年历史的进程。

贵为公子王孙，长在深庭大院，燕王却非醇酒妇人之辈。驻藩期间，朱棣奉明太祖命令征讨蒙古的乃儿不花，他亲自率军冒雪奋进收到了奇效，大军突然压境令蒙古军队猝不及防最后不战而降。出师告捷令朱棣声名鹊起，朱元璋非常高兴，赏赐宝钞 100 万锭，对燕王更加信赖。当时藩王的势力很大，就连朝廷调动地方军队，也要同时得到当地藩王的令旨后才能调兵遣将。明王朝的元勋宿将如大将傅友德当时也受朱棣节制和调遣。

1398 年朱元璋去世，皇位传于长孙朱允炆。建文帝登基后，本该韬光养晦礼遇各位藩王叔叔，静待时机逐步完成地方兵权的回收，从而避免激成天下大乱。但由于建文帝秉性柔弱，在兵部尚书齐泰、翰林学士黄子澄的导引下，自上台伊始便全力“削藩”，先后剥夺了周王、湘王、齐王、岷王的兵权，或降为庶人，或投入大狱。刀剑所指，隐然直逼燕王。建文帝的这项“削藩”谋算实实在在办成了一项与虎谋皮的工程。朱棣是在世诸皇子中的老大，他不甘坐以待毙，遂以“清君侧”名义果断地起兵“靖难”。

在朱棣的一生中，对他影响最深的是一位名叫释道衍的僧人，与这位高僧的密切交往，决定了朱棣本人终生的佛禅情结。释道衍是苏州人，“年十四，度为僧”。1382 年，朱元璋命选得道高僧供奉诸王，为诸王诵经荐福。释道衍侍奉燕王，“燕王与语甚合……迹甚密，时时屏人语。” 释道衍矢志为僧，又不避尘累，运用雄才大略后来帮助朱棣夺取了帝位。明成祖即位后，赐释道衍府第及宫人，皆不接受，所赐金帛也转赠给宗族乡人。他常住佛寺，上朝时衣袍冠带，退朝后仍着袈裟，人称“缁衣宰相”，这种现象在中国历史上十分罕见。

在这么一位异人的鼎力相助下，朱棣的“靖难”大军经过四年激烈鏖战，浩浩荡荡度过长江，攻占南京夺取了帝位，改年号为永乐。朱棣入主朝廷后，在南京城大刀阔斧诛锄异己，犁庭扫穴，巩固了政权。血腥的“瓜蔓抄”，“诛十族”都是在这一时期产生的，随后朱棣马不停蹄地开始实现他的雄伟蓝图。

“执剑登基”这段历史，是朱棣一生诸多壮举的起点，集中体现出他敢想敢做的性格和不落俗套的处事风格，对于有明一代起到重大深远的影响。这位新皇帝崇尚实力，相信自己，知道应该做什么和不做什么。他的竞争意识异常强烈，他的人生定位无比清醒。他不是靠论资排辈登上金銮宝殿，而是凭借强大武力在刀光剑影中争来万民仰止的皇帝地位。此后永乐王朝发生的所有事情，都由这段历史生发开来，建造阳山大碑的工程也不例外。

后世曾有评说，认为朱棣篡夺侄儿建文帝的皇位心中有愧，为向太祖皇帝“赎罪”，才有酝酿矗立天下第一巨碑的非常之举。在我看来，情况也许恰恰相反，朱棣之所以要为父皇帝建造巨碑，主要目的是张扬皇威，表现自我，显示皇族尊严。他爹朱元璋是贫寒出身，草根天子，凭借武力夺取政权，儿子朱棣对武力的迷恋就不足为奇。正因为朱棣血管中汩汩流动的是他父亲的血脉，才会有持续数年的“靖难之役”，才知道如何去实践“世上法，法无定法，然后知非法法也”的道理。那些认为朱棣会有赎罪心理的想法，正是对朱棣“不能为，而为之”的一生抱负的不解和误会。

朱棣在位期间，陆续在政治军事文化外交诸方面展开了一系列重大举措，如设置奴儿干都司，管辖黑龙江、乌苏里江、松花江流域和库页岛等地；如解除藩王兵权，巩固中央集权；如大规模营建北京宫殿，迁都北京，巩固北部边疆；如屡次亲征外侮，打击北元势力；如派郑和出使海外，促进中外交往；如编纂《永乐大典》，保护大量古代文化典籍等。明成祖朱棣在位二十二年，颇多作为，成就卓越，被史家称作是明朝最具深谋远虑的开明之君。

有这么一段不凡的登基历史作为背景和铺垫，再视南京阳山碑材的策划如何奇特，构思如何雄奇，眼界如何高远，心胸如何阔大，也就顺理成章了。

5

持盈守成不是朱棣的风格，开拓进取才体现出他的本意。永乐年间，外侮和内犯不断，南北边疆皆不安宁。南方作乱的是安南军队，1404 年始，安南连续发兵侵扰广西、云南。而与南方相比，当时占据漠北的北元蒙古势力的威胁要严重得多。蒙古铁骑屡屡侵扰内地，杀人劫财掠物，破坏边境安宁，对明王朝恣肆挑衅。为维护国家统一，朱棣毫不犹豫地选择了战争来回应压境强寇的寻衅。明王朝的大军东征西讨，明成祖亲征漠北就去了六次，最后一次竟逝于班师途中，连自己的性命都搭了进去。朱棣的一生，挥袂则九野生风，慷慨则气成虹霓。

1406 年 7 月，也就是南京阳山碑材行将竣工之际，南京的金銮殿上，专注的目光主要投向南方边境，朱棣派遣 80 万大军征伐安南。以狮搏兔，以石击卵。明军于 1407 年 5 月攻克河内，扫清了来自南方的威胁。铁戈金马，刀剑箭矢，重兵远伐，大获成功。此后明成祖又于 1409 年和 1411 年两次出兵安南，严重打击了来自南方的骚扰势力，保得南方边境一时平安。

北元由于内乱，后来分化成鞑靼、瓦刺和兀良哈三股势力。1408 年，朱棣派人送礼给鞑靼，有意通好。鞑靼统治者杀了明朝使臣。翌年十万明军征伐鞑靼，孤军轻进，“全军皆没”。

“帝震怒，以诸将无足任者，决计亲征。”1410 年，朱棣亲率五十万大军北征，大败鞑靼，敌酋只剩 7 骑西逃瓦刺。当年冬天鞑靼统治者遣使贡马，表示内附。这是自朱棣在燕王任上首战征讨蒙古的乃儿不花以来，第二次亲自率军征讨北疆犯寇。

1414 年，朱棣第三次亲率五十万大军北征，大败瓦刺，第二年瓦刺贡马谢罪，宾服明王朝。

1422 年，朱棣第四次亲率大军北征，荡平鞑靼和兀良哈部。“三月……（鞑靼首领）阿鲁台犯兴和，都指挥王唤战死。……亲征阿鲁台……发京师。六月……令军行出应昌，结方阵以进。……谍报阿鲁台兵攻万全，诸将请分兵还击，帝曰：'诈也。彼虑大军捣其巢穴，欲以牵制我师，敢攻城哉。'……次阳和谷，寇攻万全者果遁去。秋七月……阿鲁台弃辎重于阔栾海侧北遁，发兵焚之，收其牲畜，遂旋师。谓诸将曰：'阿鲁台敢悖逆，恃兀良哈为羽翼也。当还师翦之。'简步骑二万，分五道并进。……遇于屈裂儿河，帝亲击败之，追奔三十里，斩部长数十人。……徇河西，捕斩甚众。……兀良哈余党诣军门降。"由此可见这位皇帝智勇双全，表现出了过人的胆识和洞察一切的目光。

1423 年，朱棣第五次亲率大军北征。"秋七月……复亲征阿鲁台，……发京师。……九月……闻阿鲁台为瓦剌所败，部落溃散，遂驻师不进。冬十月……次上庄堡，迤北王子也先土干帅所部来降，封忠勇王，赐姓名金忠。……班师。十一月……至京师。"

1424 年，"春正月……阿鲁台犯大同、开平，诏群臣议北征，敕边将整兵俟命。……徵山西、山东、河南、陕西、辽东五都司及西宁、巩昌、洮、岷各卫兵，期三月会北京及宣府。……夏四月……发京师。……谍报阿鲁台走答兰纳木儿河，遂趋进师。五月……使使招谕阿鲁台诸部。六月……前锋至答兰纳木儿河，不见敌，命张辅等穷搜山谷三百里无所得，进驻河上。……陈懋等引兵抵白邙山，以粮尽还。……班师，命郑亨等以步卒西会于开平。壬申夜，南京地震。"朱棣六次亲率大军北征，敌军望风逃遁。史赞："……六师屡出，漠北尘清。……幅陨之广，远迈汉、唐。成功骏烈，卓乎盛矣。"

当年农历七月，朱棣在班师途中逝于榆木川，年六十有五。榆木川是古地名，位于内蒙古多伦西北，距北京约有 500 公里。一将功成万骨枯，这一次，连主帅自己也把生命抛在遥远的疆场上，真的实现了用生命来祭祀社稷。

朱棣的多次亲征，有效打击了蒙古贵族势力在北方边境的骚扰活动，巩固了中央政权的统治地位，促进了社会经济的恢复和发展，为统一中国，稳定北方边疆做出了杰出贡献。朱棣治国安邦的大手笔，在政治上竖起了一座空前绝后的"阳山巨碑"，他屡征漠北的大军足印，正是妙笔生花的不朽碑文。

6

朱棣迁都北京，仍与捍卫北方边疆相关。北方边境长期以来不得安宁，随时都有发生战争的可能，朱棣决心把国家的指挥中心北迁到自己当年受封燕王的北京，以便于对敌人的来犯及时做出反应。1416 年明成祖下旨修建北京宫殿，从全国调集 30 多万工匠和百万民工，大规模营建北京都城。经过三年半大兴土木，新建成的北京都城于 1421 年竣工。都城周长 45 里，城内以皇宫为中心，形成一条从正阳门、天安门、午门、三大殿到钟楼的南北走向的中轴线。城中重要干道多南北向，小巷多东西向，整齐划一，具有城市规划建筑的规模。明王朝的北京城不仅是中国历史上城市建筑的光辉典范，也是当时世界上最雄伟壮丽的城市之一。

北京故宫的建造完全以南京明故宫为蓝本，北京故宫的太和、中和、保和三殿，就是模仿南京明故宫的奉天、华盖、谨身三殿建造。南京明皇宫是南京历史上第一个统一全国的王朝的宫殿建筑群，规模宏大、气势磅礴，虽然今已不存，却栩栩如生地完好保存在北京故宫的身影里。每当北京紫禁城内晨钟暮鼓，笏板扣响，不是重现了当年朱棣在南京明皇宫内叱咤风云、指点江山的雄伟气概，似乎能听见当年他戎马倥偬、宏图大展的匆匆步履。

中国历史上的迁都，多是万不得已之举，多发生在敌骑压境而我方军事失利的前提下，朝廷为保全皇室性命和维持现有的政权，由西迁往东，由北迁往南，以求避开敌军的嚣张气焰和逼人锐气，另作缓兵之谋。如东晋和南宋，就是这方面的典型。古往今来，中国历史上也许只有明成祖这一例是在万象更新大局安定的形势下，中央政府主动迁都北上。朱棣迁都北京之举，如同是在围棋棋盘中央落子，一举要做成气势磅礴的大模样，让与其对弈的北元蒙古势力感受到了莫大的压力。南京明故宫的层楼叠院曾经是无比奢侈豪华，却拴不住一位雄才大略君主的脚步。朱棣数征漠北，用自己的脚步亲自丈量过边疆辽阔的土地，他的眼界自然开阔，胸襟分外豁达。反过来再看当年他为阳山碑材拟定的非同一般的尺寸，也就不难理解了。

7

朱棣年号永乐，中国历史上与“永乐”联系在一起的是众多如雷贯耳的浩大工程。如南京大报恩寺的琉璃宝塔，永乐大钟，永乐大典等。永乐大钟悬于北京西郊觉生寺，俗称大钟寺，是一口铜制大钟，通高 6.75 米，口外径 3.3 米，重 46.5 吨。这座体量巨大的铜钟铸造精良，大钟的上下里外铸满了 23 万多字的佛教经文和咒语，“每击，八十一卷三十二分，字字皆声。”重击一次，钟声持续时间可达三分钟之久，声闻数十里。

《永乐大典》的编撰则是一项规模空前的文化工程，由翰林院学士解缙等人组织三千余文人参与，编纂工作宏伟浩繁，共辑录文渊阁藏书和各地区图书约八千种，上自先秦，下迄明初，天文地理，人事名物，无所不包。资料涉及经、史、百家书、天文、地志、阴阳、医卜、僧道、技艺等，内容包罗万象。《永乐大典》以《洪武正韵》韵目编入 22937 卷，分装 11095 册，共 3.7 亿多字，较好地保存下来我国古代文化典籍的原始风貌，对古代书集的收集、整理和分类，做出了重大贡献。《永乐大典》被誉为中国古代类书之冠，为后人保留下大量珍贵的文化遗产。《永乐大典》的装帧非常讲究，全书采用上等白宣纸，印有朱丝栏，全部用毛笔工楷书写，名物器什和山川地形皆以白描手法绘制图形，形态逼真，精致典雅，堪称古代书籍插图中的佳作。1408 年，《永乐大典》面世，比法国狄德罗、 达兰贝主编的百科全书早出 300 多年，称得上是世界第一部集大成的也是最宏伟的百科全书。《永乐大典》篇帙浩繁，工程量巨大，自编纂结束后从未刊刻过，仅在明嘉靖年间重录过一部副本。

当年编纂《永乐大典》的地点就设在南京国子监。明初南京国子监的规模极为宏大，其监舍东到小营，西抵进香河，南至珍珠桥，北迄鸡鸣山麓，是我国历史上最大的一座国立大学。凡入国子监上学的学生，称为监生，国子监最盛时，有监生近万人，仅学生宿舍就有两千间，还有一所留学生宿舍。

“以儒治国，以佛治心”，这既是朱棣对于历史经验的总结，又是他对现实需求的一种理性反应。下令制作阳山大碑的这位统治者，算得上是有胆有识有魂有魄的一条汉子，他下令编撰的《永乐大典》更是在中国文化史上树立起一座高耸云天的“阳山巨碑”，3 亿多字的内容，是其永世不朽的碑文。

8

郑和下西洋的起点是南京。郑和七下西洋，前六次均由朱棣亲自派遣。郑和航海经历了亚非 30 多个国家和地区，最远到达非洲东海岸和红海沿岸。郑和的第一次远航要比欧洲航海家的首次远航早半个多世纪，比麦哲伦的首次环球航行要早 115 年。中国封建王朝的历代君主普遍缺乏“海洋意识”，但朱棣显然是一个例外。

郑和乘坐的“西洋宝船”九桅，长 150 米，宽 62 米，相当于今日的八千吨级海船，“体势巍然，巨无与敌，蓬帆锚舵，非二三百人莫能动。”这种巨型海船，非但中国历史上亘古未有，在当时世界上也是无与伦比和首屈一指。郑和宝船当时由南京龙江宝船厂制造，龙江宝船厂位于南京三汊河新江口，现建有宝船厂遗址公园。

郑和下西洋的船舶分为五类：宝船、马船、粮船、座船和战船。1405 年 6 月，郑和首次出使，率领大船 62 艘，士卒 27800 余人。船队从太仓刘家港出发，该年冬季经福建五虎门出海，到达占城（今越南中部）、暹罗、爪哇等国，途经印度半岛西海岸的古里国并“刻石于兹，永垂万世”。1407 年 10 月，郑和返回京师。郑和首航西域的时间，正值南京阳山万余工匠济济一堂开凿古往今来第一巨碑的时候，朝廷正在酝酿派遣 80 万大军征伐安南，朱棣文治武功四面出击，一个划时代的宏大局面正在形成。

郑和二下西洋时，船队规模更加宏大，共有 249 艘船只。郑和先后四次横渡印度洋，到过中南半岛、南洋群岛、孟加拉湾、波斯湾、马尔代夫群岛、阿拉伯海、亚丁湾等地。一路上“雷波岳涛，奔樟踔楫，掣掣泄泄，浮历数万里，往复几三十年”（黄少曾《西洋朝贡典录·自序》），最远达到非洲东岸肯尼亚的蒙巴萨，创造了世界航海史上的空前壮举。郑和航海活动规模之大，活动范围之广，时间之长，都是世界航海史上的创举。郑和是中国航行到达非洲赤道以南东海岸的第一人，扩大了中国在亚非地区的影响，成为世界航海家中的伟大先导者。郑和的航海纪录是 15 世纪以前中国记载亚非两洲的内容最丰富的地理图籍，所收地名 500 多个，其中亚非诸国约占 300 个。郑和下西洋的船队，将天文导航、罗盘导航、陆标导航、测量水深和底质等导航手段结合起来，使航海技术向前大大发展了一步。

朱元璋开国初期，约有 17 个海外藩属国按岁入贡。受到郑和远航活动的激励与鼓舞，永乐年间加入向中国入贡体系的海外藩属国扩大到了 63 个，这不能不视作是明王朝外交成功的一个显著标志。渤泥国（即文莱王国）国王率 150 余人代表团专程来中国友好访问，国王后染急病在南京去世并安葬于南京雨花台区铁心桥乡东向花村乌龟山上，墓碑上书“渤泥国恭顺王墓碑”，碑连同龟趺有 5 米多高，今日碑文依稀可辨“永乐六年八月乙未……渤泥国王去中国……葬于安德门石子岗”等字样。此墓被列入全国重点文物保护单位。朱棣命渤泥国王的儿子遐旺继承王位，赐“玉带一条、金百两、银三千两及钱钞、锦绮罗衾帐幔器物”，并派中官张谦护送新国王回国。四年后新国王和母后再次来南京访问，直到次年二月才回国。

从发展对外关系取得的成就来讲，明成祖朱棣超过了历代的封建皇帝。他心胸豁达，眼界开阔，那种虚怀若谷的气量和襟怀，几乎等同于阳山巨碑一样伟大，一样气势磅礴。

9

我默默穿行在阳山的小路上，雪后初霁，阳光乍现，雪面上反射出耀眼的光芒。几只山雀掠过天空，翅翼翻飞忽上忽下。在一片静穆之中，我隐约领悟到了阳山巨碑未解之谜。登基之初，朱棣也许真的需要建立一座空前绝后的巨大石碑来张扬皇威，到了后来他迅速进入了帝王角色，投入全部精力在文治武功和对外关系诸方面举重若轻地全方位建立起丰功伟绩。与他“好高骛远”目标相一致的是，朱棣穷尽毕生的力量竖立起一座“永乐之治”的摩天丰碑，规模更大，也更壮观。

由此看来，阳山大碑那高不可攀的尺寸，实际上是朱棣对自己的一种高水平要求，是他为自己树立的一座样板，一个测量标志，一道分水岭，他以此激励自己来开创一种前所未有的成就。南京阳山大碑后来未能接到指令最后高高竖起，不能视作是他的一种放弃。

实际上他已经成功了，“永乐之治”达到了前所未有的高度。正是在南京的这座巨石上，最先砥砺出他锐利的锋芒。

大报恩寺

1

大报恩寺原址在南京中华门外。古老的城门外面，横亘着一条更加古老的秦淮河，河上有座鼎鼎大名的古桥，经过唐诗宋词元曲反复咏唱，这座桥早已誉满天下，是为长干桥。桥南有一条巷子，叫宝塔根。

我于一个细雨蒙蒙的下午来到这里，探访大报恩寺旧址。小巷安静，陈旧。沉稳下心来，立在历史的废墟上张目四望，满目破败，但决非一种凄凉。岁月骎骎，历经兵燹战乱，历史的张力满满当当展现开来。面对着颓垣残壁，我感受到一种震撼人心的残缺美和破损美。当年大报恩寺琉璃塔被毁以后，塔根尚存，人们遂称这里为宝塔根。

小雨路滑，我沿着小巷走了一段上坡路。屐履之下，正是历史上的一片灿烂辉煌。当年大报恩寺的琉璃宝塔十分高大雄伟，建塔时为便于施工，必须在塔的周围垒土。周围的地势缘此垫高起来。资料记载琉璃宝塔原址就在南宝塔根 6 号，后据专家考证此地乃是当年垒土的起始点，并非塔基所在之处。

18 号居民大院是大报恩寺原址地势最高的地方，如今景致湮灭，居民杂陈，一派衰退气象。北山门一块巨大的石碑吸引了我的视线，石碑高十米有余，碑上字迹依稀可辨，碑下有一只庞大的石龟，龟头已不复存在。经过六百年风雨洗礼，石碑和石龟风化严重。在附近院里，我还见到一只保存完好的石龟，龟首高昂，气势非凡，刻纹相当精美，龟身上的石碑据说已经被博物馆搬走。

据本地上年纪的居民回忆，1938 年日军侵占南京以前，人们还可以于大琉璃塔废墟之上，见到巨大的青铜塔刹倾侧在一旁。1985 年晨光宾馆开工挖地基时，曾挖到一块有半个房间大的圆形条石，足有几十吨重，起重机都无法将它吊起，人们传说那地方才是真正的报恩寺塔原址。当年挖地基时挖出很多大条石，还挖到一些铜铃。我国佛塔建筑多数建有天宫和地宫，用于存放舍利子或经书等珍贵宝物。像大报恩寺塔这样高规格的规模宏大的建筑，其地宫的秘密更加值得人们殷切期冀，但这一切都有待于将来清理塔基时再来印证了。

举目四望，一派王者气象隐隐约约升起，矜持地笼罩在这片土地上。我的这种感觉并非没有来由，当年秦始皇东巡时，曾望见南京虎踞龙盘，紫气升腾，顿时产生了一种危机感，便下令“凿方山，断长垅为渎，入于江”，企图切断龙脉，破坏南京的帝王之气。如果南京真是一条巨龙的话，那么建造大报恩寺的这方土壤大概就是“龙睛”的位置，两千年来此地宝刹古寺相承，香烟缭绕，磬钹齐鸣，是一块绝佳的风水宝地。东吴时期这里盖起一座建初寺，建阿育王塔。其后此寺几易其身，晋改建成长干寺，宋改建成天禧寺，元改建成慈恩旌忠教寺。梁武帝时期改造阿育王佛塔时，发现石碑中有铁函，银函，金函，“盛三舍利及发爪各一枚，发长数尺。”“不知塔中舍利，仍是阿育王塔中所函否？”公元 1412 年，也就是明永乐十年，这里开始动工兴建大报恩寺和琉璃塔，工程历时近 20 年方始建成。

十五世纪初叶，正值明王朝的鼎盛时期，南京一举成为全国的政治文化中心，百朝来仪，气象万千。城南门外新建成的一座空前绝后的琉璃宝塔更为这座江东名城增添无限荣耀。遥想当年天色方曙之时，晨星闪耀，清风徐吹，万间青砖细瓦民房栉次鳞比，朦胧凸现在清晨薄霭之间。以此为前景，一座通体玲珑色彩斑斓的雄伟宝塔横空出世，高耸入云，仪态万方。它那巨大身影沐浴在蛋黄般娇嫩的朝晖中，仿佛是一个梦中奇迹没有随着黑夜消散而是在眼前徐徐孵化成现实。当万缕金丝洋洋洒洒倾泻到琉璃塔上，百里方圆，一道彩色的通天光柱拔地而起，直刺青天。遥遥听见钟磬齐鸣，钹镲交错，令人如临仙境，神摇意夺，不能自禁。

大报恩寺琉璃塔的高度 102 米，又有考证说是 84 米，无论依据哪种数据，这座琉璃宝塔都算得上是古中国史上的最高建筑。塔为八角九层楼阁式，内用青砖，外表全部使用琉璃贴面。大报恩寺琉璃塔建成后，历时四百五十年风雨雪霜，无数外国传教士和商人前来南京亲眼目睹了它的雄姿，无不叹为世界奇迹。中国历史上有成千上万座寺庙，建筑华美，各擅风格，著名的琉璃宝塔也以千百计，但皆不如南京大报恩寺琉璃塔峥嵘突兀，金碧辉煌，耀眼灼目。大报恩寺琉璃塔是中国古塔中的极品，是南京古建筑中的精品工程。

可惜如此一座规模空前的大琉璃塔，已于十九世纪中叶被人为摧毁，今人已无缘目睹它的风采。一个伟大的古迹毁坏绝世后，其在历史上的影响有时会像湖面上的涟漪一圈圈扩大，引起后人无限遐想。经过历代子民不受约束的憧憬、想象和增色添彩，对古迹的描述往往会比它存世的面貌更加宏大壮观，更了不起。然而，南京大报恩寺琉璃塔根本不需后人的夸张赞许，仅凭历史记载的一些真实数据，人们便会叹服，这座通灵宝塔绝无仅有，真正是南京这座城市永久的骄傲。

2

南京大报恩寺和琉璃塔的建成，始于一位皇帝对于不幸罹难的亲生母亲的怀念和追思。

这位皇帝就是明成祖朱棣。朱棣是明太祖朱元璋的第四个儿子，年号永乐，后人又称他为永乐皇帝。朱棣在位 22 年，文治武功卓越彰著，在明朝 17 位皇帝中间是佼佼者。

史称朱棣的生母是高丽人碽妃。由于碽妃未足月生下朱棣，引起太祖皇帝震怒，后以“铁裙”之刑残酷处死了碽妃。朱棣登上皇位后，为报答碽妃的生养之恩，遂大兴土木，建寺立塔，追荐蒙冤屈死的生母。大报恩寺的主体建筑大雄宝殿，南京民间俗称就是碽妃殿。

建造大报恩寺的工程十分浩大，参加营建的军匠役夫达 10 万人，就连披枷戴罪的囚犯也参加了艰苦的工地劳动，“南京敕建报恩寺，役囚万人。”为强化寺院基础，营造工程的时候选用了千百根巨大杉木深深钉入地下，然后纵火焚烧地面上的桩头使之炭化，木炭上面铺一层朱砂避湿杀虫，再用铁轮石滚碾压平实，以确保地基万世牢固，永不动摇。明成祖特旨恩准大报恩寺的建筑规格和皇宫标准一样，“梵宇皆准大内式”，这种最高规格的待遇在寺庙建设中极为罕见，确属非同寻常。明成祖派出包括工部侍郎在内的两名大臣及两名亲信大监担任监工官，其中就有后来下西洋的三宝太监郑和。工程整整持续了 19 个年头，耗用了大量人力物力和财力，仅白银就花费 248.5 万两。

据记载，大报恩寺内的大雄宝殿和天王殿，均选用细润如玉的白石作台基，精工钩镂，遍布花纹。殿宇斗拱彩绘，富丽堂皇，极为壮丽，丝毫不逊于皇宫。寺内建有佛殿、观音殿、祖师堂、禅堂、法堂等殿阁 20 余座，建有画廊 100 多处，经房 40 余间，形成规模宏大的建筑群。寺中遍植奇花瑶草，郑和下西洋带回来的五谷树、婆沙树等也多移植此处。大报恩寺建成后终年封闭，不许闲俗人等进入，仅由礼部按岁定时祭祀大雄宝殿，俨然是皇室专供寺庙。寺塔肃穆，氛围崇敬，思母情感，溢于言表。大报恩寺当时是南京三大寺之一，有寺僧 500 多人，据《金陵大报恩寺塔志》记载，寺辖田地塘荡逾万亩。

朱棣贵为天子，自然拥有表达他个人意志的一切手段和方法。明末清初散文家张岱在《陶庵梦忆》中写道："非成祖开国之精神、开国之物力、开国之功令，其胆智才略，足以吞此塔者不能为也。"永乐年间，世界上一百多个国家的商人和传教士慕名来访大报恩寺塔，莫不由衷叹服。《陶庵梦忆》记载说洋人们"必顶礼赞叹而去，谓四大部洲所无也。"一致认为这座琉璃宝塔是中古时期的世界建筑奇迹之一。

大报恩寺建成后，一举成为明初的佛教研究中心，当时全国十大佛教流派都在这里设有讲坛。大报恩寺还负起《大藏经》刻版任务，明初在南京刻印《大藏经》共 636 函，6331 卷，共 57160 块印版，印版皆藏于大报恩寺，每年都要印出 20 套经书。这部藏经刻于南京，因此也称为《南藏》。郑和曾私人出资印刷了十部经书，舍入南北各大寺及其家乡云南五华寺。

3

在中国历史上，琉璃一向具有两重身份：王室和宗教。在某些情况下，这两重身份合二而一，"朕即天神，天神即朕"。大报恩寺的琉璃塔自建造伊始，便显露出尊贵谱系，非其它寺塔可以企及。

中国琉璃艺术可以上溯到商周，汉代琉璃艺术已十分成熟。北魏以后琉璃制造艺术曾一度失传，至唐恢复，宋元繁荣。历代琉璃的主要用途都是铺设宫殿的屋顶，明清时期使用范围扩大到牌楼、影壁乃至整座佛塔。

琉璃制品以陶为胎，施以琉璃釉，入窑烧制而成。琉璃釉的主要成分是氧化铅。琉璃成品色彩绚丽，造型古朴，具有我国民族传统的独特魅力，在光与影的交织中展示一番迷幻境界，琉璃因此又被人们称作是一种“有文化的玻璃”。古代琉璃是两次烧制而成，一次是高温烧制泥坯，另一次是低温烧制彩釉，因此釉面厚而光滑，色彩艳丽耐久，日晒雨淋，经久不变，开封市区东北现存一座建于北宋的铁色琉璃塔，通高约 55 米，呈暗褐色，历经千年风雨，至今完好。

据记载，南京大报恩寺的琉璃宝塔九层八面，全部覆盖琉璃砖瓦。塔底周长约 103 米。塔身内部采用砖木结构，外部全用巨型白瓷胎五色琉璃构件砌成，每块琉璃构件重达数百公斤，气势十分宏伟。塔身每层所用砖数相等，只是体积自下而上逐层缩小。每块琉璃砖中央均塑有一个佛像，塔身上下共有金刚佛像万千尊。

宝塔每层有 4 个拱门，拱门和覆瓦采用黄绿红白黑五色琉璃贴面，分别塑有飞天、飞羊、狮子、白象和金翅鸟等佛教题材，图像姿态优美，色彩绚丽夺目，为前代所不见，异常生动美观。第一层 4 个拱门之间嵌镶白石刻成的四大天王像。这些琉璃制品的设计制造十分精密，“塔上下金刚佛像千百亿金身。一金身琉璃砖十数块凑成之。其衣褶不爽分，其面目不爽毫，其须眉不爽忽，斗笋合缝，信属鬼工”。远远望去，南京大报恩寺琉璃塔五光十色，绚烂夺目，气冲霄汉，异常壮观。

塔顶铺设绿色琉璃瓦，椽下为青绿斗拱，层层叠起。上为塔刹，佛教教义认为，刹是佛的表相，装饰特别华丽精美。大琉璃塔的塔刹是重 2000 两的黄金宝顶，9 个铁轮盘组成 9 级“相轮”，铁轮盘的内芯系用藤条制成，重 3600 斤，大轮圆周 36 尺，小轮圆周也有 14 尺。“盘上相轮叠起数仞，冠以黄金宝珠，顶维以铁钎，坠以金铃。”从塔顶垂下铁索 8 条，各挂 9 个风铃，共 72 个。每层飞檐下也有风铃，共 80 个，全塔 152 个风铃迎风飘动，日夜作响，数十里相闻。

“相轮”之下为“承盘”，俗称“金球”，由上下两个半圆形的莲花纹镀金铁盘合成，直径 12 尺，重达 4500 斤。据传，承盘中放有夜明珠、避水珠、避火珠、避风珠、避尘珠、宝石珠各 1 颗，明雄 100 斤，茶叶 1 石，黄金 4000 两，白银 1000 两，永乐钱 1000 串，黄缎 2 匹，《地藏经》、

《阿弥陀佛经》、《释迦佛经》、《接引佛经》各 1 部。另有考证认为，当初塔顶放置的可能只有 5 颗宝珠，分别做避风、雨、雷、电和刀兵之用，其余各物实际上也许会置于塔底的“地宫”之内。

塔身内外共设篝灯 146 盏，每盏灯的灯芯粗约一寸，火旺灯明，每昼夜耗费灯油 64 斤。朝廷诏选童子百名，专事轮值点灯，保证塔灯昼夜长明，号称“长明灯”。白天，琉璃塔金碧辉煌，与日争辉；夜晚则灯火腾焰，光辉灿烂。后人写诗，直把大报恩寺的琉璃宝塔写作“报恩灯塔”。

如此一座大琉璃宝塔，真是万世一时的建筑精品也。登至塔顶放眼远眺，宫阙民舍、青山绿水尽收眼底，境界随之山重水复，胸廓为之豁然开朗。大琉璃塔建成后，登临游览者不绝如缕，文人雅士、名卿巨公，竞相在宝塔上聚会作赋吟咏。康熙和乾隆二帝南巡时也先后登塔，御笔赐额，乾隆皇帝赞曰：“天半插浮图宫阙金银三界上；云中现忉利楼台丹碧六朝前。”一时间大报恩寺琉璃塔成为“南京之表征”。嘉靖进士、刑部尚书王世贞在《报恩寺塔歌》一诗中写道：“壮哉窣堵波，直上三百尺。金轮撑高空，欲斗晓日赤。浮云遏不度，穿泉下无极……”万历进士、工部尚书杜士全在诗中写道：“雁塔长明照远垓，累层九转令尖嵬。乍看火树凌霄汉，忽讶繁星散碧台。震旦传灯宁待旦，如来舍利忽飞来。迷途自此成直觉，总赖皇慈大愿开。”

大琉璃塔存世的四百五十年间，几遭劫难。1566 年 2 月 18 日大雨倾盆，雷火沿塔而下，将报恩寺内天王殿、大殿、观音殿、画廊等 140 余间建筑烧为灰烬，而琉璃塔本身安然无恙。1600 年塔内木材腐朽，塔顶欹斜，经维修后恢复原貌。1661 年和 1699 年两次重修塔身。1800 年 5 月 15 日，琉璃塔遭受雷击损坏，清廷拨款修缮完好。大自然的重重劫难未曾损坏这座琉璃塔，没想到这一人间奇迹 1856 年却毁于人类之手。

当代游客在南京东郊参观灵谷寺塔时，依稀可以参照分辨出当年大报恩寺琉璃塔的影子。灵谷寺塔也是一座琉璃宝塔，高约 60 米，通体用蓝白琉璃装饰，色彩和谐，隽雅秀美。塔内有 260 级楼梯盘旋直通塔顶。相对大报恩寺琉璃塔来说，灵谷寺塔更像是一位素面朝天的小妹妹。

大报恩寺琉璃塔的雄伟壮观，乃以这方土地的丰富历史内涵为基础。大报恩寺所处的这块土地，与一位中华伟人紧密联系在一起，那人就是唐高僧玄奘。

西安是玄奘法师的故里和著述地，而南京则是这位大师寄托遗骨和延福后人之处。从玄奘法师的顶骨安葬在南京大报恩寺的前身天禧寺算起，南京这方水土供奉大师安息的时间至今长达一千余年。大师魂兮归来，有四分之三的时间是在风景如画、人杰地灵的南京度过，实在是南京人的福分。

公元 664 年，玄奘法师圆寂，葬长安白鹿原。五年后改葬长安兴教寺墓地，建塔供奉。公元 880 年，黄巢军攻入长安，兴教寺墓塔被毁，寺僧护携法师遗骸至终南山紫阁寺安葬。公元 988 年，金陵天禧寺住持可政大师朝觐终南山时，在废寺危塔中发现法师顶骨，遂亲自千里背负，迎请至金陵天禧寺供奉。

当时天禧寺在寺内东岗建造一座石塔，把唐玄奘顶骨安葬塔下。1386 年，天禧寺更名为长干寺，后又改建成大报恩寺，法师顶骨由东岗迁至南岗，建三藏塔安奉。清代凌大德所绘《大报恩寺全图》中，在大报恩寺东院的禅堂正殿后面的土山上，绘着一座喇嘛塔形墓塔，注明“三藏塔”字样。

1943 年 12 月，侵占南京的日军高森部队在南京大报恩寺遗址建筑稻垣神社。施工中发掘出安奉玄奘法师顶骨的石函，石函两面刻有文字，说明唐玄奘遗骨辗转来宁的迁葬经过，石函内的铜盒中装放着玄奘顶骨及宋天圣五年和明洪武十九年两部葬志。据当时参与发掘工作的工人介绍，发掘出的物品中还有玄奘法师生前使用过的一些物品，一位八旬老人回忆说，他亲手发掘出一个金佛像，还有一个直径 3 米多的风波铜塔顶顶盘，后不知所终。

此后，大师灵骨分为三份，一份迎入 1944 年在南京玄武湖畔小九华山建成的三藏塔供奉。塔为砖建，立柱斗拱，坐山望湖，美景绝伦。

一份由当时的北平佛教界迎至北平供奉，后来经历了较多的分送、迁徙过程。其中又分出一部分先后供奉于日本东京增上寺，慈恩寺和奈良药师寺等多处寺院。日方又分送一小块灵骨赴台，供奉在日月潭畔的玄奘寺慈恩塔内。留在北平的一部分灵骨，又分送北京广济寺、广州六榕寺、天津大悲院和成都文殊院。其中供奉在天津大悲院的一份，我国政府于 1955 年赠送给印度政府，安放在玄奘当年留学的那烂陀寺。

还有一份迎请到南京毗卢寺供奉，1963 年玄奘法师圆寂一千三百年纪念，此份顶骨又奉迎至南京栖霞寺，后供奉于南京著名古刹灵谷寺，成为镇寺之宝，该寺专设“玄奘法师纪念堂”，建十三层密檐楠木塔，安奉玄奘法师灵骨。 不久之前，灵谷寺又将玄奘顶骨舍利，分送台湾玄奘大学和西安大慈恩寺新建的玄奘纪念院供奉。

大报恩寺前后庇护大师遗骨近一千年，为南京人迎请来大师风范和精神，提升了南京的文化品位，净化了人们的心灵。玄奘大法师地下有灵，当会为善良忠厚纯朴的南京人深深祈福。

5

世间规律大抵如此，人类出于激情和报恩而建造奇迹，人类为了争权夺利和私心杂念而毁坏奇迹。

“贼……据此俯窥城门，架炮轰城。”1853 年洪秀全率军攻打南京时，曾以琉璃塔当炮台，在塔顶架起大炮，日夜轰城，坚固的塔身居然经受住了炮身巨大的后坐力而未受损坏。太平军占领南京后，太平军将领觊觎塔顶黄金，于 1854 年几次炮轰塔顶，企图窃财。1856 年秋，太平天国内部发生严重内讧，北王韦昌辉为防止翼王石达开的部队从大报恩寺琉璃塔上居高临下向他开炮攻击，居然下令堆满炸药彻底毁坏了大报恩寺琉璃塔。

大报恩寺无辜，琉璃宝塔无辜，就此丧于一旦。

辉煌国宝，难逃一劫。有明一代，南京多次发生地震，仅明宣宗即位当年南京地震就有四十余次，宣德元年地震九次，二年地震十次，四年地震七次。但是大琉璃塔始终安然无恙。太平天国期间南京发生的政治大地震，震级和烈度远远超过了自然界最强烈的地震和海啸，破坏效果也最大。战争狂人的这一无良举动震惊中外，也把丧心病狂的韦昌辉之流永远钉在历史耻辱柱上。

韦昌辉之流在中国历史上究竟起到了什么作用？自有后人评说。单就毁灭大报恩寺琉璃塔这一项罪愆来说，这帮暴徒除了留下千古骂名，岂有他哉？细细究来，国之重宝一旦沦入元恶大憝手中，毁灭只是迟早的事。即使大琉璃塔不毁在韦昌辉本人手下，也肯定会毁在他的同党或者后继者手里。

大琉璃塔建塔时，特地在塔刹内安放宝珠祈求“防刀兵之灾”。可是善良的愿望从来不能保护善良本身，刀兵之灾不期而至，灭顶之灾联袂而来，这座通灵宝塔终于遭到了千惨万烈的荼害，落了个粉身碎骨的下场。大报恩寺琉璃塔的毁灭留下许多刻骨铭心的教训，其中最重要的一条就是在中国这块古老土地上，每每是“正不压邪”。物质毁灭是单一的损失，良知毁灭却是终极的损失，殊为不堪的是当代媒体在提到大报恩寺琉璃塔毁灭的原因时，总是含混不清，一会儿说是毁于太平军与清军交战，一会儿说是《南京条约》签订时入侵英军盗取塔身琉璃导致大报恩寺塔走向覆灭之路。更有甚者嫁祸于人诬陷是清军炮火毁坏了这座宝物。国人历来有“为尊者讳”的传统，大陆历史学家还有一个禁区：“为农民起义军讳”。这种是非不分、篡改史实的做法，远超出了史家秉笔直书的职业道德底线，实在令人汗颜。太史公九泉有知，也要拍案而起，挥杖痛击这些不肖子孙脑壳吧。

大报恩寺琉璃塔毁坏后一百年，在地球上同样的地方，历史重新上演惊人相似的一幕。1966 年“文化大革命”席卷中国大陆，经济和文化惨遭摧残，一场彻底的大破坏真正做到了“史无前例”。南京栖霞山有座千佛岩，六世纪中叶，齐梁权贵相继捐资在栖霞山凿龛建佛，计有佛龛 294 个，佛像 515 尊，号称千佛。历经一千四百年风雨雪霜，千佛岩保存基本完好。文革初期，千百尊佛像在一朝之间统统被恶意砍掉了脑袋，无量佛变成了无首佛。假如说韦昌辉摧毁大报恩寺琉璃塔还有军事上的托词，那么后来之人排斩佛首的行为，只能称之为是毁坏美好事的一种恶癖，一种恶魔附身的秽行，一种侵入膏肓的政治艾滋病。一般常人很难理解这班执棍操斧之徒何以生成如此阴暗狭隘的心理。

“金陵四百八十寺”，南京历来是佛门净土。在经济落后文化闭塞的封建时代，大师遗骨尚能小心翼翼供奉千年，让人们万世景仰。时至科学进步经济发达的当代，世人却集体发疯，不仅自相残杀，更要荼毒佛门，人性的反差何其大也！石佛无辜，脑袋坠地，大报恩寺琉璃宝塔如果一直保存到后来而亲眼目睹了“排斩佛首”这一当代“壮举”，会不会悲愤莫名，五雷轰顶，于是自行轰然崩溃不疾而终呢？

6

南京大报恩寺及五彩琉璃宝塔的复建计划已经见报，引起海内外有识之士的瞩目。从工艺技术上讲，复建大报恩寺及五彩琉璃塔不成其为问题。明代的营造制度较完整地保存下来了，琉璃的烧制水平也有不少改进和提高。现代琉璃普遍是高温一次烧制成形，质量也许逊于两次烧制而成的传统琉璃，但只要改进工艺，完全可以达到当年的效果。清代北京圆明园中的琉璃塔和避暑山庄的永佑寺塔就是仿造金陵大报恩寺的五彩琉璃塔建造的。通过这些比对，完全可以还原明大报恩寺五彩琉璃塔的原貌。

大报恩寺图及五彩琉璃塔图历史上传世至今的不止一幅，中外许多画家临塔写生都留下了墨宝。明末清初的画家石谿 43 岁时定居南京大报恩寺，后迁居牛首山幽栖寺。石谿善画山水，亦工人物花卉，艺术上与石涛并称二石。石谿存世的代表作有一幅《报恩寺图》，这幅画如实表现出金陵第一名胜的磅礴奇异气象，布局繁密，用笔苍劲，郁景致茂，境界幽深。现代建筑工程要想惟妙惟肖“克隆”大报恩寺及五彩琉璃塔，并无困难。

可喜可贺的是还有价真货实的“正宗原版”明代琉璃构件遗存在南京地界。古代匠人在烧制琉璃时一般都有备件，以济不时之需，大报恩寺琉璃塔建造时也不例外。据《陶庵梦忆》中写道：“闻烧成时，具三塔相。成其一，埋其二，编号识之。今塔上损砖一块，以字号报工部，发一砖补之，如生成焉。”1959 年末，南京文物考古工作者清理窑池，曾发现三套完整的琉璃拱门构件，现分别存于南京市博物馆、南京博物院和中国历史博物馆。可见史料记载的两套备用的构件确实存在。

明代烧制琉璃配件的窑址大约在安德门窑岗村一带，据悉，清初大报恩寺琉璃塔在遭受雷击后，匠人从事维修时曾动用过传世的配件，并在窑池上建造了一座眼香庙。眼香庙当年的和尚透露，1958 年大炼钢铁，南京的“钢铁工作者们”挖掘出大量地下埋藏的琉璃，然后砸破磨碎充作耐火泥。据一位曾经参与当时收购耐火泥的人士声称，收购的碎琉璃耐火泥足足有几万吨。后来在大肆挖掘琉璃时发生塌方而罢手，眼香庙底下一块地方估计仍有琉璃配件劫后余生。我相信每一块琉璃瓦的价值要比同等份量的钢铁贵重得多，更毋言“大炼钢铁”并没有产出任何有价值的结果，唯一产物就是令人痛苦欲绝的政治反思和长久的经济绞痛。大批珍贵文物一去不再复返。愚昧无知就这样一次又一次玩弄国人于股掌之上，

从这种意义上说，大报恩寺琉璃塔不是毁灭了一次，而是毁灭了两次或更多。当今这个时代的我们这些人群，曾经做出了怎样不可思议的一些蠢事啊！

照我看来，南京大报恩寺琉璃塔的复建工程固然重要，更重要的是尽快复建中国人的博爱精神，重构中国人的品德意志，还原中国人的友善个性。当局在大规模引进外资外企的同时，要像当年迎奉玄装遗骨那样求贤若渴，优先引进世界上的进步思想、文明意识和高效率的社会制度，只有这样，我们才能永远杜绝“佛头著粪”甚至“佛首落地”的悲剧重演，才能防止“史无前例”的闹剧再现。

市民精神体系的复建与重构，这才是当前更为紧迫更为重要的工程。

超级装潢

1

“您找到我来给您家搞装潢，那是您的运气。大家闪开点儿，在这儿我给老同学拱手鞠躬道喜啦，恭喜您找对了人。您不就是打算装潢一套新居吗？我是专业水平的装潢大师，这是我的证件请您过目：‘皇家装潢设计师’，证件号 09407998。对啦，皇家装潢，您的老同学就属于这个档次。没想到吧，几年不见可出息着呢。我要是在南京装潢界跺一跺脚，城墙内外都得抖三抖。说真的，我该惦记着少跺俩脚，别让地震局白恐慌一阵。

“新房子，啊，多么漂亮的新房子，早就看出来啦，就像一位飘飘欲仙的新娘子，手把手地交到您面前，让您颠儿颠儿地牵进洞房里去，您可担的是什么心啊？赶快，眉头舒展，心胸放宽，腰板挺直，装潢的事全包在我身上。您就放宽心吧，我是超一流的装潢策划大师，大师的眼光当然非同一般。好多市民搞装潢囫囵吞枣，把宾馆、餐厅、舞厅的豪华装潢机械地搬进自己家，又是刻花玻璃的隔断，又是一排排五彩跳灯，顶上再用红蓝霓虹灯圈起来，进口音响震耳欲聋。在这样的环境里主人能感到温馨舒适吗，能得到安静休息吗？不，那不叫装潢，那叫功能错位。住宅的特性完全被异化了，那叫做盲目性，叫做糟踏钞票。

“装潢计划？当然啰，这可说到正题儿上了，这是我的强项。哪怕是装饰一间 6 平方米的小厨房，我照样一丝不苟，装潢计划书厚厚的长达一百多页，装饰风格，器物位置，材料质地，商品品牌，颜色搭配，灯光效果，通风增氧，排湿除烟，供暖供水，三包措施应有皆有。等到我大功告成，整栋房子全装修好了，新的问题肯定就会出现，没准您一见钟情不由自主单相思爱上了这间厨房，走火入魔成天呆在厨房里面不肯出来，像偏执狂一会儿哭一会儿笑，通宵冲着四壁喃喃细语，倾诉衷肠。实在没办法，我领导的装潢艺术就是这么迷人，这么令人倾倒。我的客户们最容易像坠入情网的恋人沉溺不可自拔。最后只好把厨房再改成您的书房，又把原先的书房改成厨房。你听说过‘徙宅忘妻，得鱼忘筌’的成语吗？我装潢的住宅常常给人这种惊人的效果。不，这样形容绝不过分，有过之而无不及。

“别笑，嫂子，对不起，刚才我尽顾着跟您先生说话了，冷落了您。您不知道，我说话就是这个风格，您先生是我几十年的老同学，他一准儿清楚。同学都说我是古希腊式的雄辩家，一说开了，话尾就收不住。我太粗心，小时候没留神我的具体出生地址，没准儿我还真的是希腊雄辩大师的正宗传人。

“客厅铺瓷砖？什么，我没听错吧？老同学，您险些儿犯了个弥天大错，谢天谢地您今天碰上的是我，我这就出门一溜儿小跑上工地去取一把锹，干净彻底刨出您的这个念头远远扔掉。这样宽敞明亮的客厅里铺瓷砖，那还不如什么也不铺呢。您想想看，世界名模隆重出场，辛迪·克劳馥漂亮的脸蛋子上像老妈子似的贴两片黄瓜，那叫好看吗……这个主让我代您做了，铺大理石！铁锈红色儿的大理石，灯光这么一照，沙特王公不由自主就走进来了，科威特埃米尔张开双臂跑进来了，文莱国王腆着大肚子趁人不备就溜进来了，为什么，因为档次上去了，上到了极至，登峰造极，史无前例。路易十四回头一望瞅见了这幢房屋会哭着闹着去找他的内务大臣，扬言要把他的脑袋给一百次地剁下来，因为他居然不把世界上最好的装潢方案敬献给他伟大的君主。老同学千万别犹豫，就这样定了，一准儿用铁锈红色儿的大理石。费用预算嘛是得大大超出，贵一倍也不止，可是值啊。地面最重要了，不然的话一进门儿，您把两只脚丫子扛在肩膀上得了。

“好啦好啦，让您先说，我不再抢您的话。我干脆不说话，我噤若寒蝉，一声不响洗耳恭听。三间卧室铺地板，对了，这是个好主意，您说您调查了半年，最后决定铺什么地板？大声点儿，再大声点儿，这里没有安全局的官员，没人窃听，再说他们对南京两个教书匠家庭的地面装饰不感兴趣。他们窃听的全是大事儿。

“且慢且慢，我的妈呀，听到您的这个决定，我得大口大口吸氧，求求你们快帮我把窗子打开，让空气对流起来。当然，您是雇主我得听您的，您给我一个葫芦我就开始画瓢。可惜呀，我在装潢界的一世英名就此毁于一旦。我一向争强斗恨让同行们又敬又怕，多少次了在政府大型装饰工程招标会上，我根本不瞅台上你争我夺的场面，闭着眼睛只顾欣赏 MP4 中的黑人蓝调音乐。在最后一槌落下之前，我命令副手把竞标价格提高一倍。谁不知道我呀？谁敢跟我争呀！这就是我的风格，有一次拍卖会上竟购一批进口顶级大理石，我命令部下牛气冲天把大牌子一路举到底。拍卖会散会了我们得胜照样不饶人，举着牌子从轿车天窗伸出去，从中华门开到中央门，再从中山门一直开到汉中门，把竞争对手全部活活逼疯了。这才是我哪！可是老同学，照您这样做，我可就落下了一世的心病了。您说的那玩意儿能叫做地板嘛？那种木板比马赛克好不了多少，要叫我说还不如马赛克。那种木板是把碎木块儿统统投入机器打成木纤维，然后用胶粘在一起压成木板。没准儿明后年南京天气突然暴热，您在家里光脚走路忽然在主卧室哪个旮旯被粘住了动弹不得，叫您尝一尝粘鼠胶的滋味。那时候您才会想起来，老同学的话句句是真理，一句顶一万句……

“我的建议？我当然建议您用‘凯撒’牌地板。说出这个品牌之前我该先沐浴更衣，熏香鸣炮放鞭。这种德国原产的帝王级硬木地板，您决舍不得用脚丫子去踩。那木板的光滑肌肤，就像是香车美人，玉肤凝脂，您恨不得用脸蛋去蹭，您会不由自主想入非非，您会彻底抛弃桌子椅子沙发床铺，一天到晚躺在地板上，翻过来复过去，在睡梦中偷偷遗精……

“我的看家本领，应该是向您隆重推出‘安全大餐’，嘿嘿，这可是我的特长，我事业的扛鼎之作。不，不是那种电子防盗门、自锁式阳台窗户之类，那些简单玩意儿哪能体现出大师水平啊？让街头巷尾面前摆个小纸牌子的农民工给您对付那些劳什子吧。‘皇家装潢设计师’不鸣则已，一鸣惊人。您二位伉俪先坐好了，千万别惊得跳起来。请你们放心，我不会按照比尔盖茨的豪宅来设计施工的，盖茨先生家的地板下方埋藏着 53 公里长的电缆，单这一条我们就无法做到。来访者一旦通过他家通道出口，个人信息包括指纹会被作为来访资料储存到电脑中，每位来宾必须佩戴专门胸针否则就会被系统确认为入侵者，电脑就会自动通过网络报警。聪明的小偷打死他也绝不会光顾这幢装备顶尖科技的房屋。相对而言，我想给您家安装一个精铜的猫眼也就差不多够了，当然，这是句笑话。

“我的安全方案叫做七重门禁高私密安全防御系统。没听说过吧？那就对了。这套安全系统主要有门窗红外线监控系统，指纹识别门锁系统，迟滞式48小时录像，来访者可视式对讲机，门禁电脑刷卡系统，主卧室紧急求救按钮……连一片树叶从窗口刮进来都会受到严密监视，当它飘飘扬扬从另一个窗口飞出去之前，这片树叶的血型，营养状况，母树位置，树叶编码，三代血统全部搞定。假如这片树叶心术不正被人利用收买刺探了你家情报，它的后半生将在大牢里度过，我的安全系统代它办好了全部手续，连警车都叫好了。

“你二位下班回到家，劳力士手表随随便便扔在桌上好了，什么，没有这么名贵的表？那没关系啊，我的意思是说，您的值钱家当可以随意摆放，手提电脑搁窗台上，钱包扔沙发旁边，手机看也不看随地一丢，你没有任何后顾之忧。安全好着呢，就像我本人端着一挺M60机枪亦步亦趋跟着您当保镖一样保险。小偷？借给他三个胆子他也不敢造次啊，要是他跟自个儿过不去，起了贼心摸走您一张薄薄的信用卡，顺便捎上件把件儿项链首饰，那他算是倒了大霉啦。警车一声不响不急不缓顶着他屁股后面一直开进他家，收拾收拾直接把他给送大西北了，‘两岸猿声啼不住，囚车已过祁连山。’事后，警官，高级警督一大帮穿制服的官员毕恭毕敬冲着您敬礼，把您丢失的东西洗净擦亮用银盘子给您送回家，还道歉说照顾不周，请多包涵。您只要大大咧咧说声‘下不为例’，一切OK。

“您刚才提到了灯光，啊哈，我对灯光的理解，我对灯光的诠释，我对灯光独一无二的研究，不说是天下独步，说是金陵第一应该没什么问题。说到这里我几乎要崇拜起自己了。按照我的创意，装潢一定要突出灯具的文化性，合理地利用‘人造光’效果，创造一种特别柔和典雅的情味。天花板上的灯光最有意境感，我要亲自在你家登上人字梯施展身手，用日光、红光、蓝光，营造出晴空、早霞和月色三种自然美景，创造出梯次变幻的迷离感。通过各种层次光度和各种颜色的不同聚合，变幻出完全不同的艺术效果。加上多彩射灯打在墙壁上，画龙点睛，进一步调节居室文化的氛围。嗨，我信手拈来几个小小灵感，便可以化腐朽为神奇，营造出自然意境……

“……

“费用的事，别介，根本不值得多虑，这是谁给谁办事啊？所以说呢，读书人只要一上街，隔两条马路一眼就瞧得出来。您瞧您，老同学，下意识捂着口袋，手心都捂出了汗，太寒碜人了。别担心，我知道您口袋里没多少银子，块票来自工资，毛票来自奖金，我得精打细算节约着花。上马一斗金，下马一斗银，那赚的是大公司大银行大商场的钱。老百姓是升斗小民，你又是老同学，那就不能同日而语了，我还能不明白嘛？我保证，你的每一分钱都要穿过圆心掰成两瓣儿，当成两分钱来化……这下您放心了吧？我会把装潢计划书放在压汁机下狠狠地榨，把所有的水分榨掉，到那时候，你就会明白，我创造的品牌就叫做物有所值……”

2

“二位好啊！两个来月没见面了，为生活奔波，不易啊。我脸色不好？没关系，几个工程同时进行，累是累了点儿。不过话说回来，为了老同学这套新住宅的装潢大计，我就应该肝脑涂地，以身殉职。辛苦劳累统统无所谓。

“是的是的，今天就是为了奶白色涂料的事儿来向您解释。油漆的色彩不匀，有深有浅，我见了也心里发毛，这难道是涂料嘛？简直就像臭鸡蛋的蛋青。去他妈的蛋，我是上了供货商的当了。早知如此还是使您点名儿的那种涂料就好了。返工是没说的了，耽误进度还影响安全啊，您没瞧见我那两个油漆工，浑身过敏，把自己抓得像血人儿似的，这倒好啊，他们不能干活儿，成天在医院里躺着挂水，餐费、医药费、误工费……放的是我身上的血啊，我大把大把银子哗哗地往外淌。不过没关系没关系。

“说真的，老同学，您不放心油漆的质量，这种心情我能理解。没事儿您真该少呆在那地方，有毒气体真能杀人，甲醛，二甲苯，硝基……前天溜进来一只老鼠，进门不久毒死在地上，愣是没来得及爬出去。

“您嫌灯光太暗？对不起对不起，这下我倒是要‘持不同政见’了，这种吊顶，讲究的就是朦胧情调，间接照明。直射光早就不流行了。您说的那是外行话嘛，我都替您不好意思。用直射光的时代，您还扎着红领巾呢，那时候猪肉卖 8 角钱一斤，您家每天买 2 角钱肉一大家人吃的有滋有味。现在居民生活阔绰多了，2 角钱扔在地上一星期，也没人肯弯腰捡起来。不过灯光昏暗可是真误事。前些日子我来监工，领带夹吊在地上了，

捡起来我才发现有些儿扎手，赶到明处一看，我的妈呀，我捡起只紫铜色红头大蜈蚣往领带上别，当场没把我给吓晕啰，

“情调误事……啊，我相信，欲有所得，必有所失，这道理结合这房间装潢来说，就是能量守恒定律千真万确。不必您二位开口抱怨，我自己就发现了，这房里就是朦胧有余。照明不足，而且不是一般不足，是严重不足。昨天晚上我试着把灯全部打开了，拿张《扬子晚报》来看，眼前整个是一抹黑。为保险起见，我叮嘱工人们准备两把强力电筒，加强一下照明效果，没准儿会在哪儿绊了摔个元宝翘什么的。

“地板没错，地地道道‘凯撒’牌，德国制造。可气的是，直到昨天我才明白这家德国工厂在那儿，就在南京太平门以东 30 公里处，我不办护照不坐飞机不花外币一天足足可以来往这个‘德国’十八趟。按照这种推理，尧化门一带就该是法国地界了。骗子！愚蠢的骗子！您说这家工厂老板要是挖空心思把工厂安顿在当年德租界里，或者是挤进经济技术开发区，搞个中德合资多少也算是有个由头哇。可气这小子荒郊野外偏偏选中个废弃的养猪场，我说那地板上怎么老有股子猪粪味儿，

“这样一来，地板的质量就很难说了。厂方来人直皱眉头，说铺都铺上了，看看效果再说吧。我没那么好说话，我当场就冲厂方代表拍桌子发火，我骂这帮家伙当是盖猪圈呐，就这个质量工厂也敢梗着脖子海吹是什么“凯撒”牌，我怕凯撒一怒之下失去理智率领罗马军团从棺材里蹦出来，逮着厂长副厂长肥猪瘦猪用长矛一阵乱捅。……昨天我趴在地板上捉摸了半天，目前暂时还看不出什么名堂来，不过，我看不会成就什么善果。

“安全门安全门……安全门的事儿就更别提了，说起来连我自己也脸红。趁着装修工人外出吃午饭的空档，大白天楞是被人撬开你家新装的防盗门，偷偷溜进来把我两台进口冲击电钻一锅端。哎，价值 5000 多块钱哪。我当然认为安全门万无一失啦，可我怎样认为根本没用，窃贼可不这样看呀。在你家破点财还算事小，最要命的就是你家失盗的前天晚上，我办公室半吨多重的大保险箱连同半年工人的工资全没啦，全喂了该死的贼。碰巧我办公室装的也是这种牌号防盗门，直到今天没破案。眼看工人们就要卷铺盖上路回家过春节了，辛苦工作一年，分文不名，实在不好交待。

几个毛头小子楞头青腰里别着把斧子成天四下里找我，扬言要和我共存亡。谁想亡啊？

“我简直搞不明白了，老同学，青天白日，朗朗乾坤，假冒伪劣商品怎么能这样大摇大摆，把咱俩给公然害惨了。这天下还有没有公道？像咱这样的谦谦君子，走到哪里都是一诺千金。一言既出，铁板钉钉，苦于我兑付不出来啊。问题就出在这个时代，造假成风的时代，各行各业造假，一假到底。我是搞装潢工程的专家，不可能面面俱到，谁有本事又要亲自生产地板，又要生产防盗门，又生产乳胶漆……眼看着今后不这样还不成呢，每一个微小的细节都可能使我功亏一篑，每一个看不上眼的零件出现失误，都有可能叫我这样品牌响亮的装潢大师声败名裂。我哪里是在装潢你家一套不起眼的新房子啊，我明明是在与整个作假的世界对抗，我是在孤军作战……

“哦，老同学，千万千万别灰心，这些小小困难，算得了什么？刚才我一念之差，不留神冒出来几句软蛋话，连我自己听了都脸红。冬天多下几场暴风雪，春天还能吓得就不来了？笑话！以前的一切，姑且不论。君子一言，驷马难追。来来，你看，我为你家装潢做好了顶级档次的设想和打算，要突出你家的文化品位，做成一套书斋味十足的文化样板房。把家居主人的知识层次与情趣爱好，层层叠叠反映到居室装饰中，一束花、一幅字画，一件摆设，通过我精心设计和摆放，马上出品位，出文化，出意境，人人回味无穷。那才叫一个才不半古、功已倍之呢，营造出一派文化家庭的浪漫氛围。

“你大胆想象一下吧，老同学，客厅多层立体花卉组成包围式结构，大叶植物、冬季开花植物，奇草丽花，一盆盆暗香浮动，吊兰瀑布般垂下，令人心旷神怡。陈列橱和博古架遥相呼应，错落有致，摆放古董古玩、器乐、模型和民俗工艺品。还有风景画、书画。把你家的文化品位，像乘电梯一样‘嗖嗖嗖’提升到一个新的境界，着力渲染文化特色与智慧灵气。

“不，你说错了，不是我心血来潮，这是我一向的倡导，也是我美好的理想。当前住宅装潢的概念必须来一场彻底变革，要发动一场真正的革命，推翻……打倒……断头台……伦敦塔……才能带领人们一步步从旧观念中艰难地走出来。物理空间的装潢是低层次，我眼光一直瞄准更高层次，要打造多元化信息时代的智能化家庭，营造出安全、舒适与便利的生活环境。老同学，你们一家是知识分子，是社会精英，是文明社会的重要成员，理所当然应该享受超前意识领导下的精装生活，这个目标就是我的目标。

“我将亲自展示我的绝活，老同学，那些破地板，假防盗门难不住我。你一百个放心，我不是那种干名采誉的人。我决心在你家展现我全部才华，我计划采用国际上先进的 4C 技术，让计算机、自动控制技术、通讯与网络技术和智能卡组成一个先进系统，率先在你家实现家庭智能化。还要运用多元信息技术，大力强化监控与信息交互的能力……大放异彩，光辉灿烂……让天下英雄，尽入彀中。惭愧惭愧，这一切算不了什么，我这是雕虫小技，以莛扣钟，以蠡测海。对我来说，更好的还在后头呢。”

3

“喂喂，是我是我……还是听不清楚？等一下让我走到屋外来接。喂，是我，老同学。我这个手机是该换个新的了，通讯市场是没关门，可是没钱人家也不叫我把新手机拿走不是吗？

“谢谢，不用你提醒，我自己有数，你这套房子装潢四个多月了，是该早点儿结束。糊涂虫才不想结束呢。

“地板又翘起来了？……不，不能再刨，倒霉就倒霉在这‘凯撒’牌地板上了。西面那几块地板刨锝透明发亮，薄得跟张绵纸似的，吹口气就得通个窟窿，可是东面还是低，西面还是高。‘西高东低’那是咱们国家的地理大走势啊，怎么拖累这屋里地坪了呢？您说这不是欺负人吗！说句笑话，您家卧室地面要是兼做中学地理教研室的沙盘那可没得说了，西面的地板是‘亚非拉，奴隶要解放’，一股劲儿挣扎往上窜，胶不住，钉子没用，电焊也没辙啊，压迫越深，反抗越烈。惨了惨了，我算是明白了大英帝国大势已去是怎么个酸溜溜心思。今天晚上装修收拾停当，地板上一马平川，隔天早上，没准儿风起云涌，满目义旗。

“家具……一提起家具我就忍不住掉泪，长使英雄泪满襟。像我这种大师水平的装修专家，气吞吴越，才怀隋和，根本就没有把几件简单家具放在眼里。如果把我的全本装潢蓝图比作一架巨型喷气客机，就是波音

747、空客380那样的空中巨无霸，家具在其中的地位就像是起落架上的一颗小螺丝钉，长点儿短点儿锈点儿脏点儿，都没有关系，无妨大局啊。

"可是，偏偏在你家里，家具转眼成了精，一件件张牙舞爪面目狰狞，造了我的反。起落架上这颗不起眼的小螺丝钉'叮叮当当'掉下来，导致整架飞机摔趴了窝。壁橱的门变形，厨房吊柜横看竖看不在一条线上，加上地板一连串的窝囊事，我的气不打一处来，把那几个木工骂得狗血喷头，差点儿没亲自动手剥了他们的皮。说实话从马路边上找来的那俩民工最不顶事，他们自吹木工手艺怎样怎样，看起来顶多就是在农村老家安装锄头、修修鸡圈。

"还有漏水，你以为这仅仅是水管漏水吗？不是，绝不是的，点点滴滴漏的全是我装潢大师血管里的鲜血。'3块5的水管接头，就是没有5块5的好'，这句话今天早晨我强迫自己念上一千遍，念完之后我都成了"水管接头教"的虔诚教徒了。之所以买3块5的水管接头，不就是为了给您省钱嘛，为了把有限的金钱全部用在刀口上。原以为水管嵌在墙里面谁也看不见，贵点儿贱点儿关系不大，谁知道墙面装修好了地板铺好了一切平安万事大吉，正要剪彩的时候，墙面却开始渗水，全是他妈的3块5的水管接头坏了事。然后就是地板龙骨变形一系列糟心事。

"最恼人的是平顶渗漏，厨房、卫生间全他妈的不可靠，这两个地方管道多，到处都是水。我安排在施工以前，对厕所、厨房地面再做一次表层处理，采取双重的防水措施，积水试验至少24小时，一定要赶到楼下居民家里验明OK，才开始铺贴地面瓷砖。这个交待我清清楚楚安排下去了呀，可是我委派的那个包工头蠢得像头猪，昏头昏脑忘记这样做，直到楼下住户找上门来交涉，才知道大事不好。我好后悔啊，悔得差点儿没呕出这颗心来。我当时脸色铁青，狞笑着对包工头说：'干得好，你中了头彩……'那小子吓得当场尿了裤子，以为我会一斧劈掉他的猪爪子。管道接口不严、楼面补洞不实，这类渗漏我见得太多了。我铁了心，砸墙砸地，立刻给你家重做地面防水工程，先更换一个高级浴缸，坐便器也换成高档的，哪怕这钱由我来出，也在所不惜。

"不，老同学，你不明白，你根本无法明白，我的烦恼比你大多了，你只关心你看见的表面问题，我关心的是全部看得见和看不见的问题。哪怕你的视力再好，你肉眼能看出厨房门是不是阻燃吗？那些防火板的阻燃系数是否符合消防规定吗？万一你正在厨房烤鸡，厨房那扇门突然燃起了熊熊大火，烧得像一堵火墙，你在变成“烤人”之前一定会无比深刻地明白阻燃性是多么重要，那可是人命关天的事。我放不下心来，现在和供货商这班家伙打交道，那不叫做生意，完全是斗智斗勇斗心眼儿，你既要比他们更优秀，更懂行，又要比他们更邪头，最重要的是要能够镇得住这些口中没一句实话的家伙。昨天我到你家去，把木工这两天锯防火板的木屑收罗到一起，试着点着了火，你猜怎么着，这些木屑比他妈的黑火药烧得还欢，差点儿没把大楼给炸毁了。

“我只好命令木工全部停工，告诉他们，假如供货商前来找我收款，通知他们直接到市消防支队的看守所去报到，还要嘱咐他们的家人从此不要等他们回家吃晚饭，更不要等他们回家过年……

“大理石有放射性？不错，实有其事。我本想等到最后再解释这个问题，既然你先提起我也不兜圈子了。进口大理石这件事儿最要命……事先谁也没想到哇，漂漂亮亮的大理石，人见人爱，却跟原子弹的弹片儿似的，不声不响算计主人的性命。供货商提供的进口监测单不实呀，上面的日期好像是更改过的，说不上是猴年马月。谁口袋里揣着个盖革计数器，没事成天量这个放射性玩儿啊。

“说实话，搞装潢那么多年，今天才第一次见识到石材放射性的严重性，如果不是您夫人坚持，我还真的就没想起来要去请技监局的专家来测试一下。据测你家厨房深红色的花岗岩台面放射性最高，镭钍钾超标最多。听起来有点儿恐怖，放射性元素在衰变中产生出放射性物质，润物细无声地横扫千军。专家说假如你每天在厨房操劳两小时，煮煮鱼片或者做做蛋饺什么的，等你鱼片煮熟，蛋饺包好，魔鬼辐射悄悄地也在把你本人做成蛋饺。体外辐射无声无息，可专家冲着我的耳朵大喊大叫，说辐射损伤人的呼吸系统诱发肺癌，辐射损伤人体的造血器官、神经系统、生殖系统和消化系统，可怕的损伤啊，要我严肃考虑一下后果。

“当然啰，石材放射性指标如果达到A类或B类标准，只要保持室内适度通风，一般都不会危害健康。可是老同学，人命关天的事我一定要实话实说，你家使用的这批石材是放射性极高的杜鹃红和石岛红。检测资料白纸黑字显示，放射性超过国家标准 B 类和 C 类以上，根本不能用在居室内和建筑物上，像这样大面积满铺在你家客厅餐厅和卫生间里，更是大错特错。是我的错，是我的错，都是我的错。检测人员对你家室内空气中的氡进行了 24 小时连续监测，结果打印出来了，大大超过国家标准。我的亲妈哎，这房子就跟纳粹的毒气室差不多了，哪儿能住人呢？

“是啊是啊，我完全能够理解你焦急的心情，老同学，谁都知道本周内您必须从原址搬出，市政府拓路开道从来是雷厉风行，听说下了军令状年底工程必须要完工。您现在住的那幢老楼很快就要爆炸拆除，等到‘轰隆’一声巨响，地动山摇，你老人家还没来及搬出来，把您一家几口活活埋在废墟下面，公安局和保险公司一查，新房装修迟迟不能交付酿成惊天血案，纯属我的原因，准不会饶过我，一准得找我的麻烦呀。

“要不然这样，您一家几口先找个地方过渡过渡，等石材的放射性衰减后，再搬进去……时间嘛，不太好掌握，这个放射周期太长，没个几百年解决不了问题。哎呀哎呀，掌嘴掌嘴，几百年过渡，真不像人话。这可真是天夺人愿，天夺人愿啊！我现在是百口莫辩。说真的，我要是有本事弄个专利，在那些有放射性的脸盆浴缸地砖上涂点药水，就能加速放射衰变，几个月便搞定达标，那样我准能发大财。算了吧，我现在麻烦可大了，还惦念着发财呢！

“小声点儿，别在电话里嚷啊。要不然，干脆就把这些中看不中用的花岗岩全部砸碎，撬起来扔掉，那可是一大笔钱呢，哎呀，我现在真正感到肉疼了，还好，今天疼的是腰，是老伤了。老同学，你也不是外人，我就把我这个‘皇家装潢设计师’头衔的来历告诉你吧，10 年前我付了 5000 港币，参加了香港的一个网络高级培训班，15 天毕业，每人发一张烫金的文凭。

“工钱我不要了还不行吗？老同学，您自己找个懂行的人士，把墙壁渗水的事先突击解决一下，这件事还真得抓紧，万一水漫山墙，引起楼下众怒，那才是赔了夫人又折兵。对了，百忙之中您抽出时间上夫子庙花鸟市场抱养只小狗，权且解决一下安全问题……我这些天，真是忙得过不来，对不住了，又有几个工程急等着我去拍板。

“手机真的没电了，对不起，今天就这样吧？喂，喂喂……”

捕蚊者说

1

一天浏览报纸，目光四处游走，一则文章的标题冷不防地就像头号毒蚊子恣肆叮了我一口，打了我一个措手不及。文章开篇便说，蚊虫叮咬与人类基因有关，基因不同，受到叮咬程度也会不同。我怀着复杂的心情一口气读完整篇文章，掩卷后仰天长叹，在我拜读过的所有关于蚊虫叮咬的理论中，这一篇是最具宿命色彩的了。此前科学家曾宣称说，蚊虫尤其爱叮“B”型血的人。我生来不幸，血管中流动的液体就是“B”型血，比起A型血O型血AB型血人群来，我们这些B型血的男子好像天生就该舍身饲蚊。我这条汉子没准儿早已被蚊虫列入菜单上“生猛类”第一页。

我现在又进一步知道了，我命中注定非要受到蚊虫的重点关照不可，因为这是基因注定了的事情，任何人无法改变。这就是说，我饮食健康细嚼慢咽，我热衷体育强身健体，其实我自强不息的各种努力都没有太大的意义，充其量不过是在厨房中准备蚊虫最爱吃的一种丰盛可口的食物，或脂肪多一些，或蛋白质多些，没有太多区别。“天生我材必有用，专喂一群毒蚊子。”我心中的愤愤不平可想而知，一时间心情空前沮丧，情绪低沉到冰点。据科学家研究，人的血液是可以更换的，从理论上说如果有朝一日我被蚊虫叮急了，我可以孤注一掷把自己全身血液改换成A型血或者O型血，以求逃避蚊虫世界的“重点打击”。搞急了我说不定会破釜沉舟全身换成掺有烈性杀虫剂的那种新产品血型，然后故意走进草丛躺下来让蚊子上当受骗，让这些小吸血鬼叮上一口就呜呼哀哉。然而基因却是无法改变的，这就是说，我命中注定是喂蚊子的人，我成了蚊虫一族散养在亚洲长江中下游地区的一份流动的绿色食物。

我怀着愤怒的心情，诅咒天下所有的害虫。我打开电脑登录“南京市受蚊虫迫害者协会”网页，开始上传这篇文章，让那些小腿上斑斑点点、手臂上红肿难消的全体会员一体周知。我提醒B型血人群以及所有与我一样“具有蚊虫嗜好的基因”的人群加强防范，突击抢购防蚊灭蚊器材和药品，“斯巴达 300 壮士”背水一战，总不能够是手无寸铁吧。

顿时，我的网页的点击率就像是倾盆大雨。同情，愤怒，惋惜，不怀好意，幸灾乐祸，恶意嘲笑，还有匪夷所思的奇怪建议……各种反应一起涌来。真是世事难料。

我是一名普普通通的南京市民，身材中等，相貌不扬，心有屠龙之志，手无缚鸡之力。不知怎么搞的，从小我就被蚊子列入了黑名单，蚊虫突击队每次演习，总是必定选中我来发难。一班五十来名学生端坐在教室里，第一个被蚊蚋叮咬的人必定是我。在家里在办公室在公共场所在世界上的任何地方，我总是首先撩起裤管用手搔攓痒处的第一人。每年晚春直至深秋，一场壮怀激烈的战争便始终困扰着我，使我“手舞足蹈”，令我坐卧不宁，让我心惊胆颤。我自度问心无愧，并没有招谁惹谁，我从未主动向蚊虫开衅，一看见夕阳下那些飞舞的小精灵在秣马厉兵升旗出操，我总是踯躅不前，躲开到一边绕着弯儿走。每次都是该死的蚊虫打响第一枪，先派出一支精锐小分队偷偷采集我的血样，验明真身后，现代版偷袭珍珠港的事件，就夜复一夜地惨烈地发生了。

自小至大，我饱受蚊虫蹂躏。尽管如此，我对那些精巧的小生命始终怀有一种兴趣，时间长了这种兴趣近似于一种感情，又上升为一种尊敬。我没有尝试过用原子秤去称一只蚊虫的体重，我找不到这样灵敏的衡器。更重要的是，在一般人的生活中间，如此微小的数量值完全被忽略不计了。在人的一生中，斤斤计较都没有意义，“毫微克”的计较更是不值一提。

然而——在蚊虫这个典型上——这种忽视“弱者”的态度大错特错了。蚊蚋虽小，却是这个世界上为数不多的以小搏大、以弱胜强的英雄典范。在自然界与人类对抗中，蚊虫堪称是最“羽量级”选手，号称“万物之王”的人类与这类微型对手交手，至今却从没有占过上风，由此也创造了地球上的一个奇迹。倘若把一名壮汉与一只蚊虫直接过招的场景放在古罗马斗兽场中展示出来，只看见大汉拳打脚踢，忽而合掌，忽而弹腿，仿佛在与空气为敌。观众会莫名其妙，因为交手双方的身材过于悬殊，甚至无法看见莽汉的对手在哪里。

蚊虫的战术又与病菌病毒不同。后者虽然体重更轻，活动更隐蔽，人类更难发现，对人类健康危害很大，但是假如没有中介的传染，一般来说，人类可以避免受苦受难。蚊虫的危险则在于它们一律是主动进攻，积极寻衅。无论你藏身何处，蚊虫不费吹灰之力就能发现，一旦精确定位你的位置，蚊子立刻弹射升空，发动零式战斗机展开攻击。更要命的是，蚊虫本身携带多种病菌病毒，它们简直就是一支小小的生化作战部队，不但现场抽了你的血去，当机立断就决定了您的生死存亡。有可能蚊虫突击队员今天心情不错放你一马，让你安安稳稳颐养天年寿终正寝。也有可能瞧你不顺眼，立马注射顺身携带的无名病毒，把百八十公斤的你轰然放倒。

蚊虫虽小，却足智多谋，满腹经纶，深谙与人类这种机警动物打交道的技巧。假如蚊虫叮咬人类的第一口，像蜈蚣蝎子蛰人那般疼痛难耐，立即引起人类高度警觉和反抗，那样就太无能了，那就体现不出蚊子作战方式的超一流水平了。蚊子是高智商的生物，从来不屑一介武夫式的粗野行为，它们讲究的是止戈为武，不兵而屈人城。它们对于“一对一”的单打独斗从来不感兴趣，它们一般采用的是特种部队的作战方式。

一只蚊子沿着墙角低低地飞来，用机载雷达搜索天空、地面和墙壁。小心翼翼地避开蜘蛛网的拦截，穿过纱门纱窗的缝隙，绕开家具的障碍，按照自动导航系统的指引，直接进入人类活动区。

在蚊虫驾驶舱的远红外成像仪上，远远发现一个人形坐在电脑前面专心致志敲击键盘写作文章，那人木头木脑傻乎乎地非常像是我本人。蚊子像鹞式战斗机在空中悬停片刻，用机载计算机判断入侵位置和路线，一瞬间，它便丢掉了副油箱，进入格斗状态。

蚊子的大智慧，实在令人叹为观止。您从来没有见过一只蚊子从远处招摇过市大摇大摆直朝你的鼻子飞来，用嘈杂的发动机声音惊动您的耳朵，又在您的视野内留下一瞥轨迹，激发您心中警钟长鸣，您两只巴掌像爱国者导弹不由自主地合围过去，一下子把可怜的蚊子打得一佛出世，二佛涅槃。不对，这种愚蠢战术属于吃屎的苍蝇之流，专吮鲜血的高贵蚊子绝对不会出此下招。

蚊子远远避开人类敏锐的耳目和灵巧双手，选择出一条隐蔽的侵入路线，润物细无声地进入作战区。在它渺小的大脑中，它用接近光速的计算速度迅速筛选各种接近人类的行动方案，确立了最佳行为模式，它头脑中的 CPU 效率，一定超过了“奔腾 10”。

蚊子究竟使用何种高超方式和技巧，才能无声无息空降在人体上，一直是一个谜。反正不会是通过宣教布道的方式谆谆教导人类“刚毅木讷近仁”，好让它们有可乘之机。我一直怀疑这种狡猾的小生物在降落前喷洒了微量麻醉剂，麻痹了人类局部皮肤的触觉。每一架蚊式战机的降落都是那样完美无缺，那样令人无知无觉，令人赞叹不已。蚊虫的飞行技艺和控制起落的能力，远远超过了“罗斯福”号航空母舰上那些驾驶“大黄蜂”战斗机起降的傻大粗壮的美军飞行员。

立足方稳，蚊子与人类熟不拘礼，立即进入正题，大量抽取人体的鲜血。为了保证这一过程顺利进行，蚊子事先从口器中输入人体一定数量的麻醉剂，这是蚊子经营的成本，这种麻醉剂的剂量经过严格计算和控制，掌握到恰到好处的地步。既不能过于吝啬，如果肢体麻痹不足引起受害者警觉就有可能猛然一掌挥来反误了卿卿生命；又不能大方无度，结果一次吸入的鲜血不够酿化成一次输出的麻醉剂，造成蚀本生意。更重要的是不能引起人类对于蚊子体内的麻醉剂的注意，假如医药工厂或者毒品贩子兴趣大发，目光转向了蚊蚋，一次收集成吨的蚊子投入精馏塔用以提炼麻醉剂，蚊子岂不是惹火烧身？

几分钟后，蚊虫吸吮了大量鲜血，它的机身后部变成深棕色。它面前飞行面板上，花花绿绿的数码显示出已经超过了它的最大起飞重量。适可而止的指令发出了，蚊虫的唧筒停止了工作。

人类虽不是肉袒面缚，舍身饲蚊，但蚊虫始终恪守职业道德，做到善始善终。蚊虫具有优秀的职业品质，一飨之德，必定倾囊相报，它们低低地无声无息飞走，绝不惊扰工作或憩息中的受害者。当人类感到瘙痒难耐时，一番指抓手挠已是后话，那些微型特工早已经班师回朝。

2

现代人几乎个个是在蚊虫的叮咬下长大的。热带和亚热带的居民自不待说，他们毕其一生精力在与蚊类过招，冬去春来便陷入重围，直待到秋风凛冽才好不容易杀出一条血路来。北极圈或南极圈的原住民也不例外，北极蚊子常常聚成大群，像一片流动的乌云轰然而至，轮番叮咬人畜，若无严密保护，往往能置人畜于死地。唯有高山居民是安全的，山陡夜寒，蚊虫无法栖身，只好主动放弃了高海拔的殖民地。一旦山区居民外出旅游或工作，他们不加提防的天性和血脉贲张的肌体，便立刻引起当地蚊蚋界极大的兴趣。

每逢春夏，人蚊之间的全球大战如期爆发，炮火连天，伤痕累累，哀鸿遍野。每年的人蚊大战，都以蚊虫“轴心国”横征暴敛千万加仑人类鲜血得胜还朝而告结束。也许在小小蚊虫的眼里，所谓人类其实不过就是数十亿个流动的保温储血筒，随时等待昆虫界的嗜血贵宾大驾光临，而放着味美的人类鲜血不去吮吸，那简直是暴殄天物。人体血液中的氨基酸和乳酸结合，会产生一种“复合氨基酸混合体”，在汗液的作用下，生成具有强烈诱蚊效果的“三甲胺”。对于蚊虫来说，这不啻是来自“麦当劳”餐厅的芬香气味。天热时分人体毛细血管扩张，“三甲胺”生成大量增加，最容易引来蚊子的“光顾”。

蚊虫的飞行技巧可谓一绝，在自然界的飞行一族中，没有谁能在航空性能和飞翔技术方面超过蚊虫。小巧灵活的蚊式战机，或巡航，或盘旋，或侦察，或俯冲，或偷袭，发动机“营营”咆哮，斗志始终是那样高昂。如果一只蚊子饥肠辘辘飞过你身边，却不肯停下来向你宣传一番志愿献血的好处，那一定是那只高贵的蚊子看你不上眼，你这个大活人配不上它亲自动手。没办法，可怜的献血者啊，只好对你道一声对不起了。

蚊子的另一特点是始终保持王者风范，它一口一口吮血，既不伤人筋骨，又不害人魂魄。蚊蚋奉养人类为长期食源，信奉“广积粮，不称霸”。它进食时镇定自若的风度，从容不迫的仪态，足以令自然界一切狼吞虎咽、鲸吞蚕食之辈统统自愧不如。

在古老漫长的人类历史上，小小蚊子的地位越升越高，终于超过了虎豹豺狼，成为人类的头号公敌。各大洲最厉害的酷刑之一，就是把异己者剥去衣服绑在原始森林中过夜，将其献作蚊神祭坛上的贡品，让其活活给蚊虫叮死。那些视死如归的铁骨铮铮好汉，千刀万剐尚不能令其皱一下眉头，一旦赤身裸体被绑在藤蔓牵挂的高耸入云的巨树上，望见一片黑压压的蚊蚋朝他飞来，也会悲从中来，目眦尽裂，发出耸人听闻的呻吟。

近年来城市建设日新月异千变万化，受到蚊虫一族的密切关注。在蚊虫眼中看来，城区扩大意味着殖民疆土的拓展，一排排崭新的楼房和新建小区，在蚊虫的征战地图上象征着新增的献血志愿者定居点。我曾亲眼看见，在市中心 32 层高楼上，一只蚊虫晃晃悠悠地在客厅里飞行，大模大洋地以主人身份视察它的高空领域。我感到惊奇并不是我误以为蚊虫天生患有“恐高症”，而是根据一般常识，在平地上衣食无忧的蚊虫从不劳神费力地飞到这么高的地方来。“它是乘坐电梯上来的。”房主斩钉截铁地说。

3

1997 年尾，我国第一部蚊虫百科全书《中国蚊科志》出版问世，这部皇皇巨著以近百万字的篇幅对我国已发现的 360 余种蚊虫作出了详细而准确的记述，勾勒出它们的本来面目。这部书的出版，其意义接近于国人颁发出了第一份蚊虫全国总通缉令。我国十数亿国民皆是蚊蚋的受害者，却很少有人听说过这样一部洋洋洒洒的巨著。人们在蚊虫的攻击下痛苦流血，咬牙切齿，可几乎无人能够说得出对他们围追堵截痛下杀手的飞行歹徒，究竟是何等角色。大多数人只知道笼统地抱怨一声：“是该死的蚊子……”

“目前世界上已知蚊虫种类约 3000 种……”蚊虫虽小，种类却繁多，阵容也庞大。它们依山傍险，割据一方，各显手段。肘喙钩蚊仅见于芭蕉叶腋中，巨型阿蚊孳生于竹筒近于发酵的水中，石穴伊蚊和乳点伊蚊孳生于石穴清水中。骚扰阿蚊和华丽巨蚊在小型积水的环境下孳生，这两种蚊子的幼虫凶猛异常，会捕食同环境下孳生的其它蚊虫幼虫。嘿嘿，这倒是人类求之不得的优良品种，如果蚊类和害虫从小就彼此残杀不休，相食相残，鹤蚌相争，人类作为渔利者会是多么愉快啊。

并不是所有的蚊子都那么爱清洁，骚扰阿蚊一般常见于严重污染水体，如粪坑、粪池等。致倦库蚊和淡色库蚊一般常见于轻度污染水体，如污水沟、清水粪坑，洼地积水等。中华按蚊及三带喙库蚊一般出没于面积较大的清洁水体，如稻田、荷塘、沼泽、灌溉沟等。微小按蚊一般常见于清洁而流动水体，如山溪或溪床等。白纹伊蚊与仁川伊蚊一般跻身于小型自然水体，如树洞、竹筒、坛、罐等积水。埃及伊蚊一般常见于家宅内外的器物，如水缸、椰子壳积水等……

进入我们视野的还有蛛形杵蚊……园斑伊蚊……新糊蓝带蚊……麦氏蓝带蚊……紫背巨蚊……白胸库蚊……类雪伊蚊……侧白伊蚊……似同杵蚊……类按直脚蚊……多指阿蚊……异栉领蚊……各种各样的蚊子荼毒一方。我本想与读者一起研究一下蚊虫的名字，可我明白读者已经不耐烦了，不肯再听下去。多数人既搞不清楚嗡嗡地向自己发起俯冲的微型凶手是谁？也不清楚向蚊虫税务局白白地缴纳献血税到底是为什么？人类浅薄的缺点暴露无遗。一个个只知道引颈受戮，生是糊涂人，死是无知鬼。

我国东部大多数地区海拔平缓，年均降雨量丰富，是蚊虫理想的定居地和繁殖区。南京位于长江中下游地区，年平均温度 15℃左右，相对湿度 75%上下，属温带湿润区，南京城郊山多林深，灌木杂草丛生，野生动物活动频繁，加上 600 万南京居民和大量流动人口给蚊虫一族提供了良好的食物来源。我想，如果我是一只蚊子，我也会首选南京作为“理想宜居城市”，把六朝古都定位于蚊虫大本营的居留地。

每逢盛夏，路灯和广告牌下常聚集着大群蚊虫，黑压压一片围在灯光下飞舞，让人见了心惊肉跳。然而，这多半是没有刺吸式口器因此不会咬人的一种“摇蚊”，不会咬人自然也不会传播疾病。如果反蚊斗士们把宝贵的精力和有限的杀虫剂用来对付摇蚊，那可是一种明显的浪费。摇蚊比普通蚊子大一到两倍，趋光性很强。摇蚊的卵产在水底淤泥里，国际上通常把摇蚊繁殖作为一种生物指示，如果水域中摇蚊的卵和幼虫比较多，就说明水体没有化学毒物污染。

南京市区叮人的蚊虫主要有两种，一种是致倦库蚊，也就是最常见的“家蚊”。成蚊密度从清明起急剧上升，于“大暑”前后达到繁殖高峰。“家蚊”主要孳生在小型积水和容器积水中，其数量往往与雨量分布密切相关，雨量高峰之后常出现“家蚊”的密度高峰。“家蚊”是典型夜晚活动的蚊虫，专门上夜班，是一伙不折不扣的夜行杀手。雌蚊经常侵入室内吸血，兼职传播乙型脑炎。它们全夜的活动有两个高峰，分别出现在黄昏和黎明。

另一种爱好“收集”人类血样标本的南京蚊子是白纹伊蚊，身体有白斑和银白斑，俗称“花蚊子”。这种蚊子吸血凶猛，白昼叮人，容易传播乙型脑炎和登革热。活动高峰分别出现在日出前后和日没前。伊蚊叮咬时，人通常没有感觉，待到有痒感时，它已经“吃饱喝足”飞走了。伊蚊平时的栖息之地，多选在阴暗避风处，如缸罐内壁、废旧轮胎堆以及草丛、洞穴、空房内。也常栖息在悬挂的衣服上及墙角阴暗处。

除了以上两大“主角”外，南京上空还出没着一种翅上有黑灰相间斑点的危险蚊子叫做按蚊，俗称疟蚊。按蚊很易区别，它停歇时头部贴近地面，腹部向上抬起形成 40 度斜角，而库蚊和伊蚊停歇时身体与物面一律平行。按蚊常在黎明时分下嘴犯下血案，其业余爱好是传播疟疾和丝虫病。

“家蚊”和“花蚊子”一般在夏季繁殖，只要有半寸深的积水，它们便可下卵。卵在水中经过两三天就孵化成了孑孓，七天后变成蛹，在适宜的温度下，蚊蛹两三天就能羽化成蚊子。蚊子一年可繁殖七至十二代，假设一只雌蚊一次产卵 174 个，一年产卵 10 代，其中雌雄各半，则第一代为 174 只，第二代为 15138 只，第三代为 1317006 只，到第十代竟可达 50 千亿亿只。我的上帝啊，蚊子的祸患何其无穷。假如在春天蚊虫刚刚出现时人们消灭了一只蚊子，可能就是“一次性”地歼灭了其可能繁殖出来的 50 千亿亿只后代。正当人们上击下打，左喷右洒，费尽千辛万苦为灭杀几只蚊虫傻呵呵直乐时，请君且慢高兴，对方阵容的有生力量早已经“一变十，十变百”悄悄增加了千百万倍。人类在灭蚊方面的所作所为，除了避免“蚊口过剩”，简直变得毫无意义。一旦明白这个事实，阁下感觉如何？

宝贵鲜血被白白盗窃，这还只是人类损失中微不足道的一个方面。严重的问题在于蚊虫有意无意地传播许多危险疾病，受害者往往会因此致伤致残，甚至致于死地。蚊子在吸血前，先将含有抗凝素的唾液注入皮下与人血混和，使人血变成不会凝结的稀薄血浆，然后吐出隔宿未消化的陈血，吮吸新鲜血液。蚊虫叮咬后最轻的症状是引发皮炎，蚊虫口器刺伤皮肤，其唾液的浸出液中含有多种抗原成分，可与人体抗体产生变应性反应而引起炎症。蚊虫刺吮点的常见反应是奇痒，人类搔抓后引起继发感染，成为夏季常见皮肤病症。

蚊虫是多种严重疾病的传播媒介。据研究，蚊子传播的疾病多达 80 种之多。在地球上，再没有哪种动物比蚊子对人类有更大的危害。我国流行的蚊媒病有疟疾、淋巴丝虫病、流行性乙型脑炎、登革热和登革出血热等四大主要传染病。

蚊子传播疟疾曾给人类带来无穷的祸害，1876 年开凿巴拿马运河时曾因黄热病及疟疾病死了无数的工人，以致 1889 年不得已而停工。后经昆虫学家解决了蚊子的问题才得以继续完成运河工程。1930 年远东热带病医学会的报告指出：当时每年全世界因患疟疾致死的约有 200 万人。泰国每年死于虎口约五十人，而死于疟疾者达五万人。这真是“疟蚊猛于虎”。疟疾在中国又称瘴气。据 1935 年卫生署的调查，在瘴气盛行的区域里，居民血液内有疟原虫的占 50%，患恶性疟疾的占 72%。1936 年江苏如皋县因患疟疾死亡二万人左右。目前使用药品已可治疗和预防疟疾，但最好的办法仍是直接消灭传染这种疾病的疟蚊。

上个世纪八十年代，海南岛曾两次流行登革热，发病人数超过 57 万，死亡三百多人，2001 年这种病卷土重来。伊蚊是登革热病毒的主要传播媒介。据世界卫生组织资料，全球有二十五亿人生活在登革热高危区。目前尚无特效药治疗登革热，也没有疫苗预防，唯一预防的方法只有避免伊蚊袭击。伊蚊只在白天吸血，是典型的白昼吸血鬼，同是白昼活动的人类要做到完全与伊蚊隔离，简直是防不胜防。泰国 2001 年以来因登革热疫情严重，泰国卫生部已成立“作战中心”统筹灭蚊防疫工作。2002 年初，巴西出动陆海军一千余人扑蚊，企图消灭登革热。政府把正规军开拔出来与蚊虫作战，证实了蚊虫作为人类公敌和危险对手的地位。蚊虫虽然只是羽量级的对手，其危害足以上升到最高级，即“无差别级”。

“西尼罗河”病毒是通过蚊虫叮咬传播的一种脑炎病毒，通过库蚊叮咬鸟类后传播给人类，1999 年首次在西半球出现蔓延到纽约，纽约多达 13000 人被感染，7 人死亡， 52 人住院治疗。近年来这种病毒频频出现在欧洲和北美洲，对人、马和其他动物的健康构成了极大的威胁，它会引起致命的脑炎。

另一个引起人类极大忧患的问题，是艾滋病毒传播。虽然目前尚无科学根据认为蚊子等昆虫可传播艾滋病。但科学家发现蚊子吸入艾滋病人的血液后，HIV 可在蚊胃中存活 3 至 4 天。一般来说蚊子在叮咬时，其胃中的病毒不会排入被叮咬者的体内，但也有人担心蚊子嘴上残留的血液含有 HIV 会传染给人。专家研究发现，蚊子嘴上残血量仅有 0.0004 毫升，按此计算，要叮咬 2800 次才足够引起 HIV 传染，而蚊子在吸一次血后至少 4 天不再吸血。据此，社会普遍认为，蚊子只是 HIV 的暂时携带者，还不能证明它们能够传播 HIV。

然而蚊子在“采血”过程中，恰如人类的所有活动一样，并不会是一帆风顺，假若它在光顾艾滋病人时，刚刚吮到“微醺”，也就是方才半饱时分，远未达到席终人散、家家扶得醉人归的地步，就被病入膏肓的主家发觉挥手撵走。那么，半饥半饱的蚊子极有可能再次在空中盘旋，寻找下一个牺牲品，从而打破“至少 4 天不再叮咬吸血”的惯例。它也不会受到人类卫生部门有关条例的约束，从来不主动清洗注射用具，而是径直向任何一位健康人扑去，再次发生“亲密接触”行为。此外，假如这只腹中携带大量艾滋病人血液的食欲旺盛的蚊子在袭击一名健康人时不幸失手，被受害者当场拍死在蚊子造成的微型创口上面，血液造成了污染，谁知道会发生什么样的后果呢？

这样一来，蚊子的威胁就不仅仅是把人血当成一般消耗品了，它对受叮人群的生命构成了直接威胁。成了不折不扣的空中杀手。

4

蚊蚋的历史十分古老，至少比人类史要悠久得多。据研究蚊子在地球上生存了约一亿年之久，自古以来，人们为蚊所害，不堪其苦。两千多年前，《庄子·天运篇》说：“蚊虻噆肤，则通昔（夕）不寐矣。”晋人傅选在《蚊赋》中描述说，小小的蚊虫“餐肤体以疗饥，妨农功于南亩，废女工于杼机。”

前些年印度勒克瑙古植物研究所的科学家发现了 1800 万年前一只雄性蚊子的化石，这只蚊子被密封在一小块树脂中，保存完好，从中提取到蚊子基因的可能性很大。从外形上看，这只“远古”蚊子与现代蚊子没有太大区别，经历过 1800 万年风雨考验而基本保持原生型态，说明这种微小昆虫没有受到太多的外界压力。蚊虫类生存样式的科学性和合理性，得到了充分验证。而据一种说法是蚊虫的对手人类在短短几十万年间便由鱼变成猿，又由猿变成人，到了1800万年后又变成了虫也未必一定。相比蚊虫来说，人类的这种“不稳定性”是一种隐形落后。有趣的是，蚊虫嗜血的特性在某种条件下有可能为现代科学家“助一臂之力”，后者曾异想天开试图通过琥珀中一只吸食过恐龙血液的蚊子体内提取出恐龙的DNA，由此成功地克隆出侏罗纪时代的恐龙。倘若科学家的梦想成真，恐怕这是蚊虫在历史上所能提供的唯一也是最大贡献了。

雌雄蚊子的食性不同，雄蚊“吃素”，专以植物的花蜜和茎叶的液汁为食。雌蚊偶尔也品尝植物液汁，一旦交配以后则非吸血不可，因其只有在吸血后才能使卵巢发育，繁衍后代。雌蚊多在羽化后2至3天开始吸血，伊蚊、按蚊和库蚊既偏嗜人血，又钟爱吮吸家畜的血，没有严格的选择性，由此导致人兽之间的疾病相互传播。

蚊子叮人喜欢“挑肥拣瘦”，专门寻找合乎“口味”的受害对象。蚊子在熟睡人们的枕边“嗡嗡”盘旋时，其实是在收集人体温度、湿度和汗液内所含有的化学信息。首先，人类呼吸道呼出的二氧化碳是蚊子定向的气味源。蚊子的一对触须和三对步足上分布着很多轮生的触毛，每根触毛上密集地排列着圆形或椭圆形细孔。蚊子在黑夜里可以凭借这种超灵敏度的传感器感知空气中人体散发出来的二氧化碳，在最短时间内作出反应，引导蚊子准确敏捷地飞向吸血对象。其次人体热量挥发的不同对于蚊子的诱惑力也不同，胖人更易被蚊子叮咬，深色衣服吸热，也易招引蚊子。此外，蚊子爱叮咬新陈代谢旺盛和出汗多的人，因为体温高、爱出汗的人身上分泌出的气味中含有较多的氨基酸、乳酸和氨类化合物，极合蚊子的口味。一般来说男人、青年和健康人要比女人、老人和病人更招惹蚊子。运动出汗后最好赶快洗个澡，汗水少了，蚊子叮咬率就会大大下降。

蚊虫铺天盖地危害生物，生物因地制宜便想出办法来减少蚊害。动物一般生有浓密的体毛，令蚊虫无从下口。有尾的动物会不停摆动尾巴，来回驱赶蚊蚋。人类是无尾猴，没有尾巴这件利器，古人便创造出拂尘这样杰出的工具，一节长长的柄，拴上蓬松流畅的马尾，成天执在手中，前后左右地掸来掸去，令蚊蝇不得靠近。

南京是六朝故都，东晋以来大批北方的贵族豪门和名士名流为避战乱纷纷南下来到了南京。东晋与南朝的宋齐梁陈历代君王先后在这里建都。魏晋时期的名士和谈玄家在清谈时，经常手执一种叫做“麈尾”的物品，以为风致。后世称为“挥麈谈玄”，对于麈尾的功用，多位国学大师们有着细致考证和精辟分析，通常认为麈尾是士林中流行的一种雅器，“凝聚了清谈文化的绮丽与辉煌，昭示着士人的倜傥和风流，具有极其深厚的文化内蕴。”学者赵翼在《廿二史札记》卷八“清谈用麈尾”条中指出：“六朝人清谈，必用麈尾。……亦有不必谈而亦用之者。……盖初以谈玄用之，相习成俗，遂为名流雅器，虽不谈亦常执持耳。”。《埤雅.释兽》：“麈，似鹿而大，其尾辟尘，群鹿随麈，皆视其尾为准，故古之谈者挥焉。”《晋书王衍传》：“衍既有盛才美德，明悟若神，妙善玄言，唯谈老庄为事，每提玉柄麈尾，与手同色。”

麈尾，实际上就是麋鹿的尾巴，长约六十多厘米，像王衍那样用白玉柄装饰起来，确实非常潇洒美观。麈尾在当时的上流社会中曾经非常流行，成为贵族名流不可或缺的社交道具，《陆机集》卷四《羽扇赋》写道“昔楚襄王会于章台之上，山西与河右诸侯在焉。大夫宋玉、唐勒侍，皆操白鹤之羽为扇，诸侯掩麈尾而笑。”麈尾一般是深色的，倘若觅得一柄白麈尾，则更为奇妙，名人雅士愿出高价求之。

但是我心中一直疑惑，麈尾的功用，在当时恐怕不仅仅只是一种“风致”的“雅器”，似乎还应该满足部分实际生活的需求。清谈家们十分健谈，史载一次群儒谈玄连续三天三夜是常有的事情，谈玄家们席地围坐，口若悬河，唾液四溅，精神高度集中，几天几夜逗留在原地几乎不动，这就为蚊蚋们觅食创造了大好时机。因此我想，这些雄辩大师们有可能会挥动手中的麈尾来驱赶嗡嗡缠身的蚊蝇，以保证清谈的顺畅进行。后来，我读到欧阳修《和圣俞聚蚊》诗：中有“抱琴不暇抚，挥麈无由停。”的诗句，似乎验证了我的这种猜想。贵族和名流们挥动麈尾，有时候其目的确实是为了避免被蚊蚋叮得太难堪了。麈尾在古代应该兼有驱虫和礼仪的双重功用。有趣的是清谈家往往互不服输，争论进入白热化阶段后有时愤怒到了极点，于是不免产生了情绪化的举动，“彼我奋掷麈尾”，将麈尾来回抛掷，结果弄得麈尾毛纷纷飘落到饭食上边。当时旁观者中最兴奋的应该是蚊子，因为麈尾都抛不见了，它们进餐的时机也就来到了。

5

时至今日，西南一些少数民族仍然在堂屋置架起一口火塘，浓密的烟雾由火塘上方滚滚升起，把房梁和家具全熏黑了，家庭成员也被烟熏得眯细了眼睛，动不动就涕流满面。去年我的一位大学同学去贵州“板瑶”村落采风，在他拍摄的照片中，我发现了熟悉的火塘。同学淡淡地说，没办法，蚊子太多，就靠烟雾来驱赶室内的蚊子。

我想，烟熏火燎可能是人类最古老的一种驱蚊办法了。为了赶走营营觅食的可恶蚊子，人类不惜以牺牲自身健康来委屈求全。南京在历史上普遍使用蚊香驱蚊，老式蚊香采用树皮粉和木粉制作，烟雾挺大。后来工艺进步了采用优质木炭粉大比例替代盘香中的树皮粉和木粉，发烟量大幅度降低，甚至几至“无烟”境界，受到市民们的欢迎。

在中国，蚊蝇鼠雀曾被列为“四害”，全党共诛之，全国共讨之。麻雀属于冤假错案已获平反昭雪，冰释前嫌，事过境迁摇身一变成为了保护动物。而蚊虫的首恶地位不变，人人喊打，万劫不复。我年幼时跟在哥哥姐姐身后检查小院内的瓶瓶罐罐，倒掉其中的积水，彻底消灭孑孓。长大后插队去高淳农村，学会了用煤油灯捕蚊。这是一种令人兴奋的游戏，一旦在墙上或蚊帐内发现蚊子，我蹑手蹑脚端着煤油灯凑上前，玻璃灯口平移上去，当蚊虫发现大事不好振翅欲飞时，灯罩上方的高温瞬间摧毁了它的翅膀，蚊子立即落入灯罩中一命呜呼。这种灭蚊方式简单易行，效果显著，直观性强，那种一击命中所向披靡的感觉令我终身难忘。

我感兴趣的另一位同盟军是蜘蛛，我喜欢看见蚊虫落入蛛网绝望挣扎而蜘蛛不慌不忙向它爬过去的场景。蜘蛛张网捕蚊的方式高效快捷，无需人类付出任何成本，值得大力推广。可惜就是蛛网的产量太小，而且蜘蛛斗士们常常是布新并不除旧，惹得清洁工人啧有烦言。

在国家级的灭蚊防蚊工程中，被认为是“环境防制最突出的成就”有两项，一是黄河冲击平原和淮河流域推广的稻田湿润灌溉方法，二是疟区溴氰菊酯处理蚊帐防治媒介按蚊方法。中国是农业大国，面积巨大的稻田向来是蚊虫的重要孳生地，其中三带喙库蚊是乙型脑炎主要媒介，中华按蚊等则是疟疾、马来丝虫病的重要媒介。人们通过改变常规积水淹灌的方法，润灌稻田使之干干湿湿，籍以阻挠雌蚊在其中产卵，打断幼虫的生长发育，降低幼虫密度。据观察润灌稻田区域的中华按蚊幼虫密度可比淹灌稻田区域下降 84%～86%，三带喙库蚊幼虫密度可下降 81%～91%。在传统疟区，用溴氰菊酯浸泡蚊帐对侵入室内的嗜人鲜血的按蚊和中华按蚊具有明显的毒杀作用和兴奋驱避作用，室内蚊虫密度有不同程度下降，疟疾发病率明显降低。

多年来化学杀虫剂在全球范围内一直是对付蚊子最有效的方法，但是副作用随之产生。一方面是蚊虫的抗药性增强造成化学杀虫剂效用下降，另一方面化学杀虫剂的毒素经常伤害其他生物，如鱼，水鸟和哺乳动物，同时带来严重的生物降解问题。现在越来越多的环境学家开始寻找其他解决问题的方法，譬如新的杀虫剂的活性成份有时候仅仅是一种昆虫生长调节剂，它并不直接杀灭蚊子成虫，而只用于阻断正常的蚊子幼虫发育为成虫的过程。这种液体可以大量稀释并施放于蚊子孳生地，如凹地、沟渠、水池湿地和沼泽。使用后可使蚊子数量大量减少。

根除蚊子孳生场所一向是灭蚊中的治本绝招。城市居民小区的灭蚊方法主要是清除各种积水，特别是雨后积水。及时疏通阳井明沟和排水沟，排除天棚、地下停车棚、居民室内外的盆景、浇水壶、饮料瓶、泡菜缸等处的积水，清除沟边杂草。房屋要安装好纱门纱窗。最好在纱门纱窗涂上长效杀虫剂。屋内可采取燃点蚊香、驱蚊剂、电蚊拍、喷射剂等驱赶抑制蚊虫活动的措施。一种传统的方式是在室内点燃晒干的橘子皮，可代替蚊香，还能清除室内异味。还可用空酒瓶装少许糖水或啤酒放在桌上，蚊子闻到甜酒味就会往瓶里飞钻，一碰到糖水或啤酒即被粘住。在室外，一个空酒瓶一昼夜可灭除成十上百只蚊子。

燕子、蜘蛛、蝙蝠、蜻蜓、壁虎、青蛙和鱼都是蚊子的天敌。一只蝙蝠每晚能吃成千只蚊子，蜻蜓一小时能消灭八百多只蚊子，一条柳条鱼一天能吃两百多个孑孓。我们有千条万条理由要求保护这些“灭蚊能手”，事实却背离人意，反蚊联盟的伟大盟军青蛙一面勤奋灭蚊，一面却遭到人类的疯狂捕杀，人类的这种不智行为仅仅是为了满足贪婪的口腹之欲。结果出现了“蛙食蚊，蚊食人，人食蛙”这种荒唐的食物链，令人扼腕叹息。社会上捕蛙的现象屡禁不止。生物杀虫剂，包括苏云金杆菌血清型和球形芽孢杆菌是迄今杀灭蚊子幼虫最有效和应用最广的生物防制物，用以杀灭容器积水中的伊蚊幼虫。在寄生物方面，食蚊罗索虫和几种寄生在蚊虫幼体中的罗索虫被科学家普遍看好。

这几天，一名忠实的网友连续与我讨论说人蚊大战是长期的事情，谁胜谁负现在还很难说，要想走捷径的话，他建议通过“转基因”的技术先把我的基因给“转”一下，可以选择蚊虫最讨厌的那种基因结构，让蚊虫见了我从此躲避唯恐不及。我一时大喜，心想这下省事多了，再也不用考虑杀虫剂、蚊帐、风油精了。但事后一想又有些不寒而栗，“转基因”技术现在还不很成熟，虽然转基因大豆、转基因玉米的技术新鲜出炉，得到了广泛使用，但给灵长类动物转基因尚未耳闻。退一步来说，也许西方或者韩国某个实验室里已经对于动物转基因探索出个子丑寅卯来了，技术定型之前风险毕竟很大。搞得不好转基因后蚊子倒是暂时不叮我了，大团大团乌云一般的蜜蜂把我当成蜂后成天团团围着我转也不是什么好事，也许还不如挨蚊子叮呢。要不然就是转基因后我两只脚丫子会不会突然疯长足有滑水板那般大小，胃口陡变会不会成天咬一嘴玻璃渣子，夜里两眼像探照灯似地照亮了周围四百米范围，那也不值得。既来之，则安之，我还是像现在这样与蚊虫打打游击战好了。

同是灵长类动物，意大利北方小镇贝拉的居民对蚊子居然很感兴趣，他们异想天开打算举办当地的第一届“蚊子节”。这个地处波河流域的小镇非常适于蚊虫滋生，蚊子已成为那里最大的特色。为吸引更多的旅游者，当地居民打算在蚊子节期间举办各类有关蚊子的讲座，并将展出一种能吃蚊子的日本南瓜花。对于这种破天荒的举动，我想本人是肯定不会前去“光临”。

我倒是想邀请国际朋友到中国南方封开县平凤镇的泰新桥去看看，那是一座有 400 多年历史的古桥建筑，桥上有桥屋，被定为广东省省级文物。建桥的材质也没有什么特殊之处，但桥上长年没有蚊虫，即使是大热天，桥外蚊虫成群，桥内从来看不见一只蚊子。长期以来泰新桥一直是村民纳凉议事的理想场所，天热时一些村民干脆夜里就来这里铺上凉席睡觉。

在所有的一切憧憬成为现实之前，我由衷地赞美上帝，他老人家法外施恩赏赐给人间一个冰天雪地的冬季，用来限制蚊虫类的活动，好让世人从蚊虫连续三个季度猛烈的空中打击中苟延残喘，恢复过元气来。每当雪花飘飘，冰封三尺，我怀着轻松的快意，扫视着乾坤大地。此时，远离了那些异常活跃、昼夜泵血的小唧管，人类体内的鲜血库存量普遍恢复补充到了正常标准，我的脚踝和小腿的皮肤平整光滑，我的心灵宁静安详，我的神经系统不再绷得过紧像几乎挣断的钢琴弦“吱吱嘎嘎”乱响，而是像春天的柳条随风轻扬，那些飘扬的雪花就如同五线谱上的轻盈音符，我侧耳屏息，便倾听到天籁之音。

不速电话

1

我家初次安装住宅电话，是在上个世纪九十年代初。当时我家电话号码的“横空出世”完全是分配制的产物，没有选择的余地，这与当时“计划经济”的时代特征完全一致。“3320660，”南京市电信局工作人员言谈举止颇具权威，他以不容置疑的口吻对我说，“这号码不错，你家就用这个号码。”

我在柜台外面一愣，赶紧在心里亲近和揣摸这个号码，就像相亲时媒人突然领来一个陌生人一样心里七上八下。但我在大体上对这组号码的感觉还是不错，七个阿拉伯数字有三组重码：“33”和“66”像双胞胎并肩站立，还有一组重码“00”分布在一中一尾，十分便于记忆。这个号码像七绝一样讲究格律，“平平仄平仄仄平”，朗朗上口，抑扬顿挫。我略作犹豫，便欣然接受下来。

后来的经历给了我很深的教训，证明我对同胞们记忆数字的大咧咧习惯缺乏足够的了解，观察失于肤浅。这个电话号码给我造成了许多麻烦，带来了多少苦恼，但那完全是咎由自取。

很快地我就领教到了自己的轻率和缺乏经验。

初始我蒙在鼓里，没留意到我家这个电话号码竟然会有一个地位显赫的“近亲”：3326600。那组号码的7位数字与我家住宅电话号码完全一致，仅是局部排列组合不同，很容易造成误会。最要命的是那组号码名花有主属于南京一家大寻呼台的总机，该寻呼台发展迅速，规模很快扩大，在全省拥有几十万用户。如果每个用户每天被人寻呼一次，这个号码的“点击率”是个不可思议的庞大数字。

时至今日，我仍然耿耿于怀不太服气，因为这两组号码数字虽然一模一样，都是由三组相同的重码加上一个相同的“2”合成，但在排列组合上差别可大了，我家后四位数字是 0660，而对方是 6600，中间相差五千九百多号。虽说不上是霄壤之别，但也是八杆子打不到边，风马牛不相及。命运偏偏就是这样难以预料。单单我认为差别很大根本没用，关键是广大群众是否与我会有同感。即使他们与我的感受完全一致，谁又能保证他们在拨码时不会心不在焉呢？

住宅电话接通后，不一会儿，电话铃就响了。我当时好生纳闷，私宅电话安装甫定，没有一个外人知晓号码，亲朋好友想要祝贺也摸不到这个门道呀。再说我又不是日理万机的董事或者总裁，话务不该繁忙到如此程度。我拿起话筒。

“喂，”一位男子的声音立即传来，他客气地请求我，“请呼 529。”

“呼？……呼什么 529？”我纳闷了。我不明白这是不是电信局为新装的私人电话试机？或者总机要与电信安装工人核对一个机要口令？再或者电信当局要向忠实的用户面对面地传授一个神秘兮兮的开机密码？

对方立刻道歉，“对不起，打错了。”电话挂断了。

我笑笑，挂上了话筒。

下面发生的一系列事情，很快就叫我想笑也笑不出来了。

这天的晚些时候，我端着一杯热茶从电话机旁走过，电话铃声猝不及防鸣响起来，吓了我一大跳。在我听来，那仿佛是一颗地雷久埋此地早已经颇不耐烦，好不容易等到我一足踏上去，立刻心满意足雷霆大作。我擦净手指上的茶水，毕恭毕敬捧起话筒，尽可能地要给对方留下一个好印象。

“您好。”我说。

电话里，一位男子用董事或者总裁特有的那种蛮横语气吩咐我，“呼一下 00988，呼两遍。”

我一时反应不过来，张口结舌，“00988 在哪里？”

对方立刻不耐烦了，“我有急事，耽误了我的事情，我要找你们局长投诉你……快点，呼 00988……”

“你有没有搞错……”我犹豫不决，心里七上八下，自己老老实实呆在家里没做任何错事，更没有得罪过别人，不知道为什么却要被人无情地投诉。

“你这个人，怎么这种服务态度？”那男子听出来我在电话这边磨磨蹭蹭，没有遵照他的指示肝胆涂地忠心耿耿地立即操作，顿时勃然大怒，声音随即提高八度，“我马上投诉你，你报一下工号……”

“我没有工号”，我实话实说。这时候，我已经猜想到对方可能是把电话给打错了。我在单位倒是有一张上岗证，证上确实也有一长串号码，但我从来没有听说，我下班回家洗两棵芹菜烧一锅肉汤自品自尝自斟自饮的时候，也会有人要求我自报山门亮出工号。这命令似乎太出格了。

“胡说，”对方怒不可遏，“我上星期才到你们那里去检查过，不戴上岗证，马上叫你回家……”

“我……现在就在家里。”

“你是不是……某某寻呼台？你电话号码，不是 3326600 吗？”对方口气明显软化下来，觉察到自己可能操作有误。

“这里的电话是 3320660。”我回答说，声调依旧不紧不慢。

对方“咔”地一声把电话给挂上了。

我这才松了一口气。

从那以后，这个电话号码就像《天方夜谭》中从海底古瓶放出来的魔鬼，不再让我们一家安生。

“滴铃铃”，一位南通口音的公务员留言，“请呼 55996，我要留言。今天晚上 6 时整，在新街口蓝鸟饭店小包间集合，张主任做东，刘局长和马局长都要光临，不得缺席。”

“滴铃铃”，一位南方口音的小姐娇滴滴地说，“呼 55733，广东的集装箱车今天晚上到达南京，货款共计 230 万元，请准备好现钞，美元或者人民币。”

“滴铃铃”，一位大嫂满心不快，狠狠地冲着我发泄说，“呼一下 87456，我要留言：现在是晚上 11 点，房门已经反锁。你尽情吃酒跳舞，住在歌舞厅里永远不要回来。”

“滴铃铃”，一条公鸭嗓子提高声调，语无伦次，“呼 25551，请你连呼两遍，迈迈迈皋桥广场……车祸……安徽大货车反道行驶……驾驶员满脸是血……小轿车冲进美容店里去了……”

“滴铃铃”，一位生意人急吼吼地叫嚷，“快带三位小姐到东大街歌舞厅来，打的打的……对了，我呼的是 19888……请回我的手机，号码是……”

这是条苍老嘶哑的声音，说的是一口地地道道的南京话“请你呼……”

我估计说话的老人约摸有 80 岁开外，便尽可能婉转回答她说，“对不起，您可能打错电话了，如果您要寻呼的话，请打 3326600。”

“大哥，你能不能慢一些，把刚才报的那个号码再重复一遍？我没有记下来……请稍微等一下噢，我去拿纸拿笔。”话筒被搁在桌上了，刁刁索索磨蹭了半天，苍老的南京话又响起来：“大哥，我准备好了，请你报吧。”

我耐心地一遍遍重复那家寻呼台的号码，足足说了十来遍，老人总算记对了号码，她过意不去了，又一口气说了十来遍谢谢。

下一次是一条幼稚的声音，“请……请呼一下 88599。我是……她女……儿。”话筒那边听上去是一名上幼儿园的孩子。我想象得出那孩子可能独居家中，又饿又怕，急得满面通红，正急等着听见她的妈妈回话。

我当时一人蹲在家门口，双手油污正在清洗摩托车链条，实在是无法进一步帮助这孩子与母亲建立联系。我用下巴和右肩夹着话筒，无一丝儿厌烦和不悦，尽可能和颜悦色回答，“你好，孩子，你可能是拨错号码了，再试一下 3326600，好吗？”

“谢谢叔叔。”

很多次我已经走出家门了，电话铃声又生生地把我给拽回来，我掏出钥匙开门，不慌不忙拿起话筒。故态复萌，又是一个打错的电话。

“请你记住我告诉你的号码，再打一遍。”我简短回答说。经过千锤百炼，我已经很有经验，对于所有错打进来的电话一概心平气和，不温不火。我只是直接指出一条正确道路，打发这些电话迷途者尽早修成正果。

“别挂别挂，”对方吞吞吐吐地说，“我身边没钱了，能不能请你帮我转呼一下，回电的区号是 0513，电话号码是……”原来是一个长途电话。

天哪，多少次我硬下心来，下决心不管这门子闲事。我总不能像个头号傻子那样，自己的生活受到了严重打扰，还要贴钱贴时间贴精力，反过来去帮助打扰我的人。

尽管心头百般不情愿，尽管我再三告诫自己毋忝厥职，我还是一次次按照对方的要求去做了。这个寻呼台假若有三十万用户，每个用户一年错打一次我家电话，平均起来，我每天要接受 822 个错打进来的电话，平均每小时接受 34 个。我的天啊，我的义务劳动是不是做得有点儿过火？

又一次午夜惊魂，在睡梦中重机枪冲着我“哒哒哒”扫射不停，枪口喷吐出一串串火焰，我往山上跑，又往河里窜，重机枪的子弹毫不留情追上来打得我体无完肤，我惨叫一声从噩梦中醒来，浑身冷汗淋漓。

原来是电话铃声大作，这些错打的电话真烦死人。

我心情恶劣，一把夺过话筒，凶巴巴地“喂”了一声，恨不能一口吞下对方，眼角瞄了一下挂钟。

“你好！”

“不太好！”我睡眼惺忪，不客气地回答说。“现在是凌晨两点半钟……”

“请呼 43122，我有急事，要用 5000 块钱，请回电，号码是 139……”

“对不起，小姐，你有急事与我无关，我也没有 5000 块钱给你，您能不能够换一个号码试试？”我报出了那家寻呼台的号码。

紧跟着，我顺着电话线摸到了接线盒，一把扯掉了线路插头。我有权力睡一个不受打扰的安稳觉，这时候即使是美国总统先生为了全球和平大事十万火急打热线电话找我，也请他等到明天早晨我醒来后再说吧。

2

万般无奈之下，申请给住宅电话换了一个新号码。

换了电话号码，等于换了个新环境。居家度日，第一次感觉到宁静宜人。那是一种极度安静，仿佛是一潭静水波澜不惊。最初几天内，这部电话竟然连一次也没有响过，我起先怀疑是电话铃声不响了，或是这架电话机的电路板中风引起脑梗塞，全身瘫痪。我站立在电话机旁，掏出手机给自家打电话，一切均告正常。

我被骚扰惯了，对于突如其来的这种绝对安静，反而有些不太习惯。那几天里我感到气短，心慌，舌头干燥得像一小截皮带，眼前常常出现重影，总有几个黑点在眼底飞舞打转。我怀疑原先的那组电话号码可能含有数学罂粟成分，我使用过久，一定是中了它的毒了。

我坐立不安，神经兮兮在家里走来走去，疑神疑鬼地围着电话机打转。我肯定是鬼迷心窍，有几次居然暗中怀恋倍受错打电话干扰的那些日子来了。我知道这种念头大错特错，不过说句老实话，与其现在忍受这种与世隔绝自我封闭干受罪的日子，也许倒不如当初被人呼来唤去受人折磨来得爽快。

一天晚上，夜阑人静，电话铃终于开响了，神秘，威严，似乎是高级法院开庭的铃声。

一条庄重苍老的女声传来："请问您的电话是不是……，谢谢，我没打错。请您找一下龙工。"

凭借着此前充当家庭接线员的丰富工作经验，我明白对方没有拨错电话，她口授的这个号码正是我现在使用的新号码。我心中闪过一个念头，这可能原来是别人放弃的一个旧电话号码，南京电信局将其搁置了一段时间又转给我使用。

电信局事先没通知我这件事，或许他们认为没有必要让我知道太多他们的内部情况。在他们眼中，号码资源是珍贵的财富一点一滴不能浪费，至于会不会造成用户的不便，那他们就管不着了。

"对不起……"我慢吞吞答道，尽量做到字正腔圆，礼貌周全。我判断对方所说的"龙工"应该是一位姓龙的工程师，而非龙王爷下榻的宫殿，也不是什么龙宫大酒店。我三生有幸也许袭用了一位或许是高级工程师曾经使用过的私人电话号码，我应该谦恭，耐心，文质彬彬和措辞得体，全盘因袭这位老知识分子待人处世的全部优良品质，莫让人留下虚与委蛇的印象。我说，“您报的电话号码没错，但是，这个电话已转给其他人使用了。请您通过另外的方式，找到您要找的人。”

对方“哦”了一声，看来是出乎她的意料之外，她客气地说了声“打扰您了，再见。”

过了半个多小时，电话又打回头来，老人抱歉地连连说“对不起”，解释说她已经与电信局交涉了半天，什么结果也没有。电信局既说不上来这个电话号码原来主人的下落和其他注册信息，又宣称无法提供“龙工”现在使用的新电话号码。总而言之，电信局“侯门深似海”，一副神姿仙骨、“爱莫能助”的架势，令人望而却步。

“我能为您做些什么呢？”出于对电信部门服务态度的共同感觉，我管不住自己的嘴多问了一句。

“啊，谢谢，是这样的……”对方十分感激，操着一口生硬的普通话讲了下去。过了一会儿，我算明白了事由的来龙去脉。这位老人姓古，是位新加坡籍华人，此次来宁参加一个国际高级研讨会。古老与“龙工”曾经是大学同学，已经有三十年没见过面了。过去一直是电话联系，最近两年“龙工”的住宅电话莫名其妙一直没人接。电子邮件全部退了回去。古老说，“我这次给他带了些优良种子来，必须交给他本人。我真是束手无策了。我想，您是本地人，有没有朋友可以帮助解决这个难题？”

我“嗯嗯嗯”地应答着。谨慎地表示，我没有什么把握，但我可以尝试一下帮忙。放下话筒后我长叹一口气，这下可好，新号码给我引来的这个任务，比原来那个旧号码找我的全部麻烦加在一起还要累人，世界之大让我上哪儿去找龙工呢？

我花了九牛二虎之力，通过同事的同学的邻居的音响发烧友的姐夫的小舅子的女朋友的课任老师的妻子的入党介绍人的英语角朋友的大伯的插队室友的外甥女的日本老板的小姨子的检察院朋友的鸽友会朋友的电信局朋友，弄到了一个据说与“龙工”有点关系的电话号码，我接过来一看，啼笑皆非，这明明就是我现在使用的家庭电话号码嘛。莫非这些家伙联合起来在跟我插科打诨？信息的多米洛骨牌顺着上述渠道一节节倒过去，最后又一节节倒回来，我面前终于出现一个完全陌生的号码。

我拨通了这个号码。

半天没人接。我耐心等待着。等待时间如此之长，足以让部队的电话兵徒步出发从我面前把电话线直接铺到对方脚下，而无论对方现在藏在南京哪个旮旯。很久很久以后，对方的电话听筒拿了起来，“喂？”

“请问，龙工在家吗？请他接一下电话。”

又过了很久，电话里才传来了回音，按照光速每秒钟三十万公里计算，对方的距离至少在月球以远。电话里的声音又远又飘，“你是谁啊？”

“您不会认识我。是这样的……”我尽可能简短扼要地讲明我打这个电话的来意。我本人找“龙工”没有任何事，再说费那么大气力寻找一个人令我筋疲力尽，如果是为了我个人的事情，我情愿不找了。我把那位新加坡籍华人的请求和盘托出。

又过了半天，那个又远又飘的声音再次传来，高深莫测，不可揆度，“对不起，你电话打错了……”

我愕然。我急忙追问：“你知不知道怎样与‘龙工’联系……”

“不知道。哦……你试一下这个号码……”

我千恩万谢。

这是个长途电话，从区号看来，是云南某个草木茂盛的地区，没准儿此时电话线下面正有一群野生大象慢吞吞地走过，奇花异草，藤蔓横空。一个怪诞的想法像一只色彩艳丽的大鹦鹉扑打着翅膀在我脑空中掠过，说不定“龙工”还是云南王龙云的什么亲戚呢。云南那边接电话的人告诉我说，他们也不知道“龙工”的下落，龙工离群索居，不愿与人接触。他们能告诉我的也就是这一点了。他们对于“龙工”是仅谋其声，未谋其面。

对方听出我在南京这边失落无助的无奈感受，出于同情，他们翻箱倒柜找出另一个电话号码，让我试试。

这是个港澳长途电话，是香港铜锣湾繁华地面某个著名大酒店的总机，住在这种地方的人，个个有一掷千金傲视王侯的气势。这里房客的招牌动作总是“哗” 地打开鳄鱼皮夹，左边一长溜从上到下全是信用卡，右边一长溜从上到下也全是信用卡，他皮夹里可以动用的资金就有好几个亿。

他目光扫向你时目空一切因为多半就没看见你，而是注视着你这付皮囊占据的那块地方及身后一大片地将来十年内的升值潜质和盈利空间。这些富豪的身材也许不高，但他们千篇一律居高临下藐视这座星球。香港那边接电话的人告诉我说，他们也不知道“龙工”的下落，他们与“龙工”的距离就更远了，是仅谋其名，未谋其声。

香港回归祖国后，感情似乎更亲近了。对方出于对大陆亲人的同情心和责任感，翻箱倒柜找出另一个电话号码，建议我试试。

这是个国际长途电话，从区号看来，应该是南美洲山岭逶迤森林苍茫野兽呼号飞碟出没的某个地区，“道不行，乘桴浮于海”，下决心到这种地方谋生的人，一定是早已看破人间红尘的狷介之士。我想象得出那里的人们睿智坚毅，面如青铜，浑身打扮洋溢出玛雅文化的丰富内涵，身披一件色彩斑斓、图案绚丽的大毛毯，翻山越岭向严酷的大自然讨要生活。话筒那边七嘴八舌，不时有西班牙语，印地安语，英语，法语和广东话插进来，还有羊驼的叫声，时不时我还听见安第斯山峰老鹰尖利的叫嚣声，这一切入耳感觉是怪诞不经。对方语言再三调整终于落实为结结巴巴的生硬普通话，接电话的人告诉我说，南美洲那边也不知道“龙工”的下落，他们离“龙工”的距离就更远了，南美洲朋友们接二连三地说，对于“龙工”他们是仅谋其誉，未谋其名。

南半球的朋友们十分同情我在南京这边失落无助的感受，他们哼着土著民谣，翻箱倒柜找出另一个电话号码，让我试试。

这个号码，偏偏就是声音又远又飘的那个人的电话！

我吃不准这通电话的世界周游有没有什么实际上的意义。我还没来得及考虑下一步计划，电话铃声率先响了起来。

“您好，”我心不在焉拿起话筒。

电话那一边传来些许话语，我一下就听出来了，这就是那个声音又远又飘的人。

“你打电话找‘龙工’，最远找到了哪里？”

“南美洲。”我老实说。

“还好，”声音又远又飘的人说，“我不想太多地浪费你的电话费，陌生人。没有人知道我现在何处。”

“为什么？”我不解地问。

“打电话找我的人，都有自己的企图。” 声音又远又飘的人说，“你是一个例外。”

“谢谢。”我嗫嚅着说。其实我想说，我对于当这个“例外”根本没有兴趣。我也没有时间在城砖那么厚的电话号码簿里探碛索隐，钩深致远。我自己有许多文章要去写，还有很多单位的家庭的亲友的同学同事的事务亟待要去处理。我自己的事情还忙不过来呢。

“所以我破天荒第一次回电话给一位陌生人。”声音又远又飘的人仿佛看穿了我的心思，他紧跟着说，“你做这件事，完全抛弃了功利心，我愿意同你谈谈。”

随后，声音又远又飘的人告诉我，他已经断绝了所有亲戚朋友同事同学熟人邻居之间的来往和通讯，独身一人居住，潜心研究他的学问。他授权我接受新加坡籍华人千里迢迢带来的种子，然后转寄到他口授的一个地址。“我需要那袋种子。你不会泄露出我的行踪，对吗？”

我回答说，我有能力严守秘密。

我瞄了一眼我记录下来的那个地址，我惊奇地发现，这位都市隐士的住处居然近在眼前，距我家仅仅三条街巷。两年前那里新建起一片高级住宅小区，这可是南京市最繁华的地区。大隐隐于市，说不定我还不止一次地在马路上与这位隐身高人擦肩而过呢。

放下电话，我与新加坡籍华人取得了联系，宣布说我有了一些“龙工”的消息，但是还要费一段时间才能证实。她同意留下那袋种子由我转寄给“龙工”。我赶到大酒店取回一袋沉甸甸种子，临分手前，我多问了新加坡籍华人一句，“为什么‘龙工’如此不容易找？”

新加坡籍华人目光犀利盯着我，停顿了一会儿，然后实话实说：“在我看来，年轻时是因为他逃婚，现在是因为他自恋。”

3

午夜时分，这个不速电话突如其来，当时我还没睡。妻子和女儿回苏州度假去了，我的作息时间表来了个乾坤大挪移，常常是下午两点钟才吃午饭，深夜十一点肚子饿得咕咕响忙着打开冰箱找晚餐。每逢双休日我在家庭电脑前面一坐就是十来个小时，先在网上做一名国际流浪汉，然后在写作稿纸上做一名汉字探矿佬。

“你好。”是一位年轻姑娘的声音，“还在忙啊？”

“是的”。我嘴里咀嚼着面包，脑海里还惦念着创作的事情，我多少显得心不在焉。“天亮还早着呢。请问你找谁？”

“就找你呀！”语气十分肯定。

“找我？……对不起，让我想一想你是哪一位？”我注意力还是集中不起来。我移动鼠标，点击一下 word 文档的存盘按钮。我刚才在网上下载了一篇关于不明飞行物的文章，现在不经下载，突然又来了个不明姑娘。

“想不起来吧？不奇怪。我同样也不知道你是谁啊！”姑娘高兴地说，“我刚才得到了你的电话号码，不超过三分钟。”

我“哦”了一声，变得更加糊涂。我尝试转动自己的头颅，又耸动肩膀，我怀疑这个电话不是真的。说不定是我在电脑前面坐得太久，引发了某种电脑综合症。这一切太像是《聊斋》故事的情节，书生夜读，月夜荒塚，一个绝色女鬼……

转念一想，莫非这就是大酒店里常见的那种骚扰电话？但是这类女性一般来说素质不高，讲几句话就会露馅，听上去有点不太像。我经过一番努力仍然分辨不出对方的声音，我肯定我从来没有同这姑娘面对面地讲过话。这电话太蹊跷了。

“别猜了，打电话是为了同你聊聊，不是猜谜。听说你是荣格的中国迷？对集体潜意识有些研究……”

一句话触到我心窝上了，集体潜意识是我喜欢聊的一个话题。电话中的这番语言在很大程度上解除了我的戒心，种种疑虑涣然冰释。这姑娘看来应该没啥问题，那些形迹可疑的夜生活女郎虽然人数众多，但没有一个人有资格有品位有兴趣有耐心有时间来大谈心理学。

我瞟了一眼时钟，现在是夜间十二点半，这时间打电话聊天的人，应该算是铁杆不速之客一类。

我一边支支吾吾应答，一边把电脑切换到E盘，调出一个我不常使用的软件“Great Seeker”，一年前在一位朋友帮助下我发明了这个私人使用的软件。我本人在网上虽是无名小卒，但这个软件却是神通广大，其主要功能之一就是收集双方交谈过程中的语音词汇声调语法内容等，进行随机分析归类，测算并揭示对方的身份类别。

我按下一个键。神奇的软件久蜇思起，立刻精神抖擞开始工作。没过两分钟，电脑荧屏上显示出一系列资料：“女性，年龄21—25岁，南京口音，大专文化水平，办公室文员，独生子女，喜欢短发，性情活泼，O型血型，白羊座……”当然，这些数字和考语随着谈话的进程在不断自我调整，譬如，软件一度误判了对方星宿，后来它自己进行了修正，改为“宝蝎座”。

我微笑着移过鼠标，点击一下“模拟图像”。这个伟大的软件立即炮制出一副妙龄女郎的图像，梨花带雨，绰约多姿，知书达理，娴雅淑静。我在以前的试验中，发现这个“模拟图像”选项最不可靠，它总是把对方美化成天仙一般，不知道我这项设计是不是承袭了毛延寿遗风。由于此项功能在我这个软件中是一个附加的消遣项目，所以我不太计较。

我俩你一言我一语在电话中聊了起来，话题像是飘忽不定的彗星飞来飞去。外国文学，太空旅行，外星文明，玛雅文化，野人大脚怪，尼斯湖怪兽，月球起源，飞碟图片，克隆恐龙，宇宙爆炸，纳米技术……我的戒心不知不觉松懈了，我越来越相信这姑娘没有什么旁的意思，只是颐指气使，找人神侃一气而已。

“你看现在做什么投资，最有价值？”姑娘忽然问我。

“你有几百万？”

“我有两万块钱，你先假定是2000万吧。”

“那我倒有个好主意。”我问姑娘，知不知道太平洋上有座小岛，游客登岸住上一段时间，身高普遍增加，连成年人的个子也会迅速长高。

姑娘听说过这桩新闻，小岛上的岩石含有某种放射性，会刺激人类骨髓旺盛生长，她不解地说，“组织矮个子旅游团？要不然就是联系企业到那里举办学习班……”

“投资啊，”我强调语气，披露了我的一个发财构想，“把小岛的矿藏开发权买下来，用矿石制成瓷砖和地面砖，运回国来，大量投放装潢市场。你想想，千家万户排队抢购那个情景……”

“销售火旺，”姑娘乐了，咯咯地边笑边说，“中国孩子个个长得像长腿鹭鸶似的……”

我接着谈到美洲印第安人可能是中国移民后裔，电话聊天的气氛渐渐达到高潮。我援引一本书上的资料说，一百多年前清政府官员赴美洲处理中国侨民事务，印地安酋长主动找到清政府的官员，披露自己是华人后裔，祖先是商朝子民。大约三千多年前，周王朝击败商王朝，三十万在前线作战的商朝大军在中国大陆神奇失踪，实际上这些将士分几路突围，先后到达美洲定居下来。

姑娘兴奋起来，她问，通过集体潜意识分析，难道不能印证印第安人就是中国人？不待我做出回答，她嚷嚷道，印第安人一定是中国人！印第安人就是中国人！！印第安人百分之百是中国人！！！

我说，考古发现有大量证据支持这一学说，但有很多论证工作要做。集体潜意识的分析目前停留在质的分析，进一步研究出定量分析的公式和方法，那样就会更精确，更有说服力，更科学，也更具有操作性。

姑娘突发奇想，如果这一发现是事实的话，北美大陆应该是属于中国人的嘛。问我可不可以与美国政府交涉，要求他们向中国政府支付永久性的建国租地费？姑娘大方地说：“咱也别多收，象征性地表示一下就可以了，每年1万亿美元吧。”

我笑而不答，右手轻轻点击鼠标，观察我发明的软件会把自己的主人界定为哪一种类型。屏幕上一条海豚心怀叵测地游来游去，蓦然海豚跳出海面，变成一位北方汉子，汉子容貌迅速变得沧桑起来，一条金枪鱼蹦上汉子头顶扮个鬼脸落在他鼻梁上化成一副眼镜，汉子在惊涛骇浪中随波沉浮，失去自主能力，被抛在海滩上直喘粗气。屏幕上出现一段分析文字：“男性，知天命年纪，南京人，夹有北方口音，私塾大学，白领，B型血型，内向型个性，随遇而安，缺乏个人奋斗精神，行为能力C等3级（最差一级），智商在50至130之间……”我苦笑一声，这个软件总是分不清楚大学和私塾，常常混为一谈，在我看来这正是这个软件的狡猾之处。

这场不着边际的电话聊天东一榔头，西一棒子，古今中外，宇宙海洋，侃得收不回头。直到后来我才想起来问，“你在哪里打的电话？”

回答是：“我在上班。”

我有些不安，掩饰地说：“谈话影响你工作了？”

回答是：“到现在为止还没有。”

在说“拜拜”之前，我问：

“嗨，谈了这么半天，你知道我是谁吗？”

回答是否定的。

我更好奇了。“是谁叫你打这个电话？你不会是像猜彩票那样扔骺子，一个 3，又一个 3……”

对方呵呵笑着说，今天她上夜班，想和同学聊聊，同学没空，随手塞给她这个号码，说，你可以打这个电话找人好好聊聊。

“你同学在哪里工作？”

我在电话中听见一个我从未听说过的单位，更不用说是认识其中什么人了。

就在此时，我听见电话那边对方在与旁边来人对话，对话内容中包括一些专业术语。

我意识到对方可能是不知不觉卷入一场恶作剧了。我忙问，你和你的同学，原来是不是南京某所学校的学生？

对方十分惊讶，问，“你怎么知道的？你那边是不是可视电话？能够看见我，又看见我的毕业证书？”

我又问，某位女士是不是你们的班主任？

“天哪，”电话里尖叫一声，一时语塞，不知道说什么好。她现在迫切想知道为什么她的身份一下子变得如此透明，“不会是我的某位远祖，成为移居美洲的印第安人，他的潜意识中透露了这样的信息吧？”

“那倒不是。”我直接披露说，“你的班主任是我太太，我就是她的先生。”

对方顿时明白了，半天没有言语。原来是同学存心拿她开玩笑。她们的班主任平时管理严格，学生们敬畏她三分，没有一位同学会有胆量擅自给班主任的先生打电话聊天。对方沉默半晌后低声承认说，今晚的神侃很愉快。她最后不解地问“不过你到底是怎么知道我是谁？先知先觉？或者你有猜心术？”

我笑而不答，建议对方上网，下载一盘“Great Seeker”软件试试。说完，我便挂上了电话。

自编密码

1

“自编密码，其实那是一组游戏，”内行人都这样说，“是现代人蒙上眼睛在与自己捉迷藏。”

上个世纪九十年代初去厦门出差，手机没电了，正赶上有事要与南京方面商量，便借用厦门公司的话机。话机的长途功能事先被单位管理部门锁住了，厦门公司的朋友授意我拨入一组六位数密码，暗中开启了话机的长途功能。我对着话筒叽里呱啦把业务进展厦门天气海上风暴进口货源……述说了一通。通话结束后，我又拨入同一组六位数密码，话机的长途功能又被重新锁住了。如果有人紧跟着我拿起这支话筒，他只能老老实实拨打市内电话，他的通话范围不得越过“市界”一步，而他全然不知他的通话权利与我不同，他受到了必要的限制。

那是我首次接触具有密码控制功能的电话机，厦门公司的朋友介绍说，这种电话机的密码可根据机主的需要自由组合，任意更换，我打心里表示欣赏。中国的长途电话费用向来以昂贵出名，在电信局收费系统中，“时间就是金钱”法则体现得淋漓尽致，让用户刻骨铭心，终身难忘。企业领导一般都会采取措施限制员工为了私事擅打长途电话，君子谦谦，单位的长途电话却不能白打是也，通常的做法是锁上长途通话锁。可是在办公场所不停地掏钥匙锁话机难免显得生硬唐突。厦门公司利用密码来控制长途电话实在是一着妙棋，限制虽在，犹如是隐性铁丝网深藏不露，企业实惠受用又不伤大雅，鱼与熊掌兼而得之。密码大神的徒众坐收两全其美。真是大巧若拙，大直若屈，大辩若讷啊！

不久以后，国内的银行系统开始“变法”，先后对居民的储蓄业务普及密码管理。假如你事先预留了密码，当你操作你的银行业务时，你就必须与银行柜台后面的小姐“对口令”。银行作为你财产的重要托管人，从保护你账上资金的安全出发，只有在存单和密码“两无误”的情况下，才会同意你对自己的财产做出进一步安排。这就带来一个问题，那就是阁下一定要牢牢记得住自己的密码究竟是哪几个数字，并且掌握好它们排列组合的先后顺序。万一用户有几本存折和几份存单，密码各不相同，又万一当时感冒发烧体温上升到可怕的 39.5 度思维能力陡降，杵在银行柜台前面舌头僵直呐呐地报不出正确密码，不能还原出那几个简单阿拉伯数字的排列顺序，那么不快的事情将会发生。银行小姐会婉转但是坚决地拒绝你的请求，要求你带上身份证去履行繁琐的密码挂失手续。哪怕用户是五千元存款到期一分钱不取另外再加存五万元，她也一样地摇头说不行。银行小姐是只认密码不认人，同样她是只认密码不认钱。

我高度赞美银行家坚持原则的作风，密码在金融界的应用和普及，让我从此睡上了安稳觉。我的存款天生不多，那几份形单影只的存单屈指可数孤苦伶仃，万一出现个三长两短有了闪失，我就会“一步到罗马……贫民窟”。存款密码此时仗剑而起，有些像侠士佐罗那样无私保护了小人物的利益，有足够理由赢得我的尊敬和珍视。如有一天我发现一张五千元面额的存单不翼而飞，这是我较大的一笔财产当时已经到期可以凭单提取现金，我也不会大惊失色，更不会由于沮丧而昏厥倒地。我将安之若素，暗笑一声，该看电视看电视，该下围棋下围棋，反正密码在我心里面藏着呢。待到第二天银行开门后我再悄然赶去，耐心等到“拾”我存单的那人进入大厅，我会侧身候在他的后面，露出奸诈的笑容倾听那人与银行小姐之间的反复对话。等到那人山穷水尽，一筹莫展时，我再假惺惺地凑上前说，“也许，我能提供一个你感兴趣的密码……”

密码在生活中的普及，犹如筑起了一道无形的长城，有效捍卫私人空间里的利益和秘密。当代公民越来越重视个人隐私和生活安全，密码适用的范围也随之急遽扩大，很快便影响到社会生活的方方面面。

譬如家庭 DVD 机“有播无类”，一会儿暴力凶杀，一会儿恐怖刺激，一会儿又是色情暧昧，容易污染未成年人的心灵。父母就可以选择具有分级限制设置的碟片，再通过密码来严格管理，逢到“少儿不宜”的画面，DVD 机就会自动跳过，避免影响下一代人的健康成长。

自从电子配钥匙机遍布大街小巷以后，克隆一把钥匙已是易如反掌，哪怕这钥匙十分复杂，像是火山的熔岩喷溅在湖底珊瑚上面那样奇形怪状，钥匙匠们都有本事精确打造出它的孪生兄弟来。如此一来，锁的不安全因素大大增加了。但对于配置密码装置的柜门来说，如果您不掌握密码，再精确的钥匙也无异于一片废铜。保险柜门的电脑密码可由用户自行设定，还可以随时更换，断电时密码也可以保留不失。为了照顾健忘者用户，每件产品在出厂前便输入了一个永久性的密码由用户亲启，一旦用户果真忘记了自编的密码，可使用永久性的密码取而代之。

有了密码相助，汽车被盗抢后车主再也不必惊慌失措了，他可以继续逗留在电视机前看完本场球赛，只要他及时抽出时间从容抓起电话输入一组自编的密码就行了。在500公里的控制范围内，被盗车辆上的汽车远程控制报警装置在接收到密码报警信号后，会由中央处理器发出指令，就地锁停汽车。车内立即发出高强度的报警声和灯光警示，吓阻并撵走可恶的盗贼。报警控制器将一直循环播放车牌号、发动机号、车主姓名、车主联系方式等求救信息，直待车主采用密码遥控器进行操作后，方能解除车辆的报警状态。

小小密码，神通广大。我本来是一名无神论者，不知不觉此时此刻皈依了拜密码教，成为了最虔诚的教徒，礼拜弥久，信仰弥坚。

2

后来发生的几件事，不由地令我对自编密码的利弊一再反思。

一次去机场送客，机场大厅门前围着一群人。路过一看，众目睽睽之下，竟是一桩“暴行”的现在进行时。一位楚楚衣冠、面白肉细的君子，正在残酷“虐待”随身携带的一只进口高级密码箱。他拳打脚踢，大动干戈，劳形伤神，密码箱却始终无动于衷。此君气急败坏，从贵宾休息室购来一大块珍贵雨花石，咬牙切齿猛砸密码锁。

全副武装的机场警察袖手旁观，眼里流露出同情的目光，嘴里还不断为“施暴者”鼓气和支招。原来是这位先生不慎连续两次拨错了密码，他那只芯片控制的进口密码箱十分厉害，立刻自动加密，一小时内，任何解数均告无效。眼看这位先生预定乘坐的大型客机即将升入万米高空远走高飞，弃他而去。而他的头等舱机票和护照全被锁在密码箱中无法取出，他的乘机资格无法得到有效确认。

我不禁心生怜悯，同时隐隐约约觉得密码世界有什么地方不太对劲。密码本是为主人提供服务而设置的，是主人安全的帮手。但是一不小心，变生肘腋,功能就有可能错位。机场一幕令自编密码的主人大出洋相，忠实帮手分明变成了蒙面绑匪。

又有一次，有客自郊区来。此君是典型的金融动物，在股市债市和汇市屡出奇招，斩获颇丰。他一眼发现公司旁边的银行门前排起了长队，打听后得知是首日出售债券，当时就嗅到了金钱的芬芳气味，立马就萌生了抢购债券的强烈欲望。

我陪他去银行排队取款，当轮到我们的时候，此君在银行柜台上铺开硕大皮包，一下子掏出十多本活期和定期的“一本通”来，皮包好像是一只流动小金库。银行小姐客气地验过存折，便要求这位先生出示密码，准备支付资金。

这位先生一愣，顿时手忙脚乱。当时银行“存单换卡”刚告结束，这位先生的贤内助把几笔到期巨款全部转入新卡，设置了几组 6 位数密码，而后就出国旅游去了。

此君眉头紧锁，精神高度集中，像一座小丘俯在银行柜台上，双手紧抱住密码按键盒，手指悬向空中，口中念念有词，忽而像按航天飞机的发射键那样郑重其事，一下，两下……

银行小姐脸上露出遗憾的笑容，她摇摇头，眼睛直视我的朋友，鼓励他说：“你再试试……”

这位先生如梦初醒，大叫：“想起来了，想起来了……”他一口气又拨了好几个键。

银行小姐笑眯眯地提醒他说：“够了够了，你多拨了，密码是 6 位数，手机才是 11 位数……”

“我老婆的生日是……我儿子的生日是……”这位先生真的急了，口中不由地念出声来，手指僵硬地击打着键盘。

银行小姐注视着计算机屏幕，一个劲儿摇头。

此君涨红了脸，双手像弹钢琴一样在密码键上来回忙个不停，自始至终没有一次获得计算机认可。银行小姐委婉提醒我的同伴说，够了够了，密码按到第十次就会自动锁死，其实忘记密码也没有什么关系，可以返回当初存钱的那家银行，凭身份证取款。

这位先生满面沮丧，一声不响，收回一大摞“一本通”塞入皮包，彻底失望。他存钱的那家银行远在江北的大厂区，当时南京长江大桥堵车厉害，过一趟大桥化上个把小时是常有的事。等他开车过大桥去取钱再赶回到这里，债券早就卖完了。“黄花菜都凉了”。

他喃喃自语道：“鬼东西密码，像只老鼠似的在头脑中窜来窜去，就是踩不住它……”旁边几位老年顾客如遇知音，一个个附和他说：“密码这东西好，脑子不好还是不行，前脚记牢，后脚忘光。有时我们取退休金，还要‘三顾茅庐’……”

我不由心生警惕，密码虽然有用，切不可等闲视之。一不小心把它从沉睡海底千万年的瓶子中释放出来，你就不得不面对它可能带给你的各种意想不到的结果。你很可能会在记错密码的情况下骑虎难下，痛不欲生，后悔自己万不该轻率从事，把命运托付给这么一组轻飘飘的数字。那时你会恨不得长出八只手来，拼及全身气力要把密码魔鬼山岳般突兀的身材重新填回到那只粘满海藻贝壳的古代双耳瓶中去。

不久前，我亲身品尝到这种万分懊悔的苦涩滋味。元宵节的前夜，我在计算机上忙碌到深夜，完成了公司的一份数据库文件，当时浑身轻松惬意，自不待言。大功告成后，我松懈地靠在电脑椅背上，漫不经心瞅着屏幕，存盘和退出程序，步步如仪，就等着给文件加密后，关机大吉，上床睡觉。

对话框出现了，亮出了设置密码的提示，我迅速揿下一组数字。为防止遗忘密码，我一般只使用熟悉的数字组合，可这次手指落下的速度太快，中指同时触在“5”和“6”之间，两个数字同时录入，我使用退格键，打算消除后一位数，不知为何密码栏中“*”字仍在，反多了个星点。再按一次，星点变成了两个……再按一下是回车键，天哪，我按什么键不好？偏偏按这个该死的“回车键”干什么？

我预感到大事不好，立刻坐直腰板，高度警惕起来。那组乱糟糟的密码设置却已经完成了，可没人知道那究竟是些什么乱七八糟，又是按照什么逻辑排列组合。我不明白自己到底是先按了“5”，还是先按了“6”呢，也不知道后来的退格键是消除了密码还是增加了新的密码。我不假思索地又做了些补救措施，企图修改密码，这一举动使我更深地落入到自掘的陷阱中去。我左涂右改,左冲右突，终于方寸大乱。那晚我在计算机前又连续苦斗了三个小时，再也无法“原汁原味”地再现设置密码时自己的那一套潇洒动作。

命蹇时乖,刚刚完成的一份重要文件隐身而去,多日的心血付诸东流。任凭我绞尽脑汁，任凭我苦思冥想，我再也无法从计算机中取回自己的劳动成果。这可真是无妄之灾！我一方面精疲力竭，懊丧莫名，一方面痛恨自己，连声责骂自己愚蠢鲁莽无知轻率。那天晚上的剩余时间与其说是我陷入了睡眠麻痹状态，莫若说是我自责过深完全失去了知觉。

一些“菜鸟”级的计算机朋友不请自来,自告奋勇挽起袖子拉开键盘,扬言要为我解围，结果当然是无功而返。可恨这帮“菜鸟”不去检讨自己才疏学浅，最后反而规劝我节哀顺变“认这个命吧”，公然要我与那份载有许多数据的重要文件绝情诀别。有位朋友笑嘻嘻地说，“元宵节嘛，你就当作是包了一个头号的空心汤团好了”。

好一个此时的我，把这个“做茧自缚”的感受，理会到了淋漓尽致、入木三分的地步。我咬牙切齿，浑身的怒火和力气却无处可发，倘若这组难解难辨的密码不是一团虚幻，而化身为一只钢苹果，我一定会“啃哧啃哧”地把它咬光嚼碎全部吞下肚去，以解密码“灭门”的深仇大恨。

时隔多日，一位“九段”电脑高手破译了那组该死的密码，助我找回了丢失的文件，把我从九层地狱之下领回人间。立在灿烂的阳光下，我的第一个念头就是，密码设计于人，服务于人，但是人们要尊重自己编设的密码，不要乱抖什么“灵长目”的威风，否则，无论你是怎样聪明的自编密码高手，也难以防止比比皆是的“密码尴尬”局面重现。

3

记准了自编密码，也不一定就会万事大吉。当今世界上的密码攻防演习，早已经上升到一个异常复杂的高级形式。人们的智慧、勇气和耐心经受了艰巨的考验。

每年冬季寒流频频南下的时候，妻子就会和我商议送给女儿一份合适的圣诞节礼物。孩子上小学时送书包和磁带，上中学送“随身听”和书籍，入得大学门槛后，我们一次性送了 500 元上网卡。不久后女儿察看了一下上网账号的余值，发现只剩下了几十元钱，这使我们感到惊讶。按照这种消费速度，我家每天挂在网上的时间超过了 16 小时，实际上远未达到。经过网络管理员的协查，证实我家上网账号的密码被人盗用了。侵入者借助一种木马程序破解了我家的上网账号密码，我在这边老老实实付钱，那边有几名小无赖美滋滋地无偿享受着我的账号，一边上网聊天神侃胡吹，一边又攻击其他规规矩矩的用户，盗取别人的密码。天哪，我不仅是一名浑浑噩噩的受害者，我还成了间接资助这群无赖侵害别人的帮凶了。

我很不安，如同我发现自己钱包上有一道裂缝，50 元和 100 元大钞正源源不断地遗落消失。我服务于一家老型的国有批发企业，近年来经济效益滑坡，员工收入菲薄，我的工资很有限，我家一向省吃俭用。我绝不能对于密码失窃现象坐视不管，必须亡羊补牢。

网络管理员告诉我说，使用一个安全的密码上网很重要。可什么样的密码才是安全的呢？我去了一趟珠江路，深入光怪陆离的密码软件世界侦察了一番敌情，回家时手中多了一摞光碟。光碟的名字离经叛道，诸如“黑客工具大全”之类，古七八怪。上电脑打开一看，我不禁仰天长叹，原来这世界上用来对付密码的强大武器实在太多了。如果你躲在家里苦思冥想，构思出一个新密码的防护体系，自以为聱牙佶屈十分难解。可外界虎视眈眈预备攻击你这新诞生密码的武器库里，却早已研制出了 1000 颗巡航导弹如狼似虎足以把你自鸣得意的防护体系炸碎成一个个分子和原子单位。一个天大的迷信彻底破灭了，原先被我视为“固若金汤”的密码防线，在黑客面前竟然是如此不堪一击。我这才明白行家说“密码只是一种游戏”这句话的真正含义了。

一种软件自我介绍是“破解 Email 密码的一个小工具。”

后面依次是：“一个基于 POP3 协议的自动登录机，它可以利用 POP3 协议的功能，对可能的用户密码进行登录试验，从而获得用户的密码。”

“Access 密码破解网络解密高手，虽然自身很小，但确实拥有很实用的功能，比如破解 User Ids（用户名）和 Passwords（口令）。另外，它还支持代理服务器。”

“全中文黑客软件‘网络刺客’1.0‘穷尽法’刺探 PASSWORD。”

“信用卡号制造机,上网不要钱,你就是电话局老板。”

“Office 2003 文件密码破解。”

“NT 密码破解工具。”

“密码寻找工具，自动输入密码。”

……

大批黑客在网络上应运而生，他们免费提供各种破解密码的工具，循循善诱地引导你如何破解层层设防的计算机系统。他们技战法娴熟，富有献身精神，斗志始终昂扬，简直就是一支不知疲倦的地下“扫盲队”专门教授破盗别人密码的一招一式，我不禁瞠目结舌。

在入侵系统之前，网络黑客一般会投石问路，打探是否有可能入侵进去，这一步骤通常被称为“网络探测”。网络黑客会发出一个探测的数据包，譬如同步位的 TCP 请求包，询问对方是否存在。接下来的步骤就是探测用户的计算机开了哪些门可以进出，这些门指的就是用户机器所打开的端口，一般来说防火墙可以为用户关闭不在使用的端口。

如果用户防守严密，无门可入，黑客就敲击键盘自己动手撞开门来，擅自闯入用户的计算机。黑客们“白日闯”的办法有很多，最直接也最流行的方法是施一条“木马计”。所谓“木马”其实就是一种基于用户计算机模式的远程控制程序，它会在用户的计算机上自动打开端口，方便黑客入侵。“木马”很聪明，它会利用传统防火墙对外部发起的连接请求验证十分严格而对内部发起的连接请求无条件信任的“外紧内松”特点，假冒是一条来自系统内合法的网络请求来取得对外的端口，再通过某些方式连接到木马的客户端，从而窃取用户计算机的资料，同时遥控计算机本身。有着这样工作方式的木马，通常称为“反弹式木马”。由于“反弹式木马”利用的是系统合法访问的方式，所以仅靠传统的 IP 包过滤防火墙根本无法防御这种木马。

有些专门窃取ADSL用户密码的木马病毒，还会像《西游记》中妖魔鬼怪伪造一座金碧辉煌大雄宝殿那样逼真地制造出冒充网通、电信等大公司的ADSL密码自助服务网页，在用户上网时自动弹出假页面，诱骗用户填写自己的密码，然后保存下来，以造成用户的密码泄露……

我一路看来，只觉得心灰意冷，手脚冰凉。原先我们用户的头脑太简单了，误以为自己杜撰的一组密码，只要本人咬紧牙关不说出口来，别人是万万猜不出来的。这真是大错特错。实际上，对于密码安全性的盲目和迷信，才是悬在我们自己头上对自己利益危害最大的一柄利剑。

一台低档的奔2计算机每秒钟可以搜索34万种排列，假如你使用自己或亲友的生日作为密码，仅需5.58秒钟就可以搜索完所有可能的密码。假如你使用英文单词作为密码，以20万单词的字典库计算，每秒1800个单词的搜索速度，也不过需要110秒。

假如你使用小写字母加数字作为密码，密码长度不超过5个字符，那么有36的5次方=60466176种可能性，奔2计算机只要25分钟就可以破解。随着奔3、奔4、双核处理器的出现，这个时间早已经大大缩短。黑客组织“L0pht重工业”(L0pht Heavy Industries)号称是“白帽黑客精英中的摇滚巨星”，它在1997年发表了L0phtCrack这个软件，功效强大且容易使用，按一个键就可以破解密码，连新手也能操作自如。新版本的功能更是先进，利用一台早期的奔Ⅱ450电脑，可在一天内破解所有由字母与数字混合的密码。

我的天啊，我们还能够继续信任密码吗？用今天的眼光来看，奔Ⅱ450电脑已像春秋战国时期的一把原始算盘简陋不堪，而现在黑客们使用的高性能新型电脑早已经是航天航空时代的顶尖精英了。如果把奔Ⅱ450电脑譬喻成是一个纸糊的风筝在手中苦苦挣扎，那么现代高级电脑犹如是一排神奇的卫星在天际一掠而过。无论你绞尽脑汁编撰的所谓密码多么复杂多么冗长多么充满变化，在现代先进的电脑面前始终就像打破一只鸡蛋一样容易“扑”的一声原形毕露。世上的所谓密码，顶多只是一个“防君子不防小人”的摆设，是一种虚假的幻像，是一个不折不扣的无效承诺。

我对密码的态度产生了180度大转折，我一度曾绝望地站到了密码的对立面，对密码投出了彻底否定票。看来看去，这个世界上最靠不住的也就是密码这东西了。

4

等到我冷静下来，我又默默站回到密码一边来了。我的良知告诉我，尽管密码不可靠，它在主观上还是竭尽全力保护我并维护我的利益。有错的一方不是它，而是那些不可靠的容易被破解的密码。每个人都应该搞清楚什么密码才是我们需要的，什么密码才可以被我们所信任。

首先，个人密码尽量不要使用与个人身份有关的字符，莫用姓名，出生年月，身份证号码，电话号码，家庭住址，执照号码和手机号码等信息来编密码。窃取密码的人的解密重点首先就是这些资料，如果你一定要用这些资料来编纂密码，差不多等于你主动地半公开了自己的密码，自己宣布门户洞开，恭请三教九流鱼贯而入。那些盗窃密码的家伙会像一群蛮牛突破纸带围栏一样毫不费力就冲垮你脆弱的密码防线，他们赢得太轻松了反而会看不起你，心里责骂你是一个蠢货，连个稍微有难度的密码也不会使用。

其次，要将日常生活中的几种常用密码区别开来，如电话账号，上网账号，网上购物账号和银行密码等，应各设一个完全不同的密码。防止非法入侵者“攻破一点，殃及其余”，进而一锅端掉你家全部的珍玩细软。

此外，密码要尽量用足系统所规定的字符长度，以增加黑客工具采用穷举法来猜测密码的难度。密码最好是 8 位长度以上。其中数字、大小写字母和控制符应该交叉混合组合。鉴于目前国外黑客发明的破解密码程序多不支持中文双字节，有条件的话最好夹杂难读的中文单词在密码内，例如：Ta2*饕餮<#。

最后要经常更换密码，每月变换一次重要密码最安全。

美国哈佛大学电脑系的拉宾教授曾宣称，他发明了一种电脑随机抽样产生的无法破解的密码，可以重复使用。这种密码在解码后，所有的字串就会自动消除，不会留下任何讯息给黑客，大大增加解码的难度。假若事实如此，人类总算是暂时有了一种可靠的密码。随着电脑技术的迅猛发展，这种“无法破解的密码”也会被飞快破解和淘汰出局，就像冰淇淋放在六月直射的阳光下一样，转眼消亡。但在冰消雪融之前，它毕竟是我们安全防线的一部分啊。

5

曾经听说过一次密码惊魂的事件。

朋友的公寓楼对面，住着一对工程师夫妻。一个星期天上午，妻子外出采购，丈夫身穿睡衣到走道上取牛奶。善于捉弄人的过堂风瞅见一个空档，悄悄地一拥而上把防盗门掩上了，男主人被关在门外。

男主人一时大意没带房门钥匙，他使劲转动门把手，钢质的防盗门却一动不动。他家防盗门上使用的是防盗密码锁，密码刚刚换过。他乱拧了一通门把手，脸上露出奇形怪状的表情。男主人在单位里肩负重责，每天很迟回家，主内的事务全部由妻子承包了。他到家时妻子已忙好了晚饭，他只要敲敲门，喊一声“芝麻开门”，门就开了。他不知道新密码，连这把锁前几次使用过的旧密码也一无所知。

邻居闻讯出门，与男主人打趣说，在妻子买菜回来之前，他正好利用这个机会远眺大街上美女往来秀色可餐。当男主人宣布说自家厨房的煤气灶上火头大开，正在烹调美味大餐时，邻居们一个个不由得惊恐失色。水火无情，这幕轻喜剧完全有可能变成一部世纪悲剧。

邻居立刻拿来手机，催促男主人打电话向妻子告急。妻子手机号码拨了一遍又一遍，话筒中反复传来录音的答复声，“对不起，您拨打的电话现在不在服务区内，请稍后再拨……”接着又用英语说上一遍，异常饶舌。

男主人无可奈何，弯下身又拨了半天密码，门锁岿然不动。邻居们按耐不住，纷纷上前去一展身手，这种无序的“一人有难大家帮”的唯一结果是触发了门锁关联的警报系统，刺耳的警报声从家中响起，警铃警灯一起大作。

“110 巡警马上就要到了……”男主人叹道。

锁匠提着工具箱气喘吁吁赶到了，三下五除二就解决了没有钥匙的烦恼。可是面对精密的密码结构，锁匠蹙起了眉头，弯着身子摸索了很长时间。锁的握把上环列着几组圈，圈上铭刻着数码，各圈数字必须正确组合，握把才能够转动，房门才能够打开。锁匠估计说，至少有 999 种组合，起码要试上 20 分钟，才有把握……

现场一位女士发出一声惊呼，邻居们顺着她的手势抬头望去，这家厨房窗口油烟弥漫， 一阵烧焦的气味扑鼻而来。

邻居们顿时方寸大乱，急奔回自己家去，扶老携幼紧急疏散下楼。隔壁龙钟的老奶奶一边跌跌撞撞快走一边关切地询问："到底抓住了几个贼人……"

110 警察和消防警同时赶到，浓烈煤气从这家厨房溢出，随时会发生爆炸。形势十分危险，消防车紧急架起云梯，警察在四周拉开警示条进行隔离，竭力维持秩序。

在此千钧一发时机，女主人终于回手机了，她絮絮叨叨解释说刚才信号不好，其实她已在回家的路上了……

话未说完，男主人冲着话机大声吼叫："密码密码，快说密码……"

女主人吓一大跳，女性的敏感提醒她家里"到了最危险的时候"，她在出租车上被吓得有点儿神志不清了，慌乱中结结巴巴报出一串数字，却好像多了一个。

男主人拼命转动门把手，一组号码不对，另一组也不对，终于有一组密码是正确的，防盗门轰然开启。勇敢的消防警察捋袖揎拳提着灭火器率先冲了进去，厨房里发出千奇百怪的声音，浓烈的泡沫从门口和窗台汹涌涌出，令人联想起黄河激浪。整个楼道里，火山爆发似地源源不断往外涌出泡沫。

女主人赶回来目睹了一切，差点儿没惊昏过去。她歇斯底里冲着丈夫叫嚷，"你怎么会记不清密码？不就是我们的结婚纪念日嘛，你心里头到底还有没有这个家……"

消防警终于出现了，他们像黑种人一样难以辨识，牙齿和眼白闪闪发光，勇敢的小伙子们端着一大盘烧焦了的红烧羊腿，微笑着向女主人说："圣诞快乐……"

自编密码，真的服了你了。

同时联想起人类的社会，一样地创建于自己的手中，一样地经常出现“自锁”现象。看来以上种种方便与尴尬，并不是密码世界独有的风景。

买一送一

1

不知是从何时开始，古都南京悄然褪去文化大郡的披风，又跟着脱下历史名城的外衣，蝉蜕连连，摇身一变成了华东地区最著名的购物天堂之一。在上个世纪八十年代，市场经济和商业化潮流只用了很短时间就完成了这座古城的沉沦之旅。街头巷尾，楼顶路边，商家花里胡哨的大幅广告铺天盖地，围追堵截，无处不在。如果你正当年轻，一时难以抵挡花花绿绿广告的诱惑禁不住被掏尽当月工资，那是常有的事。即使上年纪的市民退隐在家，深居简出，也一样是在劫难逃。电视、报纸、杂志、导购小姐、车女郎、化妆品美人次第而上，众多美女秋波含笑，杏眼传情，诱导你对商业的卖力吆喝及时做出反应：交出你的钱包来。

身为普通的南京居民，我一直未能与南京地区强大的商业氛围积极互动，对此我很遗憾。这其中既有愿意独立思考的因素，也有出于经济上的原因：升斗小民，必须量入为出。作为消费者，我的购物经验十分有限。每当我这样腼腆的角色拘谨不安地出现在商场门口，眼望着装潢华丽、品牌缤纷的大厅两眼茫然，呼吸急促，营业员小姐们立马知道，送钱的主儿来了。只要卖家灵机一动把正常的话颠倒过来说，像我这样钝拙的顾客立刻如坠无底云雾，不知道孰是孰非，剩下来的唯一动作就是掏钱付款。

华灯初上，我在新街口大街上缓缓走过，彩色灯光在琳琅满目的商品上跳跃，像是无数缥缈莫测的精灵闪亮登场。浓妆艳抹的广告美女目挑心招，眩花了我的眼睛。商业广告排山倒海，促销活动劲歌辣舞，这一切从四面八方挤压我，质询我，责备我，为难我，指责我，讥笑我，批评我。中国人世代相传已经习以为常的储蓄习惯，被证明是计划经济时代的遗腹子和脑瘫儿。而所有不能为“提高内需”奋不顾身、散尽家产的中老年市民，被讥为自由散漫，麻木不仁和不负责任的典型。

新街口地区高楼林立，集中了一批大型商业集团：新百商店，中央商场、金鹰国际商城、东方商城、德基广场和华联友谊商厦。鼓楼广场以北，则是全省“首善之区”湖南路商业一条街和山西路百货大楼。再偏北一些，在中央门广场附近，南京商厦和金桥商品批发市场遥相呼应。南京的商业格局恰似高手对弈的一块围棋，终于做成了威风凛凛的“大模样”，把数以百万计的消费者牢牢圈入其中，“天下英雄，尽入彀中”，准确地说，是把消费者手中的人民币牢牢圈入商家收款机之内。时至今日，苏浙皖鲁等临近城市的消费者生活中的一件大事，就是“别等啦，快到南京新街口去买东西……”

南京的媒体也多，报纸分为晨报、晚报、快报，导报，日报，广播和电视又各分新闻台、经济台、交通台、信息台、娱乐台……屈指难数。媒体的产品，有相当数量属于广告。每逢周末，报纸往往会肆无忌惮一连十几版、几十版铺天盖地刊登商业广告。遇到长假，一份报纸可以厚达 220 多版，犹如货源充足的专门作用于消费意识的大麻叶，一股劲地刺激市民敏感的神经，撩逗她们潜在的购物意识，推动她们享受购物乐趣。如这家连锁商店宣称“五折起售”，那家购物中心大喊“卖一百送三十元现金”，这家“shopping mall”干脆“全场二折”，那家超级市场索性“剪下此广告，优惠 20 元现金”。至于承诺购物送“打的”费，赠送奖品……那更是小菜一碟，不一而足。林林总总的广告词玄虚莫测，犹如雪茄、老白干酒、高纯度毒品，一下子就把消费者弄得晕晕乎乎，恍恍惚惚，神经兮兮。

南京的大商场一律装潢得金碧辉煌，气度非凡，美仑美奂。豪华的玻璃大门洞开，万灯齐放，犹如瑶山仙境。“此店只应天上有，人间能有几回见”。胆小一点儿的顾客往往会在门外徘徊徜徉，不敢贸然进来，生怕迈错脚步会被西装笔挺的安保员不由分说一挥手又给轰出去。消费者手里紧攥着近期的报纸，他们比对着广告看了又看，比了又比，神情紧张，少数人的神志已经不太清醒，那些花里胡哨的广告诱惑得他们几夜没有睡好，肾上腺素快速分泌，人也有点儿气急败坏。

初次看到“买一送一”这句广告，我很迷茫。这世界上阴错阳差经常出些意想不到的乱子，一会儿Sars，一会儿禽流感。我不知道这次究竟是什么原因，迫使唯利是图的商家做出了如此牺牲，让市民白白去捡这么大的便宜。

莫非是商家大火并？总经理们发誓要“血流成海，尸堆如山”，要在“买一送一”的大决战中亲眼看见对手中招，扭曲身体倒下死去。前线激战连连，军号声声，又发起了最后攻坚战，直到“城头变换大王旗”。

莫非是商家施展慈善手段？一年买卖做下来金银满仓，溢出库外，与其白白赋税，不如作个顺水人情，把战场临时变成顾客赈场。

莫非是商家刻意整容，希望改变锱铢必较的“葛朗台”传统形象？过去大斗进，小斗出，赚取高额利润。现在回报给消费者一个莫大惊喜，让天下人明白：取舍皆由我，宽严全是禅。

莫非是物质“已经极大地丰富起来”？转瞬之间，社会完成了发展中国家——小康社会——富裕社会“三级跳”，消费者的待遇也连连晋级，以至于可以连买带送，半卖半赠……

我盯着报纸上的广告看了又看，搞不懂什么叫做“买一送一”，不懂商家为什么要“买一送一”，不懂商家怎样“买一送一”。

2

顾名思义，“买一送一”是买什么就送什么。譬如下班途中你选购一个西瓜，付款后，卖瓜的伙计顺手饶给你一个，让你双手各抱一个绿色地球满载而归。又好比你本来只打算买一支冰淇淋消消暑，营业员收了一支的钱，不由分说硬塞给你两支冰淇淋，瞅着你的背影目送你手忙脚乱边走边吃，冻得缩起脖子，清鼻涕直流。

天下会有这样的好事：买一个，还会白捡一个？我正准备出门去购物呢，怀里揣着刚从银行领回来的工资，把原本扁薄的皮夹塞得鼓鼓囊囊。此时的皮夹好像是一只刚捉到手的蛤蟆，四肢乱蹬挣扎着要离开我，急着弃暗投明，扑向那些花花绿绿蛊惑人心的广告。

我受过良好的教育，不能与皮夹和皮夹里面摆放的那些劳什子一般见识，我的大脑受过训练，我当然要深思熟虑一番。天下之大，无奇不有，我注视着“买一送一”四个字，苦思冥想，绞尽脑汁，捉摸着玩味着幻想着体验着，它到底是属于卷帘格，还是秋千格，或者是徐妃格……谜底究竟在哪里？我直观上觉得，无论“买一送一”的戏法如何变化，商家都不会再白送一件同样的商品给你。商家出售一台彩电，再白送一台给你，那指定会把商家赔惨了。商家如果这般慷慨地牺牲、放血、跳楼，投江，他还有一线儿活路吗？

消费者面对商家的无私奉献，反而笑不出来了。为什么商家偏偏要一条道走到黑，坚持“买一送一”，演出一幕幕轻利重情、千金买笑的现代故事呢？环顾左右，无人能够回答我的问题。每当我提出这类疑问，对方总是急忙忙地嚷道，哎呀，我正要向你打听答案呢……

只有始作俑者面不改色，静观其变，吊足了消费者的胃口。他们稳坐一旁，等待收网。

我在鼓鼓囊囊的皮夹陪伴下，勇气倍增，斗胆向大商店开拔，径直走向“买一送一”横幅下的柜台。商场大门敞开，营业员们各就各位静候在柜台后面，侧立在衣架旁边，潜伏在彩灯暗处，等待潮水一般涌来的顾客。进门的时候我忽然感觉到眼前的这一切何其熟悉啊，仿佛是少年时分我经历过的捕鸟场面，猎人早就布下了天罗地网，设下了饵食，系好了袢子，抛出了牺牲。

在鞋帽柜台我看中了一双进口牛皮鞋，这双鞋在业界有一个轰天响的名字，鞋的好几个部位压印着一位外国老人庄严的头像。营业员怀着交警开具罚单那样愉快的心情，给我开出一联交款单，紧接着收银员怀着交警没收车子那样更加愉快的心情，扣下我好几张百元钞票。这双鞋从此属于我了。

在皮鞋盒装入手提袋的当口，女营业员另取出一副鞋带，当面向我出示一番，一本正经交给我收好。我报以感激一笑，鞋厂考虑十分周详，就像新买的外套衬里上多缀一个扣子，高档水笔多备一支笔芯，厂方无偿奉送小小配件，以备消费者不时之需。

营业员是何等精明的角色，她立刻识别出我的理解误区所在。她重新取回鞋带，郑重其事地展现在我的眼前，音调提高八度，慎重地一字一顿通知我说，这就是“买一送一”的全部内容，顾客买一双鞋，奉送一副鞋带。

她当断立断，一语点破机关，区区几个字便诠释了现代买卖契约中一项玄妙的要义。自己花上半个月的工资买一双做工考究的皮鞋，觊觎着厂家再送上等值的物品，那是不现实的事情。原先我就没指望发上一笔横财，我无意一次次普通的交易累计起来导致厂家破产。可是商家一番赤裸裸的以凫为鹘的剖白，还是令我一愣。

我接过鞋带，在手中掂了掂，辨出是化学纤维质地，价值不会超过5元钱。我露出受宠若惊的神情，仿佛手上捧着一副24K金链子，上面缀满翡翠珠宝。面对着商家锣鼓喧天气势如虹的“买一送一”盛大气氛，我至少得在表面上配合一下，别让对方失望。

其实此时商家迎面劈我一棍子，也不会使我感到更加意外。我一度怀疑我的智商主板出了问题，或是我的逻辑思维电路出现障碍。我一口气把系统自检三遍，确信无问题，一种大悲哀默默升上心头。

商家卖的那个“一”，价值何等沉甸甸。

商家送的那个“一”，价值何等轻飘飘。

南京地区的商业广告大致经历了三个阶段，第一阶段较多采用形象化语言：“大放血”、“上吊跳楼价”、“甩卖大牺牲”、“自杀亏本价”……单从字面上玩味，商家简直就成了殉难者云集的修道院，一桩桩亏本生意令人惨不忍睹，总经理们一个个急等着杀身成仁，血流成河，奄奄一息。

“买一送一”属于商业广告的第二发展阶段，是一种意象派艺术，归于朦胧主义。一般来说，广告上并不明说送什么给你，消费者单从字面上根本无从知道这番交易的最终结果。商家的态度相当含蓄深沉。这句广告词变得像迷宫一般难以捉摸，留下了偌大的想象空间，耐人寻味。而这个想象空间之大，足足可以开进一辆轿车驰骋一番。当然，无论想象空间如何辽阔，如果只放进一副微不足道的鞋带，谁也不能说是一无所有。

这有点像消费者按照“一、二、一”的口令正步向前走，走到第三步时，由于后“一”与前“一”根本不是一回事，两者的地位严重不对称，身体很可能会一个趔趄突然失去平衡严重倾斜，然后马失前蹄羊坠深渊不明不白在平地上摔个结结实实大跟头，搞得膝盖半月板撕裂，肱骨骨折。到那时候消费者才算明白，商家红口白牙信誓旦旦答应奉送的那个“一”，只是虚应故事的一种点缀，是镜中花水中月一种诱饵，当你雄赳赳踏上后面那个“一”时，只有细细一丝有如鞋带般的可怜支撑，承担着你本人和比你躯体还要沉重得多的欲望，如要细究事故的责任和原因，全怪你自己不好，是你想讨人家的便宜，误会了商家的意思。试问你不摔下去谁该摔下去呢？

我无言以对，心情沮丧，转身离开。总不能因为商家自作聪明玩弄“请君入瓮”的骗人鬼戏，我一怒之下就退掉那双名牌皮鞋，转而回家打赤脚吧。话虽是这么说，商家沾沾自喜玩弄所谓的“买一送一”戏法，也太把顾客的智商不当回事了。我已经心生芥蒂。为了照顾我自己在消费过程中发生了变化的心态，我决定还是另换一家商场继续购物。

在后来的时间里，我进入一家打着“买一送一”横幅的交电商店购买了一辆名牌自行车。卖车的营业员很忙碌，无暇对我解释“买一送一”的实质内容，他抽空向车篓里扔进一把包装华丽的车锁，又忙于招待新顾客去了。过了一会儿，他觉得可能怠慢了我，为了补偿他工作的简单化，他又调过脸来看看我，允诺如果我不满意“买一送一”奉送的淡青色车锁，可以换一把枣红色甚至可以选择一把带荧光的车锁。“晚上你从灯光下骑到黑暗中，你屁股底下一圈闪闪发光，够意思吧？”他问。

我点点头，答：“美臀之光。”

交电商店边上是一家体育用品商店，在这里我还是没有躲开“买一送一”广告的包围。那段时候，南京市早已沉入“买一送一”的汪洋大海，无论你往东看往西看往南看往北看，这句蛊惑人心的口号泛滥成灾。商家齐心合力祭出妖力无边的宣传法宝，与消费者过招斗法。

在体育商店我买下一副高档网球拍，营业员送给我一双名牌网球袜，那位大眼睛的美人儿由衷地为我感到高兴，再三提醒说我是名幸运儿。此前“买一送一”一概是送国产网球袜，今天早晨国产网球袜送光了，经理宁负自己，不欺顾客，大义疏财，破例送给我一双进口名牌网球袜。营业员殷勤地把袜子商标翻给我看，她眼巴巴瞅着我，希望我讲出一番感激话来，以慰商店拳拳之心。

我迫于情面，含糊不清地嘟囔一句，听上去既像是“我太开心了，哇赛”，又像是“你们统统是骗人精，该死”。

有了这样一个星期天消费的出色经历，我对于“买一送一”究竟是何种货色开始有了清醒认识。“买一送一”是一个现代版“狸猫换太子”戏法，利用消费者潜意识中对于“买一送一”的朴素理解和希企心理，巧妙地偷换概念，硬掰开消费者攥得铁紧的手指，抽走了一叠又一叠厚厚的钞票。商家回送的礼物五花八门，但是“送一”的价值远远低于“买一”的价值，这是一条铁的规律，颠扑不破，放之四海而皆准。我办公室的同事买一台空调，商场送一次“打的”费，这是“买一送一”。我的邻居买一部轿车，车行送了一份香港旅游来回飞机票，这也是“买一送一”。

3

我还没来得及参透“买一送一”的禅，南京商家一窝蜂又推出了“满百送百”促销活动。一犬吠日，百犬吠声。报纸，广播，电视、宣传标语、派送广告一哄而上，明星轮流剪彩，现场辣妹热舞，商场的促销热度立刻达到了沸点。商家的老总们看来是悟出了道家真谛：一生二，二生三，三生万物，商家们的出息可是越来越大了。

南京商场里顾客摩肩接踵，热情沸腾，犹如开了锅一般。前有“买一送一”在先，现在又推出“满百送百”，如果消费者还不领情，还不感激涕零，还不趋之若骛，还不掏出大把大把钞票一古脑儿献送到商店收银台上去，那可真叫做不识时务不知抬举。一时间商场里挤挤搡搡，凫趋雀跃，癫狂而且疯魔。

由于我有了“买一送一”的经验在先，我没有喜出望外随风而动，也没有大惊小怪。我饶有兴趣地揣度着商家新的战略战术，“买一送一”是指商品数量，而“满百送百”是指消费金额。商家一条条的销售策略仿佛是拳击台四周的围绳，从四面八方兜住消费者，无论顾客怎样蹦跳躲闪，随身的钱包也逃不脱商家一记记重拳的疯狂击打。

我的手指在计算器上跳动，商家的这本财务账其实不难分析。如果答应“满百送百”，商家标价 100 元卖出去的商品，销售成本应该不高于 40 元。顾客付给商家 100 元人民币后，商场随即送出一张百元购物券，商家的净成本支出是 40+40，总共是 80 元，尚有毛利 20%进账。成本与销价之间的差距越大，商家的游戏空间就越大，关键在于商家要敢于腆下脸来把毛利率放得异乎寻常大些。

买一送一也好，满百送百也好，其实统统是一种价格游戏。从顾客角度来讲，花出一百元，却享受了二百元的购物乐趣，顾客的虚荣心和占便宜心理得到了充分满足，获得一种虚幻的“超值享受”。而对于商家来说，“满百送百”促使消费者达到双倍消费的目的，下次使用购物券时必然首先回头光顾自家商场，而商家的盈利空间并未受到实质性影响。这样商家小试伎俩就创造了一个原先无法实现的白日梦，一个天方夜谭式的推销神话，一箭双雕，达到了双赢效果。这计谋何等精明，商家只要肆无忌惮地把商品价格随心所欲大幅提高，上下其手，纵横捭阖，就可以乱中取胜。至于消费者的购物款到底多少花在需要买的商品上面，多少花在附送的“消费券”购买了本来用不着的商品上面，连顾客自己也算不清楚。

为什么商场如此喜爱玩弄“买一送一”或“满百送百”的噱头呢，干脆把商品价格恢复到实际水平，老老实实做“卖一件就是一件”的生意岂不是更好吗？如果你果真把这个疑问吐出口来，商家会用宽容的笑容温暖照耀着你，会用同情甚至怜悯的目光打量着你，甚至会建议与你共进午餐，邀你去洗桑那浴。但那句答案他们永远不会说出口：“买一送一”、“满百送百”实际上是利用消费者的一次购买行为卖出了两件商品。

“买一送一”也好，“满百送百”也好，“全场打对折”也好……统统是商家促销计谋，是一种价格陷阱，绵里藏针，充满不测风险。渐渐地，商家言行是否规范和诚信就变成了一个问题。

4

在南京商家一次次大胆创造促销奇迹后，我心中冒出一个有意思的念头：过一段时间，商家会不会进一步降心相从，“满百送百二，”或者送二百，送五百，甚至“满百送千”？从逻辑上讲，“满百送千”完全是可行的，只要把进价 7.27 元的商品统统标成售价 100 元，也就是把毛利率放大到 92.73%，商家即使真的“满百送千”，仍然可以有 20%的盈利空间。但我转念一想，那样一来商场也就不成其为商场了，彻头彻尾整个儿变成诈骗行业了。

杰出的广告创意总是能赢得顾客由衷欣赏，如可口可乐公司“芬达”汽水令饮用者无比惬意地打嗝，这打嗝声被天文学家监听到后，误认为是来自外星人的问候，顿时引起地球上一片欢腾，这一机智诙谐幽默的广告效果令我心悦诚服。美国唯一连任四届总统的富兰克林·罗斯福在垂暮之年说，“如果我能重新生活的话，我将从事广告事业……”可见广告业在名人心目中有着不俗的地位。然而，广告作为一种促销工具如果用的不是地方，效果可能出现偏差甚至完全相反。有次我的一位朋友忽感头痛，他按广告指点买药服下后，一觉沉沉睡去，误了第二天的火车，受到上司严责。事后他方明白此药有安眠作用，而药品广告及说明书里只字未提。广告后面隐藏的东西真是太多。那些自欺欺人、自以为是甚至玩弄数字噱头的人虽能蒙混一时，最后有可能会砸掉自己的牌子。

广告的目的在于千方百计吸引消费者的注意力，但是商家更应该充分尊重消费者，不应该自做聪明玩弄价格游戏跟顾客弯弯绕，不必用“买一送一”或者“满百送百”的吆喝像用蛐蛐草去舔蟋蟀须尾那样恶意刺激消费者潜意识中贪小便宜的敏感处。消费者掏钱购物时也许还来不及洞悉奥妙，但迟早他会明白，商家和他开了一个低俗的玩笑。

面对聪明过头的广告我总是忍不住发噱，十多年前，“我们全家都爱吃”这句广告语风靡一时，妇孺皆知，铭肌镂骨。但随即被业内人士评选为最不动脑筋的广告作品，直白而缺乏创意，被推送上“中国广告十大俗词”首席。尽管眼下“买一送一”和“满百送百”这类广告词新秀锐气逼人，花招频仍，在我看来，仍然只配在“中国广告十大俗词”范围夺席谈经，彼此惺惺相惜。

为了护送“买一送一”和“满百送百”这两句广告词顺利晋升“中国广告十大俗词”榜首，我们父女俩不谋而合各自打开了电脑，女儿和我的终极目标是开发一个广告语优秀软件，一劳永逸地帮助南京商家解决广告创意方面的一些棘手问题。我们自己对这个软件的期望值较高，本软件提供的广告语必须在21世纪始终处于领先水平。冲着商家千金市骨、求贤若渴的气魄，咱们可不能让人家失望。我们长缨在手，重任在肩。改朝换代，此其时也。

欲正其事，先正其名。我为软件立意为："在信用指数忽略、忽悠指数为十的前提下，商家有效控制顾客眼球，智商高于120顾客钱包洗劫程度超过百分之八十，智商低于120顾客钱包余数不允许超过5元钱，广告具有催眠的魔术效果，顾客主动送钱进门率达到百分之百，事后又无理由反诉商家欺诈行为的新世纪万用广告语魔板"。可惜这个软件的题目太长，称呼起来和推销介绍都不方便，所以我和女儿简称其为"吆喝软件"。

这就是我称之为南京广告未来发展的第三阶段。

我白天黑夜努力工作，创立模板，编写程序，输入大量技术参数，调整函数和变量，务求做到精益求精。我不惜工本把南京商业广告的各种版本包括"买一送一"等一股脑儿统统输入进去，以校准这个广告软件的"南京商业广告"血统的纯正性、继承性和一贯性。我对这个软件的要求很高，常常在一切都做好了完善完美正要举办庆功会时忽然重新推翻再来。我们常常肯定了以后否定，否定后又后悔了再次肯定，肯定了突然没有了信心，干脆把所有程序删得光光的连硬盘也格式化连电源线都换掉重来。我工作时一会儿笑一会儿哭，我工作是如此投入，敬业精神是如此杰出，女儿常常笑话我是走火入魔。

最初，这个新软件是脆弱的，残缺不全的，就像一名脑瘫弱智儿，喂一口奶马上便呛出口来狂咳不已，似乎随时随地就要仙化而去。我的许多重要数据因此全部丢失了。我觉得在多数情况下我这个设计师比弱智儿还要低能，还要软弱无力，还要不堪一击。我简直成了"最弱智软件之父"。

很快地，由于输入了大量广告实例的丰富营养，软件的生命力得到了显著加强，从前的弱智儿迅速长大成人了，面前升起了一个贪婪精明的身影。软件随即自动升级变成了半智能化，它主动张开无底大嘴无休无止地吞噬一切信息资料。终于有一天，这款软件在南京地界上修成了正果，它蜕掉了全部伪装，原形毕露，变成全智能化的精灵，它像一个十足的精神妖魔经常在屏幕上扶乩般胡言乱语，十分癫狂，我再也无法控制它、限制它或者左右它。

最初它还是牛刀小试，模拟人脑思维，屏幕上一行行地出现了许多广告新创意，其中不乏可圈可点之处。软件的自主意识很强，它很快觉察出自己对于人类的优势，从此便不再受我节制。但是到了后来，一个比一个更像痴人说梦，一个比一个更像谵言呓语：

“买电池，送二手手机……”这个广告只出现了一天，软件很快自我修正，转眼间便喊出了“送名牌手机”的响亮口号。看来这款软件智能化的程度很高，溯其血统也像是败落大户人家的纨绔子弟，而不像是出自我这样手头紧巴巴的城市职员后裔之手。

“买胶卷，赠进口相机……”

“买 CD 唱片，无偿奉献名牌音响……”

“买 3 瓦灯泡，送六米超长水晶吊灯……”

“买鼠标送笔记本电脑……不买鼠标也送笔记本电脑……专送笔记本电脑给不买鼠标的人……”啊，不对，这软件程序似乎是出了一点问题，逻辑上混乱，离商业广告的宗旨简直有十万八千里。不买商品谁会放血赠送礼品呢？

于是一切推倒重来。

“买车用香水，送奥迪 A6……”

“买 2 元彩票，送 500 万大奖……”

“卖一套烧饼油条，送半盆黑海鱼子酱，一箱法国松蘑和鹅肝，还有泰国血丝燕窝，澳洲鱼翅……”

“买一小包宠物饲料，送食人鳄一条，毒蛇一对，干尸一堆，吸血蝙蝠若干，会念魔咒的鬼怪两打……”

…………

啊啊，这个精怪软件开始失去控制了，它成天自说自话，胡言乱语，我竭尽全力，努力在这款超级软件彻底崩溃之前，从那些“怪力乱神”梦呓痴语中好歹遴选出一句可用的广告语：

第一句是“买一份报纸，送你欧洲游加上埃及游。双飞总统套间全程向导……”我和女儿大皱眉头，嫌其罗索。报纸藏印，暗号对奖，算不上新的创意，最终被我们否定掉了。

“买不买随意，中奖百分百。只有你想不到的，没有你得不到的……”我摇头不满，作为广告这些话太空泛了，不得要领，不能立马刺激得消费者浑身一激淋。消费者在广告文化中浸淫得久了，个个是“半斤白另加4瓶啤”的广告雅量，他们要求广告直截了当，形象生动，入口可意。比如说“输到你当掉裤子光屁股走人”或者“宝马轿车一路不停开回家”之类。

最后一句广告语刚刚出现在屏幕上，我眼前一亮，犹如电光火石，整个世界沐浴在灿烂的光辉中，一种从未有过的激情传输全身，我和女儿异口同声一起喊：“就是它，就是它了。”

屏幕上只有区区六个字，言简意赅：

“买火柴，送豪宅。”

广告人

这位老兄，素未谋面，只闻其声。当时他好像在南京的一家电台谋生，经常会在一些电台广告中间抛头露面，献声亮音。这位仁兄天生一副苍老嘶哑的喉咙，加上有点儿“票友”根底，能说上一口京白韵白，语言的表现力强。自从他在电台广告上露声后，引起了一部分听众的关注。这老兄做起广告来既敬业又投入，加上电台广告部敬“老”爱“老”，奇货可居，一再举荐他重点频频亮“声。”一来二去，南京广告界蹄声嘚嘚杀入一匹黑马，成就了一位极富特色的广告人。

在我记忆中，这副富有特色的声音初次漏入我的耳帘时，他的角色定位本是一名纯朴本分的乡村老汉。这么大年纪第一次离开山沟沟来到这座灯红酒绿的繁华大都市寻找来宁打工的一双儿女，由于地址不详，老汉举目无亲，几乎露宿街头。在此关键时刻，蓝色出租车公司几位司机热心相助，接力寻找，过筛子一般在数百万人口中帮助老汉寻到了膝下骨肉，亲人得以团圆。老汉在广播中感激涕零，赞不绝口，满口土腔野语一个劲儿夸奖蓝色出租车公司，直听得我等善良受众热血沸腾，死心眼儿地迷上了蓝色出租车公司，一时间对这家企业顶礼膜拜，敬爱有加。那几天每逢外出，人们频频向移动的蓝色标志行注目礼，争着坐他们的车。街上的蓝色一下子成了香饽饽。连紫色出租车公司的司机也纷纷穿上蓝 T 恤，顺便占了不少光。

世事难料，过了几天老汉再在电台上出现时，一下子就成了海外归来、专事投资的亿万富翁。他的血统高贵而纯洁，世代簪缨，齿德俱尊。当时他开着一辆进口顶级轿车在环城公路上围着南京城“跑车圈地”，没想到轿车水土不服，开着开着便“趴窝”了。董事长老先生一筹莫展，愁肠百结，他担忧南京这么个小地方，没有原厂的机械专家和世界顶级设备，无法治好他那辆价值数百万的宝马良驹。谁知道时势造英雄，南京八王爷汽修厂配件纯正，技工技术上乘，只半天功夫便妙手回春，修好了那辆身价不凡的名车。眼看着刚才还是病恹恹的瘟猫，顷刻之间风驰电掣狂奔撒欢如蛟龙上天入地，亿万富翁不禁喜出望外。他金口玉言一连声猛夸八王爷修车厂，赞扬超一流的技术和无忧级的服务。富翁的真情流露让我等世俗小民诚惶诚恐，从此以后把那家达官贵人熙熙攘攘你进我出的修车厂敬若神明。海市蜃楼般听完一通贵族大佬在无线电中布道传经，然而百姓胯下的自行车出了问题，还是老老实实在街头修车摊上施行“外科手术”，无缘享受此公竭力举荐的“帝王级服务”。

一个星期天的早晨，我刚从梦乡中朦胧醒来，梦魇中的鬼哭狼嚎尚未完全消失，妻子随手把收音机音量旋钮拧开，耳际便传来广告节目急吼吼的吆喝声，催促我们赶紧去古德商场购物。我一听就知道，这位老兄忠于职守一大早便上班了，他那一口“方言级”普通话像是辣椒冰淇淋万里挑一颇具特色。这老兄不鸣则已，一鸣惊人，口吐莲花，披露了一条地震般的惊悚优惠消息：古德商场百年不遇“换季特大优惠”，“一折起售”，摸奖另送巨额现金。古德商场是南京最大的一家巨无霸商场，如此纡贵降尊，降心相从，消费者们假如仍然无动于衷的话，真正是误国误家误己，从此无颜去见江东父老。我禁不住诱惑，立马从床上弹起，凑齐现款又带上信用卡，直奔这家商场。午后时分全家人精疲力竭大包小包满载而归，妻子往沙发上一坐便后悔了，说是又出钱又出力帮助商场清仓减负，风格未免也太高了。买回来的这些东西，一时用不着，二时穿不着，还得腾出地方来搁，真是何苦来着……

几天后，黄昏时分，妻子在家中厨房里忙活不停，油烟四起，香味扑鼻，女儿和我饥肠辘辘，食指大动。这时收音机中的新闻播报嘎然而止，广告节目一拥而出。这位老兄仿佛是火眼金睛洞察秋毫，远在城南大楼的电台播音室里便窥见了河西我家厨房的动静，他鼓噪三寸不烂之舌，针对性很强地展开了晚间美食攻势，说什么二狗子餐馆环境优雅，特色独具，服务上乘……“三天之内，五五折优待，外送龙虾大碟”。别的餐厅我也许不清楚，二狗子餐馆就在我家巷口，左右邻居洞悉个中深浅，餐馆雇用的是一帮淮安厨子，口味平淡，菜肴单一，空调经常罢工，室内照明昏暗。那么曾几何时二狗子餐馆脱胎换骨出类拔萃这般出息了呢？悬念和好奇心最后胜出，我家厨房立即停火，一家三口换上整齐的服装，兴冲冲前往二狗子餐馆用餐，民以食为天，更何况“浪子回头金不换”嘛，我们要以积极的消费行动来赞许他们的进步。可惜二狗子餐馆一切依旧，照例是菜肴中莫名其妙出现大批红绿辣椒，仿佛你点的所有菜都是辣椒，只不过凑巧里面能发现点儿鱿鱼片儿，或者是鸡丝、开洋什么的。照例是冷盘热菜点心汤煲打着滚儿地往桌上端，没个先后秩序。吃完后清点盘子发现少了一个菜，原来是无缘无故送到隔壁那桌上去了，孝敬了一帮吃饱喝足早已上路了的外地旅游客人。最后照例是在油腻的瓷砖地板上一滑一嗤跌跌撞撞被送出大厅，直到走上干净的人行道，我这才长长舒出一口气，恢复了安全感。回到家后我对妻说，嗨，还真不如咱家原先准备的那顿饭呢。

有一阵子这声音的主人自称患上了关节炎，我们从广播中听见他在街上遇上谁就跟谁吹嘘中药“松筋散”。据他介绍，这种药的药效可神了去了，打个不太确切的比方，别的药顶多像是一副弹弓，射力充其量也就是百把米远，他这种药一出手就是第三宇宙速度，别的药根本没办法儿比。他自称生病之前腿脚乏力，上五楼得歇上三次。自从生了这么一场严重的关节炎后，他反而飞檐走壁上天入地无所不能，这一切都是拜神药的力量所赐。“老少咸宜，药到病除，价格适中，无毒副作用。”不知怎的他这番话听上去总是令人联想起街头卖大力丸的江湖艺人。我纳闷药品“无毒副作用”为何变成了优点大肆推销宣传？就像家用电器决不能漏电，“无漏电”从来都不是一个优点一样，任何药本来就是为了治病而不是为了药人。唯一美中不足的是这种中药的疗程有些嫌长，一个疗程15天，六个疗程为一组，三组之后才见初效，五组之后达到显效。我粗略计算了一下，药价合计起来，可是比进口西药贵多了。“价格适中”是一个价格陷阱，慢刀子杀人。

又有一阵子，这老兄摇身一变，又成了“女娲”健身治疗仪的临床奇迹。他自称多年坐骨神经痛，形同瘫痪，他成年是“大隐隐于市”枯坐家中无数春秋全不知室外景观。如今经过“女娲”健身治疗仪的医治，他终于痊愈，近期如同大赦，外出散步时健步如飞，引起众多病友大惊小怪围观。他在电台上一连声夸奖这种治疗仪除旧布新，起死回生，治标治本，结构解构，实行三包。他哽咽说治疗仪是他的救命大恩人他的再生父母他的科技上帝也是所有坐骨神经痛患者的大福音，满嘴跑舌头，现身说章法，拍胸脯拍大腿拍腮帮子自白说：保证你一旦使用立刻焕然一新，“上天入地，一马当先。”广播里众病友像媒子似地一唱一和，竭力吹捧，最后大家情不自禁大合唱“浚哲维商，长发其祥”，宫商角徵羽，听者无不感动得泪如雨下。

这边坐骨神经痛患者的大聚会兴高采烈尚未结束，那边这老兄忙中偷闲又当头挨了一刀治好了白内障。广播中喜讯传来，所有老花眼青光眼近视眼斜视眼斗鸡眼病友欣喜若狂，欢声雷动。大家聚精会神挤在收音机前倾听这老兄睁大眼睛遍数天上星斗一口气报出群星的学名俗名奶名别名，又指给我们看月亮上面的陨石坑和天文望远镜也看不见的外星人壁画，他的视力如此之好以至于月球背面的人面山和飞碟基地一概历历在目，甚至瞄你一眼就看穿你的上世你的来生你的福音你的运势。听得满城的眼病病人大喜过望，不顾一切立即上街组成浩浩荡荡的队伍向眼科医院开拔，挂号预约开刀的档期一直排到了2090年，挂号小姐一边收钱一边嘴里低声嘀咕说，能活到那时候吗？

福无双至今朝至，祸不单行昨夜行。这老兄的喜事，如同电脑病毒迅速复制，一变二，二变四，转眼已到了无限大。这老兄通过空中电波坦白说自小就是少年白发，现在到了“知天命”年纪，经过治疗居然白发转乌变成了满头青丝。这老兄绝不是保守狭隘的人，他十分乐意普天下的白发者一起来分享他的快乐，他不问自答，响亮地报出 “黑透了”洗发水品牌的名字。可惜由于广播条件的局限，他无法逼真地模仿洗发水模特儿翩然转身让一头靓发凌空飘起，同时向忠实的受众抛来个媚眼。为了弥补这个缺陷，他加重了语气，提高了声调，可能还夸大了其词，他扬言说“黑透了”中药冲剂是久已失传的古典单方，是千年杏林难得一见的奇花瑶草，如今在“黑透了”第72代传人手上兴灭继绝，实在是齐世洪福，世界上的人应该“有发共喜”才对。

我听后起先欢欣雀跃，后来细细思索又有些不解，“黑透了”既然是亘古秘方，怎么会如这位老兄所说，与染色体和基因工程又扯上了关系？我不相信古代人一边茹毛饮血刀耕斧种，一边却精通深奥的遗传学理论，难道他们摆弄着天然的野兽腿骨和冰块组合就能够制成超级电子显微镜，亲眼观察到细胞的基因变异？我最后拿定主意不让“黑透了”来随意摆弄我的头发，基因工程可是一片雷区，搞得不好把人变成了猪也说不定，我可不敢舍身相许。科学家认为多数猪的智商不比人低，我怀疑那也许就是历史上“黑透了”的先祖在人类临床失败了的试验品。

不久以后，我开始为这位老兄的健康问题严重担心了。粗略计算下来，根据收听广播的大致记录，一年之内这位先生已经得过几十种病，中风，肝炎，肾结石，脑膜炎，带状疱疹，狂犬病，眩晕症，肩周炎，绣球疯，腰椎间盘突出，以及种种说不出名来的“人间难得几回逢”的疑难杂症。他每次傍晚口吐黄水，脉搏停跳，奄奄一息，作为呼应第二天一早他必定全身浮肿，青筋暴突，精神亢奋。有时候他不小心摔断了脖子和四肢，紧接下来作为调剂他一定心力交瘁，思想崩溃，灵魂出窍，声息全无。物质世界和精神世界似乎在他身上联手起来使劲折磨他，竞显神通，争奇斗艳，各行其道。

他给听众留下了健康糟糕的坏印象，好像他是次品胚胎孕育出的生命，什么毛病都有，高血压，高血脂，白癜风，狐臭，脚气，秃发，包茎，糖尿病，痔疮，暗藏凶险的黑痣，灰指甲，肝硬化，红斑狼疮，静脉曲张，小儿麻痹症，最要命的是甚至疯牛病和鸡瘟也时不时地捉弄他一下。一年中偶然有几天他没有生病，那一定是他刚刚把膝盖半月板和膑骨摔得粉粉碎，骨头的细碎程度赛过纳米。

大自然存心在他身上搞平衡，每逢一种毛病被治好，他立刻又添了好几种新的疾病，一次比一次凶险，一次比一次可怕。阿耳茨默尔综合症，马凡氏综合症，库欣氏综合症，帕金森综合症，尤塞氏综合症，雷耶氏综合症，奥斯勒综合征，氏氏氏氏……甚至史无前例他还曾患上过一种“死吧死吧氏综合症”，据说这种病极为罕见，全球范围几千年才发生一例，医学界泰斗普遍以遇上这种病为荣，相比之下，诺贝尔医学奖真算不上什么。天将降大任于斯人也，冥冥中他仿佛被造物主选做万劫不复的试验品，他简直成了现代 731 细菌部队的“木头”，手脚被无情地反捆，一群穿白大褂蒙白面罩的人围着他把一管又一管混浊的液体注入他的体内，一言不发地观察他暴病发作，挣扎辗转，垂死抽搐。

而他每次都能逢凶化吉，对于电台的听众们来说这已不是什么秘密了。每次大难不死绝境逢生，他都会感激涕零在麦克风前出现，怀着知恩图报的迫切心情，向我们提到一大串药品和治疗仪器的名字，他知无不言，言无不尽，让我们知道所有的药品和治疗在他身上百分之百体现出奇迹。听完他大段大段的内心自白，他成了惨烈病人的优秀楷模，成了受治疗者的教父，他简直成了本年度的全球最佳病人。有种药本来专治心脏病到了他这里意外地捎带着治好了多年不愈的脚气，有种治疗仪质量不稳冷不几地大范围漏电足以电死一群大牲口，歪打正着偏偏一下子治好了他的面瘫。最出乎意料之外的是有种假安眠药百分之百是面粉疙瘩，唯独到了他这里化腐朽为神奇，起到安抚心灵唤起潜意识的独特效果，一下子治好了老年性痴呆。在广告的尾声，他一概坦诚披露药贩子的电话号码或者某个经销网点的地址，他胸怀宽广不愿独享其成，迫切地渴望恩泽天下百姓，急急如律令。

久而久之，这老兄的声音成了我们这座城市的一种象征，一种标志，一种图腾。他无所不知，无所不晓。他的学问是如此渊博高深，韦编三绝远远不够，至少应该是三千绝。听众们笃信他才怀隋和，对他敬仰有加。人们在背后把他譬喻为南朝梁武帝时期隐居在茅山屡聘不出的陶景弘，称他是当代真正的山中宰相，“仰之弥高，钻之弥坚。瞻之在前，忽焉在后。”

老年听众们更是在心眼儿里把他当作国宝看待，俨然相信他具备叱石成羊的本领，须臾不可无此君。作为老年听众心中的迷信偶像，这老兄每一句话语，甚至每一声咳嗽，都涵盖了深刻的意义，他的语录在那些退休了下岗了离职了辞退了的人群中广为传诵，并不断得到放大、添加、更新和补充。有时他刚刚说了一句“你好……”电台出现故障就没声儿了，这两个字随即不胫而走，无限传送，再传回来时已然变成一部气势磅礴洋洋洒洒的交响乐，题目叫做降F大调《你好》，小泽征尔指挥，帕瓦罗蒂演唱，纽约爱乐乐团演奏，时长超过一小时。那些大妈级粉丝十分担心他在遍尝百草时不慎壮烈牺牲了，哭着喊着要身临其境为他代尝百草，否则那才是百身莫赎，“如可赎兮，人百其身。”

有段时期，这位与广大病友们同袍同泽的仁兄还会忙中偷闲，从他魔幻般的医药王国中逸身脱出，摇身一变又成了云游四方的远足大仙。他一会儿摇着南方旅行社的蓝色三角旗率团在海南旅游，一个劲儿地冲着“天涯海角”几个字发思古之幽情，全然与当年苏东坡老先生谪官去那里的心情相差十万八千里。倏忽之间他又扯着西北旅行团的横幅在拉萨布达拉宫参禅，一个个地顺序推动法轮，重现了夫子奔逸绝尘的神话。孔席不暖，墨突不黔，他的举止言行撩动了众人心弦。如果不是他一朝清醒过来便迷途知返，及时返回了南京这座城市，我担心六朝古都早已是万人空巷，市民们会把多年的储蓄全化在车费和门票上了。

风闻这位老兄回到南京的消息，忠实听众立刻呼朋引类，心口相传，一起打开收音机转到他服务的那个频道。他也不负众望，一回到故乡立刻给了大家一个天大的惊喜。据他所说，昨晚他大宴宾客庆祝六十大寿，子孙满堂，灯红酒绿。他意兴遄飞，爽笑连连，欣然接受下儿子女儿接二连三送来的十珍药酒，听上去似乎当晚世界上的千万种礼品全部禁售，只有这种药酒可以在市面上买到。要不然就是他对这种药酒情有独钟，或者普天下只有这药酒对他的胃口。我不禁对他的鉴赏力产生了些微怀疑，我尝过这种包装华丽的滋补品，这是我吃过的最反胃的劳什子。但我的这种大不敬思想很快就消失了。

世道变化，人间跌宕，简直令人目不暇接。昨天还是儿孙满堂的“十全老人”，今朝不知为何一下子成了无依无靠的孤寡鳏独。他眼眶噙满泪水，声音颤颤巍巍，高声赞美起老黄忠养老院位居深山环境出类拔萃，他列举事实说明青山绿水对于老人健康来说胜过天下一切滋补品，而那里的环境一切全是原生态，民宅是宋朝的，寺庙是唐代的，而养老院建设的材料竟然来自于秦砖汉瓦……过了一会儿我改听交通台时，主持人报告说，通往远郊老黄忠养老院的老年乘客骤然增多，不得不临时增调车辆安排加班云云，仿佛那里果真是天堂驿站。

昨天他还对 37 层过滤的“天雨”牌矿泉水爱不释手，打的是自然、清新、健康这张牌。他暗示说自己由衷地厌恶烟酒茶，人工炮制的一切酿造物和饮料越精细越美味越可口，他就越倒胃口。他真心喜欢清露，松子和白云，他的清高风雅纯正无瑕，犹如南北朝时期隐居下来硕果仅存的隐士，只在此山中，云深不知处。而他之所以修成这番正果，功劳全来自于天然的矿泉水，尤其是“天雨”牌矿泉水。他在广播中一番耳提面命，听众犹如醍醐灌顶。当晚顺理成章南京几个大卖场里“天雨”牌矿泉水全部脱销，顾客预约订货的电话络绎不绝。

今天他又没事儿没事儿地移情于帝王啤酒，他打赌发誓表白说，只有啤酒而且只有“帝王牌啤酒”能帮我们找到作为现代人的最佳感觉。电台的音乐背景声热烈奔放，极力渲染啤酒节的世俗气氛，他又歌又舞，酒酣耳热，内圣外王，款曲周至。此时他的隐士气质早已荡然无存，他像一名堕入十八层地狱不可药救的酒鬼，竭力向听众们推崇口腹之欲，满嘴酒气，口流酒涎，连血管里流动的都是啤酒。连我在家里也感到从收音机方向传来一阵阵浓烈的酒味儿，沦肌浃髓。于是，本地区的酒市很快大旱逢甘霖，啤酒的库存一路下降到历史最低点，许多啤酒经销商进货无门不得不连仓库里尚未发酵的麦芽也预定下来，啤酒股票立即飙升。城里城外到处杯觥交错，酒令传唱，曲水流觞，家家扶得醉人归。

早上还听见他在无线电中传经送宝大力推崇户外长跑。他信誓旦旦透露秘密给您说，沿着玄武湖边跑上一圈等于是您在生命银行中又投入一笔资金……话锋一转，他竭力推荐一种国外进口的“绝尘”牌计步器，他口口声声启发您说，这只小小的计数器其实就是您的生命存折，那上面的财富日积月累，还用不着缴纳利息税和个人所得税。

没料到傍晚他就自食其言，认定大都市车水马龙晨练晚练十分不安全，空气质量不佳外出活动等于自虐，天气变幻无穷更是健康杀手。他大谈特谈天有不测风云，随时都有可能冰雹突降、卡车失控、拦路打劫，总之天灾人祸总会围着你一直待机而发。然后告诫你说居家锻炼才是我们最明智的选择，而购买“朝圣”牌室内跑步机则是现代家庭唯一的理智选择。他高声赞美这种牌号的运动器械，号召热爱健康的人们在自己家客厅里完成既定的锻炼计划。他狡黠地提示说如果您是一名虔诚的教徒，您可以一边跑步一边祈祷，根据跑步里程的增加，计算您与您心中的圣地之间的距离缩短了多少。我边听边嘀咕说，其它牌号的锻炼器械也不是特洛伊木马，也不至于会引狼入室吧。

我渐渐变得满腹狐疑，不知道该如何正确认识这位千面怪人。前段时候他告诉我们说，“白蜗牛市场供不应求，养一只一年获利 1000 元，养十只能成万元户。”各地立刻一哄而起饲养蜗牛，总计发展到十万户之多。几毛钱一个的种苗，一下子被哄抬到近百元。谁知道“产品回收合同”最后变成了一钱不值的废纸，饲养蜗牛的人，无论技术高低规模大小，最后的收获都是相同的：一笔惨痛的教训。

过了不久，他又大做为学生治疗近视眼的文章，今天推荐耳针，明天介绍增视仪，至于眼药水、按摩器、加压罩、小孔眼镜等，更是五花八门层出不穷。治来治去，学生们坐在教室的座位上，该看不见的还是看不见，原来能看见的现在反而看不见了。

更多的时候，他憋足了劲儿使劲吆喝白酒广告，一晚上七八个酒广告听下来，直灌得连不喝酒的人都开始迷迷糊糊，踉踉跄跄，醉意醺醺，直至不省人事。中国在册的酒厂有四万多家，做广告是酒厂杀出一条血路赢得一方市场的重要手段，往往是你方唱罢我登场，这位老兄有求必应，来者不拒，以身相许，鼎力相助。

我渐渐心生厌倦，生活在一个信息过量的社会，我们无时不刻遭受到广告的连番轰炸，恰如一位智人所说，“大量的信息喷向你的大脑，就象消防水龙对着一只茶杯猛冲。”人类作为智慧生物，发展出一套复杂的防御系统来保护自己免受这类声色推销的侵扰。渐渐地我对许多广告用语甚至与广告相同的语音声调产生了免疫力，广告一旦过量和不切实际，其作用便走向了反面。

每次他一露声，全家人面面相觑，互相传告：“又吐血了……”

“又买楼了……”大抵是江宁区、江北或者老山风景区，唾手可得的风景绝佳别墅，合计下来这老兄购置了不下二十处房产了。

“又旅游了……”大力介绍旅游公司的超低机票价格，跟打“摩的”的费用差不多。

“又爱用一种新的洗衣粉……”他披肝沥胆，宣传说这种洗衣粉非常“环保”，甚至可以直接喂鱼。我试过一次，金鱼果然爱吃，只是食后立刻翻了一个身陷入了万复不劫的永久沉思。

“又看上一家新的墓地……”他不相信来世，但对后事操办还是挺重视，他披沥赤忱，列数城南几家殡葬胜地的优势。听众无不战战兢兢，毛骨悚然，个个自忖阳寿几何，会不会小命不保就危在旦夕。

“又一个女儿结婚……”无论如何，这只能是他的最后一个女儿出嫁了，下一次他如果再想夸奖婚礼公司的话，只有亲自出马离婚，然后重披婚礼服，走上红地毯。

最可怕的是，他一度沦为“小姐”们的私人咨询医生，一连介绍几家“性病专科医院”。他像个老练的医托儿，经验丰富，精谙此道，弦外之音还要实行三包。忠实的听众终于忍不住了，纷纷抱怨说就算是广告，也应该有所为有所不为吧。

呜呼，世事无常。

呜呼，广告无常。

一个组织或者一代人也是这样，功利性太强，表演太过火了，“过犹不及”，很容易反成笑柄。听众们必褫其华衮，露其本相。为人需要善自珍惜。

可惜当我被广告轰炸自身难保透彻明白这个道理时已经太迟，我左躲右藏最后还是成了广告的牺牲品。去年年底，我一念之差相信了这位老兄的劝告，买下了一辆“狻猊”牌电动自行车。南京市没几个人知道这两个字的正确读音，这种品牌相当陌生，更少有人知道这车是哪里制造出来的。我承认这是一辆不同寻常的车，只是患有严重的梅尼尔氏综合症，表现极为怪异，常常会自行其是。典型的症状是：一路上风驰电掣非常惬意，冷不丁地就会在疯狂奔驰的压路机、大卡车或者出租车面前骤然煞住，令身后响起一长串撕心裂肺的急刹车声音和车辆翻滚声。要不然就是面对红灯失去控制直挺挺地往交警身上碾去。有一次我骑车沿着秦淮河行驶，忽然这车起了一个疯狂念头企图飞越秦淮河，幸亏我及时跳离车座顺着河坡翻滚，这才捡回一条小命。那车从此一头钻进河水永不回来。

我惊魂甫定，一边步行回家一边告诫自己：广告其实是当真不得的。

电脑写作

1

上个世纪九十年代，家庭电脑进入我的生活，既新奇又迷人。那时候电脑软件江湖豪杰辈出，妖魔横行，几乎人人为此大喜过望或大吃苦头。于我来说，栽跟头就栽在这台电脑上了。写篇文章找谁合作不好呢？寻来觅去，偏偏与一台高深莫测的电脑结成了文字同盟。面对着一台方头方脑仿佛得了失语症成天缄默不语的机器，总觉得别扭拘束，手忙脚乱，浑身不自在。

我挤坐进窄小的电脑圈椅，外表中规中矩，手指像摸彩一样开始在键盘上面游移不定。屏幕上像拉洋片一样出现了一些可笑的幼稚图标，电脑主机上的各种指示灯忽明忽灭，十分诡谲。我不禁有些担忧，自己心里那点儿隐私诡秘的小算盘，会不会全叫它搜搜刮刮给刺探了去，又在互联网的哪个旮旯里贴出来呢？我一招一式敲击着按键，只一会儿，汗也出来了，泪也下来了，心率也不齐了，胆结石也蠢蠢欲动。脉搏平常每分钟跳 65 次，现在每分钟跳 140 次，疯涨一倍多。有时我在电脑上打出一个单词所耗费的时间，手工书写可以写五个。

初次与电脑打交道，感觉不很轻松。别看电脑静如处子喜怒哀乐深藏不露，骨子里却是颐指气使目中无人自命不凡。我必须全得按照它立的规则行事，丝毫不许随便。一名新手使用电脑写作的难度大概跟农村老大爷练习“倒踢紫金冠”差不多，别人打字看上去容易得要命，键盘“噼噼啪啪”犹如暴风骤雨，屏幕一泻千行就像尼亚加拉瀑布。可到了我手下一切都变了，刚刚记得才找到一个 s，过一会儿犯自由主义又不知溜达到哪里去了。费了老鼻子力气才发现 q 在键盘西北角上猫着呢，而它的亲姐妹 P 却远在东北角占山为王，依我之见聚在一起不是便于寻找吗，分那么老远搞什么“一国两制”呢？转眼又死活搞不清楚如何打出一个“、”，比尔 •盖茨名字中间的那个点又让我一下子犯了难。可怜我满脑子绮丽文思神出鬼没才露了个面，那坎坷的键盘却如同坦克训练场坑坑洼洼，高低不平。我一指深，一指浅，好端端的一篇锦绣文章在电脑写作的征途上摔得头晕眼花，支零破碎，找不着北。经过这么一耽误，奇思妙想统统杳如黄鹤，落花流水春去也，任凭我“千呼万唤”再也不出来。

电脑也许真是个好东西，可在掌握它的千变万化之前，写作的人一开始总是吃尽苦头，问题就出在这里。

一辈子使唤笔杆惯了，忽一日改朝换代，怯生生落坐在电脑面前，手心湿漉漉的全是汗，比犯下案子坐在测谎机前面还要紧张。请来个电脑老师是 20 来岁的毛头小伙子，看上去涉世不深，却是珠江路电脑一条街上的技术大佬，在电脑“玩家”中名声很响。这小子总是一副心不在焉的样子，沉默寡言显得城府极深，脸上毫无表情简直酷呆了。小老师大大咧咧地一把将电脑键盘拉入怀里，十个手指像触电似地颤抖不停，急促的键盘敲击声像一筐微型钢珠倾倒下来沿着中山陵 392 级汉白玉石阶无休无止往下滚动，一个个汉字，一串串句子，一排排文字，就像潜伏在草丛中的士兵应声跃起迅速归队，转瞬之间大片文章组成队伍受检阅一般浩浩荡荡开拔过来，顺从地在眼前经过。

这臭小子抽出一张纸给我留下电话号码，那几个屎巴巴字简直就是狗爬，而且是一条瘸腿的病狗在爬。可这家伙坐到电脑前面摇身一变立即成了旷世书法奇才，不费吹灰之力写出一行行优美字体，魏碑、行书、隶书、以及宋体楷体幼圆等，场面十分光鲜。小老师一边演示一边提示，我看呆了，眼睛根本顾不过来，智力像一连跑了 5 个马拉松麻木得失去知觉，记忆全破碎成一片一片。刚记住后面两句话，又忘光了前面几百句，很快我就溃不成军，阵脚大乱，连最基本的操作程序都连连出错，整个是一团糟。小老师见怪不怪，离去前像泰森出拳那样留下一句凌厉无比的话来：“你行。”

经过几次速成教育，我斗胆开始了电脑“单飞”，独自与电脑一对一地对话。说是对话，其实起初是对峙，电脑不知道我要它干嘛，我也不知道我能用电脑干嘛，就这么面对面干耗着。在默不作声的电脑面前，我显得是那么孱弱和浅薄，电脑出现任何一个问题就能把我给整趴下去，让我不知所措只好老老实实关机。在无数次被整趴下之后，伤痕累累的我吮吸着自己伤口长成为莽撞结实的键盘操作手。我基本掌握了电脑操作的初步知识，学会了上网冲浪和检索网页，懂得建立文件夹存储文档。凡进入或退出一个程序，我都是循规蹈矩老老实实好似在雷区中行进，恨不得踮起脚尖来生怕一不留神惊动了隐身的爆炸物。

时间一长，我心里开始有了准头，手脚也渐渐放开，经常捧着本电脑教科书按图索骥，动不动在文章中插进一张图片，或者给 Excel 表格编写一段公式。有段时间我经常变更桌面墙纸，“屏保”今天是棒球，明天就是泰坦礼克号。Office 助手原先是个别针精灵，我把他换成了老爱因斯坦，经常用鼠标拖住这个聪明绝顶的老头儿周游屏幕世界，瞧着他一本正经拿出纸笔写个不停自寻烦恼，我便忍不住发乐。

输入法倒不是什么大的问题，我粗通汉语拼音，首选当然是拼音输入。五笔字型一一对应优点很多固然不错，但我何必自讨苦吃去学那些天书般枯燥的符号呢。起初我使用全拼，不久改用智能 ABC 随心所欲组织语句。最后我一头拜倒在微软拼音门下，到了这一步我个人的感觉就是唐僧参禅到达西天，自由自在进入完美境界。我的手指在键盘上挥洒自如，运斤成风，屏幕上一篇篇文章喷泉似地直往外涌，挡也挡不住。我心满意足，心悦诚服拥戴比尔·盖茨先生当他的全球首富。这世界上要是有谁不服气，尽可以自告奋勇弄出个“Doors”软件来，与 Windows 抗衡一下么。

电脑写作，到这时候在我看来对于作家来说具有重大的革命性意义，假如你文章中有“成吉思汗”这位大汗的名字，而这个名字要在不同段落出现 2000 次，你只要复制一遍就可以坐享其成，每当要用的时候轻点一下“粘贴”小图标就成了，可以少写 7996 个重复的字。至于清稿，电脑的优越性更是无与伦比。十来年前我曾誊写自己一部 30 万字的小说稿件，每天抄写 1 万字工作 10 小时，抄完后丢下笔立刻生了一场病，真正是度过了一劫。而现在电脑干这个活儿简直是太轻松了，电脑几秒钟就“拷贝”完了一部 30 万字的小说，剩下的事偏劳打印机辛苦一下就完事了。当年我花了“三十个工”含辛茹苦做成的业绩，电脑只要打个响指再加上一个华丽转身，一切就 OK 了。

为让我在枯燥的写作过程中不感到郁闷，电脑时不时会闹出一点小笑话来，让我自娱自乐。一次 msn 对话我输入“珍惜的友谊”几个字，意思是褒奖对方，没想到打出来一看成了“枕席的右移”，对方很不理解，屏幕冒出许多“？”。我知道自己措辞有错赶紧补救重打了一遍，发出去一看，又变成了“珍稀的游医”。对方半天无语，不知道我在搞什么名堂，说了半天还是词不达意。我则乐得哈哈大笑，想不到电脑也很幽默挺会搞笑。

初入电脑世界的山门，我的感觉是云程发轫，前途不可限量。每天一睁开眼睛脚步不知不觉就往电脑桌走去，晚上困得直打哈欠仍然不舍得关机。我希望生产电脑桌椅的厂商尽快生产出“电脑床”来，好让我 24 小时“不离不弃”与电脑厮守在一起。我唯一的遗憾就是盖茨先生没有与麦当劳公司联手合作，不然的话，每逢肚子饿了根本用不着浪费时间前往厨房觅食，只要按下一个快捷键，光驱下面那个位置有个“食驱”就会弹出一张印花盘子，内盛一份热气腾腾辣味四溢的巨无霸汉堡包，那该多好。

我对电脑的满意程度，就像少男少女满意初恋情人那样具有很大盲目性和冲动性。我渐渐失去应有的警惕性，把电脑当成自己的知心朋友。我一厢情愿地迷上了这个轮廓分明性情妖娆的家伙。一会儿东剪西粘，一会儿用格式刷从头刷到脚，一会儿使用“替换”功能把全文几百个“象”全部改成“像”，一会儿把文章分栏左边少些右边多些像是梳了个西式分头，一会儿打开 Access 数据库记录下人生几多日地球几多树宇宙几多星，一会儿修改注册表跳过一段程序加快运行速度添加第二块硬盘升级主板程序……坐在键盘前面，我的自我感觉空前良好，像常人所说进入了自由王国。其实这种自由不过是从一间监室换到了另一座流放地孤岛，自由一直是有限度的而限制却是永远的。我不知道电脑默不作声暗地里一直在仔细研究我，捉摸我，寻找我的弱点，等待它的机会。如果我早一点知道的话，我就不会傻乎乎地敞开心扉暴露出自己的欲望和秘密，这些都与电脑善于伪装而我对它捉摸不透有关。

像所有电脑迷一样，那时节我情思迷乱，疯狂追求，幼稚敞开自己的心扉。我天真地以为，电脑会感动，会投桃报李，会全盘接纳电脑迷并给予最大安抚。机器的思维其实永远与人类不同，可惜我明白这个道理已是后来的事了。

2

电脑写作让我深深痴迷，广阔世界无边精彩统统失去了颜色和魅力。这座星球上只剩下一把小小的电脑椅子能吸引我的注意力。我纳头拜倒彻底皈依了电脑教，终日向电脑屏幕膜拜顶礼，用“指谈”的方式对它表白，向它忏悔，把心底所有的秘密全告诉它。电脑写作就跟练习瑜伽差不多，我得坚持日常练功，不断增加动作的难度，以增强自身的协调性和柔韧性。灵感的出现犹如电光火石，又仿佛是彗星一晃而过永不重返，我得马上抓紧时间记录下来。我常会漏掉一些，忘却一些，写坏一些，我写的书稿因此常常光秃秃的只剩下页码坚守岗位。基于这个道理，写作时我一沐三握发，一馈十起也是常事。

就在我和电脑的蜜月期间，电脑事故接二连三出现了，有些是人机协调不好，有些属于误操作，有些是一类唯我独尊的软件擅自篡改注册表引起混乱，有些纯粹属于该死的病毒和万恶不赦的木马趁火打劫。电脑世界一时处于春秋战国时期，群雄纵横捭阖，战局扑朔迷离，瞬息千变万化，令我手足失措也无所适从。原先好端端的电脑系统出现了一些意想不到的变化，有时每次启动要化费很长时间，似乎是整夜值更的更夫刚刚入睡怎么也唤不醒。有时电脑用得好好的屏幕突然“僵”在那里，鼠标和键盘一动不动，硬盘灯贼亮像独眼孤狼死死瞅住我，任凭我“栏杆拍遍，把吴钩看了”也没有用。有时候我写作正欢，欲罢不能，电脑发起脾气来一声招呼不打自动进入结束程序冷冰冰关机走人，把我目瞪口呆晾在一边。

有一次我全神贯注沿着汉字小径孤军深入，一个陌生网页像匪徒剪径突然出现在屏幕上，阴森森挡住我的去路，被我信手删去。几分钟后，它像一个幽灵不知又从哪里悄悄冒出来，始终流连在我的前后左右，像是一名执著的乞丐不罢不休。这网页有一个古老神秘的名字：木乃伊时代，一些图案若明若暗浮现在面前，逗弄着我的好奇心。我的鼠标东躲西藏，一不留神却点击到一条横渡洋面的纸莎草船，就在我按下鼠标的那一忽儿，潜伏的网址被激活了，一款功能强大的软件瞬间改变了我的电脑注册表，重组了程序。

电脑屏幕上电闪雷鸣，风雨大作，仿佛是一群魔怪启封显灵，它疯狂复制自己，一变十，十变百，转眼屏幕上成千上万，然后一切安静下来就死机了。我移动鼠标，拍击键盘，拨动显示器开关，踹踢主机机箱。我使用各种组合键，热启动，冷启动。我不停点击鼠标左键和右键，假如它们是火箭筒的发射键，这一组强大火力足以把古往今来所有死去的军团战士重新消灭一遍。我卸去机箱外匣，像外科医生摸索病人肚肠那样揪住花花绿绿的电线拔下来重新插上……过了两天我的电脑终于从昏迷中甦醒过来，可怕的事情随之发生了，一些文件踪迹全无，其中包括一部快写完的长篇小说。这个玩笑开得太大了，我只是轻轻点击了一下键盘，数十万字的文章就丢失不见了，时间于我发生了严重倒退，我这才明白"木乃伊时代"的真实含义。一个多月以来，我绞尽脑汁苦断心思，时而骈四骊六，时而平仄选韵，灵感"如兔起鹘落，少纵则失矣"，我紧紧在后面追赶，手寄七弦桐，目送归鸿。如今一切都消失了，我丢失的何止是锦口绣心三十万汉字，我丢失的是三十万滴鲜血。

我的痛苦只有我的愤怒可以媲美，我拍案而起冲着电脑厉声咆哮，直把它骂了个狗血喷头。我怀疑自己原先一定是中邪了，不然的话我再也不该把流水线上生产出来的一块电路板当成的发黄纸片从没自动消失过一张。痛定思痛，我开始羡慕聪明绝顶的先贤们，他们不肯在文景之治、贞观之治或者康乾之治就抢先发明电脑，体现出真正的大智慧啊。你想，灿烂丰富的中华传统文化车载斗量，倘若从古人们开始就这么在电脑上七丢八丢，丢到现在可就荡然无存了。那样一来我到北京全聚德去吃烤鸭，伙计就得立在一旁结绳纪事，我吃一份，他在绳子上面打一个结。

假如从那时起我悬崖勒马迷途知返，立即与电脑道声拜拜，更大的损失也许就可以避免。在激愤中我一度决意与电脑断交，我重新坐回到书桌前面，取出尘封多年的钢笔和稿纸，恢复了老祖宗的手工写作方式。电脑毕竟不是空气和水，并非须臾不可离分，我年轻时没有电脑做伴不也好好地活过来了吗？我一时想得很开，从此不想再见上电脑一面。但岁月渐渐弥合了我与电脑之间的裂痕，我与电脑像是年轻夫妻大吵了一架，没多久又言归于好。

我与电脑很快就和好如初，"网际形势"却发生了重大变化，一批被称作是流氓软件的恶意程序开始在网上作乱。这些流氓软件统统是一副嘴脸：不请自来，自动登场，无法卸载因此撵而不走。若非客户自认倒霉重装系统，这些泼皮式的无赖就“刀枪不入”形影不离地死死追随着你。一天，一个网址不请自来闪亮登场出现在我面前，名字叫做“寻找转世灵童”，副标题是“大师述怀”。我怀着刻薄的笑容，立刻点击“删除”键，我已经养成了一个好习惯，凡是自动上门投怀送抱的网页一律格杀勿论。

大师毕竟是大师，不能就这么潦潦草草被打发。事后我才知晓，虽然在那个网页上排列着“打开”、“删除”、“取消”三个按钮，其实三个按钮的作用完全一样，无论你按哪一个按钮，网页都会自动打开并立即复制到你的注册表中去安营扎寨，准备千秋万代地与你共存亡了。大师体魄虽然暂时从视野里消失，大师魂魄早已上窜下跳亢奋无比万水千山活跃在天地间，并立即干预我的电脑写作。

起初，大师只是喜欢吹毛求疵，在我的屏幕上方列出一行明确的评判标准，分别是鼻涕小虫级，面包蛆级，秀才狗级，无量大师级，超级泰斗级和巨无霸级。我的文字一概被大师无情贬低，评价很差。我的诗文和小说总是排列在小虫和蛆虫这种级别。开始我有些不服气，一遍遍改编自己的文字，企图在得分榜上“好看些”，我的所有努力均告无效。到后来我看出破绽，偷偷复制了李白的《蜀道难》冒充是自己的作品，大师仍然只给了一个面包蛆级的评分，我后来发现《全唐诗》中多数经典作品的得分都不能超过这个标准，我由此知道了大师的标准实际上是没有标准，他的所作所为只是从屏幕上伸出一只手直指着我的鼻子，一味喝道：“你这个蠢货!”

大师不甘寂寞，渐渐自行其是，不时在我写作的时候指手划脚越俎代庖。我小说中的人物田君本是黑社会重要成员，双重人格，田君结婚生子后浪子回头，面对娇妻发誓金盆洗手。犯罪团伙不放过他，最后发生了惊心动魄的大火并。故事线索原先清晰明朗，大师不依不饶根本不接受我的创作构思，偏要自作主张改写成浪子走投无路自杀未遂，发现妻子红杏出墙，双重打击最终击溃了他。我的故事结尾本来是悲剧性的，具有浓郁的莎士比亚风格，结束一幕尤其堪称经典，发人深省。可在大师的误导下小说变得浅薄轻浮，情节喜剧化，人物脸谱化，一味迎合市民趣味，变得俗不可耐。

我抗争无效，索性放弃了小说创作，改写传记文学。传记文学高度纪实，而我又崇尚春秋笔法，羡慕那种“不著一字褒贬”的写实风格。转变创作类型正好让我发挥一下对于纪实风格的爱好，在此之前，我对某些电视剧任意臧否人物的做法反感到了极点。

我又一次错了，电脑和大师早已暗中勾结，自作主张任意修改我的报告文学，变成一幕幕庸俗喜剧，我的文章充斥大量误会和巧合，人物从头到尾说着双关语，行为自相矛盾。主人翁智力低下，情调不高，还对邻居的新婚媳妇想入非非。我的初衷完全落空。我一遍遍更正，一次次修改，电脑根本不理会我，我改过去，它立即改过来。我的写作观与电脑自己的主张差距越来越大，最后就像一条粘虫面对一块砖头，彼此毫无共同之处。我怀疑这台电脑一定是“A”型血型，而且是患有严重强迫症的“A”型。

我奋力抗争，与电脑发生激烈冲突，很快便与电脑公开闹翻了。电脑露出了一意孤行的本来面目，自说自话自行其是自作主张，径直按照它的意思取舍和存删文章，我这名作者反倒成了可有可无的人。后来电脑完全对我视若不见，我的创作意见统统被全盘推翻大加排斥。每次存盘，我发现自己辛苦写入的文字踪迹全无，而从硬盘或 USB 调出的内容全是电脑的一派狂想，肆无忌惮到了令人发指的地步。我本打算写些休闲轻松的题材，譬如《愉悦的科技之旅》之类。殚思极虑写完后回头这么一看早已面目全非，变成《科技历险记》或者《蒙难记》，与我的初衷有霄壤之别。

最惨的还不是我，而是我故事中的主人翁，文章开始时他是个年轻小伙子，血气方刚，MBA 毕业，不嗜烟酒。写到了第三章，主人翁变性成了妖艳女子，满口脏话，手指甲和脚趾甲涂得血红，哐里哐当摇晃着三对耳环两对脐环，成了个不折不扣的荡妇。当写到第七章，最多不超过第八章，情况又发生了根本性变化，主人翁变成了一只土生土长的大公鸡，骄傲地巡视它的领地和一大群母鸡。全文结束之前，主人翁的命运再次不可思议地出现转折，他必定成了一只备受虐待的猴子，从马戏团中侥幸逃出，骑在一只来历不明会说人语的山羊背上没命地向山林窜去。

我晕。

一天早晨，我在电脑中读到自己前一晚写成的诗，我的妈呀，这哪是什么诗啊？分明是中世纪城堡里的吸血蝙蝠，无声地在读者头上煽动羽翼。

那些诗句如同惨白月光下这群怪物映在地上的影子，怪诞，凶险，时不时如一盆沸油泼向观众心灵深处的潜意识。

“太阳在抽屉里蠕动，发酵，

用一道光线的刃

刺穿了夜的心脏

黑暗巨神轰然倒下

站起一排赤裸的胎儿”

我迷茫了，这果真是我写的诗吗？我没有信心了，什么时候我变得如此朦胧和深不可测？我点击恢复箭头，然后撤销恢复，想想不妥，再恢复，再撤销……

我迷路了，许多文章乱成一团，残字断句在屏幕上满天飞：

“我在树枝上……发动了汽车”

“每一张树叶，都是造物主的名片”

“这条游艇，是十二级风暴的一只小鞋”

我不懂朦胧诗，电脑文档中却储存有我创作的上千首朦胧诗还有十几部意识流小说。小说最初几页一般来说语句还算通顺，后来就变得十分古怪，颠三倒四，语句不连贯，错别字连篇，表明作者整个儿是一个大白痴。我不知道我是什么时候又是怎么写成这些作品的，每天我只是负责打开电脑，然后整个儿被“戗”在一旁，眼瞪瞪地瞅着屏幕上电光剑影，忙成一团，剩下来的事全由电脑和大师承包了，当然，写作的后果、问题和麻烦全部由本人“独享”。

出乎意外的事接二连三到来，本人的作品摇身一变竟然成了中奖号码大全，受到彩民们盲目吹捧和抢购。街头巷尾一大群模样粗糙的市民争抢着购买我的诗集，我发现他们对于作品的风花雪月诗情画意根本无动于衷，到手之后各人任意翻开一页，便由上至下计算我的诗句每行多少个字，用来编码，进行博彩。一位下岗职工因此一举中了两个超级大奖。这幸运儿喝醉酒后一不小心把消息透漏了出去，于是我的诗集变成了抢手货，彩民们纷纷藏之名山，束之高阁。一时洛阳纸贵。

忽如一日春风来，市场上我的诗集一下子冒出来几个盗版版本，可气的是一些盗版书介绍作者时把我说成是进城打工妹，还奉上倩倩玉照，由此举国上下都知道我长得就跟林心如似的。盗版书中的多数诗篇我自己根本没见过，几乎都是狗屁不通。为此我还惹上了官司，一位中年妇女对照我的全本诗集买彩票耗光了百万家财，结果连小奖也没中一个。她愤而聘请律师，准备把我告上法庭，理由是“误导彩民”。

至于电脑是怎么在我的诗集中隐藏SAX网址，爱戴黄色目镜的读者们又是怎么发现的，后来那只有天知道了！

3

正当彩民们热火朝天你争我夺利用我的诗集作为摇钱树大肆博弈之际，在电脑写作的推动下，我身不由己莫名其妙又踏上文学大奖的红地毯。

几乎是在同一天早上，我接二连三开始中奖，其中有“迷死你九华山杯”，“南大校园银杏认养权二次转让杯”，“周老七家第一个院士杯”，“离婚了就不要来找我杯”。最奇怪的是居然还有一个叫做“京沪高速101公里+300米路边饿殍杯”的，听说这本来是发起人的网络化名，他慷慨解囊，捐出了十万块钱，当之无愧地取得了本届文学大奖赛的冠名权。

顿时，我在网络文学界声誉鹊起。

我在一夜间变成了文学明星，摇身一变又成为文学暴发户。一群童声未变过来的中学生成天追着我要我签名，其中有不少小同学连我究竟是谁也搞不清楚，我怀疑如果他们追上的不是我，而碰巧是一名押赴刑场的囚犯，这班欢天喜地的小家伙也一定会高高兴兴请那个时不我待的家伙签上大名，只要白纸著墨，至于是谁签名，其实他们并不介意。

我出门必须化妆，戴上墨镜，帽檐压得低低的，走路很快。

我不敢去银行存钱取款，一旦核实我的姓名，银行小姐们便意味深长地紧盯着我，彼此交换着意味深长的眼神，仿佛我冒领了国库几个亿资金，而眼下要乖乖栽在她们手上了。

我大悲哀，电脑和大师牢牢控制了我的思想和手脚，让我无所适从。我彻底厌倦写作了，我一心想从文苑大踏步逃开。我决心下半辈子退隐山林，离开南京走得远远的，从此以后，每日坐观行云流水，潮涨潮落。我发誓再也不写一个字。

我想抽身但是为时已晚，形势已经发展到了欲罢不能的地步。我远离电脑，而电脑却不肯轻易放过我，它索性自动流水作业，成批炮制出我的文章。那些属于我名下的小说、故事、散文、诗歌统统一个特点，那就是无边无际，异想天开，人物和情节匪夷所思。

我一再在媒体上发表声明，企图卡断“我”的作品发表和出版渠道。我宣布自己在 2000 年以后从未投过稿，请媒体公证和监督。但是电脑早有预谋，它自动通过电子邮件向五大洲四大洋发稿，最多的时候每天发稿一万篇。

这可是真正意义上的“匣里龙吟”了。

我绝望了，电脑为什么偏偏和我过意不去呢？我投降还不行吗？

我弯下腰，使劲拔掉电源插头，没有电，看你电脑有什么辙？我不用电脑写作还不行吗，我重新拾起了笔，铺开厚厚一叠稿纸，一阵墨香和纸香扑鼻而来，旧友重逢令我感到温馨和愉快，感动的眼泪夺眶涌出。“三月不知肉味”指的就是这种感觉吧。

局势却早已失去了控制，电脑事先与周边十几台电脑组成了局域网，一组预定的程序开始发挥作用。虽然我的电脑无法开机，但其他十几台电脑通力合作朝朝暮暮一起在炮制我的文章。我的文章开始像草原上的野火，风吹一般烧开了去，摧枯拉朽，注萤沃雪。

全世界都在检索我的名字，搜索我的文章，各大网站引擎为此热得发烫，信息高速公路严重堵塞。有几百个专业网站在研究我，两万多个与我关联的网页灿如繁星，每天我网站上的访客超过 10 亿人。我的邮箱里塞满了网络广告商的合同纸，疯狂地要求与我签约，最起劲的是那些推销可疑营生的家伙，譬如专卖催情药之流。

我几乎不敢浏览那些归拢在我名下的文章，我的妈呀，那可是五花八门什么劳什子都有。有一篇文章倾尽全力论证齐匡之不是现代人，而是一万年前曾经生存过的一种怪兽，三对翅膀，眼睛倒是两只，不过是竖排在肚脐眼上方，食狮子为生。下一篇文章倒是承认我是一个现代的大活人，但是引据论典证明我是 17 世纪一个西藏汉子转世投胎，而这汉子生前受到通缉，所以我应该明智地前往地方自治政府自首。可气的是还有一个网页，只有一句话，是条大标语，语气有点儿气急败坏，“齐匡之背叛电脑绝没有好下场”。背景是一座星球，这条标语徐徐转动，仿佛是土星的环带。

广告商喜出望外纷纷登门，强求与我全面合作，竞相承诺给我巨额资助：“支票上的金额如此之大，受惠人需要开上轿车走一程，才看得见付款金额的尾数。”广告商们的要求更是花招百千，或要求我在某些网站集中发表某类作品，作品中的人物必须每天五次使用某种品牌化妆品；或者饭前饭后服用某种“猛男”口服液；写到秦始皇或者唐太宗时千万别忘了告诉读者古代君王们早晚必定要猛灌路易十五的白酒，等等。

形势失控了，局面越来越混乱，我的创作园地原先像是可爱的家庭花园小巧玲珑，现在则是荒山野岭正经历一场又一场可怕的龙卷风。我文章中的段落，词句，标点符号被龙卷风吹散到四面八方，虚拟世界到处都可以看见我的只字片语。有时候我忙中偷闲玩电子游戏，我扮成加拿大士兵亨特尔加入了三角洲特种部队，脸上抹着油彩，端着 M16 步枪潜入前线，居然在敌方兵营的墙壁上大段看见我的文章。也不知怎么搞的，有时候我打开互联网点击微软公司网站，结果您猜怎么着，下载的程序中大段大段夹杂着我的文章，惹得电脑不停亮出“非法操作”的警示黄牌。

我没敢吱声，这意味着我的文章可能已经变成了一种病毒，而且是一种偏执型病毒，它无视我的合法权益，肆无忌惮地滥用我的名义做出非法勾当。我请出售这台电脑的公司技师帮助检查机器。我请出售软件公司的工程师分析事故的原因，他们忙得团团转，脚底朝天，最后告诉我“一切正常”。我大失所望，满腹牢骚但是又无话可说。技师们开始在电话中搪塞我和敷衍我，不肯再来。软件专家怀疑是病毒在作祟。可各式各样的杀毒软件都试过了，对这种毛病无能为力，后来杀毒软件也染上了这种怪毛病，把局势更是搞得一团糟。专家们望风披靡，生怕把他们自己也传染罹上疯牛病或禽流感。软件工程师干脆毫不掩饰地在话筒中冲着我说，“对不起，我现在不在。”几次之后，对方竟然误以为我的精神有毛病，赤裸裸地建议我去见心理医生。

我明白，这肯定是硬件软件联合起来惹的祸，我怀疑原先使用的盗版软件被人安放了数据定时炸弹，我去美国旅游时，专门化费美元特别购买正版软件，仍然无效。我家电脑惹出来的这股祸水，终于被官方正式用我的名字命名为“匡之电脑臆想狂妄症”病毒，属于世界公认的最危险病毒之一，登录在“2006年世界病毒大全”上。新的杀毒软件立刻一哄而上，至少有上百种版本，据说皆有奇效。为了招徕顾客，我家南边那条街上的一家软件商店门口，竖立着一人高的醒目大字招牌：“匡之病毒的克星，有售!!!”

4

我下定决心与电脑私下和解，我是个普普通通凡夫俗子，手无缚鸡之力，身无隔夜之财，犯得着与强大的电脑世界作对吗？我就是有这个胆儿，我也没这个量儿。我散尽家财，买下最好的双核处理器。我依稀记得这玩意儿的广告上有几个外星人在比划。我暗中期望外星人善心大发，把我家原先那个电脑收进飞碟扔入外太空，宇宙如此之大再增加一个小小的太空垃圾没什么了不起。我买下1000个G的大硬盘，常用软件全输入进去，再一口气输进去一千张光盘，全是耗费空间的图案和照片，硬盘属性显示只是一条丝线，意味着纯属毛毛雨。我买10G的内存条，电脑运行速度从此变得极快，往往我起草一封电子邮件，还来不及写下“亲爱的先生：您好……”，电脑已经署上我的名字，迫不及待封口发出去了，转眼间投递到大洋彼岸。我惊讶得张开嘴，一句“怎么搞的”问话发自丹田，还来不及上升到喉部，电子邮件的回执已经出现在面前，冲着我发乐。我买43吋的液晶显示屏，买一对发烧友级的高档音响，为此我资金周转严重不灵差点儿没破产。我买顶级声卡和显卡。主板是最新款式，名字就叫做“贵族”，性能无比优越，可是它孤芳自赏不肯轻易与其它部件兼容，离群索居又与其他部件格格不入。售给我主板的那位老板的解释说，“先生，贵族的脾性，就是与众不同。”为此几乎使我懊丧得背过气去。我不得不委托电脑公司专门改制主板，经过脱胎换骨的手术，在人类基因库中东拼西借，最后总算能用了，但是“贵族”的脾气变成了“大侠”，常常用得好好的突然一道白光飞过，电脑便整个儿“歇菜”。

一般的鼠标是没法儿用了，我干脆在市场上买了一只活鼠，充作鼠标。这是一只珍贵的貂鼠，卖给我的那小子声称这种貂鼠在地球上已经绝迹一千多年了。当然这只貂鼠并不能替代鼠标，乘我不防这小家伙一张口差点儿没把我手指头齐根咬掉。是那个混账掌柜看我“求贤若渴”，趁我心乱意迷，高价搭售给我的。

对于我的妥协，新的电脑仍然毫不领情。我的文学生涯就此彻底败在电脑手里，作家协会几次找我“戒勉”谈话，劝我金盆洗手，悬崖勒马，回头是岸。言下之意是暗示我最好识相点引咎离开，作协的意思是让我明哲保身全须全尾地退出这个组织，免得他们动手刊登个声明把我一脚踢出去。

实话告诉您吧，这篇文章本来一共写了十万字也不止，让这台电脑连丢带失，连死机带串篇，□□□□□□□□□□□□□□□……（以上丢失 12 页 17 行），剩下的就这么多了。我自己又有什么办法呢？我估计这些文字的散兵游勇集中起来，大概还有六千来字吧，□□□□□□……（以上又丢失 26 行），我每晚点一次名，心中总是嘀咕，好像天天都有开小差、泡病号的，赶紧发表吧，趁着还没有全军覆没。

（以上丢失 8 页 20 行）……这就是我的电脑写作自白书。

千万买邻

1

《南史·吕僧珍传》中有段对话，亦庄亦谐，印象深刻："初，宋季雅罢南康郡，市宅，居僧珍宅侧。僧珍问宅价，曰：'一千一百万。'怪其贵。季雅曰：'一百万买宅，一千万买邻。'"由此可见，古人对于好邻居的仰慕和向往，到了一掷千万的地步，算得上是历史上最狂热的"追邻一族"了。"千万买邻"的典故流芳百世。

择邻而居，既是士大夫的精神追求，也是芸芸百姓的生活向往。品德好懂礼貌的邻居有如高山流水嘉树奇葩，无形之中优化了居住环境，有助于个人修身养性，也有利于培育后人。孟母三迁的故事数千年来有口皆碑，孟家最初住在公墓左近，年幼的孟子就模仿哭丧。后来迁居到集市附近，小小年纪的孟子又染上了商人自吹自夸的风气。孟家第三次搬到学堂旁边，朗朗书声飘逸书香深深吸引了孟子，他从此刻苦学习，认真钻研，成就了历史上的一位大儒。近朱者赤近墨者黑，环境与教育之间的互动关系被孟母三迁的一段佳话阐释得鞭辟入里，淋漓尽致。

择邻而居，当然是有前提的。家长要目光远大，心似明镜，要把定居环境和教育树人视作是战略事业，来不得半点含糊。倘若家长本身迷信"商贾是实业家，相当于集市上的MBA……"以己昏昏使人昭昭，择邻就难免流露出铜臭味。家庭又还要具有一定的经济实力，屋有黄金箱，腰悬白玉璧，才可以买卖房子东迁西徙。一般工薪家庭量入为出，"择邻费用"动辄是天文数字，岂可遑论。此外城市还要有充裕的房源可供选择才行，过去南京住房长期紧张，易邻而居只是奢侈梦想，可易之处只有闹地震时住进露天帐篷中去。择邻而居还必须政策宽容和管理准入，要有一个自在的环境和宽松的氛围，半夜不至于有人敲门查问："你办了暂住证了没有？""本年度交了城市增容费了吗？""对不起，你的孩子不能上学，因为你没有本市户口。""你说你不是盲流，你拿出证据来……"

“邻居好，赛金宝。”老南京人爱用通俗易懂的语言来评价邻里关系。一次我与同事去城南一幢居民楼拜访 C 君，事先没有预约，扑空就在所难免。我们登上四楼，把 C 君家的门铃揿了一遍又一遍，始终无人应门。楼上邻居听见动静，下来问清情况，自告奋勇帮助敲了一会儿门。突然，这邻居解下腰间悬挂的一串钥匙，自言自语道，“我有他家的钥匙，我打开房门帮你们找找看。”言毕，门扉应声开启，室内果然无人。这位芳邻的举动大大出乎我的意外，我一时啼笑皆非，真不知说什么好。同行的那位同事深谙 C 君脾性，哈哈一笑便转身下楼，一路上向我解释说，C 君为人豁达开朗，楼上下的邻居闲来无事经常聚在他家打牌，为方便计，左邻右舍索性各配了一把他家的房门钥匙，一众芳邻出入 C 宅，如入无人之境，C 君则完全不以为忤。

我亲历的这个场景虽然只是个例，却从一个侧面反映出南京市民友爱敦厚亲善的睦邻风尚。左邻右舍的构成，向来具有偶然性、随机性和自然性。好邻居可遇而不可求，“妙相天成”，个人在主观上很难做出选择。对于那些不肯随遇而安的南京人来说，择邻而居的梦无时不刻在做，做得很香甜，很辛苦，在多数情况下也很无成果。

千万买邻的故事，目前有了形形色色的现实版本。现代孩子多是独生子女，“近墨近朱”之后，一损俱损，一荣俱荣，凸现出择邻教育的迫切性和严重性。千万“买邻”故事常被城市里的家长们改编成“购买好学区的房子”版本，名牌小学中学周边的房价便趁势高出一截来，依然是一房难求。看在人民币的份上，好一点的学校便鼓励家长们捐出金钱来，大肆收取赞助费，一举掏空了学生父母的积蓄。家长们在学校的诱惑下一步越过了“千万买邻”的梦想，直接选择“千万择校”。此风后来愈演愈烈，名牌幼儿园也变成了家长们竞争的对象，黄口小儿牙牙学语，家长便一掷几万元赞助费千方百计要保送进入“名门”。出国留学的孩子越来越多，年龄也越来越小，我认识的一位少年郎小学毕业就被家长送到欧洲去念初中了。“千万买邻”又增添了海外版。季雅遗风，代有传人。

现代民居“持续长高”的建筑趋势，进一步增加了当代人“择邻而居”的难度。民宅越盖越高一味追求向空间发展，“比邻而居”变成了“叠邻而居”，如此一来，选择邻居就困难得多了。二维平面的邻居概念“膨胀”

成三维立体，邻里关系的复杂性与楼层高度成正比，几何级地翻了番。昨天你刚刚明访暗查好不容易把左邻右舍的职业人品打听清楚做出了一个正确选择，可今朝楼上电视声音震天，楼下私搭违建车棚，你的一切择邻努力仍然是白搭，前功只得尽弃。“云向楼间绕，人在窗口笑”，邻居关系今天就显得更为重要。倘若孟母生活在当代，三迁定嫌不够，九徙势在必行。

2

我在南京先后住过四处地方。第一处是玄武区廊东街 36 号，那是我的出生地，呱呱坠地，牙牙学语。第二处是玄武区红庙 41 之一号，我在那座小院里历经了大饥荒、文化大革命、上山下乡插队和回城工作，度过了“不识愁滋味”的青少年时光。我结婚后便搬入了中山路 291 号大院，毗邻鼓楼亭下，朝钟暮鼓，这一住就是二十二年，此乃我的第三处“行宫”。2002 年 7 月天津路扩建，我家那块地基摇身一变，成了人行道。我家于是四迁，成了河西龙江小区的一户“新移民”。

算起来我在红庙居住的时间最长，接近三十年。我家父母在红庙租住的是“汪氏大院”的房子。当年汪氏兄弟经营肉品生意手头攒了些银子，大兴土木置房盖屋，建成了前后三进院落，每一进大院都建有大型花坛，大厅门扇雕花刻叶，还建有小楼，足见房主当年富裕殷实，品位不俗。汪氏大院的东边有条两米来宽的私家小巷，贯穿连通了三进院落，前后有门。我家住在第二进院落的偏东小院，为方便计平时就由小巷出入。汪氏大院后来陆续住进十几户外姓人家，有教师职员，也有工人售货员，形形色色，“七十二家房客”。住家增多了配套设施并没有增加，只好委曲求全，厨房合用，水龙头共用，一些私密性很强的家庭生活内容也被公众化了。“一锅炖肉香，十户齐嗅鼻”，或者是“各家晾被单，人人低头过”，形成了一种“超家庭”现象。南京夏天气候炎热，室内没有空调闷如蒸笼，各家洗衣烧饭，用餐纳凉，索性统统移到了室外公共空间，大小院落成了名符其实的“公共起居室”。大杂院内，你中有我，我中有你，倒是于无意中接近了共产主义大同世界的原初意旨。

大院没有厕所，不仅我们院内没有，红庙街上近百户人家基本上都无家庭厕所，这种“只进不出”的卫生格局是20世纪中叶南京民宅建设的典型。任何一位红庙居民内急，如果不愿使用家中自备的马桶，都得敛声屏气赶往巷口西头或是更远一些的香铺营菜场东南处的这两处公厕。人到了那里不一定就能够及时入厕，还要视排队等候出恭人数的多少而定，那是一个幻化无常的变数，每人都要盘算精确，留出足够的提前量，否则容易出乱子。我家靠近红庙街的中段，常看见西去的居民行色匆匆直追香港东京生活的快节奏，而且脸色凝重，神情专注。而东来的居民大抵表情放松，步履从容，神色怡然自得。红庙居民东来西去其脸色阴晴和步幅变化的隐秘有时与公厕相关，个中缓急，旁人是不得要领的。

汪氏大院年久失修，房屋陈旧，人家蜗居，即使在那年代，也只能算得上是差强人意。但与周围的大环境相比，汪氏大院还算得上是一处小“桃花源”。红庙街上的居民成分十分复杂，既有高校教授，也有拖大板车的工人，除了市劳动局住宅楼和省歌舞团宿舍是较新建筑，其余清一色是秦砖汉瓦小屋，供一般平头百姓寄身立命。根据一条不成文的“大街滞留原则”，文化素质和社会层次较高的居民一般会待在家中轻易不出来，而文化品位低下的居民多在大街上四处游荡和无目的停留。红庙街上多是升斗小民，目光所及不外乎是一些抱关击柝、无所事事的斗筲之辈。妇姑勃豀，兄弟阋墙的争闹事件时有发生。

大宅院变成了大杂院，特殊的生存状态最终决定了特殊的邻里关系。各阶层居民长期以来蜗居一堂，文化素质的差异性与性格爱好的多样性处在同一空间，经过相互作用，相互渗透和影响，潜移默化形成特有的居住环境氛围，培育出那个时代独特的邻里文化。

3

居住的条件不好，其实只是问题的一个方面。住房条件属于“硬件”，当时归房管所管辖，可是只要墙不倒屋不漏，“当局”一般不来过问，也从来不从事油漆和维护，任其自然老化。玻璃碎了天花板坍塌等小毛小病住户只能忍受。一年寒冬长兄师之从长春来宁出差住进南京空军招待所，师之洗净一块手绢搭在椅背上，第二天这手绢拿在手中像块山东煎饼冻得硬邦邦的，证明当晚室温在零度以下。长兄感慨说，北方冬天更冷，但真正挨冻的却是南方人。那时候南京百姓住房普遍比起部队招待所来还要不堪，久而久之，市民也习惯了在恶劣环境下生活，生于寒舍的人容易知足。

如此一来“居无佳邻”大抵是“软件”方面的问题了。“硬件”之不足，加上“软件”之劣质，就构成了一场不折不扣的以邻为壑的危机。那时候后院南面的邻居晒衣晾被总是高挂在我家窗前，严重遮住我家的光照。由于建筑结构的关系，如果后院邻居不把晒衣竹竿高抬高举，说老实话他家的衣被就终日见不到阳光。可是一旦他家衣被亲密接触了一把阳光，我家就“云遮雾罩”陷入了阴山北，这确实太不公平。但没有任何折衷的办法，后院邻居经常“硬着头皮”抢占阳光，我家也就只能“硬着头皮”沉默忍受。此外还有很多邻里矛盾是人为造成的，譬如大声说话，“放纵”收音机噪音，随地吐痰在下水沟小便不讲卫生，粗话连篇散布精神污染，聚众赌博有碍风化，喂鸡养狗到处遗矢等。这些琐碎小事会纠缠精神，困扰情绪，消耗精力，侵害隐私，影响休息，损害健康，长此以往令人痛苦异常。而邻居又不是说换就能换的，“困扰源”一旦形成，往往是长流水的趋势，极大消磨着当事人的意志和精神。

我命中大概是“犯瘾人”。先后四易住所，就曾两次与精神残疾者比邻而居，“共患难”的时间更是长达四十多年。单在“红庙时期”，与我为邻的精神残疾者一下子就有两位，一在前院一在里院，让我深刻认识到“我不疯人，人必疯我”的严峻事实。

与我同住一进大院的这位患者是年龄较大的善良女性，朝夕相处，几乎像家里人那样亲近。她胖而安静，成天笑嘻嘻的从不给别人添麻烦，只是嘴里一直叨咕着“公安员陶同志……”这几个字，然后高深莫测摇头，自得其乐一直笑到满脸通红喘不过气来。久呼此言，已成箴语，我怀疑这位貌似癫痴的大姐实际上聪明绝顶，她早已参透了这个混乱世界，只是不肯说破，仅用片言只语来警示这个躁狂世道。

前院那名患病汉子倒是寡言少语，成天一语不发，沉默得像一幅中世纪的油画。他极少出门，总蛰伏在小楼的阴暗深处藏着，万不得已才冒险走入光天化日之下。倘若我和他在窄巷里迎面相逢，他立刻窘迫不安涨红了脸，他的下巴由于紧张不停发抖，手指一直在下意识地卷着衣边，仿佛密电码就藏在那里，而他正准备为捍卫这一秘密英勇牺牲。他对周边的一切保持着高度警戒，那惊恐不安的眼神暴露出无处躲藏的悲剧心态。假如我顺口问候他一声，其效果就像迎面劈他一棍那样对他是毁灭性打击。惊恐具有可怕的传染性，成天看见他如此惴惴不安，让健康的人也无端地提心吊胆起来。

以上两位“有疾”的邻居尽管行为异常，远未达到扰民的程度，我后来“遇邻不俶”，反使得我对与前两位患者为邻的日子怀念不已。我住进中山路 291 号大院后，一名智障的小伙子成了我的“芳邻”。他家紧挨我家，仅一墙之隔，鸡犬之声相闻。小伙子爱看电视，尤其崇拜英勇的八路军战士，他经常把电视音量放到最大，一边观赏屏幕上正义之师痛下杀手狠歼敌人，一边欢呼雀跃厉声咆哮。这台电视机紧挨着我家墙壁，中空的灰泥夹板墙十分容易被声音穿透，隔壁电视机的音量在“夹板墙音箱”的共鸣作用下成倍放大，战场上的爆炸声扫射声肉搏声哀鸣声咒骂声排山倒海灌透了我的家园，让我两股颤颤，几欲先走。我明明待在自己家中，却如同安坐在影剧院备受重磅音乐及噪音长时间的轰击。当八路军终于不在电视上打仗的时候，“邻家男孩”会缅怀革命先驱的光荣事迹自得其乐长时间哼哼。我始终不怨这孩子，但是我痛恨这幢楼房原先的建筑师，据说我住的这幢楼原属国民党三青团总部，那班愚蠢的家伙连一幢楼也盖不好，怪不得内战一开打就稀里哗啦丢掉了江山，还害得几十年后栖身本楼的居民无端受害。倘若他们当初建成坚实的砖墙，至少隔音效果会好得多呀。资料显示中国至少有 1700 万精神疾病患者，我怀疑这个数据偏于保守，我有充分理由质疑这项调查不够准确，因为仅我一人就摊上了三位患精神病的邻居。

至于邻居豢养宠物和家禽不慎扰民之类的琐事数不胜数，宠物家禽毕竟不同于盆花，它们天性活跃，又要吃喝又要排泄，人口居住密度太大就会惹出麻烦。我曾经在红庙养过一群信鸽，掉羽毛排粪便咕咕叫实在烦不胜烦，只好忍疼割爱。小狗忠实主人是个优点，可是犬类的警惕性太高责任性过强便会惹出麻烦。苏州岳母楼下的居民便养了这么只“怀疑一切”的小狗，凡楼梯上有脚步声响起，它一律报以狂吠，直吼到声嘶力竭气急败坏方止。小狗无知，主人应该调教。主人意识不到这是个“教育危机”，这危机就出在主人身上。住在中山路大院时期我家紧邻是一对医生夫妻，由于职业原因，他家的活鸡来源不断。经常有病人的乡下亲戚提着一兜活鸡叩门慕名寻来，我无语往旁边门洞一指，那几只鸡就被奉献作华佗大帝灵前的祭品了。偏偏医生夫妻慈悲为怀酷爱养鸡，真个做到了“爱鸡就等于爱自己”，这些“牺牲”长期不去牺牲，一只只昂首阔步，无远弗届，到处遗矢。偶尔还会传出嘹亮的“男高音”来，把“鸡鸣则起”的古老信息布达天下。

长此以往，作为邻居，我只能摇头太息。我付不起“千万买邻”的代价，只好一忍再忍，苦熬岁月。我想，这世间凡把忍耐看作是最大美德的人，大概都和我一样，心比天高，命比纸薄。

4

择邻犹如择妻，这是南京市民的一句口头禅。一来选择一方好邻居确实不易，二来真要是做到了与邻为善，那可是前世修来的福分。择邻之难，难在六个字上：“公德，自律，宽容”。

邻里相处，公德心最为重要，兹事体大，体会很深。南京的一些住宅小区新建成时也是美人胚子，花团锦簇，草绿水清，看上去悦目可人。可一旦居民纷纷入住，很快就原形毕露。少数居民不讲公德，公共楼道摆放杂物，车辆无序停放，衣被任意晾晒，随地乱抛垃圾，私搭乱建违章建筑，随意吐痰涂鸦，致使小区环境蒙难，小区品位直线下降。我曾在某小区楼下停车候人，短短十分钟内，楼上居民高空抛物把车顶砸得咚咚响，有香蕉皮，空易拉罐，垃圾袋，甚至还有一双旧拖鞋。还有一次，我泊车在另外一个小区，“天女散花”一幕再度上演，车顶的响声不绝于耳。我想我惹不起还躲不得起吗，立刻发动车辆准备撤离。一眼发现前方地上有半把剪刀，我大呼庆幸，这才叫做“逃得早不如逃得巧”，差一点我就中了人家的“飞刀计”。我目巡上空，小心翼翼驾驶，终于完身而退。在南京一些住宅小区，高空抛物已成公害。报载这些小区的物管员在收集垃圾袋时表现出了强烈的忧患意识，“熊出没请注意”，他们工作的时候眼观六路耳听八方，甚至还戴上了安全帽。我强烈赞成这类小区的物管员必须全副武装包括钢盔和防弹马甲，万一哪天户主找到另外半把剪刀随手从窗口扔下来，稍不留神头颅岂不要为之“洞穿”？

公德不立，邻里之间矛盾就会层出不穷，有些现象千奇百怪很难想象，有些则令人啼笑皆非。2002 年 4 月南京城东一处“山庄”突然“新貌换旧颜”，小区绿茵茵的草皮相继被铲去了，改种上蔬菜。原来该小区的少数居民技痒难耐，觉得草地“闲着也是闲着”，便按照他们的“实用主义”思路，根据个人品味来改造变成菜田，像模像样地除草捉虫浇大粪，搞得小区乌烟瘴气。更有甚者准备在草地上建立薄膜大棚，种起反季节蔬菜来。物业管理员上前阻止，反遭这些新兴“小区菜农”嘲讽，说蔬菜也是小区绿化的一个组成部分，为何只要“资本主义的草”不要“社会主义的苗”？

小区居民公德缺位的例子举不胜举，当事者家属还要强词夺理的事例也从来不少。一个月明星稀的夜晚，南京某小区居民忽然听见窗外“飞流直下三千尺”。伸出脑袋一看，六楼一老汉立在阳台上正冲着楼下大剌剌地小便。几支强力电筒的灯光冷不防罩住那老汉的关键部位，“人赃俱获”。老汉在公众面前走光，丢尽颜面，加上邻居们愤怒声讨和厉声指责，老汉一时情急，形成尿潴留，再也小不出便来，一会儿就憋得脸色通红，痛苦不堪，被家人紧急送往医院治疗。在小区邻居横眉冷对面前，老汉的家人百般狡辩称该老汉患有严重的前列腺疾病，一有便意立刻就要排解，否则会形成严重后果，当晚儿媳妇占用厕位在先，老汉突然内急，迫不得已只好在阳台上“排忧解难”。众邻居大怒，反诘说你家尽管只有一个卫生间，但你家的替补方案应该不止一个，准备一只痰盂或者尿壶就可以救急，只手可以擎天。你家空中撒尿的行为龌龊又恶劣，冒天下之大不韪，实在是伤天害理。六楼之上一泡臭烘烘小便“疑是银河落九天”，楼下邻居尚未收回屋的衣物和食品一概遭殃，尽在污染范畴。无德之人，天必谴之。上苍假邻居之手惩罚了老汉一次，可谓是罪有应得。

公德心实在是影响邻里关系的一个最重要的因素。根据一些城市调查，在引起邻里矛盾的各项事因中，“噪音和环境的污染”、“争夺空间”分列一、二位。有超过三分之一的被访者自述曾和邻居为闹矛盾而烦恼。有接近百分之八十五的被访者期望邻居是“和睦相处、互不干扰”的人。要想处理好邻里间的主要矛盾，关键在于大力提倡公德。

5

做到了不乱抛垃圾，不在公共草坪上“开荒”，不在阳台上屙屎撒尿，对于你的邻居来说，那只是最基本最起码的人品要求。就像是你在窗下种植了花花草草，为了保证你家植物照射到充足阳光，不应该就把邻居家的大树齐根伐倒。

邻里之间的干扰和污染，多数并非是不可避免，诸如装修噪音，空调滴水，宠物遗矢，乐器刺耳，电视音量过大等，一般稍加留心就可以化干戈为玉帛。在解决此类矛盾中，“自律”和“宽容”必不可少。家居生活应该保持必要的自我约束，自律是由内而外解决这类矛盾的调节器，而宽容则是由外而内化解邻里纠纷的减压阀。

邻居家中豢养宠物，每天总得放到门外去遛遛腿，这些小动物一旦外出放风，难免会有排泄需求。小区内如果东一块西一摊，既有碍观瞻还会影响到公共环境的卫生，妨害到他人的利益。假如主人做到了自觉自律自爱，随时清理宠物粪便，实是额手称庆的一件好事，偶有漏扫，邻居也会抱有相当宽容的心理，这是邻里之间“自律”与“宽容”关系的一种互惠模式。尤可叹的是“有养无教”的主子，他们“左牵黄，右擎苍”潇洒无比，却对宠物粪便视若不见，听之任之。这种主子大有人在，看来是从不晓得自律是何物。对于这种不知自爱的家伙，邻居的宽容也无从谈起。邻里关系就有可能和睦尽毁，坏像丛生。

停车问题是当前住宅小区最突出的一组矛盾。私家车的数量越来越多，停车成了一大难题。不但小区的主道上泊满了私家车，支道上也是车满为患，形成了私家车与居民争路的现象。小区道路是为全小区居民出行服务的，擅自泊车严重影响道路的使用功能。特别是支道本身比较狭窄，一旦停放轿车必然妨碍自行车和行人通行，算起来在小区内部支道的使用上毕竟是步行和骑自行车的人要比开私家车的人多得多，私家车停放太多太密太不懂规矩，以少犯多就是犯了众怒，那就是一个严重问题。无车的居民体谅车主们停车难，对于主干道停车抱有宽容的态度，但车主们一定要懂得自律，不要随意把车停放到支道上去，这也算是自律和宽容在停车问题上的一个临界点吧。可惜多数南京小区，人车争路，已成公害。

极端的例子是一些住宅功能的异化，邻居本是户好端端的人家，忽一日变成了棋牌室、网吧或者足疗堂，要不就是群租房，更有甚者冷不丁冒出来个餐厅，高大的油烟通道矗立起来了，巨大的煤气钢瓶运进来了，大功率的鼓风机呼呼运转起来了，操作间里炉火熊熊，油烟滚滚，小区上空弥漫着葱油蒜姜炸鱼烹虾烤鸭卤鸡煎蛋熬汤的香浓气味，空气油漉漉的格外厚重和粘稠。原先宁静安详的日子从此一去不复返，如此“芳邻”成了小区所有居民心中的梦魇。矛盾立刻激化，调解均告无效，这样的例子颇具有反讽的特点，有点像是孟母千辛万苦把新家安顿在学堂附近，却发现有朝一日学堂出租挂出一块“三温暖”的风月招牌来哭笑不得。从本质上讲餐饮业与住宅小区是一对矛盾体，有我无你，有你无我。餐饮业会造成环境污染，只适宜开办在商业区，阴错阳差“投胎”到居民住宅小区，是不可原谅的环境错位。成功“打入”住宅小区的商业网点大多有些人事的背景，但这样一来只会暴露出当事人不是个在应该开餐馆的地方能把餐馆开成功的企业家，而是个专门在禁猎区“偷猎”才能获得猎物的小蟊贼。这就像申办化工厂就必须尊重环境保护，你不能以任何理由为借口偷放污水到长江里去，把本该用于环保的巨额资金“节省”下来使自己快速致富一样。没有一位居民希望自己的邻居之家变成一间忙碌吵闹的油腻腻餐厅，这样的噩梦却天天在身边上演。国家立法的滞后给许多善于钻营的人留下了活动的空间，居民可以据法追究相关管理部门的失职责任并据理要求补偿时，住房变餐厅的闹剧才会有所收敛。

邻居在公共草坪上种菜，邻居的私家车“一车当关，百夫莫开”挡住老人孩童进出的道路，邻居门前张灯结彩挂出块招牌开起商店来了……在实际生活中这些扰邻伤邻的现象比比皆是，无处不在。假若季雅先生恭逢此时，即使他有千万买邻的经济实力，只怕也会是“买”不胜“买”。

6

屋宽不如心宽，这句话立意很好。但用于宣传，我则是一百个不赞成。我之所以反对把这句话“主动输出”给他人，原因主要有两条。一是这句话在正确时机、正确场景、正确前提下被引用的几率过小，而误导作用又太大。二是这句话天生是专门说给无权无势无钱的芸芸众生听的，打上了

“穷人专版”的烙印。没有一名富豪需要接受这句话，而富贵一族的苦恼只是房子太多太大太分散，如何保洁、管理和增值成了难题。这句话专门摘自于为平民一族量身定做的心理“圣经”，用来安抚他们在困境中烦躁不安的情绪，动员他们安贫乐贱，随遇而安，不要见异思迁，不要有仇富心理。所以，这句话在很大程度上等同于一种“视矛盾于不见”的空泛宣传。

屋宽是经济基础，心宽是上层建筑，没有“屋宽”这个经济基础，空手鼓捣“心宽”这个上层建筑，注定是要闹出笑话来的。历史上曾有过类似的先例，一大群面有菜色、穷苦锒铛的无产阶级天天叫嚷着要“解放全人类”，事后发现最需要首先解放的其实是他们自己。屋宽就是屋宽，心宽就是心宽。屋宽不一定带来心宽，而心宽毕竟不能代替屋宽。不去积极寻求屋宽的路子，只知道一味喧嚣心宽的所谓道理，注定是事倍而功半。而大力发展屋宽，自然而然就实现了心宽，事半而功倍。有朝一日如果中国百姓的屋宽达到美国人住的“House”标准，花园洋房，别墅车库，心宽自然就有了充分的条件。即使是屋宽心也宽了，也非是万事大吉。一旦心宽到了“两耳不闻窗外事，一心只读圣贤书”的地步，如果邻居老汉天天往你阳台上撒尿，你也能做到熟视无睹无动于衷，那你就又不是心宽了，你是麻木不仁，掩耳盗铃或者是老年性失智。

其实多数居民对于邻居角色的期待值并不高，他们希望与邻居维持一种“有礼、有度”的君子关系，既无意影响别人生活，更不愿意被别人所影响，既不拒人千里，也不期望邻里关系过分亲密。多年前江苏有一位著名画家远避尘嚣在苏州东山购置深宅大院，长期隐居在湖光水色之间，一方面修身养性，一方面专心艺术创作，既对自己的艺术生命高度负责，又实现了理想居住境界的一种孜孜追求，一时传为美谈。可惜由于国情的局限性，隐居山林对于大多数人来说实在是一种遥远的梦想，离开城市稍远一点便不太适宜居住，不是缺少水电，就是没有燃气，或者是网络宽带“暂时无法接通”。在基本生活条件尚不具备的情况下去到郊野居住，迹近自我放逐。那样一来邻居对自己生活的困扰固然没有了，可是自己生活的方便性几乎也就没有了。目前很多地方饮水成了困扰居民的问题，隐士们呼啸山林总不能天天扛着一桶纯净水吧。

我去福州出差时看见当地人在家门外烧香，隔三岔五，街头巷尾香烟袅袅，据说这样做可以促进邻里关系和睦相处。苏州东郊工业园区内的“邻里中心”是一座高档次的三层楼建筑，商店、餐饮、娱乐、文化设施一应俱全，节假日里人头攒动，市民趋之若鹜。那是全国第一家以“邻里”冠名的商业综合体，借助这一凝聚力极强的居家概念来集聚人气，是创办者一步极妙的棋着。我十分欣赏“邻里中心”这个名称，味道越品酌越甘醇。优质的邻里关系说成是世间至宝也不为过。“非宅之卜，唯邻是卜”，透彻地懂得这个道理，有助于市民做出更好的选择，理想的邻里关系，实在是可遇而不可多求。

《孔子家语·六本》中写道：“与善人居，如入芝兰之室，久而不闻其香，即与之化矣。”南京市民孜孜追求理想的邻里关系，时而觉得近在咫尺，转眼又好像远在天边，之所以会产生这种“海市蜃楼”的迷幻感觉，是因为邻里关系本是国家风貌的一个缩影，邻里关系既反映出社区居民的精神面貌，还反映出社会风气和社会的道德水平。如果市场上假冒伪劣盛行，官场欺下瞒上弄虚作假，全社会信用机制濒临崩溃，覆巢之下，岂有完卵？那样我们离开理想的邻里关系只会是越来越远。

如此一来话题也就扯远了，且回过头来，衷心祝福我的读者：希望邻居没有影响到你。

首先你应该做到不影响邻居。

“幸福的”抢劫

1

“E-mail　to 亲爱的姑妈：

“感谢您介绍我到南京帝王商厦来工作，当上了一名营业员。这份工作确实辛苦，每天要连续站立 8 个小时，而且要搬动很重的纸箱子。但我是一名来自大别山的姑娘，干活儿对我来说是家常便饭，苦脏累都算不了什么。再说我很年轻，活动活动手脚对我来说大有好处。唯一不习惯的是我自小在偏僻小镇上长大，所见所闻一直是一个很小的圈子。如今一脚踏进大南京的新街口商业圈，大千世界，茫茫人流，灯红酒绿，成天像在漩涡中转悠得脑袋发晕。说实话，一时半会儿，我还真的适应不过来。

“来南京一个多月了，我基本上熟悉了这里的工作环境。洗涤用品柜台的商品很多，逢到顾客问我，我也用不着老使眼睛去瞟价格牌。不过在报价的时候，我总是细声细语，生怕吓坏了顾客，那么一小罐洗发水，报价 54 元，我有点儿底气不足。我想起家乡小镇上的姊妹，她们洗头发用的是顶多几角钱一块的肥皂，还有人用皂角泡水洗头，头发照样乌黑发亮。大城市的消费者为什么要买这么贵重的东西洗头呢？她们真的不知道节省对自己有好处吗？一小罐名牌洗发水，在我的家乡是一个壮劳力起早摸黑一个月的工资呀。

“今天上的是晚班，回到宿舍已经快 10 点钟了。下班之前我目睹了耸人听闻的一幕，当时吓得我魂不附体，两腿发软，我急于发这份电子邮件给您，是因为我现在想想还感到后怕。

“您能想像到吗？在繁华热闹的新街口广场，在像天堂一样豪华的大商场里，有一家三口人明火执仗，四处打劫，导演在笑，摄影机在闪光，录音师举着长长的话筒跑前跑后，所有的旁观者都在为劫徒鼓掌……连警察也乐呵呵的。这是真的，我不会骗人，亲爱的姑妈。

“我想我确实看见了那女人眼中贪婪的凶光，当时我躲闪得稍微慢了一点，那女人立即用肩膀撞得我东倒西歪，她像一阵飓风忽地刮过身旁，嘴里还教训着我‘不长眼睛的小东西’。

“亲爱的姑妈，我一下子想起来了，当我真的还是个‘小东西’的时候，童年的我在大别山老家面对面遇见过一只狼，我的印象与此时此刻完全相同。当时有一、二十条精壮汉子手持棍棒紧追在那只狼身后，所以那畜生只来得及冲我流了几滴口水便赶紧逃命去了。而眼前这女人显然要厉害得多，假如她身后也有一、二十条精壮汉子手持棍棒紧追，她仍然会不顾一切咬断我的喉管，吸干我的血再去逃命。

“她用极快的速度冲进我管理的柜台，右臂一扫，便搜罗了一大抱名牌洗发液，摩丝和啫喱水，接着她折身又向玉兰油猛扑过去。她脱下上衣，一古脑儿兜起五、六十瓶玉兰油就跑。如果她像我老家的刺猬后背上长满了刺，她一定会就地打个滚，把香皂香水指甲油精华露全部裹走，实行三光政策。她要那么多化妆品干什么呢，难道她开了一家理发店不成？不会吧，开理发店的人，没一个像她那样头发乱得像个黄鼠狼扒过的鸡窝。

“亲爱的姑妈，所有的营业员肃立一侧，静观不语。商店保安个个把手背在身后，笑嘻嘻地瞅着这一幕。我朝他们高喊‘打劫’，他们反倒哈哈大笑，我喊得越高他们笑得越响。

“三架摄像机灯光闪闪，几名电视台工作人员前呼后拥，撵着那个凶巴巴的婆娘，这群人乐呵呵地在店堂里跑来跑去，仿佛是幼儿园的小伢子在做游戏。那婆娘在化妆品柜台扫荡一阵后正要离开，一眼又看见了进口香水，这时候她的眼睛红得发绿了，她拉开圆领衫领子，一口气往里面塞了十几瓶法国香水，她全身上下臃肿不堪像一只丑陋的恐龙，这婆娘兴奋地直喘粗气，哈拉子直流。

“这时我才发现，这婆娘并不是单干户，我的妈呀，她一家人全来了，成帮结伙，赤膊上阵。她的儿子正在邻近的食品柜台疯狂扫荡呢。这孩子大概十六岁左右，和我的表弟差不多年纪。我表弟平时上学，每到双休日，姨父总是教他学开拖拉机，修理水泵。为什么眼前这城里孩子要学抢劫呐？我实在搞不懂。

“这时候，商场广播喇叭里大声嚷嚷正在介绍这孩子，说什么‘自古英雄出少年’、‘少年壮志不言愁’，这孩子一听，抢得更起劲了。他无师自通，顺手捞了一个特大号的黑色垃圾袋，一路上见什么抢什么，饼干，果冻，蜜饯，巧克力，易拉罐，口香糖，炸薯条，牛肉干，鸡肉松，雀巢咖啡，统统一扫光。他趁他爹他妈顾不上他的时候，又偷偷抢了3条中华牌香烟丢在垃圾袋里，他费力地沿地拖着袋子，拼命扩大战果，这孩子两眼露出兴奋无比的光芒，嘴角也咧斜下来了，活像个发横财的小要饭花子。他一时抢红了眼，竟然伸手去捋一位营业员小姐姐脖子上的金项链，又硬要抢夺另一位女收款员手腕上的翡翠手镯，人家不给，他急了伸手去掐对方脖子。最后被电视台的工作人员温和地劝止了，说是‘超越了游戏规则’。我的天啊，要是我的表弟学他这种匪帮样子，我姨父会气得一头撞在大别山石壁上，把大别山撞倒一只角。

“那婆娘的丈夫是壮劳力，专门洗劫价值昂贵的大件家电商品。那汉子长得并不引人讨厌，像个斯文人，一出手就叫人吃惊不小，他推着一辆购货小车飞快奔跑，熟练地从货架上搬下等离子电视，手提电脑，MP4, DVD机，家庭音响，数码相机，摄像机，垛在车上像座小山运走。这汉子洗劫技巧十分娴熟，举手投足相当专业，叫人不由生疑，这家伙平时到底是干嘛的？只见他巧取豪夺，精明能干，一眨眼把四五部手机塞进自己口袋里，转身一台卫星电话又挎在他身后了。他气喘吁吁牵引小车往集结地点奔去的时候，没人敢相信自己的眼睛，这汉子像是一辆满载而归的货运列车进站，他肩膀上扛着一卷名贵的波斯手织全毛地毯，后背上驮着一台3匹立式变频空调机，小手指还拖着一台家庭多功能跑步机。

“这时候，我看见电视台主持人立刻忙碌起来，他们个个笑得光辉灿烂，眼睛眯成了一道隙缝。大家伙儿聚成一团，像乡下强盗分赃，正对着摄像机清点这一家人抢劫的赫赫战果。导演助理们在一旁帮衬起哄，我隐隐约约听见，抢劫总数大约是17万元。所有在场的人都鼓掌欢呼，仿佛是中国队在世界杯预选赛中踢进一个球。

“我吃惊地望着大家，不懂得他们为什么欣喜若狂，假如眼前这一切是在拍电影，这几个人的行为也应该属于典型的反面角色，值得山呼万岁么？这个世界究竟怎么啦？我感到非常费解。我开始怀疑，是不是自己今天工作过于疲倦，出现了离奇的幻觉？

“哎哟，亲爱的姑妈，我的右臂被那婆娘撞了以后越来越难受，我现在打字时一抽一抽的痛。刚才‘少舵主’交给宿舍女管理员送给我一瓶红花油。我已经搽过一遍。疼痛似乎减轻了一些。哦，我忘了解释一下，‘少舵主’就是您领我前来上班那天为我们引路的那名高个子男孩，他在这家商场保卫部工作，刚刚提拔为保卫部副经理。‘少舵主’是他网上交友使用的名字，我们就这样称呼他，其实他一点匪气也没有，是个纯朴腼腆的小伙子。

“明天还要上班，有空再与您联系。”

2

“E-mail　to 亲爱的姑妈：

“收到您的电子邮件后，我这才恍然大悟，昨天晚上发生的骇人一幕，原来是本市电视台开办的最新娱乐节目：‘幸福家庭’。

“您说这个节目近来收视率挺高，我完全相信。当时我就在现场。我确实看见在场所有人的眼睛闪闪发光，大家都兴奋极了，人人都在想，假如轮到我来出演这个扫荡角色，我该怎样怎样怎样大发一笔横财：黄金柜台一扫光，珠宝柜台连锅端……我看得出来，所有旁观的人羡慕得口水直流，手痒痒地再也不甘寂寞。我担心他们一出商场大门就要付诸实际行动来过过瘾，我真的害怕会出这样不好的事情。我无论如何搞不明白，这么娱乐对头吗？

“我要问，这座城市的人们不这样娱乐不行吗？

“亲爱的姑妈，在我看来，这个所谓的‘幸福家庭’，其实就是‘罪犯家庭’。他们没干任何好事，只是杀气腾腾冲进商场，见什么抢什么，肆无忌惮‘大抢劫’一通，发泄一下人心深处隐藏着的犯罪欲望。我认为这个节目的导演思想有很大问题，他的内心世界实在与教唆犯没什么两样，用我中学政治老师的话来说，这就是‘性本恶’，就是‘激活人性中邪恶的不劳而获的潜意识’……当时老师把我们带到县法院的公告栏前，指着朱红大笔打钩的枪毙犯人布告开展现场教育，女同学们吓得浑身颤抖。我看大别山中学老师的话用在今天南京这种场合蛮合适的。在我这样的年轻人看来，这种‘幸福家庭’其实是一个‘可怜家庭’，一家几口人在千千万万电视观众面前出尽了洋相，暴露出内心世界的阴暗和贪婪。说实话，选中上这种节目真不值得。营业员姐妹都在纳闷：导演具何心思？

“我大惊，然后大悲，可能是由于我来自遥远的农村，我真的不明白，大都市人们的潜意识中，究竟隐藏着多少可怕的东西？

“亲爱的姑妈，可能是我太土包子气了。我的悲观来源于大别山的穷山苦水，那里虽然落后，但是人们单纯可信。大别山的姑娘与南京这样的现代化大城市反差太大。我一时不知道如何是好。

“营业员姊妹们的反映十分强烈，少数人觉得这节目有趣，也有不少人觉得这个节目过于无聊，太令人意外了。保安们聚在一起议论纷纷，说这就是诲淫诲盗，是抢劫行为大演习，百弊而无一利。最可怕的是这种节目还借用电视直播的方式扩散出去，放大出去，强烈刺激市民的潜意识深处的犯罪意识，释放出不劳而获、不择手段敛财的心理阈值，‘想致富，动手掳……’。

“亲爱的姑妈，营业员们说的这些话，有些我能理解，有些我听不太懂。我们部门的经理是一名在美国留过学的硕士生，喝过洋墨水，他感叹地说：‘晋不可启，寇不可玩’。我不懂他这句话是什么意思，也不清楚他是不是说了一句洋文，但从态度上可以看出他非常反感。我认为这个节目其实是鼓励掠财越货，‘释放出人性中的恶’。您瞧，我也学会这么一句批判性的时髦话。总而言之，我对这个节目保持着强烈抵触心理。

“亲爱的姑妈，今天下午，提前打烊盘点。

“忙了一阵，进口香水柜台的快嘴雯雯瞅见经理不在身边，举起一支金色‘香奈儿’装模做样当作话筒，模仿导演宣布，‘更幸福家庭’剧组现在开始拍摄。

“她许愿说，我们这些营业员丫头统统荣幸地被接受为群众演员，可以在电视上露露脸，脸蛋漂亮的说不定会被星探发现一炮走红，沿着红地毯一直走向戛纳和好莱坞。演技差一点也可以被大款相中，披金戴银珠光宝气‘包’起来。小姊妹们一起哄笑说，你快嘴雯雯第一个被大款包起来，我们不稀罕。

“快嘴雯雯现场培训我们这些群众演员，第一课就是‘一分钟内如何洗劫商场珠宝柜台’。

“第二课是‘打破常规，追求非法利益最大化’。

“第三课是思考题：‘如何利用熟门熟路迅速打劫家门口那家银行？请联系实际举一反三，……’讲到这里，许多营业员姐妹笑得你推我搡直不起腰来。

“快嘴雯雯打出广告，宣布是‘打劫技巧高级研讨班’招生，注册新生一概斜戴黑色单眼罩，纹身，鼻环耳环脐环，毕业时荣膺‘国际刑警组织 2006 年全球通缉要犯’，至少也是‘公安部网上通缉犯’，否则只能作为肄业处理。

“快嘴雯雯强调，研讨班不但传授经验，还要千方百计，挖空心思激活新学员潜意识中的犯罪意识，把瓶子里面的妖怪全部放出来，力求青出于蓝，冰寒于水……

“说到这里，硕士经理从集团公司回来了，他问快嘴雯雯，参加什么研讨班？可不可以帮他也报个名？我们一班小姊妹顿时笑得蹲下来，我笑得咳嗽了半天。硕士经理莫名其妙，一直追问，干什么？笑什么？不说什么？

“亲爱的姑妈，我在电视上看见平民娱乐方式有多种多样，有些娱乐令人大惊小怪，有些娱乐叫人头晕眼花。

“有人蹦极，脚脖子上面拴根弹性长索，从 50 米高的大桥上往下栽，头发一直浸进河水，长索又把人拉回高空……

“有人蹦迪，系紧了裤带一个劲儿在弹簧床上往天空窜，越跳越高，超过了三层楼房……

“也有人开着飞机往桥洞子里钻，机翼在水泥桥墩子上面擦出一连串火星来，几乎能把那巨型烟卷儿似的桥墩点着了。飞机侥幸钻出来，吓得人不敢看……

“多数人成功，看客皆大欢喜。少数人失手捐躯，也赢得身前身后几声叹息。

“可是我从来没有意料到也从来没有见过像南京这家电视台这样把抢劫当作娱乐来玩儿的节目。几年前县放映队曾经在我老家村头上放过一部法国电影片《冒险的代价》，几名龇牙咧嘴的业余刽子手受到电视台的唆使，持枪带刀，杀气腾腾追杀一名无辜的参与者，我看了以后十分压抑不安，我离开大别山的时候，高中的班主任老师送我到车站，她叹息道：‘利傍倚刀，死不旋踵’。我当时听不懂。老师解释说，在利益面前，人性的邪恶一定会大暴露。班主任老师的这句话，用在这家电视台导演的头上，最准确不过了。

“我怀疑‘幸福家庭’的导演就是那部法国影片导演函授的学生，是他的徒子徒孙，或者干脆就是那几名龇牙咧嘴的业余刽子手中的一个。”

3

“E-mail to 亲爱的姑妈：

“今天是周六，晚上‘幸福家庭’电视剧组再次光临本商厦。硕士经理很生气，大声呵斥说：‘一之为甚，其可再乎？’ 他跟着又说了一句洋文，我听不懂。看见很多人反对，剧组进也不是退也不是，搞得当时局面很尴尬。

“我们面前出现了一个文质彬彬的家庭，男主人是名牌大学的教授，年轻太太漂亮秀气，听说是政府机关的一位科长，小男孩戴副无框眼镜，大概上小学三年级的年龄，举手投足特别有教养。我一下子就喜欢死了这名小男孩，纯洁可爱就跟小天使一模一样。这时我想，不戴眼镜的娃娃就不像小天使。

“大胡子导演带着墨镜，帽檐压得低低的，他胳臂猛力挥舞，打出种种煽动手势，对这个天使家庭做了一番简短动员和说明。远远看去他活像是抢劫集团的幕后老板。我离导演太远，听不见他嘴里叽哩咕噜唾沫星子横飞究竟讲些什么，我想，法院和检察院的工作人员事后一定会对这个导演唆使犯罪的动机很感兴趣。

“副导演眼睛紧盯着秒表，大喝一声开始。

“年轻太太开始非常羞涩，慢慢挪动步子，捡起一只名表，看了一下价格又放下了，导演急得冲着她大吼，‘快抢，不要犹豫，拿到手的全是你的东西……’

“副导演把嘴巴凑到年轻太太耳边，大声倒计时，‘99 秒，98 秒，97……’

“年轻太太脸涨红了，她东瞅瞅西望望，慢吞吞从柜台里面抽出一支进口钢笔，在纸上画了几个圈，仿佛在试验钢笔下水是否流畅。导演大叫‘别试啦、别试啦……’

“旁边观众发出阵阵啸叫声，大多数人顿脚叹息，在他们心中，这短短一百秒钟被看作是法律、良心和道德‘三不管’的特殊时刻，是放纵心中狂妄欲望、为所欲为、把所有不齿念头变为活生生现实的一个千载难逢的机会，他们急得咂嘴，打唿哨，放屁，拳打脚踢周围的东西。每个人都在想，如果是我……嘿嘿，就在一百秒钟之内，非把这幢大厦上上下下的精华来个一扫光不可。他们迫不及待，又吼又叫，用各种各样方式把自己可怕的念头放肆地公布于众了。

“在导演和副导演‘迅雷灌耳’般的耳提面命下，年轻太太很快找到了感觉，她非常聪明，迅速进入了角色。她扔下那支不值钱的进口钢笔，突然提速，飞快窜进裘皮柜台，一口气穿上猞猁背心、水獭皮外套又披上一件貂皮大衣，她仍然不满足，她要把白白损失的时间全部补回来。她使劲从高高的衣架上往下扯一件藏羚羊披风，连拽几次都没有如愿，那件稀世珍宝被妥当地束之高阁，旁人轻易不能染指。时不我待，机不再来，她恼羞成怒，抱起衣架就奔，远远看去，她就像是一名精神失常的圣诞节老婆婆。

“周围观众一起鼓掌。

“大学教授的动作没有这么张狂，他疾步如飞但是不失温文尔雅，他胸有成竹，径直奔向影视器材柜台，熟练地抄起几架最新款式的日本数码相机，同时他没有忘记挑上几支韩国录音笔。他向前奔走几步，手上又添了一对 JBL 高档音箱，营业员们啧啧称赞他是识货的人，起码是一名天王级的音乐发烧友，他挑中的那一对名牌音箱价值连城。

“进步最快的就是可爱的小天使，这点使我特别难过。小家伙经过几秒钟的适应期，很快就明白了今天晚上导演叔叔和主持人阿姨评判他行为的特殊标准。他踮起脚来，从柜台上抢走一大摞游戏光碟，顺手又夺去一盒多功能游戏手柄。

周围的观众大笑，有人鼓励性地拍了几下巴掌。

“那孩子人来疯起来，胆子越来越大，他东张西望，直向天文望远镜奔去，他瞅了几眼灿烂的星空，就失去了兴趣。随手一推，价值几千元的天文望远镜翻倒在地，珍贵的镜头摔碎了。旁观者惋惜地摇头，可那孩子连睫毛也不眨一下。

“令人意想不到的事情终于发生了，几名全副武装的银行保安人员前来商场收银处解款，正在交接之中，那小家伙迅捷地冲向收银台，劈手抢过装满现钞的铁匣子，转身就跑。导演和副导演连声大叫，‘钱匣子不能拿。’那孩子根本不听，反而把钱匣子抱得更紧，跑得更快。当两名武装保安撵上来试图劝阻他的时候，这名秀丽的小男孩一反常态，他飞起一脚，重重踢中保安的小腹。保安没料到这名小劫匪有此举动，顿时四仰八叉，尴尬摔倒在地。

“年轻太太大叫：‘这孩子平时不是这样的……’现场一片混乱。女主持人一个劲儿地冲着话筒嚷嚷，似乎在向电视机前的观众做出解释，受伤的保安被担架抬了出去，室外警灯闪闪，有人在向室内紧急传递避弹衣。

“看来教授这一家人平时体育锻炼不够多，几十秒钟超强度超水平的发挥，令他们一家三口气喘吁吁，汗流浃背，但是，他们把观众的普遍心理演绎得淋漓尽致。现场的观众，可能还包括电视机面前的观众全部疯狂了，大家尽情欢呼，捧场，责骂，鼓动，辩论，争吵，怂恿。背景音乐不合时宜地放到最大，现场混乱不堪。观众们情绪激动，个个乐不可支。亲爱的姑妈，我当时反感透了，这个节目专门迎合观众的低级心理趣味，实在是太下作了。

“然而，观众们眼热极了，也羡慕极了。在他们眼皮底下，一家子又一家子明火执仗，巧取豪夺，在极短时间内掠去了尽可能多的财物。电视台导演和节目主持人现场为他们的打劫一次次评出高分，一次性奖励‘抢劫有功’者几万元财物。观众们的火热情绪就像一锅稀饭沸腾到了锅沿，毫无节制地漫出。他们迫不及待要自己挺身而出，效仿这些‘幸福的人’发上一大笔横财。

“这个世界一定是疯狂了。”

4

“E-mail　to 亲爱的姑妈：

“救救可怜的‘少舵主’吧，他终于出事了。昨天深夜在市中心一家电脑超级市场里，他居然模仿幸福家庭的模式，和几个浑浑噩噩的小兄弟出色地表现了一把。

“这是一班二十岁出头的毛头小伙子，此前最大的过错也就是踢足球打破了邻居家的玻璃窗。可他们不鸣则已，一鸣惊人，听说这次他们在动手之前调看了前几期幸福家庭的录像资料，仔细研究了幸福家庭现场打劫的经验和不足，制定了一整套行动方案，还做了具体分工。

“昨天晚上打烊之后，‘少舵主’一伙率先冲入电脑超级市场，在五秒钟内制服了保安，干净利落地用胶带把他捆成了一个活人粽子。极短的几分钟之内，‘少舵主’他们敛到手大批 CPU、主板和硬盘，价值 73 多万元。其中两块最新出品的 CPU 是现场从其它已经装好的机器上卸下来的。

“‘少舵主’打劫速度之快，效率之高，令人咋舌。保安事后还对警察说，他从来没有见过动作这样敏捷的劫匪，简直可以上电视台与‘幸福家庭’节目的选手们比试比试。那外地保安就是这么对报纸记者说的。假如南京电脑行业协会举办技术大赛，‘少舵主’他们一定可以在拆机或装机速度方面一举夺魁。

“今天早上开来了六辆警车，前呼后拥，请‘少舵主’一伙上车。当‘少舵主’听说盗窃物品价值巨大司法当局可能判他死刑，他当时就吓哭了，再三求情也没有用。我在一旁也流下了辛酸的眼泪。他这一去，同事们都说：‘秋风萧萧易水寒，壮士此生不回还。’

“快嘴雯雯惋惜地说，‘少舵主’大专毕业后，直接分配来商厦工作，本性纯朴善良，是可造之才。可惜是社会上诲淫诲盗负面影响太多，引他走入歧途。她点名道姓地说，最坏就是那个‘幸福家庭’节目，最最坏的就是那名导演，还有节目主持人。他们其实是‘少舵主’的教唆犯和同案犯，他们沆瀣一气。声气相投……

“我一听头都大了，我不知道幸福家庭的导演组是否听说了这一幕，我一定要把这幕惨剧发一份电子邮件给他，质问他有何感想……我要问他：打劫有趣吗？有理吗？有利吗？打劫越多越有本领吗？坐在打劫得来的财富上面，这就是幸福么？

“这样混账的节目，究竟要把今天善良的人们引往何处？

“亲爱的姑妈，如果‘少舵主’真的被枪毙了，谁该对他的死负责呢？”

智者黄鼠狼

1

下乡插队岁月，沉闷单调漫长。

1968 年底，约有两千多万城市青年来到了历史的十字路口，面临人生中的重大抉择。这些年轻人是老三届的初、高中学生，年龄最大也不过二十一岁，多数人的学业尚未完成。两年多前，在精心设计的革命口号撩拨和蛊惑下，涉世未深的这帮大孩子们一时被捧为天之骄子，他们纷纷走出学堂，把文字斑驳的“红卫兵”袖章套上臂膀，明火执仗在社会上冲锋陷阵，狂热得不能自已。当时全国卷入了一场浩大的政治运动，这批半大小子如脱缰野马无天于上，无地于下，连自己也不敢相信居然会干出这多匪夷所思的事情来。星回路转，沧海桑田，年轻人们没来得及醒过神来，一场轰轰烈烈的“上山下乡”运动又如山洪海啸飞奔而来，挟裹他们抛往了广袤田头。

那年冬季，凛冽北风打着唿哨在寂静的田野上撒野，仿佛是一窝逃离苦狱的妖精在尽情释放全部的疯狂。朔风无情地吹向年轻人火热的面颊，冷透了他们的心灵。伫立在异地他乡的田埂上，耳边偶然飘过几声牛羊哞咩的叫声，穷乡僻村，大漠荒野，清冷的寒冬景致一览无余。来自城市的大姑娘小伙子们面面相觑，惶惑不安，一时不知干些什么才好。

插队落户的岁月就这样仓促开始了。事实上，不仅上山下乡的城市知识青年感到意外，农民大叔大婶们也没做好长期接纳外来客人的任何准备。数千万城市知识青年犹如洪水长泻直入，让农村人民公社一时心慌意迷手忙脚乱，犹如山寨被偷袭一般猝不及防。塞北滇南，山东江西，无论村子里有没有住房，囤子里有没有口粮，“插队落户”的知识青年像是钦差大臣一样硬生生“派驻”进来，名曰是“向贫下中农学习”，憨厚的农民兄弟想不“被学习”却不行。那个冬天，上山下乡知识青年的身心一古脑儿浸入了冰窖寒窑。俗话说“一寸光阴一寸金”，可是，自那时起无聊地消磨时间却成了知识青年们的最主要的排遣，美好的青春一文不值。

那年冬天，大批军用卡车在公路上来来往往，卷起大量尘土，日夜运送城市知识青年去下乡插队。某日，我背上行李，搭坐上一辆军卡，被送往江南丘陵地区。车停之后，我又在雪地上跋涉了 5 里路，跟随一群来挑行李的农民走进一座偏僻古老的小村庄。这村庄临近苏皖边界，有二十来户人家，村后有座山丘，酷似苏南农民常戴的笠帽，村名便叫笠帽墩。笠帽墩生产队在山麓仓促建造起一幢新屋，土墙草顶，专门安排南京来的 4 名男知识青年居住，体现出乡民们的好客态度和友善精神。我放下雪花濡湿的背包，在草屋内走来走去，好奇地打量着周围的一切。走到灶台前我撩开锅盖，面前出现一口硕大的新铁锅，足足能放进去一只整羊。这天极冷，天黑前我从背包里取出一本新月历牌，端端正正挂在土墙上方。1968 年只剩下了最后三天，新的一年快要开始了。

笠帽墩村的知青茅屋坐落在一条乡间公路旁。公路尽头是一所农高中。隆冬腊月学生们放了寒假，门前的公路整日陷入一片寂静。寒风呼号，霜刀雪剑，偶尔会有个把人影撞破路上的寂寞，那多半是来自外地的游猎人，扛枪背弓，牵狗架鹰，默不出声地径直前行。一眼望去游猎人的背包上挂满了战利品，有狐狸，野兔，多数是黄鼠狼。这班游猎人离家久了，难免衣衫褴褛，履穿踵决，但他们绝不寒酸，游猎人偶尔回眸一望，目光炯炯，热力劲射，被望的人竟然有被长竿触动一下的感觉。

四野寂冷，天籁无声。我伫立在知青茅屋门口，目光追随着游猎人的身影远去。人去路空，飘飞的雪花把一溜足迹填平，我却守候在门前精魄出窍，魂不守舍。雪下了整整一周还没停止，屋外世界一片洁白，我和插队的伙伴们整天隐居在泥墙草屋，面对着油灯农具，封闭在一个与己完全无干的原始环境中间，不禁觉得烦闷透顶。弃我去者，昨日之日城市文明不可留；乱我心者，今日之日乡村蛮荒多烦忧。绝望和无聊引发一阵阵刺骨的心寒，冻僵了年轻的心灵。然而，游猎人的出现，一时间燃起我眼前的光芒，我仿佛看见善狩敢斗的先民从历史深处活生生向我走来，“断竹续竹，飞土逐肉……”那大抵是在大洪水时期之前代代相传的集体无意识吧：百里挑一的武士兽皮缠身，在辽阔大地上健步如飞身手矫健，石斧抬枪，被坚执锐，在与剑齿虎和猛犸象殊死格斗。

“那一眼，我就动了心……”我血管中奔涌起一股强烈的从猎冲动，粘乎乎的，湿漉漉的，那是来自先民征战意识的遥远遗传，更是人类捕猎天性的一次回归。我可不想被恶劣气候长久埋葬在茅草屋内，眼睁睁地等着自己腐朽成一摊烂糟糟的傻子，我急切向往着披挂上阵，与凶残狡诘的野兽决一雄雌。“风劲角弓鸣，将军猎渭城”，狩猎活动的诱惑叫我无法抗拒，令我心驰神往。这种大展“猎”风的迫切心态，或许与我近距离遭遇一条恶狼的经历有关。那年冬天，我村乡民掀开了“平整土地”的新篇章，一天，我手持一张沉重的钉耙，随同强劳力一起在大田里勤奋地攻击土块，必欲碎之而后快。中午时分，邻村方向喧腾起一阵骚乱，远远地看见一只野兽飞奔过来，十几条邻村汉子手持锄镰在后面紧紧追赶。这是一条健硕的大公狼，威风凛凛，体重有百十来斤，一路上把田埂踩得“咚咚”直响。它大约是从南方广德深山跑来的，笠帽墩一带山高树密吸引了那野兽的目光，它一阵快跑，分寸不乱，转眼便出现在我的眼前。我清楚看见尖锐狼牙洁白无瑕，宽阔下颚具有强大的咬合力，目光锐利如电，一双狼耳竖起足有我肩膀那么高。这畜牲对自己的威慑力充满信心，它漫不经心朝我们一大排人浏览一眼，迅即“借道”擦身而过，提速腾跃，消失在身后的松树林中。农人一窝蜂挥舞钉耙追撵上去。留下我呆立在原地，心口激烈跳动，从那一刻起，我与野兽一决高低的心愿，像一台蛰伏已久的引擎悄然发动“隆隆”转响起来。

入夜，雪光映照在窗玻璃上，透显出冬夜的绮丽和不同寻常。我在睡榻上辗转反侧，毫无倦意。风声猎猎，屋后的树林呼号不停，在我听来，那就是远古部落的狩猎号角激昂吹响，征战厮杀中的沉重鼻息一再出现。原始部落男子两大天职一是狩猎二是征战，许多征战的本领都来自狩猎技能，男人带回猎物稀少在部落里就缺乏话语权，善狩者被视作部落英雄。

我双臂枕在颈下，久久凝视着草屋屋顶，一刹那间，时光隧道打通了，我仿佛回到了昔日时代。古代部落视狩猎为朝圣，出猎前忌口，禁止族人一切轻浮言行，禁与女人同房。出猎前头人和祭师会通过各种自然征兆反复占卜吉凶，如黎明前聆听卜鸟在森林中的啼声……一旦卜得吉兆，部落便隆重地举行祝神仪式，准备酒肉米饭，一场规模宏大的狩猎活动便拉开了序幕。

知青草屋的四壁系用黄土垒成，墙面粗糙不平，在煤油灯光照射下明暗不匀，映现出许多光怪陆离的画面，在我看来，那就是一幅幅天然的古人狩猎长卷。

——部落男子草裙赤足，手持弓箭、刺枪、长刀……在旷野里追逐体形庞大的山猪、熊罴和山鹿，挥舞武器与野兽近距离搏杀。

——几名行为诡异的猎手巧布陷阱。烟熏火燎，野牛群被逼到悬崖无路可走，纷纷坠进深坑，气绝身亡。庞大野牛的角上挑着一个不幸的男子，已经四肢不全……

——寒冬腊月，风高草枯。部族男子全体出动，由头人指挥，这时候知青草屋整面土墙浑然是一幅惨烈的放火烧山图，藏身的各类动物纷纷逃命，狩猎人群围追堵截，枪刺棒打，箭矢横飞。一只麋鹿无路可逃，撞崖身亡……

——成群猎犬急于抢功，一窝蜂追逐亡命的野兔。几只猎鹰居高临下俯冲，构成立体防线。猎人忙着收拾战利品，妇女儿童扛着肢解后的野兽鲜肉运送回家……

……

朔风侵入门缝，煤油灯光闪烁，在茅屋土墙这幅“宽屏幕”上，狩猎图中动物比例失调是常有的事情，比如有只兔子的头竟然比野象的身躯还要大，或者一匹老虎身上长出三扇翅膀，最荒唐的是猎人不是长着俩脑袋，就是五条腿。我想，对于一堵乡村土墙我还苛求什么呢？它的职责本来就是挡风避雨，并没有义务为主人充当一面合格的显像屏。在煤油灯光的“激活”下，土墙上幻化出如此丰富的人类狩猎史素材，实在是勉为其难，壮哉土墙做出了超级贡献。

我一下子明白了自己需要的究竟是什么。现代都市人远离大自然，远离传统技能，远离历史，从自然人形态到人格心理都发生了一系列异化。我太需要一场狩猎来磨练自己，验证自己，确认自己了。我渴望在一场狩猎活动中得到考验和锻炼。我霍地从床上坐起，蠢蠢欲动。

古老传统在我血统中复活，古莲子沁出一叶新绿。

2

早上起身，我已开始把自己视同是猎者队伍中的一员。我弯腰弹腿，劈掌击拳，边行走边迅疾出臂试图徒手捉拿身边低飞的麻雀。总之我跃跃欲试，急不可耐，恨不能立刻大动干戈，向豺狼狐狸豹子黄鼬掀起血雨腥风，痛下杀手。后来我才明白，其实狐狸黄鼬这些小动物十分精明能干，是天生的田鼠杀手，属于人类同一战壕的战友。可人类的行为总是这样难以理解，既杀敌人，又弑朋友。

一位籍贯河南的游猎人经过村上，暂时住下了。在村民的传说中，这位姓陈的猎手是一名极其神秘的人物。每年数他捕杀的猎物最多，据说狐狸和黄鼠狼见了他总是吓得一动不动，任他发落。还有人说他懂兽语。一位老太太招手把我叫到面前，悄悄透露说，陈猎手其实就是狐狸王的化身，老太太亲眼看见他就地一滚，就变成青面獠牙的怪兽。

我恳求陈收我做他的徒弟，陈摇头。我不灰心，成天跟着他学练手艺，他走到哪里我跟到哪里，一步不拉下。陈也不以为忤。就这样，我跟着陈在山野里转了一段时期，为他提猎具，帮他准备饵食，做一切下手该做的事情。直到陈背起沉甸甸的战利品离开笠帽墩村，陈始终没有对我说过一句话。我怀疑陈真的是一只狐狸，他怕一张口便露出野兽本相。

陈有一杆枪筒细长的猎枪，成天背在肩上，但我从没见过他扣动扳机。陈常用的捕捉方法主要有三种：网套，竹筒套或者木箱套。一旦发现狐狸洞，陈常用的办法就是在洞口布下一张网，用水灌或烟熏方法逼野兽出洞，收网擒获。陈擅长用竹筒捕猎，他选取一节细竹筒，把鼠、蛙、鱼等活饵放进筒底，用铁丝网封牢，竹筒口与地面放平，黄鼠狼一旦进筒觅食，因为筒壁光滑，无法返回，只好束手就擒。木箱也是他常用的一种捕猎工具，长方形的木箱两头吊有闸门，中部放食饵，饵钩有细绳连接闸门，小动物钻进木箱寻食，钩动闸落，君已入瓮矣。

陈没有传授给我一句狩猎知识，但我自度向他学到的捕猎本领却最多。陈的一招一式，无不显示出这名猎手心思缜密，手段老道。每次用完竹筒或木箱，无论有无收获猎物，他一定要用开水仔细烫去猎具上的气味，防止动物用体液和气味留下不利于行猎的记号。他布饵时，常用一种特殊草叶再三擦手，以求彻底隐藏人类气味，避免那些机智狡诈的小动物生疑。陈在辨别兽踪方面绝对是个天才，他经常像研究棋局那样长时间蹲在地上，目不转睛地观察那些细小爪印，久久地陷入长考，苦苦思索，以确定手中猎具的最佳布放方位。陈的严谨作风决非多此一举，他远比最狡猾的动物更加狡猾更加谨慎更加严密，所以他往往是胜者。

半个月过去了，我与陈之间这段“默默无闻”的交往，终于是无花之果。一位姓佟的游猎人打抱不平看不下去了，在陈离开后，佟主动教授我一些狩猎知识。佟是名心直口快的山东汉子，他一开口便承认：“我们这些人捕捉黄鼠狼真正是作孽……”

佟说，黄鼠狼的主要食物是各种鼠类，每当它寻找到鼠洞，就会迅速掘开，一举将整窝老鼠统统消灭。据他估计，一只黄鼠狼每年能消灭 300 多只老鼠，按照每只老鼠一年吃掉 2 公斤粮食计算，一只黄鼠狼每年可以为人类从鼠口夺回 600 多公斤粮食。一般来说凡是黄鼠狼数量较多且活动频繁的地区，鼠害就比较少。反之鼠害就会猖獗成灾。黄鼠狼对于农、林、牧业非常有益，是人类难能可贵的好朋友。

“那你为什么不放下屠刀，立地成佛……”我说。

“我有三个孩子，养不活。”佟扭曲了脸，缓缓地说，“最小的一个，是脑瘫儿。”

在冬日的阳光下，佟背包上悬挂的黄鼠狼毛皮闪闪发光，细密的针毛丰满密集，皮板细韧，柔软耐磨，是制裘的上等原料。在有钱人的眼里，这些高档皮毛理所当然就该制成他们的高级帽子、披肩和大衣领子，不能让他们尊贵娇嫩的身体受到风寒。

“你是读书人，爱用狼毫笔吧……”我点点头。黄鼠狼的尾毛细长，挺拔，沥水耐磨，是制毛笔和画笔的上等原料。一竿精制的狼毫笔，往往选用福建香妃竹为笔管，顶端镶嵌牛角，造型俊秀，精美华贵。狼毫笔是中国文人挥毫书写和泼墨作画的上乘工具，古代狼毫笔一直是贡品。

“我们看重的还是皮子……”佟直截了当说。他讲的是实话，运气好的话，他一晚的收获能抵得上当地农民一个月的收入。佟捕猎得手后，便到集镇市场上去出售皮子。当时国际市场对黄鼠狼皮的需求十分旺盛，在国际贸易中 12 张黄鼠狼皮可换取一吨汽油，25 张皮可换取一吨钢材。中国黄鼠狼皮产量占世界产量的90%左右，是传统的出口商品，佟不愁他的货物卖不出去。

佟说归说，做归做。他对黄鼠狼一族的同情、理解和怜悯，并不影响他捕猎这种聪明小动物的积极性，也不影响他熟练地给猎物剥皮加工。猎手们一般自己加工黄鼠狼皮，一种叫剥元皮，是从嘴巴边往尾部剥，毛面向内，四肢齐全完全翻出来，皮板向外成圆筒状，又叫筒皮或皮筒子。元皮一般不伤毛绒，价值较高。另一种剥皮方式是从腹部破开，皮剥下后做成一张平板，叫做皮张，皮张容易加工，但是质量和价格次于元皮。

佟一边加工皮张，一边用鲜血淋漓的手指弹去嘴角烟蒂的烟灰，眼睛在烟熏下眯成一条缝，他问我，知不知道他捕过的最大一只黄鼠狼有多重？

我猜 2 公斤。

“5 公斤，那简直就是一个妖精……”佟大声嚷嚷。

我相信佟的话。黄鼠狼这种动物确实与众不同，或者说黄鼠狼根本就不是普通动物，而是一种精灵。这种古怪神秘的小东西神出鬼没，常与一些异乎寻常的事件牵扯在一起，玄而又玄，秘而更秘，打上特别标签。在许多人的眼中，黄鼠狼就是一群通灵的小妖精，既洞悉人类的心理活动，又参透世间的千万玄机。没人给黄鼠狼测过智商，但人们普遍相信这种小动物的智商至少不会比人类低。在中国的很多地方，黄鼠狼都被百姓恭恭敬敬尊称为黄大仙，逢时上供，顶礼膜拜。这种礼遇不是没有道理的，那年冬天，我插队的顾陇公社就发生过一起黄大仙整蛊事件，亲历者不是别人，正是当地的最高行政长官——公社党委书记。

那天上午，公社召开三级干部大会，往常空荡荡的公社大院此刻人气很旺，来自四乡八野的几百来号泥腿子干部把偌大一座公社礼堂坐得满满当当，衣袖腿脚散发出泥土清香，礼堂上空烟味弥漫。公社党委书记第一个登台训话后返回自己的座位茗茶，听见不远处他办公室的电话铃声响了起来。书记等待了一会儿，见那铃声没有停歇的意思，便起身准备回办公室。方才走出几步，电话铃声嘎然而止，书记心头一松，就顺便上了一趟厕所。出得厕所后，他办公室的电话铃声再次响了起来，可没走上几步路，电话铃声又停止了。

当电话铃声第三次响起时，书记加快了脚步，决定返回办公室一趟。尚未到达门前，他的目光先从走廊窗户穿射进屋，这一望就令他大吃一惊。只见他办公桌上立着一只硕大的黄鼠狼，那动物用两只前爪捧着电话听筒，从话筒中传来“喂喂”的呼唤声。黄鼠狼听了一会儿。不动声色又把话筒放回原处……

书记几乎不敢相信自己的眼睛，他是个唯物主义者，不相信怪力乱神，可面前这一幕实在是太怪异了，一下子就把他的世界观体系冲击得七零八落，溃不成军。书记未及多想，三两步冲到门前，伸出胳臂猛拉门把手，想来个瓮中捉鳖。没想到那动物反应奇快，就在房门迅速合严的一瞬间，黄鼠狼翻身下桌飞窜出门成功脱逃出去了。公社大院里树木凌乱，空阔无当，黄鼠狼三窜两跳就不见了踪影。倘若不是话筒落在地上摔得粉碎，提醒人们这里刚才发生过一幕不同寻常的事件，否则公社书记真会怀疑自己是不是看花了眼。

这条消息不胫而走，越传越远，街谈巷议一时间炸开了锅。联系到当事人的特殊身份，人们普遍认为这条传闻的真实性毋庸置疑。我在“接受贫下中农的再教育”的过程中，多出来这么一条异端的教材内容，实属意外。说实话，这条传闻对于我“下海”捕猎，也起到一个小小的推动作用。

3

捕猎黄鼠狼有多种方法，手段有高低之分。《孙子谋攻篇》中说：“故上兵发谋，其次发交，其次发兵，其次攻城。”那些攻城掠地、杀人放火、呼鹰嗾犬的做法，属于地地道道的蛮夫，为优秀猎人所不齿。高淳本地猎人多使用一种竹夹，而这种捕猎工具外地很少见到。

竹弓不大，与普通算盘的尺寸差不多。不过竹弓不是长方形，而是三角形。制成一张竹弓通常只需要六条竹片，即先用三条竹片扎成一个三角形，然后给其中的一边多加上一条竹片，形成刀口。把第五条竹片的一侧削成锐利的斜边，作为竹刀。竹刀一端固定在与刀口相对的那个角上，另一端在那两条竹片做成的刀口内可自由移动。第六条竹片较长较宽，弯成弓状，作用力紧紧抵压在竹刀背上。再加上少许绳索和竹棍，作为拌索机关，竹弓就大功告成。

竹弓的工作原理并不复杂。猎人在下弓前，先用力扳开竹刀，凭借几根细竹棍和细绳，三绕四搭，左右勾连，就布成一组牵制机关，使竹刀保持着奋力张开的形状，这情形非常像打开一把铡刀，锋利刀口扬起，随时都会自动下铡。细竹棍之间互相勾连的部位非常之少，少到了“玄之又玄”的地步，好像是一根蛛丝上粘着一只沉甸甸的蝉，只要风吹草动甚至月光明灭都会造成蛛丝不堪重负随时中断。一旦小野兽不慎踏中机关，细竹棍之间脆弱的平衡便被破坏，转瞬间那口竹刀便失去控制，像鳄鱼的血盆大口轰然阖上，其速度之快力量之猛连光线都来不及抽身退出。

竹弓最大的优势在于隐蔽性极好，根本不需要伪装。走在乡野草丛中，倘若你的视线垂落在一张竹弓之上，你看见的无异于废竹筐上的几条碎片，或者是孩童抛弃的竹马，朴实本色，协调自然。在视觉上根本没有武器那种杀气腾腾的瘆人感觉在威慑你，你会毫不介意一路走去，心中水波不惊。然而如果小野兽们也这样想，那就大错特错了，它们将面临极大的风险。草丛中那张静悄悄的竹弓，实际上是“刀出鞘，箭上弦”，暗藏十万雷霆。竹弓上那些精心布置的细小竹棍处于千钧一发的态势，只要小野兽们稍有触动，立刻就会大祸临头。

活动在竹弓附近的小动物，真正是命悬一线。

竹弓狩猎的有效性倚靠于手工对于机关的巧妙设置，设置机关技术的高低决定了收获的有无和多少。如果机关的灵敏度偏低，会让小野兽白白叼走了饵食，既赔时间又赔饲料落得白忙活一场。灵敏度太高也是一件伤脑筋的事，凌晨收取竹弓的时候，你会发现一只大蝗虫被竹刀铡成了两截，“项庄舞剑，意在沛公”，谁会“意在蝗虫”呢？沛公岂是蝗虫！

小小竹夹，简单原始，却浓缩了当地猎人的大谋略大聪颖和大智慧。铁夹和钢丝夹的质量也许比竹弓更加经久耐用，但作为猎具则暴露出了根本缺陷。试想一只狡黠异常的黄鼠狼在夜行途中突遇一顿天外飞来的美餐，架设在一个被现代工业“异化”了的铁器文明的劳什子上面，当事者会作何感想？它一眼就会看穿这是个阴谋鬼计，一定不会上钩。民间传说充分证明，黄鼠狼在对抗强敌、躲避危险、猎取食物和保全生命方面表现出来的高等智慧和超强能力，几乎就跟人类的海军陆战队员差不多，远非普通人能比。面对一张丑陋的金属夹子，这种高智商高技能的小妖精会暗暗嘲笑猎手的愚不可及，如果它会说话它一定会直接打电话给下夹子的猎人，悲天悯人地叹道“你有困难你对我说呀，少搞些自毁形象的小动作好不好……”

竹弓造好以后，如何做好现场布置就成为了关键。竹弓猎手必须是经验老到的心理学家，善于与足智多谋的黄鼠狼斗智斗勇。他要殚思极虑，精湛谋划，最后凭借一张简陋的竹弓与奸诈的对手巧妙周旋，从而把天下英雄尽收彀中。竹弓的布设看似简单，其实大有学问，如果不明白为什么要这样做，即使一招一式完全仿照老猎户，初入道者往往也会空手而归。

猎人下夹子有三要诀：“查道、挖洞、布饵”，察访足迹是其中的第一条。黄鼠狼是一种夜行性动物，栖息的环境多种多样，河谷、林地、沟沿、土坡、灌丛、村边、古庙、柴堆、木垛、废旧房舍等地方，通常都有黄鼠狼的身影出没。猎人会在行猎的前一日沿着坡堤田埂巡查，仔细察看黄鼠狼的活动区域及其进出路线。雨后察看兽踪的效果一般比较好，在土地湿润处会留下一溜细小的梅花爪印。

查道已毕，下面要懂得选点挖洞。挖洞人人都会，而下夹子猎人挖的洞穴与众不同。这洞的位置要与周边地形配合密切，合情合理。夕阳西下，遍地薄暮，猎人身背着十数只竹夹，手提一柄锋利的小钢铲，前往事先勘查过的地点。他倘佯在黄鼠狼惯走的小道上，再三打量地形地貌，做出只有他自己才明白的判断，然后选中路旁一处蹲下身来挥锹挖洞。他只须三两分钟就在堤岸上掘出一个小洞，深约一尺。

新挖洞穴离地面约有半尺来高，深浅大小适当，酷似新开发的一处鸟巢或鼠穴。至于为什么选中这里而不在旁边其它地方挖洞，那全在于猎人本身的悟性了，总而言之这处洞穴具有唯一性和不可替代性，其奥妙可以意会而无法言传。黄鼠狼生性好奇，一旦发现新洞口后，如果觉察不出疑点或者危险，它就会小心翼翼上前打探究竟，寻找觅食的机会。只要它稍稍近前，便会触动机关，被埋藏在洞口草间的竹弓击毙。

竹弓狩猎的最后一道关键是布饵，布饵目的是提升黄鼠狼夜游的“访问率”。猎人用饵向来是自成体系，饵料五花八门，从鱼虾到羊油无所不用。黄鼠狼聪慧绝顶，狡黠异常，这种生性多疑的小生灵哪怕是饿得前胸贴后背了，也不会冒险去消受意外之财，更不贪图嗟来之食。历史上恐怕从来没有一只黄鼠狼是由于贪食而倒贴上自家的性命。如果猎人建功心切往洞里塞进一只活蹦乱跳的小仔鸡，被黄鼠狼判断出“不应该更不合理”，它照样会不理不睬，掉头他去。狐埋狐搰，黄鼠狼其实比狐狸更加狡滑。

经验老道的猎手，在布饵方面最能显出来技高一筹。布饵的最大秘诀是跟最难对付的对手打一场心理战，而布饵的最高境界就在于“若有若无”，在多数情况下，“无”的诱惑效果，往往会比“有”高出一大截来。有经验的猎手有时仅向洞内投放一片新鲜的羽毛，这种小把戏反而会令黄鼠狼遐想联翩，玩味不已。而手段老辣的猎户更是常常空留下一个原汁原味的新开洞口，什么饵料索性都不放，效果往往奇佳。黄鼠狼会疑心大增，百思不得其解，反复在洞外徘徊，结果是聪明反被聪明误，负负得正，“咔澎”一声，正中猎人圈套，可怜卿卿生命。

4

行猎初期，我常常是十弓九空。检视现场发现，洞前爪印杂乱，猎物长时间在洞口逡巡不前，就是不肯“入瓮”。我爽然若失，看来我“临门一脚”的功夫还不够。随后我渐渐捉摸出门道来了，我的失败主要在于人工痕迹太重和用饵不地道。

入道不久，我便遇上一个强劲对手。这小精灵寄身在村南头的荒塚附近，竹夹一再击空，而我投放的饵食倒是一扫而空、照单全收。时间一长，我的表现很像是模范饲养员，每天定时定点供奉应时鱼鲜，却总是劳而无功，空手而返。我反倒成了一头愚蠢的猎物，正被看不见的猎人耍得团团转。

我反复换饵，没有收到效果。我不断变招，连续布下连环夹和子母夹，还是无功而返。后来我奇招迭出，有一次我居然布出一个罕见的三星夹，只要触动一点，三张竹弓同时“开铡”，生灵一律涂炭。可我以上的努力均以失败告终。渐渐地我对隐藏在荒塚中的那名小小对手产生了敬意，我想附在那小动物身上的一定是个千年的古怪精灵，通晓古往今来所有的征战知识，具有化解一切惊雷闪电于无形的非凡本领，我对之开始有了好感。

自那以后，我之所以还在原地坚持下夹子，并非是贪图在捕获猎物的名单上再增加一个数字，而实际上在做一个不知何时才会结束的试验，想看看人类悠久而丰富的狩猎知识，与一只小野兽与生俱来的防卫意识之间，会保持着怎样的平衡。这种期待远超出了对于一般猎物的兴趣。

一天清晨，我前去收夹子时，发现荒塚旁的夹子竟然失踪了。地上一片狼籍，显示出猎物被击中后长时间挣扎，最后拖带竹夹逃走。

我眼前一亮，这算作是我的一个胜利。我的竹弓终于击中了那名看不见的对手，令其领教到我的厉害。我沿路寻去，在密密的灌木丛后面找到了那只我新设计的“拖饵夹”。竹弓牢牢夹住一只母黄鼠狼的后肢。

母黄鼠狼已经死去，僵卧在地，气息全无。

我十分惊讶，偌大一只竹夹，被木桩牢牢钉在地上，母黄鼠狼负伤后，居然使用蛮力拔出了木桩，然后扛枷逃逸，逃亡了偌长一段距离。这小生灵的生命力，可谓顽强之至。

我蹲下身去，这才发现两只尚未睁眼的幼兽，浑浑噩噩地伏在母黄鼠狼身下吮奶。我额上蓦然冒出一片冷汗来，慨然动容，我以掌击胸，自谴自责，万分后悔。我做了一件多么愚蠢的事啊！

母爱伟大，正是母爱驱使这只黄鼠狼母亲赴汤蹈火，做出了一般动物做不到的壮烈举动。它需要食物，因为它要给孩子提供充足的奶水。而在每天冒险摄取食物的过程中，它表现出极大的智慧和勇气。

我解开竹夹，扔在一旁。回身去取背包中的毛巾，想把幼兽盖好。

转眸之间，母黄鼠狼已从脚下悄悄消失了，动作无声无息，同时衔走了它的两只幼兽。

灌木丛轻轻摇晃，隐隐传来幼兽的呢喃细语，然后一切静谧下来。

我不禁哑然失笑，这只聪明的母黄鼠狼，略施小计，再一次战胜了强大的人类。它赢得是多么干净漂亮啊。我由衷尊敬这名小小的对手，它才是自然界中真正的强者。它的全身而退，可谓是一次百分之百的完胜。

从此以后，我再没有干过下竹夹之类的蠢事。

鸟之诱

我年少时有一段懵懂无知、是非莫辨的岁月，曾与捕鸟经历联系在一起。“鸿雁于飞，肃肃其羽。”空中的鸟儿飞来飞去，引起了无知少年郎的好奇心。那时候，麻雀率先戴上了“四害”帽子，变成了举国征伐的对象，能将麻雀拿下作为战利品，是一件名正言顺、很有颜面的事情。有这样一项“经世的”国策开路于前，于是各种效仿紧随其后。1966 年及其后几年，我与三两少年经过一番秣马厉兵“武装”起来，肩扛气枪，手持弹弓，裤袋里鼓囊囊揣的全是泥弹子，一头钻入南京东郊的森林。“翼翼归鸟，载翔载飞。虽不怀游，见林情依。”好在当时我等无知少年只是一味倾心于“搏鸟”，并没有被时代潮流卷入“搏人”的战斗队行列，这乃是不幸中的一件大幸事。借用那时的流行语言，这叫做转移斗争大方向。

据说鸟类是由小型兽脚类恐龙演化而来，千万年前，身轻如燕的小型恐龙纵横奔突，疾驰滑翔，滞空时间一次次延长，终于得道，羽化成为空中神仙。辽西中华龙鸟化石的发现，有力地支持了“恐龙变鸟”这一学说，言之凿凿。由此看来，我少年时分那一段捕鸟养鸟训鸟的经历，顺理成章可以冠上“降龙之术”的美誉。

1

历史上南京十朝为都，文化渊源悠久，休闲情趣浓厚，借助花鸟鱼虫来颐养性情的人士很多。养鸟人大致可分为两大阵营，一是养鸽子，一是养观赏鸟。两大阵营的养鸟哲学完全不同，养鸽人鼓励鸽子展翅蓝天，自由翱翔，飞得越高越远越好；而养鸟人则把长翅膀的宠物严加管束，谨慎小心锁在笼内，不许逾越雷池半步。“鸽笛与鸟鸣”之声相闻，老死不相往来。

我年少时一度是养鸽迷，但囿于条件的限制，我家的信鸽家族在最昌盛时也不过是一、二十只。每天早晨，我用竹竿挑开自制鸽舍的小门，舍门翻开自动成为一块踏板。信鸽们机警地鱼贯而出，呼啦啦飞上天去，噼噼啪啪的击翅声充耳可闻。我一般早上不喂食，鼓励鸽群外出去“打野”。中午时分鸽群从郊区觅食归来，降落在自家屋檐上梳理羽毛。根据鸽爪上沾粘的泥土颜色，我能大致判断出鸽群今日的飞行方向和活动范围。如果是黄土居多，鸽群当天可能是在东郊紫金山一带活动，如果黑泥居多，则有可能是去了南郊。每天清晨和傍晚，我都会仰起脖子长时间欣赏鸽群自由自在地在蓝天翱翔，那种无拘无束的飞翔场景给年少的我带来了极大愉悦。我会舒张开想象力的翅膀，放飞我的思绪和精神在南京上方盘旋遨游，越飞越高，快乐得不能自已。

养鸽如同养马，需要主人具有敏锐准确的鉴别能力。我家信鸽的羽色多是瓦灰和沙栗色，颈部银羽闪烁，体型大小适中。我经常会把雏鸽或换羽的鸽子捉在手中，捋直双爪，像是单手捧着一枚流线型的小型航空炸弹。我展开一扇羽翼，又展开另一扇，翻来覆去仔细观察羽毛发育情况，以决定饲料成分的变更增减。我常常观察比较鸽子瞳孔的底部和鼻瘤，判读它的归巢能力，我企望通过精选种鸽，进一步配对繁殖培育出“超级信鸽”来。每年南京信鸽协会都要组织几次放飞竞赛，近则是明光站，远则是郑州站甚至兰州站。我同所有养鸽人一样幻想着自己的鸽子技压群雄一举夺魁，为主人夺得无上荣光。

我的鸽子军团在我去高淳插队落户期间全军覆没了。我下乡后，无人替我在南京照看这群自由的空中精灵，便只好让鸽群也迁徙到农村去。鸽子归巢能力极强，始终不能理解主人为什么总是在和它们捉迷藏，一会儿“君住长江头”，一会儿“君住长江尾”。它们困惑极了搞不清楚究竟哪里是新家哪里是旧巢，它们徒劳地在南京和高淳之间飞来飞去，总也找不到安身立命之处，终于溃散了。一天晚上，我在高淳一幢茅屋前企盼很久，只有一只惊慌不定的种鸽孤身归来，它停在屋顶始终不肯归巢，终于也和我离散了。

而养观赏鸟就没有这方面的烦恼。观赏鸟大多是笼中宠物，笼在鸟在，不离不弃。观赏鸟的种类很多，百灵、画眉和芙蓉鸟善于鸣唱；八哥、鹩哥和鹦鹉擅长模仿人语；黄雀、金翅和蜡嘴通过驯教能表演小节目；还有些鹰科、鸬鹚科的猛禽和大鸟，经过调教后能参与狩猎或捕鱼，成为人类生产的辅助劳动力，当然城市居民无人参与这最后一项活动。

我曾经饲养过一笼虎皮鹦鹉，这种小鸟的羽毛艳丽多彩，百姿千态，具有很强的观赏性，是鸟类中天生的时装模特儿。虎皮鹦鹉容易繁殖，一对种鸟没几年就发展成儿孙满堂的大家庭。这些鸟儿成天到晚咏唱不停，歌声缠绵细软。一日早晨，我挂在门外的一笼虎皮鹦鹉失踪了，不知去向，我默默祈愿它们能与新主人和睦相处。

白头翁是我家的常客，与我做伴的时间也最长。这种鸟体形中等，羽翼黄绿色，头顶上有一撮雪白羽毛，十分显眼。白头翁的拿手好戏是美声唱法，属于典型的抒情花腔高音，特别擅长于鸣啭，能模仿百鸟歌声，歌声嘹亮。冬季许多鸣禽迁徙到南方过冬去了，只有白头翁始终留守在松林中与南京人结伴，一起度过江南的漫长寒冬。假如你在冬雪皑皑的清晨听见紫金山森林中百鸟齐鸣，那很可能就是几只白头翁组成的合唱团在排练新春音乐会呢。白头翁嗜食浆果，浆果成熟时，树下果核果渣与鸟粪一片狼藉，连同树下停泊的车辆一同遭了殃。桃金娘科的肯氏蒲桃果实熟透发酵后，白头翁贪食往往会引起酒醉，还会短暂丧失飞行能力，甚至会从空中摔落，需要人们紧急救助。

我养过多种观赏鸟，如黄雀、绣眼和蜡嘴等。我心底的夙愿是亲手喂养一只能言善辩的鹩哥，可惜这个愿望总是落空。鹩哥是会飞行的语言学博士，此君智商颇高，有真才实学，经过人类的训练可以能言善语。南京东郊的美龄宫周边是鹩哥的出没之地，我们下过苦功几次拉网搜索，始终寻不到鹩哥的巢。我怀疑鹩哥的筑巢工艺中专门有一道程序，提醒它在竣工后会特意飞到人类视角的高度再三打量，直至把自己的小窝伪装得天衣无缝方才罢休。有一次我和小伙伴们曾经养过一只小狼，那狼崽子是借住在中山门外护城河畔的采药人从紫金山后山狼巢中捉来的。我把狼崽子养在小院的厨房里，惹出了不少麻烦，母亲一旦下厨，它便张牙舞爪，叼着母亲的裤腿扯来扯去，终于扯出来一道母亲给我的最后通牒，令我限时限刻“送客”。万般无奈我们一班少年合伙把狼崽子送到玄武湖动物园去，想与管理员达成一笔交易，用来交换一只鹩哥。当时驻守在玄武湖动物园里的造反派头头“见狼眼开”，对我们“进贡”一只真正血统的狼崽子的行为大加赞赏，猛夸我们阶级觉悟高，一口气给我们戴上多顶高帽子，现场派发给我们一份特殊“通行证”，允许我们永久地自由地免费地不受限制地进出玄武湖所有的门禁。我们几个半大小子受人抬举得太高，一时下不了台，变得羞涩起来。交换一只鹩哥的条件终于说不出口，嗫嚅一会儿，便讪讪退出来了。鹩哥之梦，从此熄灭。

不过后来我养过一只乌鸫，这种鸟的个头、外形都与鹩哥差不多，智慧也不分上下。拥有一只极其精明和善解人意的乌鸫，也算是造物主对我“鹩哥情结”的一种补偿吧。

我家的这只乌鸫是从襁褓期养起的。那天，我的小伙伴攀上美龄宫墙外的高树，不一会儿眉开眼笑溜下树来，手心里捧着一团毛茸茸的小生命，大脑袋大眼睛，嘴巴张得大大的向人讨食，十分惹人怜爱。我伸出小手指，那小家伙不管三七二十一，马上含住，要往肚子里吞，仿佛它是一个食人妖魔。

我把这个小生命带回家，喂它吃喝，逗它玩耍，晚上养在一只鞋盒里，放在枕头边。等到小家伙羽翼渐丰蠢蠢欲动会飞了，我生怕它不认识回来的路，这才恋恋不舍移入笼中。乌鸫很快长大，通体漆黑，歌声也从“叽叽”的童声，变成通晓百鸟“民歌”的卡拉 OK 大家。

第二年夏天，南京气候特别炎热，为方便给乌鸫洗澡，我特地制作一支吊竿悬挂在窗口通风处，恭请这只受宠的家庭歌王移尊起驾，离开鸟笼到吊杆上去乘凉。晨昏时分，我取下吊杆，放入院内水盆中，让乌鸫沐浴驱暑。为防意外，我在鸟腿上拴了一根绳索。

某日午后，我坐在小院里埋头读书，邻家小伙伴路过本院时突然压低音量发出一声惊呼。我顺着他焦急的目光望去，发现那根原先系在乌鸫脚上的绳索松开了，成一条直线坠落在吊杆下面，这小精灵处于无拘无束的状态，只要它愿意，它随时可以“直上九万里”，把偌大南京城像一颗草莓远远留在地面上，自由自在地绝尘而去。当然，乌鸫没有这么去做，它只是立在吊杆上歪着脖子狡黠地瞅着我。

我有些慌乱，蹑手蹑脚凑上前去。我的肢体动作像电影中的一连串慢镜头，几乎看不出有什么变化。我小心翼翼抬起手，慢慢伸出去，轻轻捉住我的会飞行的宝贝。我的全部动作是如此轻柔，节奏是那么缓慢，仿佛是一部电影拷贝从放映机中拉出来捧在两手之间细细观看，一分钟只有几帧。那乌鸫并没有躲避我或急于逃走的意思，它侧脸瞅着我，好奇地欣赏着我脸上的焦急表情，很有点儿为自己搞出来这种动乱场面而自鸣得意。

我重新拴好那根绳索，特别注意打了几个死结，我不愿意过早地与自己心爱的宠物离别，我要采取一切必要措施防止历史悲剧重演。乌鸫乖乖就缚，并无委屈的感觉，在我气急败坏又捆又扎的过程中，它消遣性地唱了几个单曲，喝了几口水，啄了一口水果片又丢下了，表现出罕见的冷静和豁达。

个把小时以后，我从书本上抬起头来，瞟了一眼吊杆。我愣住了，几乎不相信自己的眼睛。那几个死结并没有为难住聪明的乌鸫，这只小鸟再次用嘴巴利索地解开了绳扣，它又一次自由了。它轻轻哼着小曲，扭脸瞅着我，对我的失态表示出不以为然。

我生怕惊动这只会捣蛋的鸟儿，侧过脸来不直瞅它，徐徐上前再次拴好那根绳索。历史的教训值得注意。这次我系了几个特别结实的绳扣，是那种水手结与套狼结的组合，这种绳结，外人只会是越解越紧。我确信这一次可以一劳永逸，万事大吉，高枕无忧。

我读书的兴致有些被这只鸟儿给搅和了，在那个下午剩余的时间里，我不断偏过脸去偷窥那只乌鸫，反复侦查这坏小子的动静。它表面上像接受一根馈赠的白金手链那样容忍了这根绳索，言行举止遵纪守法，符合“大大的良民”规范，看上去它不太在意腿上的捆绑物，丝毫没有越狱的意图和打算。我抓紧时间把手中那本书余下的章节一口气读完。就在我聚精会神的一忽儿，吊杆上那根绳索不知何时悄悄地又解开了。那带翅膀的囚徒再次获得自由，它大大咧咧立在吊杆上，得意忘形地唱起了解放之歌。

如此再三。我最后总算是明白了，对于这只聪明绝顶的乌鸫来说，绳捆索绑，无济于事，它有足够的智慧和非凡的本事，能解开迄今为止人类发明的而且我所掌握的所有复杂绳结。它的最聪明之处，就是从不当我的面打开绳结，免得刺伤我脆弱的自尊心。但只要我一转身，它立刻像魔术师从禁锢中脱身而出，不留痕迹，不费气力，它就是古往今来最伟大的浑身饰满羽毛的大巫师。

我泄气了，决定不再给它套上任何枷锁。我客气地向它道一声：“您请便吧，先生”，便再不去管它。

乌鸫从此赢得了完全的行动自由。在此后的几年里，它自觉地置身于人类的大家庭中间，“乐不思山林”。每天清晨，它一定要飞升到屋脊上去，高颂一曲日出之歌，直唱得歌酣耳热，方才罢休。母亲拾掇蔬菜时，它经常飞到母亲的脚边，像一只小黑鸡那样来回翻腾菜叶搜索菜虫，一旦俘获到战利品，立刻飞回到吊杆上去演唱一曲旋律轻快的菜虫舞曲。每逢我在院里下棋，它便在棋盘边踱来踱去，似乎它是中国棋协派来的全权代表在监督我的棋枰成绩。有一幕戏它百演不爽，那就是早晨它在屋顶巡礼的时候，一旦发现三哥贯之买早点从巷口进来，乌鸫立即展翅凌空，欢快地迎上前去，直接降落在贯之的头顶上，大声宣布它的赎金条件，直至从贯之手中“打劫”到一根油条，这小小的“劫匪”才心满意足，衔着战利品飞回到屋脊上去，一边欢歌“油条交响曲”一边享受它的美味大餐。全大院邻居对这只聪明的小鸟赞不绝口，一致夸奖它“通人性”。

在那困难的岁月里，人与鸟之间这种非同一般的交往与友谊，给我家及邻居带来莫大慰籍。在人与人的关系极端艰难，连人类自己都不“通人性”时，一只“通人性”的鸟儿帮助我们恢复信心，满怀期望地坚持下来。

2

在我看来，在大多数情况下，鸟类宁愿对人类敬而远之。人与鸟的接触史，人类往往是主动的一方，这种主动精神带有明显的强迫性和威胁性。人类捕鸟的手段林林总总，归纳起来有上、中、下等之分。一类是强攻，也就是箭矢如雨，枪炮如林，一个个花团锦簇的小生命转瞬间肢残体伤，玉殒香消。此种手段暴力血腥，一向为君子雅士所不齿。一类是掠雏，人类攀岩缘树，攻城掠池，捉了巢中的幼鸟回来调养。还有一类手段是诱捕，猎人使用胶粘、笼陷、网捕等各种相对温和的手段，鸿门设宴，请君入瓮。后两种捕鸟手段不见刀光血影，一般也不伤及空中一族的性命。

在捕鸟行业中，粘鸟于我之见几近属于“高科技”范畴。其中掌握粘鸟专用胶的熬制技术又是事业成败的关键。粘鸟的胶从不上市销售，全凭粘鸟人心口相传，自产自足。少年时期，我曾得到道中高人的指点，娴熟地掌握了熬胶的技巧。我去生产资料市场选购上好桐油一斤，回家后用中火熬至桐油泡沫沸腾，继续熬下去，泡沫逐渐消失，热油变得清澈见底。少许时辰后，泡沫又起，又消。泡沫二度消失后，撤去火源。一边用木棍不停地搅拌热油，一边连油带罐浸到冷水中去。桐油瞬间由液体变成一种极为粘稠的稀面团状的物体，搅油木棍立刻感到粘滞非常，一种超级胶已经在手下诞生。

制胶的下一道工序转向厨房，我取出灶上的铁锅倒扣在地上，刮下锅底厚厚一层黑灰，拌入到粘鸟胶中。胶的颜色顿时变得十分“沧桑”，酷似枯树枝的颜色，这种带有伪装色的胶粘剂足以混淆机灵鸟儿的视听。此时我尝试着用手指沾一下粘鸟胶，立即感到力大势沉，富有粘性。

粘鸟的主竿约有手腕粗细，一人来高，通常是用木棍制成，与拖把棍大体相似。粘鸟的主竿看上去更像是军舰上的复杂天线，上面布满一组组向四面八方支张开来的细木棍。细木棍的粗细与筷子相仿佛，比筷子略长些，上下两根并列，间距四公分左右。远远望去，粘鸟主竿上的细木棍就像是一双双筷子张开，等着在空中“挟菜”，吸引鸟儿前来歇栖。主竿在使用时一定要设法升上大树的顶端，为了解决这个问题需将其牢牢绑在一根长大毛竹的梢上，然后再在毛竹上方固定一根“人”字形树杈，以方便把主竿稳妥地挂在树枝上面。主竿的捕获力来自于粘鸟胶，在开始行动的半小时之前，粘鸟人会用手指把粘鸟胶均匀涂抹在粘鸟主竿的十数对细木棍上面。

南京地区粘鸟的最佳时节多选在九月下旬和十月初，那时候群鸟南飞，大批过境，又正值秋高气爽、林果成熟的季节，南京郊区成了候鸟群觅食的理想伊甸园。我在紫金山南麓的一块开阔地边缘相中了一棵位置突出的大榆树，这棵树出类拔萃高大挺拔，“木秀于林”，与周边的林木明显分开，是一株理想的目标树。猎场的选取很有讲究，一是这棵醒目的高树迎山而立，山上鸟群飞过开阔地后很容易发现。二是黄雀一类的候鸟平素喜食赤杨、桦木、榆树以及松、杉等针叶树上的裸子植物果实，见食眼开，光顾率较高。三是鸟群于降落时在高度上“独此一家”不易分散，容易达到一网打尽的效果。那根“人”字形的树杈牢固地搭在一根粗树枝上，粘鸟主竿显眼地高出了树顶，十分引“鸟”注目。

晨曦未露，繁星满天，我和小伙伴蹑手蹑脚进入美龄宫附近的东郊猎场，匍匐在露珠浸湿的草丛间，提前进入了阵地。斗转参横，东方吐白，山中密林渐渐有了动静，远远听去山中的头鸟率先开始鸣啾，高声集合它的队伍。我同小伙伴交换了一个眼色，大家把头更深地埋进湿漉漉的秋草中。又过了一会儿，由远而近鸟鸣声四起，黄雀啁啾，蜡嘴啼啭，此起彼伏，仿佛是在早祈祷。夜色褪尽之前，一群性急的鸟儿已经升上天空，舒展开翅膀，翱翔翻飞，其中以黄雀居多。这种可爱的黄黑色鸟儿惯常在东北大小兴安岭繁殖，每当秋叶飘落寒风来临，便迁徙经过河北、山东和江苏等地，前往浙江、福建、广东和台湾一带越冬。

粘鸟主竿的下方，这时恰到好处地飞扬起一片响亮的鸟儿歌声，甜蜜而欢快。我们带来了几笼驯养有素的黄雀和金翅，这些驯鸟充当了“鸟媒子”的角色。此时此刻，风清山静，食精水甜，正是“鸟媒子”谈情说爱、大展歌喉的绝佳时机。顷刻间，满树鸟语，歌声远播，这一切当然引起了天空中翱翔鸟群的特别瞩目和格外注意。

晨光熹微，只一眨眼的功夫，大片鸟群便由山上飞下来，在空中盘旋搜索，出现在我们的视野之内。笼中的“鸟媒子”远远发现自己的同类，立刻爆发出一阵阵欢呼，鸣叫得格外起劲。精选的捕猎位置的优越性马上显现出来了，粘鸟主竿“挂靠”的这棵大树高耸挺拔，果实累累，又位于一大片开阔地的边缘，与周边密林稍稍拉开一段距离，四周的地形地势一目了然，安全而且可靠。这样理想的环境简直就是鸟儿心仪已久的聚会场所，飞翔中的鸟群渐渐放松了警惕性，越飞越低，放心大胆接近了这棵大树。

就这样桴鼓相应，心灵感悟，受到了来自于这棵树下同类的一连串诱惑，空中的鸟群纷纷降落，来接近笼鸟姊妹歌中的快乐和幸福。“秋鸟高落”，这句俗语是指秋天的候鸟有降落在树木高处的习惯，以便于慎重审视周围的安全。鸟儿们不约而同、争先恐后落向那根高高矗立在大树顶上的粘鸟主竿，在它们看来，那不过是一根落去树叶的“枯枝”，是鸟类降落时首选相中的理想空港。

鸟类的这种选择，很快令它们后悔终身。伪装后的粘鸟主竿上涂满了无色无味的超级桐油胶，鸟儿的双爪一旦接触到细木棍，便牢牢粘住不能自拔。鸟儿中计后，第一反应是迅速振翅逃离，双翅一扇，脚重头轻，立刻翻倒，张开的双翼随后触碰到下方并行的第二根细木棍，便立即粘牢。片刻间，粘鸟主竿上就挂满了收获物，鸟儿们一律倒挂在两根并行的细木棍之间，四肢摆成“大”字，丝毫动弹不得，无一例外。

望见主竿上挂满了战利品，小伙伴们低声欢呼起来。我们悄悄溜出草丛，滑行到大树下，几人合力七手八脚轻轻放倒那根沉甸甸的巨大毛竹，这一次便有近二十只鸟儿“认错了眼神”，被“好客”的猎手殷勤款待。小伙伴们取出纱布蘸上煤油，迅速抹去这批空降兵俘虏翅膀上的胶，“解黎民于倒悬”，把它们从一筹莫展下解救出来，收容进一只大扁鸟笼。结伴行猎的几个孩子动作配合十分默契，总角之交，契若金兰。

粘鸟主竿再次高举起来，重新挂回到大树顶上。如此一而再，再而三，大扁鸟笼中各式各样美丽的鸟儿济济一堂，渐渐鸟满为患。我们兜开一大块深蓝色的厚布蒙在鸟笼上，不让光线透入，有助于笼中的鸟儿们尽快安静下来。

有时候鸟群空降的势头太猛，我们举起的毛竹还在高空中东摇西晃，粘鸟主竿还来不及挂上树顶，鸟儿等不及了便争先恐后降落下来，密密麻麻挂满在粘鸟主竿上面。那时的我年少无知，在粘鸟的过程中间只是体会到了一种猎物“纷至沓来”的愉悦。事后反省想起，无拘无束的鸟儿失去了自由，陷身樊笼把命运交给居心叵测的人类来安排，那是一件何其痛苦的事啊。人性自私，人类在侵害其他物种方面表现出来的聪明才智和矫健身手，其实就是自然界的一种灾难。

日上三竿，空中狩猎进入了尾声。大群候鸟结束早餐后匆匆启程远行，紫金山密林渐渐安静下来。

通常此时我们就鸣金收兵了，今天收工的动作慢了一些，也是事出有因。一只罕见的白金翅鸟落到了主竿上，这是一只漂亮的雌鸟，那只雄金翅鸟匿身在附近某根树枝上一边叽叽喳喳地安慰自己的伴侣，一边窥测动静以求一逞。我们希望尽快上映“英雄救美”一幕，想邀请这对金翅夫妻双双在我们的竹笼中聚会。

那只雌金翅鸟倒挂在粘竿上，一动不动。

时光仿佛停滞不前。我们屏声匿息，静静等待着。

突然，一只黑影从树林中箭一般射出来，直向粘竿扑去。黑影速度极快，仿佛是一道黑色闪电，稍显即逝。

粘杆大幅度摇晃起来，仿佛被一枚炮弹直接命中，若不是毛竹具有良好的柔韧性，那根主粘竿当场就会土崩瓦解。我们一时眼花缭乱，搞不清出了什么事情，待到从慌乱中清醒过来，这才发现直扑雌金翅鸟而去的那片黑影不是那只情重如山的雄金翅鸟，而是一只罕见的猛禽，远比金翅鸟大得多，也凶猛得多。我们认出这竟然是一只隼。这只庞然大物面露凶相，张牙舞爪，但是不幸得很，它同样被牢牢粘在粘杆上。

我们全都屏住呼吸，连大气也不敢喘。

隼是世界上飞行速度最快的鸟类之一，据说游隼最高时速可达 300 公里以上。凭借着非同寻常的狩猎速度，隼成了山林中小生物的终结者。这位不速之客颈背黄白色，黑褐的翅和尾，趾爪暗黄，威风凛凛。见我们靠近，弯如金钩的隼嘴只一口，便把筷子粗细的细木棍啄成两半。

我们被自己的意外“收获”惊得目瞪口呆，半晌才还过神来。几名少年手忙脚乱放倒沉甸甸的毛竹，脱下外衣企图罩住那只凶猛的飞禽。隼在可怕的激怒下竭力挣扎，主粘杆被完全毁坏了，最后那只猛禽终于奋力挣脱开来，在草地上连扑几下翅膀，转眼就在密林中间消失不见了。可怜的雌金翅鸟皮肉无存，只剩下一簇淡色的羽毛。

被我们扣留的“鸟质”，同我们这些被一场“文化大革命”扣留的“人质”一起，共同度过了一个又一个漫长的冬季。

3

我初次在夫子庙鸟市上见到“打笼”时，还是个十来岁的孩子。当时我一定是看呆了，久久挪不动脚步，竟在熙熙攘攘的闹市中与家人失散。母亲领着哥哥姐姐四处找我，最后发现我一动不动地立在鸟笼下方，中邪似地仰着脸紧盯着那个雕梁绣栋的造型。据说我当时目不转睛，仿佛灵魂已经出壳，羽化成身背双翼的天使，飘飘悠悠入住进笼子中央那方方正正的小屋，在召唤全世界会飞的精灵前来聚会。

母亲牵着我的手回家，自那时开始，精美绝伦的“打笼”图像深烙在我心上，成为了我的一个至高无上的梦想，又像梦魇一般纠缠和折磨我。

在我心目中，那一顶“打笼”远远超出了一个捕鸟工具的范畴，分明是天下第一流的工艺品，匠心独具，神工鬼斧，“廊腰缦回，檐牙高啄，各抱地势，勾心斗角。盘盘焉，囷囷焉……”在二十世纪七十年代中国大陆市民极度贫乏的文化生活中，“打笼”的形象在我面前横空出世，突兀而且灿烂，展现出民间文化的丰富与精彩。

很快我便明白了，假若我再不自己动手，亲自制作出一只惟妙惟肖的“打笼”，我的灵魂永远也无法安静下来了。初中毕业的我便蠢蠢欲动，开始收集建造鸟笼的材料。在一无工具、二无图纸、三无原材料的情况下，我第一步就把目标定在难以企及的高水平。与其说我是要仿制一件机关精巧的竹制品，莫若说是我要为自己圆一个理想之梦，在潜意识中建造一座玲珑剔透的微型宫殿。

少年时代的我，喜欢动手实践。在香铺营小学上二年级时，我就设计制作了一架幻灯机，东凑西讨收集到一些幻灯片，分别在家里和教室里放映给小伙伴看。上初中时，我动手磨制了一块大口径的镜片，在化学老师帮助下镀上了银，企图装配出一台天文望远镜，用来窥探宇宙外的秘密。初中毕业后我借用“上海—203”照相机的镜头，土法上马制作了一台照片放大机，在我的照片放大作品中，二姐齐桔之的 1 寸肖像底片被我放大成 12 寸的照片，居然既不走形也不失真，拿到照相馆去，老师傅不相信是使用邮票那么小的底片加工做成的。当然，其间我也制作了大大小小、风格各异的一系列鸟笼，用以款待我的那些长翅膀的小俘虏们。

工欲利其事，必先利其器，我首先自制了几件必要的工具。一件是传统的中国木钻。在电动工具普及之前，中国的木匠常用这种工具来钻眼。我选中一根圆柱形的硬木作为木钻的主干，下端装上钻头，上端做成套筒，再配上一根酷似二胡拉弓那样的连索木杆，中国木钻便大功告成。使用木钻时，很像是琴师在运弓，左手按住套筒，右手反复拉动连索木杆，主干便开始快速旋转。仿佛是在演奏一组赏心悦目的无声乐曲，在木板或竹条上便随心所欲钻出孔来。另一件主要工具是一块 3 毫米厚的铁板，用钢钻钻出不同直径的孔眼，关键是不要完全钻通，钻眼要钻成“八”字型，钻眼较小的一端便如刃口般锐利。只要把劈成细条的竹棍引入钻眼，再用钢丝钳从另一端用力拉出，竹刨花立时四下飞溅，一根标准匀称的圆竹棍便生产成功了。

我一门心思投入到“打笼”的制造工程中去。在那些日子里，“打笼”在我心目中地位之显要，印象之深刻，意义之重大，已经到了无以复加的地步。我对“打笼”的各个部位揣摩透彻，以至于在施工过程中我根本无需画图，只要记住几个主要尺寸，我就像世世代代制作“打笼”的传统手艺人一样，不是从手下而是从心底把这件宝贝一点一点地创造出来。

“打笼”的外形与一只小型方凳差不多大小，分为上下两层。下层中央是一间独立的小屋，有门方便出入，是“鸟媒子”的安身之处。下层的四面，悬挂起四张打门，打门可以上下滑动。打门下方是踏板，踏板下方有细铁丝或棉线与打门相连，外来的鸟儿只要轻轻踏动踏板，就会触动暗中的机关，打门会无声无息地立即飞速下滑，把不速之客关死在门内，座上客顿时成了阶下囚。

“打笼”的上层则别有洞天，构造与下层迥然不同。上层用细竹棍分隔成两间，每间上方各安置了一扇翻斗。翻斗翻上来后，很像铅笔盒打开的形状。鸟儿从空中就可以看见翻斗底部的美食，“鸟媒子”欢快的身影更是赫然在目，假如这些空中来客翩翩降落来接近美味佳肴，原本平衡的翻斗立即“天塌地陷”，转眼之间便把空中使者禁闭入狱。到那时它们一定会后悔不迭，告诫自己永远不要疏忽大意低估了人类智慧。

制作一只“打笼”，需用六、七十根竹质的“梁柱结构”组装成笼子框架，全部刨光磨平，通体均匀钻眼，两端锯榫钻卯，一次带胶装配成型。此外，另需三、四百根匀称光滑的细竹棍，编织出一座镂空的宫殿。一根结实的硬木树杈反过来，长端贯穿“打笼”中央到底，承载“打笼”本身的重量，短端为钩，便于把“打笼”稳当地悬挂起来。技术活儿主要体现在打门的制作上，打门轻巧而结实，沿着竹棍上下灵活滑动，摩擦系数接近于零，设置得异常灵敏，我怀疑哪怕是一团清晨的浓雾只要稍有重量落在踏板上触动了机关，打门也会自动从天而降。机关设置是制作“打笼”的关键，质量优劣有霄壤之别。

“打笼”竣工那天，对我来说不亚于过节。这座玲珑剔透的空中宫殿一朝挂上了门前的大树，来往行人便纷纷驻足围观，赞叹不已。说实话“打笼”的意义不完全在于它是一件捕猎工具，而在于它通体洋溢出文化精髓和民间智慧。它不属于捕狼夹、钓鳝筒那样粗笨的渔猎器械，在更大程度上它应该是一具观赏品、一件工艺品，一样纪念品。我在鸟笼中央放进一只白头翁，此君是鸟中歌王，特别擅长模仿百鸟歌声，惟妙惟肖。没过几天，先后有两只脱笼游荡的画眉踏上了“打笼”的机关，重入樊篱。麻雀一向诡计多端，生性多疑，起先它们绕着“打笼”转来转去就是不肯入彀，时间一长警惕性松懈了，也相继成为笼下之囚。美哉“打笼”，匡我不逮。

城市养鸟人不断增加，脱笼之鸟也越来越多。笼鸟恢复自由身后，留恋人类留恋鸟笼的本性不改，这是笼鸟的致命心伤。在这段日子里，“打笼”成了那些空中逃逸者的收容所，流浪的笼鸟望风披靡，接踵而至。

小小“打笼”，与世无争。而世界之大，当时竟然容不下一名十几岁少年自制的一只“打笼”。不久，街道和居委会干部找上门来，以“打击四旧”为借口，没收了这件精致的工艺品。

当时我外出办事，回家闻知后痛苦不堪，犹如万箭穿心。我按捺不住怒吼起来，要出去讨个说法。母亲坚决阻止了我，不让我去索还这件精雕细刻的手工品。在那年月，没收处理是最轻的处罚，罪不加身已是不幸中的万幸了。

我愕然无语，几天内成熟了许多。我默默呆望着门前空荡荡的大树，只感到心比天高，命如纸薄。许久以后，我才明白，那时我本人以及身边所有的人们，也是身陷一只无形的“打笼”中，身不由己，身心禁锢。

一只小小的“打笼”，竟成了那个时代的标志和缩影。

根系何处

1

早上起身，出门去取牛奶。远远望见有两个人，身穿工作服，拎着油漆桶，胳臂一伸一伸地往墙上刷字。走近一看，这一排房屋都标上了“拆”字。

“拆”字上了墙，这就意味着马路终于要拓宽，旧屋即将被拆去。我居住的鼓楼地块处于南京市中心，十年前就放出风来说是要拆迁，等来等去一直没有动静。邻居张大爷城府颇深，一再叮嘱我稍安勿躁。他说国民党当政时期就扬言要拓宽这条路，几十年过去了这条路还不是依然如故。张大爷原先在医院的药房工作，他的话充满智慧，足以救世济人。

“拆”字上了墙，这就意味着我们这些住户要像萝卜一样连根拔起，迁到其他不碍事的地方去。现在南京实行的是货币拆迁，你走人，我付钱。至于你拆迁后住到哪里去，我付的钱够不够你重新置一处房产，拆迁机构一概不问。为了鼓励“萝卜们”尽快自行拔走，布告上墙后宣布凡在10天内迁出的住户一律奖励三千元。有些住户狡兔三窟早已备好了后路，当即叫来搬家公司的卡车，迫不及待地拔寨迁走，仿佛那三千元奖金是过境的候鸟，稍不留神，眼看到手的一小笔资财就会南飞过海消失不见了。

我取回牛奶，一路上不由得格外留意观察这排老房子：苔藓丛生，门窗油漆剥落，墙角潮湿，过道油污不堪，我们这些住户也确实该挪一挪窝了。中国人天性像棵树，历史上就不爱流动，一旦落脚在或穷乡或闹市或山旮旯海角落，一呆往往就是一辈子。中国人秉性中有着植物的许多特点，那些姓“杨”姓“柳”姓“桂”的同胞，没准儿就有成片的原始树林是他家的近亲。

人既然是棵树么，就得占块合适的地方才是。我怀着忐忑不安的心情，四处寻找去买房。

2

刚迈进房地产交易中心的大门，几双狼一样尖锐的眼睛就把我盯上了，而我本人毫无察觉。我生平第一次经历购房，遇上动辄几十万元甚至上百万元购买一套住宅的大场面大阵仗，不免心头发虚，脚跟发软。各种沙盘，模型，海报，宣传彩页……铺天盖地，住宅套型千奇百怪，小区建设争奇斗艳。我乖乖地随着拥挤的人流挨着展板一块一块往下看，心想：此房只应天上有，人间能有几会逢。彩页资料不停派送过来，手上很快捧了一大抱五彩缤纷的宣传材料，到了后来一位也是来买房的大妈突然指着我手上问："你公司的房子在哪里……"我哑然苦笑了。我明白了一件事实，南京市的房地产企业和房产中介公司早已像雨后蘑菇一下子布满大街小巷，高楼大厦像移动布景在城市这里或那里搭建起来。

一名房地产商人突如其来出现在我面前，他是名矮个子，不壮，但是腰杆笔直，他眼光中流露出那么多的自信，就像长江洪水决堤，一下子就把周遭人群统统淹没。矮个子坚定地直朝我走来，仿佛他前世就认识我，此生又在这里苦等了这么些年，才终于把我盼到。

"先生是白领。"第一句话，他就切中要领，犹如西班牙斗牛士身手矫健一剑戳中蛮牛的要害。他抓住机会努力试图转动持剑的手腕，旨在扩大伤口不让蛮牛有起死回生的机会。他单刀直入说，"一般的住宅您看不上眼。跟我来吧，您需要一幢独一无二的新式大厦……"

他径直转过头去，边说边走，一次也不回头来望我。我很钦佩他如此自信，有百分百的把握确定我一定会乖乖跟在他的身后，不会中途脱逃。其实在半路上我有几次曾经想玩一次消失。他骄傲地宣布说："这幢大厦的主题，是《住房发挥才华》。"他举起一只手在空中打了一个响指。

一幅大型挂图前面，人头攒动。我被矮个子引到前方，顺着他的指挥棒看去，图上是首次在南京亮相的一种新式住宅，号称是"私人商务酒店"。我眼前一亮，这不就是久仰的 SOHO 吗！久闻大名今日有幸得见，我立刻睁大了眼睛。与一般商住楼不同的是，这幢 SOHO 楼层的净高号称达到了创纪录的 4.3 米，开发商的卖点是：全景全跃空中小别墅，使用效率高达

142%，等于买一层送一层。开发商宣称，这是一份专为都市新生智慧菁英量身订造的至尊盛宴。

矮个子洗脑似地向我灌输了一通SOHO的新思想新理念，我可没太注意他究竟说了什么，但还是被深深吸引住了。我认真观摩着房屋结构的细节，终于怦然心动，以至于又搭上了开发商的交通车，一路开到城市的东南角，实地参观SOHO样板房。我尾随着一行兴趣浓厚的顾客鱼贯走进SOHO大厦的建设工地，楼层正在节节上升，吊机伸长钢臂在空中忙碌，大型卡车开进开出，但一楼的样板房早已竣工，屋里装潢精美，陈设齐全。说实话，SOHO的房间一般来说面积并不大，多在50平方米左右，但由于楼高有余，开发商巧妙开发空间架设了二层楼，这就是“使用效率高达142%，等于买一层送一层”的来历。楼下会客和办公，楼上是读书休息的私人空间，按照“买一送一”的思路进行核算价位确实并不太贵。根据图片显示，一楼大厅会比照高档酒店大堂建设成富丽堂皇的宏伟空间，整幢大厦全面实行酒店式的管理。我东瞅瞅，西望望，喜不自禁地想：嘿，这幢大厦真是专门为了我才盖起来的。我心仪已久的居家办公理念，将会美梦成真了。

矮个子静静伫立在一旁，面色十分平静。他看得出来，对付我这样的购房门外汉，他根本不需勾引，更无需多言劳神。他只要把饵下好，等着我自己往里钻就行了。他非但不肯张狂，甚至还故意自我批评一番，以稍稍掩饰一下自我炫耀的痕迹。他撇了一下嘴，指着自家广告册页上的一段话鄙视地说，“讲得太过直露了……设计师没水平，为什么不让消费者自己来表达这种心情呢？”他不说我还真没留意，他这一说我忍不住探过头去瞥了一眼那行文字，顿时感受到开发商气吞万里如虎的嚣张气焰猖狂腾空，广告上面写道，“神奇不足以形容，万能还太谦虚”。

我在样板房内东瞅瞅，西瞧瞧，楼上楼下转了几圈，感觉真是好极了。我从潜意识中认同了这套房，我的主观意识更是对它情有独钟。人生于世，有这样一套颠覆了传统理念的房屋做伴是一种幸福，岂能失之交臂？矮个子补充说这幢大厦要到第二年底方能装修结束，但我认为为了理想做出一些牺牲也是应该的，我们这些不合时宜“拔出来的萝卜”可以先租套房子过渡一段时间再说。

我按捺不住心中的兴奋，那种“球门洞开，临门一脚”的冲动感觉触电般快速闪过，浑身惬意无比。宝刀卖英雄，南京第一所在建的 SOHO 就给我碰上了，今天出门真是撞上了好运气。我的经济生涯和我的写作事业将要在一所典型的 SOHO 比翼齐飞，假若今后我的公司不能日进斗金或者我的小说没有被翻译成十种文字，那是我的愚蠢，是我无能，是我眼高手低，我千万不能辜负了这套 SOHO。

“烧饭的地方在哪里？”临出门前我随口问道。

“烧饭？对不起，我没弄懂您的意思，您是不是说自己动手，炸个鱼排，烹上半斤油焖大虾什么的……”

我点点头。

“啊，先生，您可能还不太了解 SOHO，这没关系，我可以慢慢给您解释。……简单地说，这里不能烹炊。”

我有些意外，不解地问，“为什么？”

回答是：“世界上所有的 SOHO 都是这样，这里是高尚人士居住和办公场所，对环境有着严格要求。整幢大厦都不准用煤气烹饪食品。不能搞得空气中油烟弥漫，像小馆子似的。那会有损于全体房东的利益，降低您的品位。”

“那我……吃什么呢？我还有妻子和孩子……”我愣住了，问话结结巴巴，底气也不足了。

“楼下大堂代叫外卖。”

我倒吸一口凉气，眼睛咕噜咕噜转了几圈，这才发现，SOHO 根本没有安装管道煤气。看来入住 SOHO 的人必须要脱胎换骨，变成不食人间烟火的神仙才行，追求高尚要付出这么大的代价，这也太出乎意料之外了。

“你可以使用电器来加热食品，譬如电磁炉，还有微波炉……”矮个子补充说，他发现眼前盘中烤熟的鸭子忽然之间扑腾翅膀又想飞了，他立即想方设法及时纠正我的错误思想，要把这只即将成为一顿美餐的鸭子重新控制在房产经销商的刀叉之下。

我思忖着，我们一家人吃了一辈子中餐，为了适应一套房子而把中餐习惯改变成西洋方式，好像不是一朝一夕能够做到的事情。一部台湾电影描述来自北京的退休老教授到美国儿子的家中做客，午餐时分老教授动手红烧一条鲜鱼，把厨房里弄得乌烟瘴气。而他的金发儿媳洗净一棵蔬菜，撕下生菜叶子，就着面包在一旁吃得津津有味。饮食文化的差异岂是说改就能改掉的呢？

我的目光又回到彩页广告上去，“细微琐事，劳形役神，志存高远者，焉能为之羁绊？” SOHO 实行“五星级”的物业管理固然可嘉，但物管收费也不含糊，每平方米每月 3 元，我一五得五，二五一十，算了一通，每个月近二百元的物管费，压力不小，钱包有些吃不消。

我抬头仰视着天花板，不让失望从目光中流露出来，心中乱糟糟的。现代的我和传统的我在激烈争执，谁也不能说服对方。我犹豫不决。

矮个子顺着我的眼光看了一下天花板，误以为我在揣摸房间高度。就在这时，他犯了唯一的一个错误，也是致命错误，他忙解释说：实际层高可能达不到 4.3 米，估计只有 4.1 米。

传统的我一下子强势占了上风，而现代的我顿时哑口无言，败下阵来。我不情不愿地盘算，4.1 米分为两层，实在有些勉强。如果打算铺设地板，层高还要“缩水”。我有位中学同学身高 1.9 米，他如果来探望我，我有必要请他在进门前事先戴上我的摩托车头盔吗？

我辞别了矮个子。

随后几天我怏怏的，像失恋的人提不起精神来。为什么我一见倾心的 SOHO 偏偏不给我在家做饭的权利？我百思不得其解。

3

在另一家房地产商的大本营，我观看了沙盘、模型和图片，又被售楼人员请到小会议室坐下，递过来一杯热茶告诉我说，每逢正点播放介绍楼盘的纪录片。面前的大投影电视刷地亮了，湖光水色，草地绿茵，树林纵深，山景旖旎，式样别致的欧式别墅星罗棋布。我心底有些疑惑，这一切是给我这样的普通百姓准备的吗？会不会价格贵得离谱呢？我很快得知这一切都是真的，而且价格比较合适，每平方米 3000 元出点头。首付款的比例并不大，先交 10%现金就有可能领到钥匙，余下全通过银行办理按揭，我动心了，这种条件我在经济上尚可承受。开发商似乎是慈善家出身，不太在意赚钱，一口承诺送草地送露台还送顶台，满口都是“送送送”，让消费者感觉自己白拣了不少便宜。

我的兴趣一下子被提了上来。我心旌荡漾，有些不能把持住自己。西方电影上的豪华生活方式远在天边近在眼前。宽敞门厅，欧式门廊，专用的弧形车道，场面显得气势非凡。每天回家的时候，门前还应该立有一位管家，殷勤接过主人手中的公文包，递上一支点燃了的哈瓦那雪茄。大步迈进属于自己的城堡，客厅足有一百平方米，满铺地毯。那宽敞的空间足以让主人在潜意识中把父辈、祖父辈、曾祖父辈……几代人十几代人蜗居的窘迫和拘束全部消灭殆净。捡起遥控器打开足有一面墙大小的 120 英寸液晶电视，看了一会儿在阿富汗发生的事情，然后茶几面前的显示器亮了，提醒说私人泳池的水温目前正好合适。晚餐在二楼餐厅举行，巨大餐桌能容纳二十口人同时就餐，实际上进餐的就只有主人一家三口。窗下是一片广阔花园，空气中弥漫着月季花和夜来香的气息，草地上散发着一种特殊的泥土清香，这些都是住在闹市范围终日被机动车尾气熏得昏昏然的那班居民无缘享受的奢侈品。主人往窗外望去，万籁俱寂，星光闪耀，几盏地灯在草地上静静吐放银光，堪与此种美景媲美的，只有清新微湿的空气……

我陶醉了。塞翁失马，安知非福，真没想到闹市拆迁居然为我创造了这么一个难得的机会，让我有可能重新选择生活的方式，让我大幅提升生活格调，摆脱喧嚣尘世去亲近大自然的真善美。我本来不喜欢“拆迁办”那班说话粗鲁、板着面孔的家伙，我现在不由地对他们产生了感激之情。

我决定去看看现房。接待小姐特别客气，告诉我来去十分方便。一辆中型“依维柯”面包车赫然驶来，“看房专用”几个字映入眼帘。小姐指的“方便”原来是专车接送。约摸三小时后，我看完新房后跟着“依维柯”面包车回到了原地。我又看了一下手表，从华侨路出发到别墅区单趟车程至少需要 1 个小时，路途过于遥远，我是“朝九晚五”的上班一族，上下班正好是在交通高峰时间，我总不能为了居住舒适而天天做到鸡鸣上班，蛙鸣下班吧？再说妻子和女儿上下班要转几次车，非常不便。这爿别墅群坐落在江宁东面，江宁撤县设区，名义上“城市化”了，地理位置却丝毫没变，这一路上至少有 20 个红绿灯拦着去路，少说每天也要老老实实缴纳来去 40 分钟的“交通税”。

任你是身价百万千万的企业主，任你是公务员科学家工程师大学教授，上下班路上的红绿灯总是躲不掉的。我私下里想，如果开发商肯动脑筋，承诺为别墅房主的私家车配发一只警灯，一旦遇见红灯，立即又闪警灯又鸣警号，一路牛气冲天直闯过去，大大减少上下班路阻的时间，这倒是那一大片别墅群的一大卖点。

我知道我最好不要把这种胡思乱想说出口。

4

某个周日傍晚，一车人外出看房归来。路过城东某座古刹，一栋豪华公寓刚刚竣工，设计精致，景致典雅，出落得楚楚动人撩人心旌。我连忙调转车头，打探何方是售楼处。

售楼先生吴公子风度翩翩，他西装革履举止得体，更像是一位节目主持人。吴公子引导我们在宽敞沙发上就座，面前茶水糖果零食一应俱全，接待的礼仪规格明显高于一般售楼处。他逐一递送印刷精美的宣传册页到来宾面前，沉甸甸 300 克道林纸，每一页纸上只印一两句话或者三分之二留白只印一幅图片，先声夺人显示出尊容的品质。我环顾一圈，售楼处的装饰大气磅礴，看得出此处房产身份不凡。

透过阔大的落地窗玻璃，吴公子瞅了一眼我们开来的桑塔纳 2000 轿车，这辆暗黑色的轿车挤在一大排奔驰、宝马和沃尔沃名贵轿车中间，显得有些寒酸。吴公子一点儿也没有表露出瞧不起桑塔纳车的意思，显示出良好的职业道德和文化修养。他既然不说出口来，我也就没有必要向他解释其实这辆车也是向朋友借的，很快就要物归原主完璧归赵，而我这个驾驶员，平时是驾驶摩托车上下班的“二轮一族”。吴公子压低声音刚刚说了几句，我们就听明白了今天算是走错了地方，这块地段的开发商压根儿就没把工薪一族放在眼里，他们的开发意图就是为顶级菁英家族设计建造南京的国际臻品。吴公子毫不掩饰地说，这里的房产统统是“领袖级”豪宅，是世纪极品。为了印证他的话，他指给我们看花园外面那一条傍河木质走廊，告诉我们说木料全是从巴西热带雨林专门采购来的铁树木料，价格昂贵。

邻桌上坐着一位风度优雅的中年夫人，正与一位售楼经理商谈买房契约。与中年夫人一起来的大概是她的儿子和女儿，文静礼貌，很少说话，看来一平方米一万元的售价对于他们这种家庭来说实在是算不了什么。中年夫人就像在商场采购一件皮衣那样稍微多花费一点儿时间关心楼层、朝向等关键问题，便拍板成交。在首期付款等细节方面，中年夫人儒雅地表示：你们看着办吧。

我耸耸肩，把目光收回到眼前的精美册页上来。有钱人与没钱人之间的距离就像是人类与猿。我们不怨开发商要价太高，我们只怨自己没那么多钱，确切地说，是怨自己没本事赚那么多钱来支付给兜售豪华住房的可敬的开发商们。

在谈到高昂楼价时吴公子丝毫没有为此道歉的意思，恰恰相反，他颇为自豪。此地每套住宅最低售价接近百万元，最高售价一套超过了 200 万元。他启发我们说，国内消费者的选房意识目前还停留在“四面墙加上一个顶就是一间房”的原始阶段，这是远远不够的。购房者的眼界需要大大拓宽，观念需要完全更新。原始人在脖子上缀几颗野猪獠牙，环球小姐玉颈上悬挂一粒 20 克拉的绿钻石，自我感觉都差不多，其中就存在一个品位的问题。他举例说黄浦江畔有一幢顶级豪楼，奢侈气派在国内无人能比，为了避免提鸡拎菜的佣人与珠光宝气的主人同梯上下、同门进出的尴尬场面，各家佣人都拥有专用的佣人电梯直达主人住宅楼层，并从佣人专用门户进出。吴公子言下之意，是表白南京此处豪华房产并没有做到登峰造极，仍然走的是亲近平民化的路线，尽可能地贴近大众需求。

我扮出认真倾听的样子，为了配合吴公子的激情讲解而不时发出嗟叹之声。私下里思想却开了小差，我双手在桌下三折两叠把一张楼盘广告图页折成一座小房子，这是我在幼儿园学会的手工。

吴先生起身引导我们进入放映厅，打开一盘 DVD 录像，他的当务之急似乎不是卖房，而是更关心开拓我们的眼界，提升我们选房的品位，培养我们学会消费奢侈品的习惯，引导我们正确投资高价位的房产。屏幕上出现了锦绣香江一套香港独立别墅，这座价值 3500 万元的豪华住宅被誉为

“楼王”，每片屋瓦都是从国外空运过来的。镜头推近又拉远，在幽雅的背景音乐声中，逐一展现私家天台泳池、豪华游艇、草地网球场、一百八十度视野动感观光电梯、媲美五星级酒店的家政式服务……镜头切换，又转向香港半山的豪宅，此地的地价也是高得离谱，达到了每平方米 10 万港元，这里一棵植物就价值 30 万元。“誉皇居”共有 65 套豪宅，环境清幽，恍若仙境。其顶部的 51 和 52 层是复式豪华住宅，每平方米售价 20.4 万港元，795 平方米的一套房，最终以 1.62 亿港元成交，成为全球最昂贵的豪宅之一。用 1.62 亿港币在欧洲可以买到一座皇宫，而在香港却只能买到这么一套房。画外音介绍说，此地由中南海退役警卫军人负责保安。

一屋人鸦雀无声，吴先生满意地注视我们，脸上露出微笑，他要的就是这种惊艳的效果。看完录像，吴公子领我们楼上楼下参观，鱼贯进入各个房间，把传世豪宅种种与众不同的制作特点介绍个遍。他在前面口若悬河，如数家珍。我们在后面如影随形跟着，权当是开个眼界。凭我们微薄的工资这辈子反正是买不起了，且把吴公子辛辛苦苦的推销当作天方夜谭来听。

与上海、香港的顶级豪宅相比，南京房产的极品制作，还是透出了一点小家子气。吴公子精明过人，一眼瞅出了我们的心思，他在评点之余顺便涮了上海的同行一把。他说上海人确实聪明，不过有时候聪明得不是地方。不久前，沪上一家地产商在当年法租界内取得了一爿地块的开发权，商人为了在宣传上标新立异超群脱俗，脱口喊出了“法租界风情”的口号，一时惊世骇俗，举国哗然。这是继“王公”豪华公寓，“太子”独立别墅之后，开发商在宣传攻势上的又一次惊天动地之举。“这家开发商，应该派一队法国巡捕来拷打屁股……”我揶揄说，大家一起笑了。

我们怀着复杂的心情，离开了吴公子和他推销的这处豪宅。我打开车门，把那个纸叠的小房子放在仪表盘上，心想，年幼时我们的住房之梦曾是多么单纯啊。轿车朝着与来时相反的方向疾驰而去。

5

经过十余年的开发，南京的河西地区高度繁荣起来。最先建成龙江小区的月光广场，阳光广场，高教公寓……三十多层的高层住宅栉次鳞比，足有十几幢。紧接着河西以南地区迅速开发出来，最著名的是奥体中心和绿博园。随着地铁 1 号线抵达奥体中心，南京语汇中的“河西”一词的重心大幅度南移，现在媒体热炒的“河西”板块，就是直指奥体中心那一带。

我骑着摩托车在河西大楼间兜来转去，寻觅我后半生安身立命之处。城市的剩余地块越来越少，新开发的住宅小区成了凤毛麟角。随着小区设计的品味不断提高，带动了价格同步上升，对于购房者钱包的压力也越来越大。放眼望去，11 层以上的小高层住宅比比皆是，本地的开发商们似乎一直在暗中较劲，看谁能在相同面积的地基上把消费者码得最多。在这方面那时候苏州的房产开发商的心态就比较平和，他们在城西新区和城东东港小区大量建造四层楼房的居民住宅，居住密度相对偏小，营造出一派宁静宽松的气氛。

几千年来，南京的住宅基本上是以单层房屋为主，青砖小瓦、错落庭院，像是一幅传统绢画平铺在地面上，宁静含蓄，宜人养性。多层和高层住宅的发展始于近几十年，这股“住宅立体化”的浪潮来势汹汹，似一股飚发的强力飓风，不知不觉便把居民的生活空间挤压到十分拥塞的状态。南京的住宅遂由单层绢画变成了高耸入云的厚重字典，给人以喘不过气来的沉重感觉。这种变化引出了一系列意想不到的后果，譬如我“退一进三”由市中心鼓楼搬到河西龙江小区，生活消费指数本来应该相应降低才是，可妻子每次买菜时都发现，龙江菜场的菜价比鼓楼菜场要明显高出一截，这就叫人匪夷所思了。思来想去，龙江菜价的窜高和反超，反映出本地区的人口压力过大，这都是拜立体住宅所赐。

江苏人口位列全国第六，却是全国人口最密集的省份。这个“人口最密集”的特色，在省会南京充分体现出来。人类本来是群居动物，但生存密度过于集中，居住条件超密集化，就既不理想更不健康。这种“既高又密”建房模式的受益者实际上只是一小撮人，那就是“利益情结”猛烈作祟的开发商们。

1996 年联合国第二届人类居住大会于在伊斯坦布尔召开，会上确定了两个全球目标，一是保证人人享有适当住房，二是使人类居住区更安全、更健康、更舒适、更公平、更持久，也更具效率。从现在的状况来看，发展中国家要想实现这两个目标，乃是一项异常艰巨的任务。据伊斯坦布尔大会的资料透露，发展中国家居住质量条件的恶化已达到危机程度。全球有10多亿人由于缺少住房或居住条件十分恶劣，而生活在各种危害健康和生命的境况中。全世界有近一半城市居民居住在贫民窟。

经过一番努力后，我终于在河西秦淮河畔买进了一套宽敞新房。然而在我看来，这并不意味着我的居住条件较之从前得到了很大改善。河西居民越来越过于密集，已明显超过了这一地区生态环境的承载能力。我从前住的是二层楼房，现在小区里面动辄是6层或者11层的高楼，从人居密度来讲反不及我从前居住的环境。所以现在我只能说是“有地方住了”，不能承认“比以前住得更好了”。

住宅这种商品，与其他贵重商品不同，主人对住宅的消费有着很强的依赖性。白天你可以携带笔记本电脑和数码相机开着私家车南来北去终日不归，但是一旦夜幕降临炊烟四起劳燕归巢，你就只能乖乖地“对号入座”返回自己的金窝银窝木窝或者是草窝，而无论这个“窝”是在紫金山麓还是长江桥畔。住宅对任何人来说都是一种强有力约束，你的生活方式无论怎样与众不同，都必须每天接受它的校对，并最终与它的终极模式相结合。从这种意义上讲，住房与国籍非常相像，其实一个人没有多少选择的自由。

首先是现在的气候环境差强人意。市气象局的资料显示，全市气温属龙江地区最高。市中心鼓楼地区午后气温接近摄氏36度的时候，龙江气温往往已达摄氏39度。龙江地区之所以“热力四射”，是因为空地上全盖了房子，高楼大厦密集，而绿地比例最少。2002年建设部与科技部共同组建的国家住宅工程中心发布《健康住宅建设技术要点》修订版指标为，绿化覆盖率大于或等于60%，人均公共绿地面积应大于或等于2平方米，并应种植多种乔木，提倡垂直立体绿化，为居民提供一定量的遮荫纳凉的场所，降低大地热辐射强度。该《要点》关于住宅小区植物丰实度提出三项具体要求，一是每公顷绿地应有乔木多于等于30株；二是立体及复层种植组群占绿地面积大于等于20%；三是长江流域地区木本植物种类大于等于50种。在我看来，龙江地区的绿化从总体上讲目前只是“百幢楼中一点绿”，达不到《要点》的标准，更看不见有什么改善的前景，这种居住环境的质量令人揪心。

水环境的质量也令人啧有烦言，身在长江边，饮水有危机，这种忧患意识是华北或西北缺水地区“水贵如油”的居民很难想象的事情。大江滔滔，“卷起千堆雪”，饮水会有何难？这种饮水危机主要归咎于南京水质逐年下降和恶化。2005 年春季南京召开城镇供水水源保护整治工作动员会，会上一位副市长对长江南京段水质的下降痛心疾首，本市长江沿岸 13 处集中饮用水源地保护区仅有大厂扬子饮用水源地一处达标，很多水厂取水口的水质已从Ⅱ类水质变成了Ⅲ类水质、甚至Ⅳ类水质，根本不符合自来水厂取水标准，南京长江岸线水资源保护刻不容缓。饮用水尚且如此，景观用水更不足观。我家紧邻秦淮河，推窗远眺，水波荡漾，堤柳青青，颇有诗情画意。近两年市政府耗费 35 亿元资金整治这条古老的河流，河堤出新颇为美观，河水也曾一度清洌。可惜好景不长，2006 年夏秋之交，秦淮河水再度混浊不堪，随处可见漂浮的浮膜、油斑和聚集的漂浮物，河水有明显异味，美丽的两岸景观夹杂着一条龌龊脏水显得尤其刺目，令人难以接受。国家制定的住区景观用水标准是“浑浊度≤5 度，透明度 0.5M，溶解氧>3mg/L，大肠菌群<10000 个/L”，秦淮河的水质比照起来明显差了一截，水环境质量相当不乐观。

不仅是水的问题，空气环境质量也一直让南京市民眉头紧锁。2005 年江苏省环境质量公报显示，南京的空气质量在 13 个省辖市里最差。全省城市空气质量总体处于轻污染级，惟有南京和无锡两市处于中污染级。有意思的是在提及南京空气污染时，官方还有两种标准两种版本两套说法两种结果，江苏省环保厅采用“大气质量指数”法进行测评，用二氧化硫、二氧化氮、可吸入颗粒物和降尘作基数，分别用年均值标准比计算，求出平均值后再与这四个比值中最大值相乘，得到“大气质量指数”，当该指数大于 1 时就确定为中污染。这几年南京市可吸入颗粒物和降尘年均值连续超标，综合指数约为 1. 04，按照省环保厅的标准，南京“昂首挺胸”迈进“中污染”级别。而南京市采用的是空气污染指数（API）法自测，得出的结果却是 2005 年本市空气质量多数时候良好。我不是环境专家无法评价这两种测评方法孰优孰劣，但我觉得南京市“醉心”于粉饰太平的测评标准的这种心理很值得玩味。据悉，南京降尘的背景值有些来自于东郊中山陵较清洁地区的数据，有些自欺欺人的意思。因为当整座城市变成了一片大型的开放式的建设工地的时候，来自景区的空气监测数据已变得没有什么实际意义。

空间窘迫，热岛效应，水质下降，空气污染……我家居于其间，我如何能快乐得起来呢？为了购买这套住房我吃尽了辛苦，花去了毕生的储蓄还欠下了银行的债务。可是严峻的气候环境、空气环境和水环境却让我留下了诸多遗憾，更重要的是作为个人我对此完全无能为力，那远不是一个普通南京市民通过简单取舍就可以决定的东西。联合国第二届人类居住区大会上确定的两个全球目标实在是紧迫而又遥远，我深刻明白了：“一房易得，环境难求”。

6

2006 年 5 月，我陪同妻子去美国旅游，由南到北，由东到西，去了不少城市。在新奥尔良，纽约长岛和旧金山，我们造访了多处当地人住宅，穿堂入室进行参观，实地解读美国人的住房理念。在长岛和旧金山，应主人邀请我们还住进了他们的家里，有条件近距离地观察普通美国人的住房。

美国的住宅区和商业区通常分开，两者决不混淆。商业区多数集中在城市的 Down Town，那里商店林立，各种服务设施齐全。而住宅区基本设在 Up Town，这里纯粹是居民居住的地方，在这里连续走过几条大街看不见一座商店是常有的事情。美国人非常讲究居住的品味，食归食，住归住，一般不会容忍商业店铺“嫁接”到居民区里来干扰自己平静的生活。中国人倾向于出门过街就可以采购早点，在街头巷尾挑拣蔬菜鱼虾，走街串巷的电动喇叭招徕居民选购廉价袜子……中国“生活方便”模式在美国人看来全不足取，中美住宅观念的差异可谓大矣。

美国的私车拥有率很高，家家有车，人人有车，距离的远近对他们来说不是问题，郊区乡村的自然景致和隽丽风光得到了多数人的青睐。在美国三分之二以上的美国人住在别墅式的住宅里，那是2至3层的独立楼房，前后有院子，有独立车库和地下室，甚至有私人游泳池和网球场。美式住宅是一张阔大的平面图，舒坦，分散，开朗，看上去就赏心悦目。

美国住宅与中国住宅另一个显著不同之处，是美国别墅式的住宅多数为木结构，既提高了空间利用率，又增强了保暖功能。加拿大木材资源丰富，物美价廉，“近水楼台先得月”，这是美国佬的先天优势。木材建房的另一大优势是环保，避免了矿渣砖、瓷砖、大理石等潜在的辐射危险。还有一大优势是抗震，对于洛杉矶、旧金山这些地方的居民来说，住房的抗震性能十分重要不容忽视。1994 年 1 月 17 日凌晨 4 时 31 分，洛杉矶发生里氏 6.6 级地震。震前没有预报。市政当局和市民毫无心理准备，人们大多酣睡在沉沉的梦乡中。这次地震仅造成 62 人死亡，这主要归功于大多数美国的木质房屋抗震性能良好。美式住宅还十分耐看，在新奥尔良我曾多次步行浏览著名的圣•查尔斯大街，沿街房屋全是法国风情的独立式别墅，千姿百态，展示出精致结构。房龄多在百年以上，有些甚至超过了 200 年。可见美国人生活品味的“修炼史”由来已久，在许久以前就开始追求舒适、体面和精致的生活。美国佬十分注重住房的整体性布局和外表上的美观，房屋造型千变万化，极尽妍丽。每幢房屋的风格都是唯一的，是唯美的，是个性化的，是独特风格的。圣•查尔斯大街上这些个性张扬的别墅一路排开足有 5 英里长，成为一道鲜活的景致，显现出强大的生命力。

在纽约长岛，我们有机会参观了一处豪宅，房主是一名在 IT 行业任职的华裔。这幢大房子坐落在长岛北部森林里的著名富人区，驱车前行，透过繁枝茂叶可见到一栋栋白色木头别墅分散开来静静掩藏在密林深处，沿途时不时地窜过一只鹿，还看见一只被撞伤了的獾躺在路边。华裔的这幢豪宅占地约有足球场大小，后院有游泳池，网球场和篮球架，门前和后院灌木丛修剪得十分漂亮，一看便知有专门花匠定时打理，成排的高大乔木直入云霄，松鼠在草地上跳跃着觅食松果。我当时就明白了，至少在住宅审美意识方面，中国人并不逊于美国人。这位在长岛北区拥有豪宅的中国人证明了，如果我们在心理上首先搬出了“狗窝”，我们每个人都有可能在生活上迁入“华府”。

刻骨铭心

1

紫衣人怫然作色，愤愤地拔腿离去，连滑落在沙发上的羊皮绣花手套也不要了。她重重摔了一下办公室的门，头也不回，疾步穿过室外走廊。冬季的夕阳把她的影子逐格投映在走廊长长一排磨沙玻璃上，像是一团不断蔓延的燃烧的黑火。

他的心像是被马蜂狠狠蜇了一下，痛苦迅速从身体内部升起，令他无从逃避和躲藏。望着紫衣人绝情的背影，气恼悔恨的泪水涨潮似地模糊了他的双眼。

他试图走过去掩上办公室的门好让自己独自呆上一会儿。可是他感到自己异常虚弱，连关门这样一件非常简单的事情也无能为力。他明白自己铸下了大错，一个此生此世不可挽回的错误，烙印着他名字的标记，明明白白展示在世人面前。他跌坐在办公椅上，五内俱焚。此时此刻，这个星球上能够原谅他容纳他的可能也只有这把忠实的椅子了。

他久久坐在办公椅上一动不动。天色渐晚，夜幕的黑色潮水迅速上涨，很快淹没了他，办公室里变得漆黑一片，他的灵魂他的身体他的精神仿佛全在黑暗中熔化不见了。桌上电话的铃声响了又响，他一次也不接，或许他根本没有听见，也许是电话铃根本就不曾响过。今天是星期六，公司员工休息，他是经理，轮值一天。他的孤独和痛苦无人觉察。

他呆坐许久，寒风长驱直入冲进走廊，又呼呼灌进办公室，屋里冷得像一座冰窖。墙上的挂壁式空调无力地吐出阵阵热气，但由于来自西伯利亚的寒流过于强大，这台空调就像冰雪荒原里点燃起的一根火柴，根本无济于事。要是关上房门兴许室温就会有所改善，可是无人关门，他也不管，任凭办公室门始终开着。

他觉得自己其实跟死去差不多了。

窗外华灯初上，天黑透了。不知何时又下起了大雨。他突然打了个寒噤，踉跄着站立起来，胡乱喝了一口桌上的凉茶。他挣扎着穿上外套，拎起公文包，一脚高一脚低走出办公室。办公室的门好像没锁上，可他不管，根本不愿回头再看上一眼。

他走出办公楼，径直朝大院停车场走去。室外大雨瓢泼，传达室老人急忙追出来递给他一把雨伞，他摇摇手拒绝了。他嘴里嘀咕了几句，口齿不清，老人没听清楚，他也懒得解释。别人是否听懂他讲的话已经根本没有什么意思了。

他走近自己的桑塔纳 2000 轿车，打开门沉重地在驾驶座陷下去，下意识地拧动钥匙，发动了车辆。几分钟后，车内气温有所上升，他也从冻僵状态中渐渐苏醒过来，吃力地询问自己，到哪里去呢？挡风玻璃上，哗哗大雨连成一片，模糊了视线。

什么地方在等待他去？

没有。今天晚上，偌大世界没有一个位置属于他，也没有人需要他。今夜如果他开着这辆车不慎冲下悬崖沉入湖底，在周一到来之前，这座城市恐怕不会有人发觉他已经失踪。他抓紧衣领，再次感到刻骨铭心的疼痛。

他完全心灰意冷。

轿车在暴雨中疾驰，许久，驶入城中一片公寓区。他下了车，冒雨向最东面一幢小跑步奔去，乘电梯到达 10 层 D 座，那里曾是他温馨的家。

他取出钥匙打开房门，室内空荡荡的，看得出来久无人住。餐桌上积满厚厚一层灰尘。地毯上散落着几本儿童画报。

起居室，书房，洗手间，一扇扇门在他面前无声无息打开，一切如旧，一股发霉的空气扑鼻而来。

他的视线落到照片框上，那是屋内唯一发生变化的地方，所有照片全给人取下来带走了，一张也不剩。他拉开抽屉，几十本照片簿消失了，空空如也。没留下一张照片，没有一张熟悉的面孔可以让他面对，今夜无人分担他悲痛的心情。

他定了定神，回到书房，打开电脑，进入 ACDSee，通过这个视图软件，他发现过去存放在电脑硬盘中的一批数码照片还在。

……17 吋显示屏上，一名 5 岁女孩高举双臂欢天喜地向他扑来，一阵高分贝的欢呼声劈头盖脸扑来。背景音乐强烈而且奔放。远处，一位粉衣人双眸含笑，喜盈盈地瞅着父女俩天伦之乐。

他点击鼠标，一张张翻阅数码照片，蓝天，草地……背景音乐切换进现场录音，他四肢着地，头上带着个大狗头套，嘴里汪汪叫着，笨拙地追逐女儿……女儿乐不可支，四处奔逃。粉衣人笑声朗朗，推动秋千帮助女儿飞上云霄……看着看着，他眼眶中噙满了热泪。

他迫不及待，手指连连点击，忽然捏住鼠标不动了，屏幕上出现粉衣人的一副近照，她穿着桔红色风衣，仪态万方，眉眼间透露出职业女性的练达和家庭主妇的温婉。

他注视着这张照片，久久目不转睛，嗫嚅着要说些什么。猛然间心头一酸，时隔一年，他今天重新回家，谁还会来听他的倾诉呢？一切都太晚了，此处早已人去楼空，粉衣人领着孩子住回娘家去了，这套住房里只剩下冷漠和寂寞。

照片全播放完了，过了一会儿，又自动一张张回放。

……

他很久才回过神来，一切都成为过去了，一切真的全结束了。他潸然泪下，噬脐莫及。

他匆匆向房门走去，他不敢留下在这屋里过夜，无论他的目光触及何物，都撕心裂肺地折磨他的身心，这里就是他的刑场，令他不堪回首。锁门时他迟疑了一下，一种无家可归的凄凉感追出来彻底击垮了他。

粉衣人是他的发妻。

紫衣人是他的情人。

2

结识紫衣人事出偶然，直到现在他才明白，所谓偶然，其实往往是一种必然，那是所有不谙事理不珍惜幸福的男子通常会犯的一种错误。那是在异性的妩媚、妖娆甚至挑逗下，雄性的尊严软化乃至崩溃的一个过程。

他不是那种在大街上遇见能令人留下深刻印象的男子，他五官端正，相貌平平，身材中等。只有认识他的人才知道，这是个万千选一的人物，他学富五车，富于奋斗精神，属于典型的工作狂。他不抽烟不喝酒不嗜茶，一般来说他能够严格要求自己不断上进。他谈吐幽默，高兴起来常常妙语连珠。

像所有才气纵横的人一样，他不修边幅，对于穿着没有什么讲究，这一点使得他更加不惹人注意。那些普通的服装并不能降低他的人格尊荣和品德力量，恰恰相反，就像一颗钻石放在火柴盒里，那简单的包装反因为内容的豪华而变得大气起来。

截至一年前，他已经具备多重身份，是一位天真活泼 5 岁小女孩的父亲，是粉衣人的亲密丈夫，是一家通讯自动化器材公司的开发部经理，又是南京探险者协会的副秘书长。

他经过多年奋斗，在经济上站住脚跟，相继买房买车。幸福前程像是春天的花园一年复一年地在他们全家面前绽放千红万紫和绚烂多姿。

他与紫衣人邂逅相遇，是在拉萨的布达拉宫前。当时紫衣人正独自一人坐在台阶上歇脚，身边几名藏族小孩饶有兴趣地注视着她，也许在孩子们眼中，这名南方来的漂亮姑娘仙姿佚貌，就像西藏神话中的白度母。紫衣人举目无亲，略带一丝惆怅，正在费力地辨认拉萨市区地图。忽然她听见广场上几名游客大声吆喝，几句久违的南京话顺风传来，紫衣人高兴得差点儿没哭出声来。她立刻跳起身来，拨开纷乱的人群，大声呼叫：“谁是南京人？最可爱的南京人在哪里？！”

就这样，他俩不期而遇。

在紫衣人眼中，他和他的探险者协会会员们的出现，就跟上帝本人和十三门徒出现一样，是一个奇迹。当时，紫衣人正在度她的暑假。几天前，她和一群研究生同学结束了在甘肃敦煌的游历，在兰州返回南京的车站上她突然心血来潮，提出要进西藏。同学们毫无心理准备，无人响应她的号召。她便独身一人辗转换乘了五辆长途客车和兵车，终于来到了梦一般的拉萨城。

而对他来说，世界在他面前展现了一个奇迹，一名仙女步步莲花，烟视媚行，向他迎上前来。那一顶“Nike”棒球帽檐下面，双瞳剪水，色授魂与，尽态极妍。他刚刚在白度母神像前献上一束鲜花，他明白他现在需要准备另一束美丽的花朵。

他在布达拉宫前，收留了一名皈依南京探险者协会的年轻女信徒。回到南京之后，他又进一步在心中收留了她。

粉衣人十分敏感，很快觉察出蛛丝马迹。当时他已调往武汉分公司工作，一天晚上，他接到粉衣人从南京发来的传真，告知第二天她将乘飞机去武汉找他“认真谈谈”。他心中忐忑不安，方寸大乱，因为紫衣人正厮守在他的身边。

他不是个优柔寡断的人，但是他当时一心只想逃避心灵的审判，第二天一早，他竟然神使鬼差离开武汉，孤身一人到郊县出差，避而不去机场接她，而她完全不知道他在武汉的具体住处。他当时心绪极乱，内心非常矛盾，为此他故意把手机给关了。

粉衣人在机场苦苦等待了 5 个小时，打电话无人接，手机关机。直等到夜间 11 时，终于悟出事情原由。粉衣人在机场宾馆度过漫长的一夜，转天乘早班飞机回到南京。

粉衣人带着年幼的女儿离开了他，家中财物，一介不取，甚至没有留下一声责备和抱怨。那是一年前的事了，女儿五岁。女儿临走时扭过头来，最后望了他一眼，一块游戏板失手落在地上，女儿犹豫了一下，终于没有拾起，含着泪走了。

他捡起游戏板，疾走几步，后悔不迭，呆呆望着母女远去的背影。他玩火自焚，事情急转直下，一个好端端的家庭像轿车的挡风玻璃被铅球击中后四分五裂，一切补救都来不及了。

事后他多次打电话给粉衣人，试图挽救美好的家庭生活，粉衣人一概不接电话。最后一次他于下班的时候在单位门口截住了粉衣人，粉衣人只应了一句，“俟河之清”。

他意识到了事态的严重性。他牵肠挂肚，心如刀剜，放心不下母女俩孤独的生活。今后谁去幼儿园接送孩子，谁在家长会上陪孩子一起做游戏？年初他一家三口曾参加玄武区家庭游戏选拔赛，夺关斩将，脱颖而出。下半年将举行复赛，现在……一切泡汤了。

离婚手续由律师代办，双方怀着复杂的心情签了字。

失去家庭，他心如刀绞，此后有谁来帮助粉衣人和女儿呢？他最担心妻子手腕受过伤，拧不紧煤气钢瓶的阀门，有天晚上他梦见她们煤气中毒人事不省，急得撕心裂肺，大叫一声醒来，惊魂甫定，立刻泪湿被襟。

3

他和紫衣人同居了。

为避免旧居触景生情，他特地把新巢安顿在城市的另一侧。同居的开始阶段幸福美满，生活焕然一新。紫衣人比他小十五岁，年轻活泼，善解人意。紫衣人在“情人节”之夜送他一块碧玉，上面镌刻着几行古篆小字：二人同心，其利断金，同心之言，其臭如兰。他真心期望时间能够抚平他心灵上的巨大创伤，他希冀私人生活重新出现转机。

新的同居生活与一连串外出旅游活动密织在一起：黄山，九寨沟，鼓浪屿，西双版纳……秋水伊人，指天誓日。有一段时期，他暂时忘却了自己刚刚遭遇的巨大不幸。

回到南京后，幻象逐渐消失，他们脚踏实地恢复了平常的生活。

矛盾的出现比预想来得还要快。

很快他发现自己并不完全了解紫衣人，他始终被排除在她的个人终极秘密之外。她的私人电话常常要打一个多小时，通话人有男有女，放下话筒后，她却只字不提电话内容，从不与他分享电话给她带来的愉快和痛苦。有一次他偶然听见，她在电话中喁喁自白：“没有人能看透我……”

令他不安的是她渐渐开始干涉他的工作。起初，她要求他利用工作关系处理几件私事，他一一照办。旁人送来谢礼，她大大咧咧照单全收。他心里不满意，但只是苦笑着咧了一下嘴，表示不太赞同就过去了。后来她开始游说，要他在电信通讯光缆上采用家乡一家企业研制开发的光缆接头，被他严词拒绝了，他十分清楚那家公司产品质量一般。

紫衣人当时很不高兴，两人第一次闹起了别扭，一星期没有说话。时间一长他心软了，哄孩子一样想说服她。没想到她根本不领情，竟然发出威胁来："你不做，我找你公司别人去做……"话中带刺，夹枪带棍，她的桀骜不驯显然可见。现代青年赤裸裸攫取金钱的态度，令他不安和吃惊。

两人之间的裂痕出现了，而这道裂痕的底部对他来说有可能就是万丈深渊，他明白他将在那里失去他所有的一切。他陷入深深的痛苦，爱情是什么？钱又是什么？他们属于有钱一族，他们不缺钱花，为了更多的钱而闹得不欢而散，不是他的本意。

他再次屈服了。家庭立刻恢复了欢乐喜庆的气氛，周末下班回到家，他意外地发现家中张灯结彩，桌上放着一个巨大的鲜花花篮。他心头升起阵阵暖意，下周他将迎来三十五岁的生日，紫衣人刻意做出一系列温馨安排，他很满意。当晚紫衣人欢天喜地，口若悬河，却始终没有向他道一声"生日快乐"。正在他纳闷之际，紫衣人取出一只皮包神秘地推到他面前，打开一看，里面装满了钱。他这才醒悟到，节日的气氛并非冲着他的生日而来，而是隆重地礼拜这一包金钱。

他对紫衣人做出的种种妥协，后来使他付出了沉重代价，终于东窗事发，在工程中由于光缆接头质量不可靠，相继酿成一连串重大通讯事故，严重影响通信联络，郊县电信局一次性向公司提出索赔 400 万元。生意伙伴渐渐对他忍无可忍，他也渐渐对她忍无可忍。

公司董事会召开紧急会议，他失去了企业的信任，他没有得到下一年度企业的聘书。

紧跟着又失去了她。

她是不辞而别。

原本他指望这一次能够与爱侣地老天荒，白头偕老。他太天真了。他的精神和事业双双遭受重创。

他万箭攒心，抓起那块碧玉，狠狠丢进雨地里。仰望着漆黑雨天，他喉中发出一声声长啸。

他心痛欲裂，苦苦思念自己的妻子。

在孤独的时候，他一想起年幼女儿，就几乎肝肠寸断。想念到无法派遣时，他会发疯似地苦练钻管道，那曾经是他和女儿合练的一个游戏项目，也曾是他的弱项。那时女儿抬手指着别人的父亲说，爸爸，你要是钻得有他那么快，我就亲你一下。他苦练不已，边练边掉泪，膝盖和胳膊肘碰撞得又红又紫。后来他练得身手快如旋风，他的所作所为几乎超出了人类体能的极限，他能够像一支箭从管道中飞快地穿过去。但是那又有什么价值呢？世界已然遗弃了他。

临到女儿生日那天，他走遍南京商店买了最大一只布袋熊，偷偷在幼儿园门口等着。女儿放学走出幼儿园后，一眼就看见了他，孩子楞了一下，小嘴嗫嚅着，终于忍住没有喊他，但脚步明显慢了下来。他追上去蹲下身来把礼物塞进女儿手中，女儿摸了摸礼物，没有接。孩子含泪又摸了一下他的手背，头也不回地走开了。他大声呼喊女儿，年幼的孩子强忍住不回头，两只小手开始抹泪……

那夜，他在灯红酒绿的南京街头踽踽独行。一天之内，他粒米未沾，只喝了两瓶矿泉水，但他像酗酒的醉汉一样，沿途吐个不停，一直吐得肠胃翻天覆地，苦胆横流。他的痛苦足足能让他死过去三次，如果不是他认为选择死亡太便宜了自己，他就要这么去做了。

在涕泗滂沱中，他唯一明白的事，就是不能宽恕自己。

4

经历过生与死的惨痛折磨，他大病一场，头发掉落许多。病未痊愈，一等到摇摇晃晃可以站起来，他便开车前往远郊，来到朋友的一家农场报到。这位农场主朋友近期举家迁往加拿大，特地把乡间一份资产委托他全权代理。

农场的工作人员闻讯赶来，听从新来的总经理分配工作任务。四、五十名皮肤黧黑的粗糙男女集聚在他的大办公室里，眼光中流露出怀疑和无奈。农场的主要项目是种植果树，近年来一直亏损，农场员工的收入长期维持在底薪水平，士气低落。一些年轻的技术人员纷纷辞职离去了。他从办公室的落地窗向外望去，一大片果园无边无际，足有数百公顷。朋友与当地政府签订了 50 年的承包合同，计划开发成一个生态系统资源基地。

养病期间他曾反复研究过农场的资料和报表，果树种植乃是农场的命脉，农场复兴的关键在于振兴果树培植，提高生产收益。他简单作了个自我介绍，又对员工们说了一些鼓舞人心的话，公布了下一年度农机采购计划，把水貂养殖、花卉和绿色蔬菜培植、养鱼蟹等事务分别交给副手管理，他自己直接负责果树种植业。

会后，一位戴眼镜的中年汉子留下来等他，似乎是有话要说。此人是农场股东之一，绰号“老农”。“老农”不老，今年才三十七岁，比他大两岁，此君是南京农业大学科班出身，在农场里学历最高，长期把持着农场的方针大计，俨然成为了农场教父，此人在此地一言九鼎，所以获得了“老农”这个雅号。朋友一直对这位权威人士言听计从。

“老农”开门见山，劈脸就问：“听说你已经下令，要修改农场苹果树传统的修剪计划。反对截枝？”

他给“老农”倒了杯茶，点点头，承认有此打算。

“老农”推开茶杯，锐利而深刻地望了他一眼，此人的目光就像保龄球疾奔而来，要击飞一切阻拦物。中国大多数果区修剪苹果树，历来多采取“以截为主，见枝打头，幼树轰条”的方针，这项“具有地方特色的措施”长期以来行之有效。对于新上司这次改弦易张提出不同的方案，“老农”表示非常费解。

他默默打开手提电脑，陆续打开一些文件，然后把显示屏转向“老农”。来农场之前他长时间上网浏览，与美国、加拿大和澳大利亚等地的一些农业专家在网上交换意见，咨询中国农场果树低产的问题。通过分析汇总中外果树专家的意见，他发现中外果树种植存在一个重要分歧。外国专家比较集中的建议是“苹果树修剪以疏为主，以缩为辅，基本不截”，这也是目前世界苹果树修剪的主流手法。而中国以截为主，见枝打头，幼树轰条的传统修剪手法，直接导致连年短截，越截越旺，越截跑条越多，越截中短枝越少，越截树冠发枝越集中，越截越密闭，越截越难成花，果子越少。通过一系列调查研究，他渐渐形成了自己的一个明确观点：本地农场苹果树产量之所以偏低，修剪手法落后很可能是主要原因之一。他研究了很久，又比较了西北一些大型果区试用不同修剪方法的经验，决心第一步就从改变苹果树修剪做起。

“老农”只是目不转睛盯住他，耐心听他说完，并不感到奇怪。在“老农”眼中，缺乏农业背景的新上司是个不折不扣的外行，思想外行，主意外行，行为更加外行。外行领导内行，就像公鸡成了鸭群的游泳教练，只会闹出笑话来。“老农”没有在他面前自我炫耀身世，但是农场人人知道，此公祖上一直上溯到明朝世代都是果农，培育出许多优质水果，其中有些荣耀地成为了贡品。祖宗在陕西种苹果时年年都是短截，越截越旺，后来在山西、山东、河南种苹果，也是采取这种韬略，屡试不爽。“老农”根本看不出截枝方案有何不妥。

他婉言拒绝了“老农”关于推迟改变修剪方法的建议，透露说他请来的专家本周就会光临农场，下周将开始举办专题学习班，普及新的修剪方法。

“老农”摘下眼镜，哈了几口气，用镜布使劲擦擦，然后重新戴上瞅他，仿佛原来之所以两人意见不能取得一致，完全是没看清对方所致。“老农”好像没把他的解释听入耳去。仍然衷心奉劝他一改初衷，不要轻举妄动。“老农”经历丰富，阅人无数，认为新官上任是三把火，很不以为然。

双方坚持不下，谁也不肯妥协，搞得很不愉快。“老农”临走时脸涨得通红说，自己要料理一下孩子读书的事情，会请几天假，恐怕一时帮不上他什么忙，然后关上门走了。这件事发生在他来到农场的第一天，农场的两位核心人物第一次发生了正面冲突。

他托腮沉思，静静坐了很长时间。老农说得对，在果树种植方面他确实是一个门外汉，此前他根本不懂如何种植苹果，也从来没有关心过果树，他只知道吃苹果。他曾在街头见过一位身藏绝技的果贩双手各持一把尖刀，削果皮时只见苹果在双刀之间旋转跳跃，两条长长果皮像两道急流飞泻而下，转眼间一个苹果便削好了，自始至终果贩的手指完全不接触苹果。那是他对苹果的一个较深刻的记忆，仍然与吃有关。

他上过大学，当过兵，搞过电子器件研究开发，却从来没有第一产业的工作经验。他摩挲着下巴上的胡茬心里有些犹豫，他的决定到底对不对呢？没有人会给他明确答案。眼前只有一件事是显而易见的，如果他不大刀阔斧进行改革，如果他在短期内不能做出名堂来的话，这个农场就会活生生垮在他的手上。今天他从几十号员工沮丧悲观的目光中就看出来了，留给他的时间不会太多，容不得他慢条斯理、按部就班地发展，小打小敲解决不了任何问题。可是他怎样才能做好呢，他又能做些什么呢，最糟糕的是他根本没有选择的余地。

他一边陷入深深思索，一边反复研究手边的技术资料。目前世界上共有大约 75 个国家和地区生产苹果，中国苹果的产量最大，占世界的四分之一。与中国的苹果生产大国地位极不相称的是中国苹果出口量仅占世界出口量的 2.4%，而美国、法国、荷兰等国苹果出口各占世界出口量 10% 以上。美国和加拿大苹果在台湾销量占当地的 85%，在香港占进口苹果的 70%。中国苹果在国际市场上竞争的落败，主要是质量、包装、冷链运输等原因。他边看边想，他虽然无力解决中国苹果产销面临的其他问题，但是他既然目前在这家农场当家，他一定有能力解决本农场生产及销售苹果的主要弊端。

不久之后，他与“老农”之间发生了第二次冲突。与上次的意见分歧相比，这次冲突更加严重，导致他在农场陷入了孤立，变得不受欢迎。

冲突的起因，是他在农场董事会议上提出了一个大胆的兼并计划，要乘邻家农场周转失灵低价转让之际，一举收购 300 公顷高酸果即澳洲青苹果林。“老农”强烈反对他的兼并计划，当场在会上就炸开了锅，公开发表了措辞强硬的不同意见。“老农”提出，鉴于农场目前的经营状况不好，兼并方案最好取消。如果一定要兼并，前提条件是必须砍倒澳洲青苹，全部改种红富士等其他品种。“老农”的意见得到了多数与会者的齐声附合。

反对意见雨点般打来，他只是一言不发，认真倾听。如果有人肯听他多说几句，他就抓住机会耐心地解释一番说，目前世界苹果种植业发展的两条最佳途径，就是苹果的品种应向高品质鲜食果和加工转化原料果两极发展。一方面要不断提高苹果品质，加大科技含量，生产高档次商品果，强化竞争力，抢占鲜果市场；另一方面要更新苹果品种，生产高酸果，为企业加工转化提供原料果。

他打开电脑笔记本，调出一串串数据幻灯片，通过投影仪放大了给董事会成员过目。当前国外一些国家的苹果转化加工量已占到了 50%，南美等国家如阿根廷比例更高。而我国作为世界第一苹果生产大国，转化加工用果仅占 4%，而且用于加工的全部是残次果。我国苹果甜度大，酸度小，影响果汁质量，在国际市场上每吨低于同类产品 100 至 200 美元。他认为，农场如果利用邻家农场管理不善低价出让的机会，以较低成本扩大自己农场的种植面积，这样既抓紧时机扩大生产宜于转化加工的产量大的高酸果，提高了企业果汁质量和市场竞争力，又可为企业增加一条可靠的销售渠道。

他小心翼翼强调说，今后农场不仅不能减少高酸果的种植面积，相反应该进一步扩大，农场将争取在五年内把澳洲青苹的比例扩大到三分之一以上。

会议气氛相当紧张。在“老农”带领下，农场的其他董事对他的意见一律持反对态度。但由于他的农场主朋友持有控股股份，在会议上他坚决顶住了来自“老农”方面的压力，让他的意见最后得到了董事会批准。会后“老农”便开始托病不出，实行软抗。两个月后，在农场资金压力最大、人手最紧张的时候，“老农”突然提出退股和内部退休。

他接受了“老农”的挑战，答应了对方的全部要求，他一时没有那么多现金可以支配，只好拨打越洋电话与农场主朋友商量，以他的南京房产作抵押，由朋友代他垫资买下了“老农”的全部农场股份。

从那以后，每天早晨他一醒来，便有一种强烈的窒息感，仿佛有谁在无形中一直卡住他的脖子。他再也输不起了，他完全没有了退路。筚路蓝缕，以启山林，如果他再次一脚踏空，他就成了一文不名、不折不扣的叫化子。

他发疯似地全身心投入工作，每天上班十四小时，节假日从不休息。他终日身穿工作服，整天与技术员们在果园里转悠，研究生产的每一步骤。清晨或者晚上，经常可以听见他冲着领班工人大喊大叫，疾言遽色，要求完成工作进度，提高生产效率。

果树施肥期间，他专门请来南京农业大学的两位专家全面监控和指导肥料的合理搭配。施肥直接影响着果树树势的强弱，要想大幅提高施肥效率，就必须改革传统施肥方式，那种“由工人伸手任意抓”的施肥方式应当彻底改变。专家们在农场察看一圈，立即指出“果树缺素”，专家告诫说果树缺乏任何一种必须的营养元素都会引起生理病害，导致树势衰弱，影响品质和产量。针对当前的果树缺素症状，农场组织人力物力立即补充喷施了几种微量元素。他跟在专家身后在果园里转来转去，什么树缺乏氮肥叶色发黄，光合作用不足会引起苹果品质和产量下降；什么树氮肥过多，贪青旺长，品质出现下降……他心里渐渐建起一本明白账。磷、钾对苹果增糖增色作用较明显，在专家们建议下，农场在苹果生长前期主施氮、磷肥，后期多施磷、钾肥。

他的另一个“破天荒之举”是预定了两套苹果打蜡机流水线，他准备在秋季收获时临时建立一个季节性的农场打蜡车间。他的供货商们举办了一次水果打蜡现场演示会，在当地果农中间引起不小的轰动，引来许多关注的目光，很多同行专程到农场来看新鲜。一般来说，采收后的苹果由于自身的蒸腾作用不断失水，失水率可达 5%以上，果皮会出现皱缩，导致商品价值下降。苹果的蒸腾作用主要是通过果皮上的皮孔进行的，涂蜡后的苹果表面会形成一层薄蜡膜封闭皮孔抑制蒸腾作用，降低水分散失量，降低了苹果的呼吸强度，并使过氧化物酶、多酚氧化酶等的活性受到一定程度的抑制，苹果内源乙烯向外释放速度减缓，苹果新陈代谢活动降低。苹果涂蜡处理还可以增加光泽改善外观，减少损耗保持新鲜，使得苹果耐贮运，货架期长，这一切都有助于大大提高当地苹果的市场竞争力和增加商品价值。

邻近的庄园主们观摩以后兴致盎然，纷纷提出申请在他们收获苹果后，委托农场代为加工打蜡。人们开始用不同的眼光打量他，新来的这名农场管理人确实不同一般，他也许真是个眼界开阔的家伙呢。

他狂热地投入工作，不畏惧辛苦和劳累。农场往日懒散的工作秩序和疲沓的工作节奏开始改变。农场工人逐渐转变了对他的看法，对他又敬又畏。一天晚上，他从果园回到住处，正在洗脸抹身，就听见有人敲门进屋。他洗完脸穿上背心回到客厅，来客已经消失在黑暗中不见了。只看见桌上有一大碗热气腾腾的排骨汤和一屉清香扑鼻的素菜包子。他坐下一边吃包子一边捉摸“包子到底从何而来”。临睡前他找出泰戈尔诗选，愉快地大声诵读其中的一首小诗：

“当我从睡中醒起，
我发现一筐橘子在我脚边。
我正忖想谁能是这礼物的
　　赠予者；
我的猜测从这一名字飞到那一名字，

但是美好的名字

　　像春花一样的繁多，

一切不同的名字联合起来，

使它成为一件完美的礼物。”

天道酬勤，这年夏天农场果树的树势十分健壮。当收获季节到来的时候，一眼望去，果实累累，压弯枝头。人人都看得出新的修剪手法见到了很大成效，由于施肥等措施深得要领，今年苹果个头特别大，果形端正，果面浓红光滑，有蜡质光泽，农场苹果丰收已成定局。一天早晨在碰头会结束之后，助手摘了十几只早熟的苹果送到办公室来，大家喜形于色分而尝之，果肉松脆多汁，甜酸适口，芳香味浓，吃完后忍不住直舔嘴唇。农场人的喜庆情绪此时也像是酒酿发酵到了时候，芬芳扑鼻。

苹果开摘的前夕，他独自一人打着手电筒在果园里转了半夜，一遍遍检阅自己这片阔大而陌生的领地。他抬臂拉下一簇簇果枝，用卡尺仔细测量苹果的尺寸，一连测量了十来个苹果，最大横断面直径普遍在 80 毫米以上，果形端正，最高面和最低面的差别没超过 3 毫米。他翻来覆去打量着枝头的苹果，果实硬度适中，果面底色发亮，光洁干净，无轻微锈斑。果面颜色基本均匀一致，红色品种包括萼凹部分具备鲜艳全红色。他仔细嗅闻苹果，无农药残留气味。没有碰压伤，也没有枝叶磨伤、水锈、药害、日烧、裂纹、雹伤、病虫等缺陷。成熟度均在 8 成以上。

他心头涌出一阵狂喜，这正是他期待已久的成功啊！他久久嗅着苹果香味，亲吻苹果，不舍离去。

收获苹果的季节转眼就开始了，农场员工倾巢出动，起早贪黑在果园里忙碌。农场聘请来大批临时工，加强了采摘果实的有生力量。长长的运输车队日夜不停地开进开出，装好筐的苹果堆得像小型金字塔似的，果香弥漫，四乡八野都闻得见，新闻记者扛着摄像机拍个不停，到处打探他的下落要搞独家采访。

打蜡车间头一次开张，农场专门招聘了几位技术主管进行把关。据这个车间初步估算，在相同条件下，苹果涂蜡后可减少失水 29%左右，大大延长贮藏期和货架期。蜡液中含有保鲜剂，既增加苹果的美观，减少自然失重，延缓苹果衰老；又可以防治苹果在贮运销过程中的致腐真菌病害和某些生理病害。农场员工们眼见为实，由衷佩服他们的新头头棋高一着，技高一筹，一个个在背后啧啧称赞。

农场销售部的人员忙得手机经常断电，各地销售商竞下定金抢购农场的产品。每天清晨，来农场拖运苹果的大队卡车把场部仓库前的道路挤得水泄不通。员工们打趣说，这样下去一定要在农场内部安装红绿灯系统来维持运输秩序才行。

收获大忙季节，每道工序都在找他，向他汇报，听他指示。他却忙中偷闲召集农场员工的家属举办了一场别开生面的展示会，他亲自上台演示如何利用残次苹果制作苹果醋，众目睽睽之下，他在捣碎的果料中掺入麸皮拌匀，再加入麸曲，搅拌均匀后堆成馒头形。他示范说，每日倒拌一两次，温度控制在 35 度左右。15 天后装入陶瓷缸，再过一周后加入与料同重的水浸泡 5 小时，然后淋醋装瓶，在 70 度下杀菌 10 分钟，即可贮藏。出席会议的农业专家也现场演示了如何自制水果保鲜片，那就是用一定比例的硫酸钾、淀粉和硬脂酸钙混合粉碎，加水压制成片，苹果的使用量为每公斤 2 克左右，在具一定湿度的普通条件下贮藏 4 个月，苹果损失率仅为 2%。在会上他宣布由农场出面收购苹果醋和保鲜片，家属们兴高采烈，摩拳擦掌跃跃欲试，很多人当场与农场签约要求代理加工，另一支生力军汇入了他的战线。

否极泰来。农场扭亏为盈，终于赚钱了。员工们领到丰厚的奖金，收入一下子提高了两倍多，把多年来笼罩农场的不景气阴霾一扫而光。定居加拿大的农场主朋友很高兴，还清贷款后，发给他一大笔钱作为奖金。农场上下一片狂欢气氛。

他没有忘记通知会计把“老农”退股之前那段时间的股金红利算出来，用红纸包包上，要会计亲自给“老农”送到家里去。当天晚上，他很迟才离开办公室，正要锁门，“老农”在台阶下招呼他，“老农”的外衣已经给露水打湿，看来这位昔日的农场教主已在门外徘徊了很长时间。“老农”对他的成功表示由衷祝贺，婉转地提出“假如农场缺少资金的话，我那里有些闲钱……”

他直视“老农”的眼睛许久，看出了“老农”的一片好意，他当场邀请对方回到团队里来重新加盟。他朗朗地说：“你的资金加上你的技术再加上你的心意，一块钱抵得上三块钱用。”

两名汉子开怀大笑，两双粗糙的大手紧紧握在一起。

5

第二年的收获季节，他的另一个创新手法引人注目。他把农场丘陵深处一大片地势偏僻、人迹罕至的苹果园变成了创新的试验田。此地果树上结出的苹果事先用不干胶纸粘贴起来。采摘开始后，员工们撕下苹果表皮上的不干胶纸，苹果表皮上印下了一些字和图像，让消费者们喜出望外。

这个主意是在初夏时分酝酿成功的。一次他去镇上采购肥料，三两下办完了事，正准备返回农场。一名果商叫住他，打开一筐进口苹果，只见每只苹果上面印有一行字：“HAPPY”。他用手指擦了一下苹果，发现字迹是果皮本身的颜色组成的，根本擦不掉。果商开玩笑问他，为什么他的农场不种植印字苹果。

回农场的路上他一直若有所思，先前他在互联网上冲浪时，知道国内外有些果农在苹果上“印”上祝福语等文字，来迎合消费者的心理需求。果品上“印”字简便易行，只要在苹果成形后着色前那段时间，用深颜色纸剪好文字贴在苹果朝阳的一面上，秋雨较少的地区甚至可用墨汁直接写在果面上。待苹果成熟后，果面着色也已完成，揭去果面上的贴纸或擦净墨汁即可。“印”字果品不仅畅销，经济效益也高。

当时他农场的住所里贴满妻子和女儿的照片。墙壁、窗台、冰箱空调洗衣机上，无论他往哪个方向看去，一眼就可以瞧见自己一生中最心爱的两个人。她们是他的生命，是他的灵魂，是他的一切。没有她们，他就是行尸走肉，他的生活就毫无意义。

一次他把妻子和女儿的相片底片夹在窗户玻璃上，第二天早晨，阳光射进来，把母女俩的投影映照在墙上，他端详着亲人脸部轮廓，不禁泪盈满眶。他痛骂自己从前是一头愚蠢罪恶的臭猪，如果有机会让他重新为人，他一定要尽力补偿母女二人。

他猛地从床上坐起，跟着就泄气了。他无法证明自己的悔恨，他失信于母女二人在前，他自己是个无耻的小人。也许在母女二人面前，他永远是从前的那个混蛋，他一头狠狠撞在墙壁上，眼前金星乱飞，满脑子捉摸着疯狂的计划。

他灵机一动，说干就干。他在电脑上连干了两个通宵，用 Photoshop 软件进行制作，他把妻子头像扫描输入电脑，经过艺术加工，最后制成了一幅肖像剪影，他确信一眼看去可以认出这幅剪影酷肖自己的妻子，这才满意。

这些照片通过数码制作，用高性能彩色打印机打印出来，愈加栩栩如生。妻子和女儿虽在照片上更在他心里，他心的分辨力无以伦比。他在心里对自己说，再好的照片也比不上活生生的人。妻子风度娴雅，举止大方，他曾夸奖妻子说，你体现了林下风气。回想起往日的情景，他的心里充满苦楚。

他又制作了三个魏碑大字：“爱”、“永”、“远”。

他找到不干胶商标的制作商，委托他们制作十万份。不知他许诺了多大的价钱，不干胶的制作商相当合作，承诺组织力量在十天内帮他一份一份地把不干胶纸贴在苹果上，这一切都是在不事张扬的情况下完成的。

贴不干胶纸的那段日子，他日夜守在果园里，亲自担任监工。他指导贴字工人注意选择果型端正、个大皮净、无病虫危害的苹果“印”字，每一只苹果“印”一幅图像或者“印”上一个字，十来天后，果树朝阳面所挂的苹果统统“印”上了图案或字。

几度秋雨，几度秋阳。等到苹果成熟后，果园十万只苹果上，有的印出了一位年轻女子的肖像，一个苹果一种颜色，红色和绿色深浅不同，远远望去，美丽的天使仪态万方，婀娜多姿。有的苹果印上了“爱”、“永”、“远”的字样，成为一组组张扬在蓝天白日下的爱情誓言。

一个惊心动魄的爱情故事就此传扬出去。

最先赶到的是新闻媒体，电台、电视台和报纸杂志记者不请自来，摄像机和照相机围着农场拍个不停。记者逮着任何人都问，“说说你对经理的印象……”果品商借机大肆炒作，自作主张给这种苹果取了个名字叫做“仙女苹果”，售价高出市场一截。

他的爱情故事引起了城乡大众的广泛注意，每逢节假日，前来农场参观的游客队伍络绎不绝，公交公司还友情安排了两条直通农场的临时线路，方便市民出游。“老农”见机行事，派人在农场组织游客自助采摘苹果，每逢有人在苹果林深处喊：“我有五个‘永’，三个‘远’，我到哪里去找‘爱’啊？”“老农”总会颠颠儿地奔过去，嚷着：“‘爱’在这里，在这里……”

那些日子，农场就像一锅沸腾的开水，始终不得安静。唯有他悄悄避开大众媒体隐居在不为人知的林中小屋里，一心一意管理他的农场，经营着他的事业，品尝着只有他自己才知晓的酸甜苦辣。

6

一天晚上，他搭农场的卡车从镇上回去，半路上卡车前灯出现故障，全靠他一路举着电筒照明，才慢慢地开回来。他返回农场已是深夜，管理膳食的张大叔告诉他说，两位南京来的客人等他等到很晚，见卡车迟迟未归，只好搭乘末班客车回城去了。张大叔踟蹰了一下，又补充说，其中一名是位孩子。

他当时太疲倦了，没在意张大叔的话。他在食堂简单吃了点东西，便返回住处。

月亮还没有升起，四外一片漆黑，他的手电筒耗尽了电力，只能够发出来蝇头大的光圈。他摸索着打开房门进了屋，简单洗了淋浴，习惯性地打开电脑，上网接收了一批电子邮件，有几份是垃圾邮件，他立刻就删除了。有一封邮件是欧洲某大果品销售集团的邀请函，诚邀他与夫人一齐前往荷兰开会，洽商合作大计。他苦笑一声，没有回信。

上床后，他立即睡熟了。

一觉惊醒过来，月光似水，从门缝和窗台透进来。夜空中传来南飞大雁的鸣声。他口诵着诗句：上弦惊别鹤，下弦操孤鸾。一时间睡意全无，他不由自主地坐起身来，打开房门。

明晃晃的月光照得室外犹如白昼，他这才发现，门廊的台阶上放着一件东西。

他弯腰拾起一看，是一块儿童游戏板，与他当年制作的那块精巧的游戏板不一样，孩子笨拙的手工和拳拳的童心，使得这块游戏板别具一格。

游戏板上画着两个人，一个人的画像已经凭借苹果上的图像风靡城市乡村，千家万户，无人不识。他闭着眼睛也能分辨出来，那就是他视为宝贵性命的妻子。另一个人，画的就是他自己。

一个娃娃，伸出胳膊来捉住两个大人的手。娃娃身上歪歪扭扭写着几个字：爱永远。

他垮了似地跌坐下来，号恸崩摧，哭了很久很久。

那一年夏秋之交，长江发了特大洪水，下游的人说，江水是咸的，就跟人的泪水似的。

故居不再

我一生居住在南京城里，近七十年，这种“从一而栖”的居住方式，与我的父母相比是一种简单或曰退化。我的父母曾经在老家天津以及北京、重庆、南京等地长期居住，而我兄弟姐妹六人也分别出生在上述各座城市中。我本人自呱呱坠地至今一直“赖”在南京一隅不作动弹，一方面暴露出自己是惰性十足，另一方面也是属于在当时户口制度控制下的一种无奈。

某之居，四徙也，现失其三。我在南京曾经住过四处地方：廊东街36号，红庙41-1号，中山路291号以及现在所居住的河西龙江小区。其中前三处故居随着城市建设的进展已经于上个世纪90年代初至千禧年初的十年间先后拆旧建新，荡然无存了。老街居民星散四处，随着岁月的推移，这三处故居及其街道模样早已淡出了人们的视野，看起来很快就会无人知晓了。

我的前两处故居相距仅百余米，鸡犬之声相闻。而第三处住址也仅仅离开了一公里多远的距离。就这样我几乎是原地不动地在二十世纪的南京市中心住了半辈子。我在五十岁以后才由于住宅拆迁搬到了城市西面，这次搬家在城市地图上看，有点像行草的一横大写意地拉出来较长，一下子“大踏步”地跳出了自己生活的原点约五、六公里，从城中心直接跃过了河西，然后一直蛰伏在那里柳丝婆娑、波澜不惊的秦淮河边。

廊东街36号（0至4岁）

我于1950年3月的最后一天出生在南京市玄武区廊东街36号。廊东街是一条小街，紧挨在古街估衣廊的东边，南接长江路，因而得名，而估衣廊在明朝典籍中多有记载，是一条历史十分古老的街道。据二哥覃之回忆，1946年我父母全家自重庆迁来南京后曾经在中山东路中央饭店住过几个月，此后租房住进了廊东街三十四号三楼，再后来又搬到了估衣廊102号第二进，这两处地方几乎就是前门对后门，咫尺之遥。在我的记忆中，估衣廊102号是东西贯穿的一进进套叠的传统南京民居。听二哥覃之说，廊东街34号和估衣廊102号是同一房东。

据大哥师之回忆说：全家是1948年夏天搬到了廊东街36号，这处房屋是典型的别墅院庭，我家起初是租下了整座庭院的全部房屋。后来到了1952年因家里经济出现问题，就将一楼的房子退租了，住在二楼。听二哥覃之说，这处房产是前房东徐其寿和另一陈姓业主共有产权，后把产权转让给了陈氏，最后房东收房我们才搬出来。

廊东街36号是一所独幢洋楼小院，据三哥贯之回忆，院南围墙紧挨着34号的厢房，院北仿中式门庭建了四间厢房，用作厨房和储藏间。我家刚入住的时候，我家厨师尤太学师傅及妻子即女佣徐妈就入住储藏间，另一储藏间住的是我家保姆戴娣。院内有一棵双人合抱的大梧桐树，蔽日参天。二楼有阳台面临院子，阳台上横着一排生铁盘花的栏杆。三哥贯之回忆说，房间结构有一处甚奇：盥洗间在大房间一隅，用约两米高的复合板（三夹板）隔离，顶部敞开，盥洗间内的一切动静屋内人皆知，当然气味也共享。我出生后一直住在这里，直到上幼儿园。我和三哥贯之都曾在估衣廊幼儿园上学，附中同班的项振仲以及同年级丙班的唐晶晶皆是我幼儿园同班的小伙伴。

住在这里的时候，家里养了三条狗，1952年以后便逐渐弃养了。一条大狼犬叫“迈体”，平时最爱吃花生米，1952年通知市警犬队来查看后认定是一条纯种狼狗，被带回警犬基地当种狗了。几年后二哥覃之思念又去看它，它还认识二哥。第二条狼狗叫“捷体”，血统不太纯正，后送给牛奶场看门去了。第三条是草狗叫“小黄”，割尾巴后最凶。三条狗看家护院，又是孩子们的好玩伴，念念不忘。

廊东街36号的主建筑样式属于西洋化，这些西式的住宅在红庙一带随处可见，与周围琳琅满目的中式传统住宅水乳交融，毫无违和之感。南京的民国建筑是南京深厚历史积淀的浓浓一笔，这些建筑作品一方面承载了民国文化，另外也让后人看到了中国近代建筑学中西结合的一系列重要标本。

家住六朝烟水间，而我人生的第一站就起始于民国风的西洋建筑，或许会在潜意识中有所开拓一名稚嫩幼童的未来美学视野。

红庙 41-1 号（4 至 31 岁）

我家于 1954 年迁入红庙 41 号第三进，即红庙 41-1 号。我在红庙居住最久，从我逐渐懂事后直至结婚成家前，足足有 27 年时间。我结婚搬走后，我的母亲和二哥一家又在那里住了十来年，直至红庙开始拆迁。这条街上的人物、建筑、民风、生活习俗与环境对我一生的影响最巨，自以为是一名地地道道的红庙人。而红庙的丰富历史内涵也足以撑得起"红庙人"的提法，至少不像附近的小街碑亭巷或者如意里那样籍籍无名。

红庙是一条石块砌成路面的东西走向的小街，约三百来米长，五米来宽。红庙接近中段被一条南北走向的小街垂直分开，形成了居民口头上称谓的红庙东头和红庙西头。十字路口南面的小街是香铺营，北面的小街是白井廊，顾名思义，白井廊的中段确实有一口白色花岗岩井圈的古老水井。红庙的东街长些，约有 200 米左右，西街短点约 100 多米。这条街为啥叫红庙呢？据二姐桔之回忆，她当年还见过这座真的"红庙"，实际上就是一座小土地庙，座落于东街中段，在 8 号至 10 号中间，高约一米多，红砖砌成，谓之曰"红庙"。桔姐当年路过时，尚见火烛香灰，可见有人时时供奉。后来庙拆了，街名留下来了。

我家住在红庙西头的 41-1 号，坐落于红庙小街西头的南面。红庙 41 号和 43 号实为一体式建筑，乃是一座完整的四进三院的传统中式建筑，坐南朝北。41 号的门牌挂在东面两扇对开木门的门楣上，推开此门，面前出现一条长约 40 来米的小巷，宽约两米多，凡是本户址的三进和四进的住户日常皆从此门出入。我家住在第三进，邮政地址为"红庙 41 号-1 号"。巷中间东墙上还有木门一扇，可通往 39 号的一个小院，常年封闭。小巷尽头有一个后门。

43 号的门牌则挂在 41 号西面约近 10 米远的两扇对开黑漆木门上，开门后须跨过一道大青石门槛。据三哥贯之补充说，跨进青石门槛后，迎面不远又是一道约 30 厘米见方的长木门槛，上面矗立着顶天立地六合对开的木质门扇，颇见气势。石、木门槛间，是过去大户人家的门卫用来防卫和休息的空间，约一米多进深。后来一端堆满房东家的竹床和劈柴，另一端堆放其他住户的煤块，露出一副破败相。迈过木门槛，面前是第一进的堂屋，两边是住房。然后进入第一个大院子，院西有一座一米高三米宽的大花台，这花台的格局在后两个大院子里几乎一模一样。院子南面则是第二进房屋的堂屋和两边的住房。而后面还有两个大院子，依次排列着第三和第四进房屋的堂屋和两边的住房。上述三座大院子在东面都另有小院子和住房。这座建筑原是汪氏三兄弟的家产，听说汪氏家族原先从事屠宰业，可见这一行业有的是有钱人。从 1958 年起，政府采取把私房统一征收上来公家出租的政策，私房业主只获得部分自住房屋和租金的一小部分作为补偿，这种方式被称为“国家经租”。自此形形色色的家庭开始陆续住进原先属于私人产权的房屋里来了，完全由不得私房业主愿意或是不愿意出租。到了文革时期，私房业主的租金补偿完全断供，那时候人人自顾不暇，很多事情乱成了一锅粥。

我家住在这幢建筑的第三进，由 41 号小巷进入后，步行约 20 来米，便从第二扇边门向西拐进 43 号的整体建筑中去。小巷内西面共有三扇边门，分别连接三个小院和通往 43 号的三座大院子，但是只有我家第二扇边门是双扇木门对开的规格高大的大门，下有台阶和门槛，上有内外遮雨蓬，另外两扇边门皆是较矮的单扇院门，没有台阶和高门槛。这一进院子里原先居住的是汪氏老大，堂屋内供奉着汪家三兄弟的母亲遗像，壁板上还有比较大的佛龛，显得规格也较特殊。

进得第二扇边门后，首先步入一座小院，约有 15 平方米大小。里面再穿过山墙圆门进去紧接着是一个大院子，面积约有 60 平方米，大院尽头西墙下横置一座长约三米的砖砌大花台，高约一米左右，上面长满了四时花草。院子正南面有长约 4 米左右的三层宽敞台阶，拾级而上则进入一间高大的堂屋，堂屋有数扇落地木门可以启闭。堂屋两旁是住家，西边居住的是房东家，东边是另一家住户。

这所小院北面是一间厨房，约有 15 平方米大小，三家公用。房东家原本就在厨房里砌有一口带烟囱的双眼柴火大灶，但城市流行使用煤炉后便极少使用。我家搬进来后又在旁边砌了一口较矮的无烟囱的柴火小灶。另外我家还有一口可以搬动的烧柴火的缸灶，会在周末人多下饺子时搬到小院里去使用以免室内烟灰熏人，春节前炒什锦菜也会搬出来使用。逢到天冷或者雨季，里面大院的两家邻居有时候会把煤炉从厨房直接拎到里间的大堂屋里去使用，剩下来厨房空荡荡的倒是我一家使用的机会较多。

小院厨房上面是房东家的二楼，院内有木质楼梯拾级折向而上，光线极好，站在楼上视野也极好。房东家的大女儿一家原先就住在楼上，搬出后，小儿子和媳妇就迁住进来。楼梯肚里是一间单人卫生间，安有一扇小门，里面可以安放一只木质马桶。

而小院的南面也是一间大房子，约有 22 个平方米，那就是我家，也由三层台阶拾级而上。室内天花地板，在地板的水平线以下，房屋朝东和朝北有几处通风口，利用流通的空气自然排除地基下面的湿气，通风口上封有生铁栅栏。室内门把手和窗户配件一律是黄铜材料。

我家房间的西面是一堵长墙，入门后约半米处西面有一扇精致木门可通往大院子里面那间东面的大房屋，此门的两边分住着两户人家，因此我很少有机会看见过这扇门打开过是什么样子，然而两家如有大的动静，彼此可以听见一二。我家在东、北两面各有对开的长窗，安装的是透明玻璃；长窗下面还有对开的短窗，安装的是一面磨砂一面有花纹的玻璃，私密性较好。我家房间的南面不是砖墙，而是顶天立地 6 扇盘花窗棂的落地木制长门，木门窗格上安装着约二十块左右一面有花纹的磨砂玻璃。我有时候会感到奇怪，大院子里面两间大房间的南北两面墙壁都是下半墙上半窗，为何设计师却独把小院这间大房间的南面设计成了极具后现代意识的落地门窗呢？可惜的是木制的落地长窗虽然美观却不实用，隔音隔热防风的效果都不行，冬天最冷时即使阳光暖暖照射也比冰窖好不了太多，真是徒有虚表。

我在红庙居住的日子是中国人物质生活极端匮乏的那个年代，思想的丰富和生活的贫乏成为一对突出的矛盾，体现在二哥覃之这位极具创新意识的人物身上，则是每隔一月或者隔二月，必定会乘其他人不在家的时候一个人含辛茹苦连拖带拽把家具调整一下，改变一下家里面貌的格局，以求得另一种新颖感觉和奇特效果。于是原先摆沙发的地方一会儿换成了大橱一会儿又出现了方桌，床铺上个月还是南北向，下个月又变成了东西向……母亲常笑着说，家具用不坏，倒是全给覃之搬坏了。

我家小巷正对面是江苏省歌舞团的宿舍楼，门牌是红庙 48 号，里面居住着那个时代省内拔尖的诸多演艺明星。立在我家红庙 41-1 号的巷口大门，迎面二楼东面的那个窗户就是当时省歌芭蕾舞剧《白毛女》男一号和女一号的家。有时候街上动静较大，就可以看见“大春”和“喜儿”并肩眺望街景，人们的吸引力也会不知不觉从街上被窗口丽人夺去。

省歌舞团宿舍楼的大门设在通往鸡鹅巷的一条小街上，这条小街不足百米，在中段还像闪电折了一个小弯，为的是照顾到一幢充满神秘色彩的大院子——戴笠楼，也有人传说是戴笠外室之宅。由省歌舞团宿舍楼大门北行约三、四十米，迎面就是戴笠楼大院的大门，可容卡车进出，里面有一个比较宽敞的操场，内有一栋二层的联排楼房。据二哥覃之回忆，大门经过改造变大了，1949 年后房屋归空军管理一度成为了宿舍，戴笠公馆正门虽在红庙范围但归鸡鹅巷居委会管辖，门牌是“鸡鹅巷 53 号”。此处的居民拆迁后多住在北门桥路一号楼内。

红庙的建筑风格是“中西结合，古今并存”。民国时期这条街上陆续建设了一批西式花园洋房，如我家隔壁的红庙 45 号就是这样一栋典型的新式建筑，两扇大铁门又高又大，进去后是一所大院子，院子中央矗立着一幢二层楼的西式洋房，楼下四边有石柱和回廊。小汽车开进去后可以在院子里绕洋房一周再从容地调头出来。可见地方相当宽敞。院内四周大树高耸，从我家小院往里间大院子西面山墙上方望去，可以看见 45 号大树高耸云天枝叶茂盛。类似的花园洋房在红庙东头还有几幢，多是民国建筑。据二姐桔之回忆，其中红庙 5 号大院原本是民国一银行家的别墅，改朝换代后，银行家的儿子一家被赶到大门内侧右边的汽车库里居住。夫妻二人加上一儿一女，一家四口屈居一室。他家的女儿是桔姐小时候的玩伴，人很老实，胆子很小，一双大眼睛很漂亮。母亲身体多病，长年吃中药。虽住车库，但她们家的挂的却是毛呢窗帘，这点给桔姐的印象很深，至今不忘。要知道当时没人有钱去穿毛呢衣裤，呢罗绸缎乃是有钱人家的物品，更别说是用来当作窗帘整片整片地挂在墙上了，可见虎死不倒威生活照样过得十分精致。前两年桔姐还记得这位同学的名字，现在又想不起来了。

桔姐回忆说，银行家被从红庙 5 号自家的别墅赶出来后，这幢别墅里面住进了演艺界鼎鼎有名的两个人物：越剧名家竺水招和商芳臣，一个演小生，一个扮老生。每天她俩合乘一辆黄包车上班和下班。两人在车上从不言语，眼眉低垂，怕人直视和指点，既高贵孤傲又令人怜悯，与现在张狂跋扈、疯魔敛金的所谓演艺界明星真是天渊之别。

我家隔壁再隔壁的红庙 47 号的建筑风格又迥然不同了，大门前立有一块照壁，这是十分典型的中式建筑特点，进出大门必须要绕过这扇照壁行走，这样的设计意义深远而神秘。47 号也是四进三院的大宅子，大门设在大宅子偏左位置，进去后是相当宽敞的通风弄堂，石板铺地，上面有屋顶遮盖。进去后是一所大院子，后面厅堂依次排开。

红庙街上当时多为平房，少数是二楼，因而红庙 47 号斜对面的一长排四层楼现代建筑，则可能是红庙街上当时唯一的“高大建筑”，这里是市建工局的宿舍，门牌号是红庙 74 号。黄砖外墙，一楼的院子很小。红庙街不宽，仅有 5 米左右，但从 41 号至 49 号之间大约有七十米长的距离存有一块宽 3 至 4 米的道旁空地，挨排种了一行树，因此显得相对宽敞。

当时城市基本设施落后，红庙在保留了多重建筑风格的同时，也暴露出一个很大的不足之处，即民宅多数没有“上水”（自来水）也没有“下水”（厕所）。红庙东头和西头各有一座自来水站，这就是本街大多数居民的水源地。直到八十年代中期，我家院子才正式接通自来水管，记得当时是用水户集资，自已挖好坑槽等自来水公司派人来埋管道。有劳挑水工送水的历史就此结束，小院里的那口大水缸至此才宣布退休。

红庙西头拐到廊东街上后不远有一间公共厕所，东面在靠近香铺营菜场旁边也有一间，但后者离我家较远，这就是方圆几条街巷住户解决内急问题的必去之处。当然，各家还有传统的木制马桶日常可以派上用处。每天早晨红庙的街头一景，即是收集粪便的马车会在街上固定停放，收粪人摇铃示众。于是各个门洞里的娘子军纷纷鱼贯而出，举桶落桶，并在街头洗刷恭桶。48 号省歌舞团宿舍楼内同样没有厕所，于是可以目睹时而是“大春”偶尔是“喜儿”舞步翩翩参与到倾倒秽物的群众大军中来，天仙一般的人物，与此情此景有点显得格格不入。

红庙的公共厕所不多，路边便添置了男性的简易小便池。由此可以看出当时公共卫生当局的思维定势、审美意识和工作方式比较搞笑。以离我家最近的我家后门口位于香铺营街道上的公共小便池为例，是于小学大门北面约 60 米处借助路边一堵墙凹进去的拐角砌了一座宽约两米的小便池，旁边竖起一截 50 厘米宽的半高边墙遮羞，后面则完全公开毫无遮拦，于是南来北往的路人百米开外便可以一览无余瞧见一众大男人你来我去堂而皇之地登上一级台阶立在那里宽衣解带在大路上来来去去的过客面前大尿其尿。如果排尿者比较敏感又发现后面的异性路人一时较多，很可能会由于害羞就半天也尿不出来，久而久之有可能会患上憋尿症。现在想想，当年有权安排和设计这一露天便池的专业人士的审美意识还达不到“初级阶段”应该称之为是“原始阶段”。我家红庙 41-1 号巷内也有这样一座开放程度极高的男式小便池，原本属于私家院邸时这种设计当然无可厚非，但是公家安排居民杂住后就暴露出严重不妥，整条巷子宽仅两米多，如果此时有邻居进出则几乎是与排尿人擦身而过，完全闯入了便溺者的个人私密区，让其陷入慌乱、无奈、羞愧与紧张的绝望之中万劫不复。

那时候红庙街边的小店较少，如红庙中段十字路口上有一家陈家小店，出售些小百货小食品，我家后门的巷口上也有一家，红庙西头也有一家。二姐桔之回忆说，红庙中段陈家小店老板的二女儿一头乌发，两条又长又粗的大辫子直拖到屁股下面，后来据说剪下来换了一辆自行车。桔姐小的时候，红庙街上发生一件大事：陈家小店斜对门红庙 31 号小洋楼里的一位美女姐姐自尽了，有各种传言，有说是美蒋特务，有说是香港的男朋友不要她了……那院里种着洋槐树，开花时可香呢。好一阵子，桔姐都不敢从那院的大门前走过。桔姐说，红庙街上的洋楼很多，故事也有许多，谈不完。

故居往时的记忆，有无穷无尽的愉快。那时夏晚乘凉，小伙伴们聚在大门外的大树下面讲鬼的故事，最后竟不敢穿过小巷回家。平时邻里关系和睦，母亲下饺子时，常遣我端着热腾腾的饺子碗送给左邻右舍。春节前炒什锦菜，更是张家送我我送李家，吃遍百家菜。1976 年，我在下关哈尔滨路的五金机械公司仓库上班，每天在珠江路站乘坐 34 路公交车前往中山码头，一次下班后竟然真真实实挨到了炮轰。那天傍晚，我下车后独自一人走到如今的中山大厦前面，在一米远的位置上横穿过一台正在熊熊炉火上紧张运作的爆米花机面前，突然耳边一声炮响，那台爆米花机在接近程序完成时不知为何突然自动脱钩了，全部爆米花犹如散弹一般近距离击中我的全身，浑身上下连头发里全是爆米花，一时令我不知所措，转而哈哈大笑，毕竟是有惊无险。

我一生的住处都与学校有缘。红庙 41 号紧挨着我的母校香铺营小学，从我家小巷的后门出去，迎面可从小学校舍的窗户里看见孩子们喧天的动静，我上小学更是方便，一个冲刺就接近了校门。后来我搬到中山路 291 号大院后，又与南京大学一巷之隔，晚上出门就可以目睹到一排排大屋顶建筑下面灯火辉煌，料知莘莘学子们正在挑灯夜读。我在南京大学中文系上学时，比起别人有着更多的交通便利。后来搬到龙江来后，又与龙江小学毗邻而居，晨课晚读，声声入耳。此一生伴着校舍而居，心满意足可也。

1960 年 3 月，中共江苏省委召开六级干部会议，华东局第一书记柯庆施专程赶至南京为会议打气，持续掀起城市大跃进的热潮。会后中共江苏省委城市人民公社办公室宣告成立，决定大办集体食堂，各种宣传工具奉命开足马力反复告诫群众“食堂是干不干社会主义的分水岭”，强求居民实行“准共产主义化”的集中膳食。据有关资料，“至（1960 年）4 月下旬，仅南京市玄武区办起各类食堂 454 个，平均每个居委会有两三个居委会食堂，四五个院落食堂，搭伙人数达 52，927 人，占应搭伙人数的 72%”。红庙属于玄武区辖区，忽如一日乾坤转，不由分说就把一家人的粮票划归了居委会食堂，驱使我们去领教不折不扣的大锅饭。这种短命的城市集体食堂仅办了几个月便漏洞百出，弊端丛生，无以为继。而居委会集体食堂散伙的时候更是一本不可思议的烂账。我记得我家入伙的居委会集体食堂就设在红庙 47 号的后院，用粗陶碗蒸饭，每次吃饭的时候一家人便要来回往返，风雨无阻。据三哥贯之回忆说，就在此前，由于大炼钢铁的需要，我家东北两扇窗上的铁栏杆也被掰下来，充当冶炼的原材料。好在当时民风尚淳朴，盗贼不多，倒也没有太大的安全忧患。

“文革”初期，红庙街上的小青年练武者众，出了几位闻名全市的粗膀子，如阿福，老八等。受到环境影响，几十年来我一直坚持健身，直至近几年来外孙们住到我家来后家务剧繁而不得不中辍了。

我在红庙居住期间，曾经养鸽养鸟养狼崽和捕鸟黏鸟，这些经历在我以前撰写的《鸟之诱》等文章中有所叙述，此处不再赘述。

1979 年 9 月 11 日，父亲齐植果在鼓楼医院病逝，终年 75 岁。就在父亲去世一个月后，中美建交后美国首任驻华（此处系指中华人民共和国）武官 William S. Gilliland 上校到职视事。这位武官到北京后一星期即携妻子一起专程从北京到南京来拜访我家。时序金秋十月，全身戎装，肩环穗带的美军上校的突然出现，在母亲居住的红庙街上引起骚动，街议纷纷，人头攒动。路头巷尾，便衣密布。上校先生仔细查看了父亲有关资料，听取了母亲等人的介绍，并拍下大量照片，证实父亲正是曾在美国驻华（此处系指中华民国）使馆工作长达二十五年的正式雇员。上校先生代表美国政府对母亲表示慰问和关怀。后来发放了父亲的养老金。我从美国政府的文件中知道了父亲的 claim number 是 CSF 1275149。以上这段文字曾记录在我撰写的《玉戒之文》文章中并发表于 1996 年 1 月 19 日的美国《世界日报》上，此处不再赘述。

在红庙的长期生活对我有三方面的影响：一是烟火气，或者称之为市井化。当时水银泻地一般的政治运动渗入和意识形态控制，在市井化的场景下显然落得淡薄了许多，甚至有时候会被互相隔离开来，显得不再那么咄咄逼人。身边住的是中学教师，小学校长，百货公司的仓库保管员，技术工人，营业员，大学生等一众平头百姓，千百年来流传下来的如友好睦邻、诚信待人等传统习俗一再地自动格式化自外界蔓延至市民身边的汹汹政治风波，为升斗小民隔离出一块虽然窄小但不再那么烈日当空的相对适宜的生存空间。我从小得以最真切不过地认识到什么才是广大民众的切身需求，而不被蔽目。

二是准集体性居住造成的生活信息准公开化，使得此地居民在思考人生和认识问题时做到了“接地气”，而不至于假大空带有盲目性。由于红庙各家厨房，厕所，晾晒场地，乘凉地点等场所的集体公用性，各家的一部分日常琐碎隐私实际上也就半公开化了。这些不太重要的生活隐私的披露并不具有伤害性，相反为增进互相之间的了解提供了注脚，见仁见智，有助校准自己的人生道路。

三是邻里之间的千丝万缕联系增进了友邻思想和互助性，平日如代写代念家信，落雨代收他人晾晒的衣物，互借有无如工具、烹调用品、甚至是布票棉花票粮票等。主人不在家若有访客光临就会被邻居迎入屋内敬茶坐等。民间标会和互助会当时是坊间两种十分古老的信用互助形式，国外学术界称之为轮转储蓄与信贷协会(Rotating Savings and Credit Association)，是两种重要的非正式金融形式。前者由于付出与获得不等称，故而被政府认为具有剥削性质而明令禁止，但百姓私下仍然用来在经济上救急；后者由于入会者收获与付出相等，被政府默许。记得母亲也经常介入其中后者，有时候是应人所请，偶然也会由于急需用款成为首倡者。

那时的社会氛围相对宽松，记得直到上个世纪八十年代初期，市民还可以在体育商店购买气枪，而且派出所还给出具持枪证。今日回顾此事，一时竟有隔世之感。

腾格尔在《天堂》这首歌中唱道“我的家，我的天堂。”我自幼植根于红庙那方水土，至今想起，心中充满眷念。

中山路 291 号（31 岁至 52 岁）

中山路 291 号是一幢大院子，位于鼓楼广场南面约两三百米的位置，是国民党三民主义青年团中央团部旧址。院子的大门是三青团中央团部大院的仅存建筑，上刻蒋介石亲笔题词“亲爱精诚”，这四个字是孙中山 1924 年 6 月 16 日在广州黄埔军校开学典礼上为军校亲自制定的校训，后来又成为民国时期中央政治大学之校训。这座“国民党三民主义青年团中央团部大门”于 2013 年 10 月被南京市人民政府定为“南京重要近现代建筑”，编号 2013009。我居住在此大院的二十来年中，每一天都从此门进进出出，说实话却很少认真审视过此门的历史、意义和价值，不是我不想审视，而是严峻的现实放在面前，在政府表态之前，无论个人的审视结果是什么，都可能会是无效的甚至是大错特错或者反动透顶。

据记载，“南京中山路 291 号，是原国民党三民主义青年团中央团部办公处。建于 1935 年，占地面积 2580 平方米，有西式三层大楼一幢 52 间，西式二层大楼一幢 36 间，西式平房五座 26 间，中式平房一进 5 间，礼堂一幢，车棚二间，合计 124 间。”这是当年的大致形态。

到了我住进去的八十年代初期，大院里的格局已经出现了变化。一进大门，迎面仍然是长深阔大的绿化带，显示出昔日建筑师的上乘审美观念和现代化设计思想。在绿化带的尽头，也就是离大门约 60 米的距离，矗立着一幢三层大楼，坐西朝东，那就是当年的主建筑之一。步上七八层宽大台阶进入大楼，两侧有阔大的楼梯通往楼上。当时这幢建筑的一楼和三楼归鼓楼医院的护校使用，楼下是教室，楼上是护校学生的宿舍。恰好我妻子当时是这所护校的老师，所以有机会近距离观察一下这幢民国建筑的原初风貌。二楼曾是南京市医学会的办公室，后来医学会搬走了，大楼更显得空荡荡和幽暗。

这幢西式三层大楼，和我后来居住的西式二层大楼（附 14 栋）属于民国建筑原封不动保存下来了，除此而外，这幢大院子里的建筑物显然有了诸多变化。一进大门后可以看见左边一排共三幢、右边一排共二幢高大的宿舍楼，各高六层左右，大约建设于 70 年代初期和后期，解决了一大批医生、护士和工人的居住问题，当时包括鼓楼医院院长也住在这里。我曾经去过宿舍楼里拜访医生住宅，发现虽然是属于现代化成套的建筑，但房间都很小，走道狭窄，客厅极小或者根本没有，毕竟 70 年代的住房设计思想受到了极大的历史局限，可知住户的舒适感相当有限。

临近结婚时，鼓楼医院在大院里分配了一间平房给我们当作婚房，连里间带外间加起来约 18 平方米。水池在门外面的屋檐下面，夏天煤炉就放在门口。平房距离南面的六层宿舍高楼不足十米，所以家里基本上终年晒不到阳光。那几年我家洗过的衣物全拿到屋后的草地上去晾晒，从家里北窗看出去草地上阳光灿烂，可惜我家里却无法分享。

结婚时的五斗橱，大床，写字台等几件家具，委请木工打制送来鼓楼291号大院时皆是木料白胚，后来漆工来上油漆苦于没有施工场所。未婚妻出面请求护校领导照顾在三层大楼内一楼护校宽敞的办公室外间辟出一块地方临时摆放，再利用暑假期间，请漆工上门来“打蜡克”也就是蜡克漆涂装，这是当时流行的一种较上档次的家具油漆方式。漆工把所有的抽屉和面板拆卸下来铺满了办公室外间约三十平方米的地面时，着实吓我一跳，看来没有这么宽敞的场所，油漆这道程序还真是无法进行下去呢。

婚房里的那只长沙发则完全是DIY产品，我在三哥贯之和另一位大学生小伙伴的帮助下，也是借助在护校办公室外间施工，利用两个月的周日时间自己动手制造成功。木工事先帮助打好了沙发框架，我买来了钢丝，弹簧，棕丝，细绳，棉花和沙发布，然后三个人无师自通地扎好座垫和靠垫的弹簧，贴好扶手的装饰面板，还自制了三个加放在长座垫上的方形钢丝弹簧座垫，确保舒适性不输给商场里出售的正式产品。这件事从正面来看可谓是自力更生，富有聪明才智，心灵手巧或匠心独运，但如果从批评的角度出发，则暴露出我这个人对于小事过于认真和一往无前，而在大处实则平平矣。

1981年10月19日，我和妻子在大三元酒家结婚。当天我俩乘坐公交车与宾客们一起去新街口，婚酒是60度优质洋河。晚上闹新房，妻子担任班主任的那个班的女学生们团团把北面窗户围住嬉笑取闹。结婚时在我家亮相的21吋松下进口彩电当时是我向母亲借来“装门面”的时髦产品，是一年前母亲用侨汇券购买的稀罕物什，当时正流行日本电视连续剧《姿三四郎》，结婚当晚，想看电视的人多，我们索性在室外架了一张桌子把大彩电放在室外“公映”，这一招还真是不错，有效地减轻了室内闹洞房的压力和喧嚣。几个月后，彩电物归原主，又过了一段时间，我家也用侨汇券买了一台同样的21吋松下进口彩电。

那时候，空调产品还没有大规模地进入居民住宅，夏天晚间平房闷热时，我就索性打开房门透风，把一张竹制凉床搭在门外面，再支上蚊帐，等于是露宿在室外。那时女儿还是小毛娃，只有两三岁，便也宿在凉床上。到了半宿更深夜静天凉下来，我再把熟睡中的女儿抱回屋里放到妻子身边，自己返身室外一觉睡到天亮。

伤脑筋的是煤炉一直无法妥善安顿，如果置于室内则产生煤气极易伤人甚至杀人，干脆放在室外则下雨下雪天气无法使用。当时民用煤气罐的使用已经开始流行，可怜僧多罐少，一罐难求。在妻子苦觅煤气罐而不得的那几年中，我家被“逼上梁山”使用起一套“全天候全封闭智能自主导向煤炉煤气隔离 2.0 系统”，而用朴实的大白话来说，就是自己发明买来一个大的白铁皮桶，上面加个盖子，桶壁上方有烟囱通道接口。秋冬季节，大铁皮桶就安放在室内，把煤炉放在桶内，再盖上盖子，接上烟囱后煤气可以直接通往窗外，既可以安全使用火源而且可以取暖，盖子上面尤其适宜烘干宝宝的衣物。春秋季节，则迁移大的白铁皮桶于室外，遇到大风大雨只要盖上盖子则炉火安然无恙，基本上保证了火源的四季安全。

那时候，家里还有一口小缸，当时是南京市居民家庭的标准配置。每年小雪时节，当局向居民们发放腌菜票，这时候小缸就发挥了作用。买来 50 斤高脚大白菜和 50 斤九头鸟雪里蕻，洗净后晒上一天太阳，再撒上雪花大粒粗盐，沉下一块重石压紧。冬季菜场里的蔬菜紧缺时，这口缸里的金灿灿的腌菜便溢出诱人的香味。

在平房居住了 5 年后，我家住房被调整到大院后面的附 14 栋楼房，这座二层的楼房原来是三青团总部的办公室，青砖外墙，屋顶青瓦，其余全由木料建成，内墙也是木板栅栏粉上石灰。室顶高 3.1 米，高大敞亮。楼上下是一样的格局，中间是一条贯穿东西的大走廊，走廊两侧有朝南和朝北两排大房间。

我家住进了楼房西头那个门洞里由西面算起的第三间朝南房间，仍是一楼。房间大约有 22 平方米，是一个大通间。我们住进去后油漆了一下地面和墙面，又用板材和玻璃构造的木制隔栏区分为内外有别的两间房。由于房屋净高足够富裕，原房主在门里上方搭了一座约一米宽的阁楼，我们觉得很实用，欣然沿用下来了。房间北有一门，南有一架三扇的阔大窗户，冬季天气晴好时，阳光由窗外照射进来从上午一直晒到下午，这对于过往 5 载终日不见阳光的平房住户来说，不啻是天大的喜悦。窗户外面用竹篱笆围起了一座小花圃，里面常年花红叶绿，有月季，石榴，枸杞，由于是落地栽种，花卉长势十分旺盛。我在小花圃里消耗了不少休闲时光。

室内屋高 3.1 米，优点是空间足够宽敞。一个深切的体会是夏天晚上临睡前一次性打足空调，大量的冷空气储备足以维持一家人舒适睡眠直至次日凌晨。不过屋顶太高也有烦恼的时候，那时候流行日光灯，假如要换根灯管或者是检查一下继电器，再或者是拆装吊扇，男主人基本上就属于“高空作业”了。

到了二十世纪八十年代中期，这栋楼房里居住了二十来家房客，都是鼓楼医院的员工及其子女。由于享有厨房配置的资深住家寥寥无几，于是其余人家理所当然地都在中央过道上的自家门口搭灶，统统在公共空间里烹炒煮炸，油烟四起，香味缭绕。一旦到了烹饪时间各家必须牢记及时自闭门户，一旦疏忽忘记关门自己的房间就俨然成了这幢楼房的油烟通道，五味杂陈，那时你会觉得自己酷似一只餐厅下水道里的老鼠。

除了自有厨房的人家之外，其余家庭都使用过道里的自来水池。每家一个水池，加上每家一口灶台或灶具，过道里的世俗景象由此蔚为壮观。我有时候会想，假如当年三青团总部的成员故地重游，会不会立地顿悟成佛并感叹道一切政治俱是过眼烟云和虚幻，只有百姓柴米油盐酱醋茶的世俗生活无比强大并万世永存。

我家无论是居住在平房抑或是居住在楼房，统统没有配置卫生间。除去楼房的住户外，这座大院里的其他居民一概要去大院最西面的公共厕所解决内急问题。那里俨然成了社交场所，各类小道消息在此处不胫而走，与今日的微信群功能有的一拼。所以我想微信的那两个人头图标，是不是也应该标上胡须和口红以更好地承继信息交换先贤们“男”和“女”标识的历史渊源。

搬到附 14 栋楼大约五六年后，经过我们的努力，原住户同意将过道上正对门空置多年摆放闲散家具的半间房间约 12 个平方米全部腾空并转让给我家居住，顿时我家略显宽敞起来。我们对半间房略加改造，在里面搭建了一座阔大的阁楼，面积足有两张席梦思床垫大，有楼梯上下，阁楼有围栏，可以宽敞住人。在千禧年前两年，我们又争取到了这栋楼中间门洞的半间北房的使用权，用以洗澡和停放摩托车。

居住在中山路 291 号的二十来年，是我一生中最重要的时光，从结婚，孩子出生，到念大学，工作岗位的几次变迁，计算机和互联网进入生活，诗集和中篇小说集出版……我一天天成熟起来，理性起来，安静下来，学会忍耐……人生一次次进步，身上标签不断增加，虽不至于追悔“昨日事事非”，仍不由地感叹“未来日日新。”

护校宽敞的办公室外间摆放有一张乒乓球枱，妻子喜欢打乒乓球，周日学生放假回家，我们有时会挥拍厮杀一番，充分体会到了红庙永远无法提供的那份宽敞和从容的感觉。“乒乒乓乓”的击球声中，斗转星移，一晃二十来年留在了身后，红庙街上走来的热血莽撞青年逐渐长大成为恭行谨言的中年人。

在南京大学中文系上学的期间，南京市五金机械公司负担了我的一半学费，但是在几年全脱产学习期间不发我的工资，只是保留了我在公司计划统计科的商情员职位可以在学成之后“归巢”。在妻子的全力支持下，我全身心投入到艰苦学习中去。在南京大学中文系就读的时候，师资配备阵容强大，名士铮铮，大师侃侃。如教古代汉语的是柳士镇，教文艺学方法论的是赵宪章，教文艺理论的是包忠文，教中国文艺美学的是省社科院的吴功正，教文艺心理学的是周宪，教中西方文化逆向发展的是叶子铭……而在四个学期中教授中国文化史的则分别是廖开飞，卞孝萱和吴新雷。台上谆谆诱导，我在台下由不得有半点懈怠和分心，那几年如饥似渴学习，努力装载尽可能多的知识在自己贫瘠的脑海中。

全部学业 26 门课，我获得 25 门“优”和 1 门“良”。给我“良”评语的是教授比较文学的钱林森老师，当时我为了集中注意力听讲总是坐在课堂的第一排，而我有时自以为是，常在上比较文学课的时候觉得自己有必要把时间和精力放在自修英语上才更有价值。估计赵老师的眼光不止一次瞥见我埋首于英语四级教科书上这类愚蠢的倾向，只不过是出于礼貌而没有当堂喝止，最后只是在给我评语的时候表达出了他的不赞成。

幸亏我在毕业前夕报考国家四级英语得了 73 分一次性过关，部分地补偿了繁重学业对我的超级“压榨”。我清楚地记得由于上学期间精神压力较大数度诱发胆石症发作，一次香港友人秦友三先生到中山路 291 号附 14 栋来访，正逢我由于胆石症受困在床痛得翻来覆去，我一方面要躺在床上努力体面应酬稀客，一方面在默念翌日考试要点，一方面竭力克制心口的“蝎蜇”疼痛……那真是老天在考验我的忍耐极限。所幸在委屈自己方面我还算是一向做得比较成功。

我家于 2002 年 7 月搬离中山路 291 号住到河西去了。几年后，在我原先居住的地方，鼓楼医院的新大楼拔地而起，占据整整一座街区(block)，规模雄居亚洲之最。我家原先的地址大约就在拓宽后的天津路东侧的人行道上。

居住在中山路 291 号与住在红庙殊有不同。一是环境成分不同，二是邻居层次不同，三是个人与环境文化的互动不同。如果说红庙的水土滋润养育了我的根系，那么 291 号大院抬升拓展了我的视野。我在人生的不同阶段，以上述的几处地方作为我每一晚脚步匆匆的归宿，作为我梦境萦绕的对象，作为我新一天信心百倍出发的起点，我知足，我感恩，我流连，我眷念。

我就像一只投宿树林的鸟儿，夜夜在故居印象的浓深黑暗中醒来，反省是非，反顾进退。故居是一座座巨大的磁场，定义我的信条，定格我的眼界，定夺我的准则，定校我人生的文本。

廊东街 36 号，红庙 41-1 号，中山路 291 号……故居已然不在，思念翅膀和文字羽翼却又载我归来，做此一番故地重游。

写于 2018 年 8 月

姐夫们（上）——陈志明篇

我有两位姐姐，大姐齐萍之 1944 年出生于重庆，二姐齐桔之 1946 年也出生于重庆。桔姐满 14 天时，全家人乘飞机来到了南京。

后来，我又有了两位姐夫。大姐夫陈志明是福建泉州人，是中科院南京地理湖泊研究所的研究员；二姐夫钱洪是浙江杭州人，是上海华东师大的二级教授。两位姐夫有许多相同之处，博学儒雅，温和可亲，一生汲汲致力于教学和科研。两人是南方人，又都在南京和上海两地工作和生活了一辈子，可谓是长三角地区馥郁无边的人才绿荫的组成部分之一。两人又有许多不同之处，如果一言以蔽之，二姐夫钱洪假如可以说是“食遍人间烟火”的话，那么大姐夫陈志明则完全是“不食人间烟火”。

大约是在 1985 年，寒冬二月，我出差来到南方一座美丽的小城。早上我独自外出溜达欣赏市景，路过一条幽静小巷，被两边花坛姚黄魏紫吸引住目光，无意看见在南京过冬需要室内大力维护照料的米兰，此处一律精神抖擞盛开在室外，不禁心中若有所思。偶然我感到异常回过头去，发现由于我一人居前缓行，后面六、七辆自行车受阻，正跟在身后一点一点缓缓移动。车铃俱在，但是没有人率先去使用。

我赶紧靠边让行，心中暗暗为此地市民的文明礼貌和自律利他感到骄傲。这座美丽安静的闽南小城就是我的大姐夫陈志明的家乡——福建省泉州市。

据志明哥自述，他家祖籍是泉州市，长期居住在东街南俊巷 48 号。父亲陈养谦先生早期曾在城里一家私人医院当学徒，累积经验后与母亲史振安女士一起在城外晋江县磁灶镇开办一所“仁济诊所”。

磁灶镇是中国“五大陶瓷重镇”之一。志明哥一家共七名子女四男三女先后都出生于磁灶镇，并次第就读于侨办的“磁灶镇梅溪小学”，后来相继就读中学进入英国基督教会在泉州市城区创办的培元男校与培英女校。孙中山先生曾为泉州市培元中学题过词。

为西医开业的需要，母亲史振安女士在生下老五陈志明后曾一度前往台湾去进修助产士。泉州是联合国唯一认定的海上丝绸之路起点，也是基督教传入中国后发展根深叶茂的早期领地之一。陈、史两家祖辈都是虔诚的基督教徒，仁济诊所本着“上帝爱世人”的信念悬壶济世，仁爱行医。由英国基督教长老会创建于 1881 年的泉州惠世医院是闽南地区的第一家西医院，陈、史两家人的许多亲戚——包括志明哥的两位姐姐——都曾在惠世医院工作。因此，惠世医院的现代医疗方式方法和经验得以与“仁济诊所”频繁交流和沟通，在社会“爱世人”的医德根基深厚与城里教会医院先进医疗经验的双重支持下，父母——特别是父亲——在磁灶镇甚至晋江县成为几代人都知晓的名医。父母在磁灶镇行医 44 年，退休后便返回泉州市故居养老。

志明哥上培元初中是由二哥陈志仁从磁灶镇带去到泉州注册的。陈志仁比陈志明年长 8 岁。此后不久，陈志仁要去菲律宾读书学习美术与音乐，路经泉州时还特别来到学校看望弟弟。当时初一住校生陈志明“屁股生疮”正发烧躺在学生宿舍的床上，见二哥来看他一时激动还忍不住哭了起来。到初三时，志明哥已然适应了寄宿学校的生活环境，也担负起“学生会副主席”的职务，“但说实在的，却不知道学好功课。”他自己这样说。高中时，陈志明最爱“劳美体音”，同时也是学生会的文体干部。他美术和书法兼佳，是学校管乐队的队员，培元高中大门口两侧“锻炼身体，保卫祖国”八个大字当时还是他亲手撰写。他说，“由于高中时仍不懂努力学好功课。到考大学，因数理化成绩不够，就未能按第一志愿被录取在南京工学院的建筑系，而是按第二志愿分配到南大地理系地貌专业。”

进入大学后，志明哥自谓是对于人生和对于社会“似乎是懂得了一些。”说到学地理，许多学生在思想上都有点“轻视”这一专业，志明哥说，“我不懂综合大学里的专业比较，也无条件自由选择，就似乎‘不冷不热’地上课，所以学业成绩‘中等靠上’或‘上等偏下’而仍热爱体育。”陈志明在南大上学期间成为了劳卫制的一级运动员，二年级时曾经打破了铅球和铁饼两项校记录，还在 1956 年冬的市大学生运动会上拿到了体操鞍马与田径铅球两个冠军。可能是南大校方从档案里发现陈志明在中学里一直担任学生会干部，就从二年级开始安排他在校学生会文体部及校团委会军体部担任“副部长”。大学三年级时陈志明还被南京大学评为全校仅有的几位体育锻炼、学业成绩和社会工作优异的“三好”学生之一。大学四年级时，同为校运动员的一位高年级同专业的同窗好友毕业分配到了中科院海洋研究所，他把此前参加苏联著名海洋地质学家曾科维奇在华讲学和培训的教材都寄给了陈志明，因此在大学毕业前，许多同学都知道陈志明对海洋地貌感兴趣。临到毕业分配的那年，地貌专业一下子分到了编制属于海军的研究海洋地貌的六个名额，没想到统统与陈志明无缘，选取的对象是班上政治条件最好的六位同学。

对此陈志明很快就明白了，他不能入选是因为自己的家庭有着复杂的海外关系。拖延半个月后，系领导才通知陈志明与几位同学前往江苏省科委报到。“说实在话，当时我心凉半截。”报到后，陈志明进入了中国科学院南京地理研究所工作。当时，著名自然地理与地貌学家任美锷先生是南京大学地理系主任兼任中科院南京地理研究所的副所长。这样，比起其他远离南京的校友来说，陈志明意外地“近水楼台先得月”得到了任所长的许多指导和帮助。

1958 年进入南京所的一两年后，陈志明才逐步明白。被分配到科学院开展专业研究其实对他是最适合的。大学较多的社会工作培养了他具备较强的分析综合能力，而专业研究正是探索自然规律，其中没有无味的重复劳动。因此，在实习研究阶段，对于所里分配给他的研究任务懂得去积极努力。在 1949 年前的海归教授们如时任所长经济地理学家周立三、副所长自然地理地貌学家任美锷及地貌学家徐近之等先生的指导下，以及在地貌研究组主任祁延年先生的领导与指点下，陈志明能较快地完成研究实习任务，特别是在集体分析通过长江八卦洲航片判读的研究中初显能力。后在领导安排下，陈志明在全国各省区中第一个率先撰写出《江苏地貌区划》，于所内年终院科研总结交流大会上介绍汇报。这是陈志明进入研究所后的第一篇科学论文，他被推荐参加 1961 年的全国地理学年会，该论文的详细摘要被发表于当年学会论文集。后来在 1962 至 1964 年陈志明带领合作者开展全省野外调研，三次更新江苏省地貌图与说明书。

陈在培元中学上过英文课，但自己不重视未学入门。大学外语是俄语其实也未学好，故他自嘲说文革前“两文都不文”。1977 年 6 月，安徽省电台在全国省电台中首播英语教学。当时民用磁带录音机尚未普及，陈志明就边听课边用汉语拼音转韦氏音标标注出英语单词的读音，又研读借来的英语语法书自记语法筆记。后他找来中国人编辑的中英对照的《中国地理》小册子，先不看中文而自译英文，后对照中文再看自己译得对不对？找出差错后而予改正。但这纯粹是中国式的英文，以至于到后来陈志明阅读英美地理杂志的论文后几乎都看不懂内容，外国英语一句之长就像中国英语的一段，他连句中的主谓语都找不到。就是在此情况下，我父亲齐植果先生开始教陈志明学习英文翻译，陈志明找到两篇有关雷达与红外地理应用的最新论文，我父亲逐句逐段手把手教陈志明展开翻译。首先找出主谓语与主句，后知从句，齐把语法关，陈把专业关。每一行陈都有不识的生词，边注记单词边学习翻译，集中几周，每天化半天时间翻译。陈感叹说，“你爸头脑就像一部大字典，单词量极大。”当时齐植果虽已 73 岁高龄但毫无倦意，以发展科技和帮助亲友为乐。这样先后完整翻译了两篇关于新技术“红外线与雷达地理应用”的论文。发表前需要经南京 14 所对口专家审校但未提出任何差错一次性通过了，后发表在地理所地理集刊上。这一方面大大提高了陈志明英译中的水平，更重要的是了解到国外遥感地理应用的最新技术，如美国大农场主借用“红外遥感”了解因暴风雨失散羊群的位置，而后投放食物顺利引回失散的羊群。还有“侧视雷达”可以穿透云彩看到地表清晰的地貌等，这对于上世纪 70 年代我国兴起的卫星遥感都有启蒙意义。1974 年前后，陈志明曾向单位的业务领导建议开展遥感判读研究而被婉拒，一直等到八十年代中国地学界才兴起了卫星图像判读热潮。这段经历对于陈以后走向利用遥感图像判读国土地貌图研制的道路有着重要意义。

陈改学英语主要是追求实用，在这方面他受益非浅。开始能看懂专业文献时，他就紧盯着国际杂志中地貌调查制图的固定栏目不放，边学翻译边作分类卡片。他时常撰写国际专业进展之类的文章在国内刊物交流，五、六年后陈志明变成了国际地貌调查制图方面的小有知名度的专家。当时正值邓小平呼吁向国外学习和改革开放开始，故陈的国外专业进展研究很受欢迎，专业会议邀请陈做专题介绍，又应友好单位邀请去作报告，还为武汉大学代培地貌制图研究生，包括在单位获准在国内召收大地貌与制图研究生。他的所长周立三是解放前留英回国的学者和中科院院士，曾经是全国人大代表和政协委员，现在所里为其塑立了人物铜像。文革极左时期周仍免不了被隔离遭批斗，直到周从“牛棚”出来后，才在所内办起了英文学习班，陈自然是班上的一位好学员。此间有一天，周在所图书馆发现了一份国外《详细地貌制图手册》的订书单，便很高兴地向陈志明推荐。陈当时如获至宝可惜是可望而不可及。几年后陈参加中科院组织的青藏高原综合考察活动，一次在中科院图书馆查阅资料时无意中发现了此书，高兴极了，遂将全书复印后带回南京装订起来慢慢看，并开始对书中重点和亮点进行摘译。文革过去后，一次陈在鼓楼邮局门口偶遇前所长任美锷先生，任当时就对陈说，“你来搞翻译或摘译，我可帮你审校。”任这一句话激发了陈的信心，因为任教授不仅是一名著名学者，而且还是地理界的一位大翻译家，曾翻译过英美地貌大师相当高深难懂的一些经典专著，并出版了大师戴维斯的论文集。后陈参加北京所研制国家 1；100 万地貌图研制时，在该所毕业于北大地貌的同行合作下，全书翻译了这部手册，并于 1984 年由科学出版社出版。IGU 地貌制图的权威教授们知晓后，当即提名延聘主译者陈志明为该国际专业组织的中国委员。所长周立三知道后说，此事要向北京中国地理学会汇报，被批准后陈才作为中国委员加入了 IGU 国际专业学会。事后才明白这是一件涉及政治的非同小可的事情，因为当时国际科教文组织以及其他世界组织的中国席位多被台湾人士占据。

文革后陈志明报名参加了中科院组织的青藏高原科学综合科考队，先后于 1975 与 1979 年两次深入高原腹地的藏北“半无人区”进行科学考察。报名后首先参加体验，这是文革发动八、九年后单位首次开展体检，多年未体检许多人的身体出现了重大变化，不少人体检后转天就须遵守医嘱住院治疗。此前陈曾多次患十二指肠出血，也曾入住玄武医院治疗，亲友和同事们都曾到医院来看望陈，他一度成为了多人知晓的“病夫”。在进藏前，陈下定决心锻炼身体，连续几个月在公教一村的大操场上坚持练习长跑，结果身体状况大为改善，三千米跑的成绩居然比他在大学当运动员时还快得多。体检后他一举成为全所身体条件最好的报名进藏者，如愿参加了青藏科考工作，这番经历使他的视野从江苏大平原一下子转换到世界级的大高原。

第一次进藏是在1975年四月至九月，位于藏北中东部从奇林湖与斑公湖东至怒江中游与丁青县一带。科考队员们乘坐火车至成都，途中火车过江时曾有几节车厢出轨，好在火车头尾皆无脱轨，不然全车会扮演蛟龙入江的悲剧。当时许多人很害怕，但陈正在睡觉未曾受惊。到成都后转乘飞机去拉萨，所有人都出现了高山反应，急发型高山反应就像感冒发高烧极为难受。陈志明属于慢发型，直至最后一个月才感到有些心动过速，吃不下饭，只能吃科考队配备的西红柿罐头与挂面，饮一点自带的人参酒。

陈志明进藏后，从江苏平原区一下子来到了海拔四千多米的高原上进入藏东的高山深谷开展考察，他兴致好极了。逢到周日，考察小队休息，而陈一人坚持要上山，队长只好派年青队员陪他上山。考察小队备有专用大卡车，由成都军区派来的司机驾驶。但到高原后车辆时常会在湖滨陷车，乘车一族为此大吃苦头。单位带去西藏的相机没几天就坏了，迫于无奈，陈只好动笔写生素描，至今还保留着数拾幅精彩画作。陈在高山区一度登上了海拔五千八百米山地，再高就没能上去。陈首次进藏科考回来后，曾带回南京一只熊掌，这是他用75斤全国粮票向藏民私下交换来的一份野味。熊掌的出现引起我家前后院子居民的好奇围观，毕竟在南京亲眼目睹一只利爪铮铮、黑毛如针的真正熊掌的机会微乎其微。后来母亲烹调一番，记得入口的滋味与牛肉相仿佛，至于其特殊的滋补作用到底有多少，也就不得而知了。

1979年二次进藏，陈于5至7月连续三个月主要在藏北大湖区对念青唐古拉山下最大的纳木湖与那曲斑公湖考察，其间数次遇险。一次进入湖滨平原陷进泥潭差点不能自拔。还有一次，陈志明与北京所同事由藏民陪同外出，三人三匹骡子前往湖滨考察荒漠。陈骑坐的骡子体弱走得慢，结果他一人掉队在荒漠里，又遇上小风沙……好在最后这匹骡子“老马识途”慢慢把他带回到出发地，才与其他人重新会合。考察队为队员们配备了几把步枪，但陈没有要，因为每到考察地点常由当地藏民全程陪同。考察队虽然是自己配备司机开大卡车，但路过高山深谷也总是让人提心吊胆。二次进西藏陈有些大意未做好保健准备，至最后一个月时持续在高山反应中度过，心动过速，全身无力做事情。幸亏考察前在业务上做了充分准备，如在北京用综考航片观察了高原所有大湖区如“圆形运动场的观众台阶”

一样的湖泊退缩痕迹，由民工帮助深挖最高湖岸线采样，回单位后托人用同位素测年定为近一万年来高原湖泊共有八次大退缩，随后写成论文中英文同时发表后获 1980 年全国优秀论文奖。陈志明关于西藏湖泊盆地构造的退缩成因因否定前人的冰川挖蚀成因而被列选参加了 1980 年在北京召开的首届青藏高原国际学术研讨大会。陈志明的论文报告引起了业界的强烈反应，其实说是轰动也不过分，连没有参会的北京所同行也获悉陈的湖泊成因报告激发了参会国外学者的强烈兴趣，报告会后，还专门为陈与美国学者召开了交流座谈会。大会举行闭幕式时，陈与同所的两人及参加国际讨论会的国内外百余名科学家一起在北京人民大会堂接受了邓小平，方毅等国家领导人的接见、宴请与拍照合影留念。陈志明还由于合著《西藏河流与湖泊》、《西藏地貌》和《西藏第四纪地质》等专著于 1986 年与其他十来人同获国家科技进步特等奖。

IGU 专业主席聘请陈志明作为中国委员并于四年后进一步聘为 IGU 自然灾害研究会的国际委员。当时陈志明的职称还不是研究员，不过作为国际地理联合会的中国委员与国际委员，有一股动力和压力迫使陈志明的研究走向国际化。陈志明随后继续翻译国外专业文献资料，接连参加国际学术会议，把获得的国外专业的最新信息以文章形式介绍给国内同行，同时也把相关的中国经验通过 IGU 和国际期刊介绍到国外。

1985 年陈被 IGU 邀请参加在英国曼彻斯特召开的第一届国际地貌大会，当时的 IGU 主席是欧洲著名卫星遥感地貌航判专家，他还邀请陈前往荷兰 ITC 学院进行合作访问及讲学。陈志明对此甚感“受宠若惊”。不过他认为，这表示欧美学术界企图打破中国虽是地貌大国但长期封闭的局面以寻求国际间顺畅的学术交流与共同发展，而不是个人有什么荣耀与了不起，所以决定尽力准备与积极应对。陈一方面在所图书馆查找地景相册，精选有科学意义的图片制作幻灯片准备中国地貌四大阶地和喜马拉雅推覆上升的学术交流材料；另一方面在单位外事组的帮助下加快办理出访外事手续。申请国际旅费与参加学术大会花费可观，后来中国科学院外事局从申请材料中看到了 IGU 主席邀请陈参加在英国地貌大会及前往主席任职的荷兰 ITC 国际学院 3 个月合作访问及讲学的邀请材料后，即临时决定

“让出”原计划批给院士和名教授的中英交流学者 1/4 名额，玉成陈志明的出行计划。

1985 年，第一届国际地貌大会顺利召开，规模宏大，来自四、五十个国家的两千五百多名学者报名参会。中国当时正逢改革开放之初，也组成了 30 多名学者组成的代表团赴会。中国提交的论文篇数列在东道主英国之后居第二位。大会结束后，施雅风先生感叹地说，中国参加本次会议的论文很多，但是连一篇被安排小组发言的论文也没有，因为我们研究的目标地区范围都太小，人家连地名在哪里都不知道，不感兴趣。大会之后，王乃樑先生去法国探望他女儿一个季度，而陈志明被邀到荷兰合作访问也是一个季度，很巧在返程时两人同机邻座回北京。当飞机到达中国上空时，王先生指着舷窗外华北山地水土流失“千沟万壑”的惨重景象对陈感叹说，这与欧洲美景相比真有“天地之别”。欧洲所到之处山林茂密，田野美如“花园”；而我国人口密集区的山岭岗丘“千沟万壑，山崩地裂”。看到此景后真让地学专家们感到惊吓和忧心重重。此后中国政府加强了环境保护，努力扭转大环境上的中外差距。

每逢四年——如冬夏奥运会一样——IGU 按例召开地貌学及其特定支科（如地貌制图、海岸河口、全球地貌与自然灾害等）学术会议。陈志明先后作为 IGU 的中国与国际委员，连续参加 IGU 四届的相关两会。回顾起来印象深刻的是 1993 年夏季，陈志明必需首先参加在加拿大哈密尔顿大学召开的三届国际地貌大会，而后返回亚洲参加在东京早稻田大学举办的 IGU 自然灾害学术会议。陈作为 IGU 自然灾害 8 个国际委员的中国代表，此次被邀请在会上作“中国自然灾害”学术报告。这一邀请对于英语“半路出家”自学成才的陈委员来说确实是一次大的挑战。记得当年陈志明在加拿大地貌大会报到的当天下午，就必须搭乘长途公交车赶到哈密尔顿城的日本使馆办事处办理前往日本东京的签证，谁知到了城里人生地不熟加上“语言不灵光”很难在大城市里寻找到日本使馆的办事处。无奈之下陈志明向两位男青年问路遇上了“大好人”，他俩领着陈走了不少路来到了一栋大写字楼 12 层的日本使馆办事处大厅，一直等到陈办完签证手续后才一起下楼。后来在聊天中才知道他俩是美国来加拿大旅游的大学生。这事让陈感动不已，体会到发达国家高素质社会的人情风貌。

加拿大地貌大会结束后，陈志明转乘“加——日”航班到了东京机场却没有领到自己的行李，后来才知道行李被直接“误运”到南京去了。幸好陈志明因想利用航程时间背读生疏的英语发言稿而随身带着东京会议报告的论文稿，否则会议介绍一事就没戏了。到了早稻田大学落实住宿后，会议主席早稻田大学 OYA 教授了解到陈的行李被“误运”的事，就委请到机场接陈志明的那位女博士生送来一套新买的日本内衣。会议对陈的照顾细致周到也让陈感动不已。第二天开会，陈志明大胆迎接挑战，首次用英语发言，按照火山、地震海啸、风暴潮（台风），粉尘暴与人为活动（如预防黄水泛滥，筑建高堤再泛滥，引发形成巨大“决口扇形地”与黄滥平原等）灾害类型，图文并茂地介绍了中国自然灾害概况，最终达到很好的会议效果。会后 IGU 自然灾害的美国主席特别与陈握手说：“感谢您为会议提供了中国自然灾害类型的许多信息。”会后 IGU 主席和委员们还被日本主席私人宴请并于会后受邀参加几乎穿越整体日本国土的地质旅行，一路上看见日本农民开小汽车到农田劳动的情景，这一切让人印象深刻。

一系列国际交流活动促使陈志明在先后中国与亚洲地貌图的研制过程始终坚持中/英双语研制和出版，有利于扩大国内外的学术交流。同时引发了中俄两个地学大国的合作项目不断扩大，研究不断深入，推动全球地貌科学不断发展。

陈志明于八十年代初青藏工作结束后，被推举为主要编委参加北京地理所主办的中国 1：100 万地貌图研制，并成为编委会地貌分类规范组的主要成员。1:100 万制图的国际分幅全国土共有 64 幅，开始仅编制中东部主要地区的 16 个实验分幅，但是由于对地貌分类原则存在分歧而难以统一，故最后以主办单位原方案为基础完成 16 图幅而告终。此外，在一些多山省区地貌学家的大力支持与合作下，陈志明开始谋求按照 IGU 国际标准来研制小比尺国土陆海地貌全图。 但是，陈当时仅是中科院京外研究所中的一个普通副研究员，要想入手主持全国性地学图的研究，既无先例更谈何容易。然而，由于先进的科学方法及其资料累积偏偏落在陈志明的手中，因此经历一系列曲折艰辛过程才获得开编机会，再经历多年艰辛努力终于获得了成功。

陈志明的中国地学研究一路崎岖不平，艰辛走来。1986 年春，南京地理所邀请国际著名遥感地貌专家荷兰 ITC 主席费斯塔彭来讲学，举办“中国首届遥感地貌判读培训班”，来自全国高校，地质队和一些地学研究所近 40 人参加。三周专家授课与学术交流，南大地理系杨怀仁教授特派英语最棒的陈西庆博士生前来翻译，18 天的上下午共 36 堂课，由陈西庆博士一人英中互译很流利地完成了口译任务，为遥感地貌国际交流做出重要贡献。更重要的是参与者们多属本单位地貌制图人员，通过培训班基本上学会了借助遥感图像研制地貌图的经验，为南京地理所争取研制中国地貌图申请国家项目创造了机会。后在国土地貌项目中实施了一套“遥感图像判读（定位）——地形图与 DTM（定量）——地质构造等专题图及其资料分析（定性）”的对比研制方法，为研制小比尺地貌制图创造了一套前所未有的理论方法。

此时恰巧迎来了改革开放的良好局面，国务院于 1986 年 2 月 14 日批准成立中华人民共和国国家自然科学基金委员会。当年陈志明等申请的研制计划被作为“最佳范例”传遍所内外当年想申请国家基金的研究人员，虽然没设任何重点基金，但最终被作为当年规模最大金额最高的项目予以批准，支持陈与主要合作者研制中国首幅以板块理论为指导的国土 1:400 万地貌图。大事来临成功归属于有准备的人，陈对地貌制图理论方法早有准备，作为国家基金委首届（1986）在地学部立题的第一大项，全力投入主持中国小比例尺首幅国土地貌图的研制。真是万事不负有心人啊。

在全新小比尺国土地貌图研制过程中，“近水楼台”首先得到了陈志明的母校南京大学地貌与构造专业的专家和教授们的大力支持和帮助。国土地貌图研究的一些合作会议就在学术顾问杨怀仁先生指导下和俞序君、陈钦栾等老师支持下在地理系召开。杨怀仁教授倡导的“造貌运动”学术思想给编制者们以很大启发。此外，该项目特别得到了当时还住在南京地理所员工宿舍的南大地质系郭令智院士用板块学说指导研制小比尺地貌图的许多指导和帮助，使陈志明和同事们走上了地貌——地质交叉研究的正确道路。在 IGU 地貌制图组织的科学合作下，在国内大协作单位和主编的不懈努力下，全新的 1:400 万国土地貌及其《中国地貌纲要》于 1992 年正式出版，引发国内外学术界热烈反响，IGU 主席费斯塔彭及其地貌分会主席恩珀列顿在为陈志明主笔的中国1:400万地貌图说明书中英双语《中国地貌纲要》出版《序言》中评价说："中国地貌图的研制不仅是中国全球地貌学研究的重要进展，而且它将激发世界其它地区地貌制图事业的进一步发展。我们欢迎中国地貌图的出版，希望它获得圆满成功，并对在这一艰巨任务中完成协调工作的作者们表示热烈祝贺。"

对此，中科院地学部副主任叶连俊院士（我国沉积构造学泰斗）、中国地质大学王鸿祯院士（我国岩石圈古地理学泰斗）、地质矿产部咨询局陈梦熊院士（我国水文地质工程地质学奠基人）、地矿部水文地质与工程地质研究所的张忠祜院士、地矿部岩溶地质研究所袁道先院士、国家海洋局海洋地质专家苏纪兰院士、国家地震局地震分析预报中心丁国瑜院士以及中科院地理研究所古地理学倡导者罗来兴先生等均来信鼓励和热烈祝贺。

在陈志明的办公桌上，有一本由前苏联国家测绘总局和前苏联科学院联合研制的厚厚的《世界自然大地图集》。陈解释说，之所以看重与俄罗斯的合作，是因为俄罗斯是地学大国，许多工作都很出色。"像这本图集，很羡慕，也很赞赏。"陈志明说。图集前面是全球自然图组，包括全球气象气候与世界地震等各自然要素；然后是各洲图组。全部图幅都有专业内容，各洲先是地形图，然后是构造、矿产、地质、地貌、植被、土壤等自然要素，资料非常丰富。

陈志明认为，当代地貌学研究必须具备全球意识，因为自然现象与灾害往往是跨国界或跨地区事件，如果缺乏洲际对比，区域研究将很难深入。然而，目前我国各研究单位因所属部门不同、行政区划限制、专业间的隔膜等因素，造成了我国地貌研究领域的相对落后。时至今日，陈志明感受到区域比较研究是地球科学的优势，如果研究的时空范围太小，就难以通过比较研究发现自然规律并提升到理论层次。

在总结亚洲地貌与构造关系时，陈志明受到板块构造早期代表人物摩根划分全球板块思想的启发，从1998年底开始，就一直痴迷于地貌与构造的关系研究。他指出，现在板块构造发展有一个重要理念，即岩石圈分层构造。岩石圈板块并非铁板一块地整体运动，它在活动地带和很多地区往往是分层分块运动的。我国已故著名学者黄汲清与张文佑两位院士早有对断裂带相对深度层次的分类及其表现特征的说明，这实际上也是我国地学界对岩石圈分层作用的代表性成果。

在前人的启发下，陈志明在板块造貌构造图的研制中，在俄罗斯地球物理专业出身的构造地貌专家的合作下，力求根据发生的部位与等级规模，把亚欧主要海陆断裂带进行海陆统一分类制图，并在洲际范围内初步得以实现。

陈志明体会到，大时空地学与大陆动力学被认为是最艰难与最具挑战性的基础研究任务，但它又是最能激发人们志趣而又意义非凡的研究课题。这种研究不仅可以揭示大中型地貌的形成分异规律，而且可按其旋转碰撞动力方向来寻找有关内生矿床。当然，火山、地震与滑坡等内动力灾害与板块造貌构造的关系也是极为密切的。

天道酬勤，好事成双。千禧年后，上述中国地貌图书出版引起了俄罗斯科学院地貌学家的关注，经合作交流后两国地理研究所都分别得到了自己国家科技部基础研究司与自然科学基金会的经费支持，由陈志明任主编，俄罗斯地貌学家、协会前主席季莫菲耶夫任第一副主编，由北京所与广州所的研究员任其它副主编，开展“亚洲地貌图研制计划”。当时亚洲陆海地貌图被列为“中俄十大科技合作项目”，五年间 11 人次互访研制，中俄国家自然科学基金“亚洲地貌图研制计划”予以结题。2006 年《科学时报》A3 版通栏标题：为亚洲各国自然资源开发和自然灾害防治提供科学依据的《亚洲与邻区（1:800 万）陆海地貌圈全图研制完成》开展报道，这可谓是第一代的亚洲地貌图。结题后中国科学院北京总部特派记者李辉等人专程来宁采访，事后中央台“科技之光”有专题报道。中国科学报则以头版通栏标题——《亚洲陆海地貌图研制成功》予以隆重报道。

那时“亚洲两图”仅是手工制作的彩色样图，看起来图面很漂亮，但它不能被计算机检索，同时没有说明书。如果不能被计算机检索，又不能以中英双语正式出版以适应在国内外应用与学术交流，那就失去了国家立项研制的终极意义，也辜负了许多院士、国内外专家和单位领导大力支持的初衷。陈志明和同事们当时已经退休了，决心继续努力做下去。好在有国家科技部出版基金的支持，加上当时秦伯强所长基金、北京地理所国家 GIS 开放实验室主任周成虎以及南京所的有关室主任马荣华等部分经费赞助，使陈志明等人能够从自制“多水系与陆海并举”的独特地理基础底图上，参考亚洲新版地质图和大地构造图，再次在全新底图上整编成第二代中英双语的亚洲与邻区陆海地貌全图，并完成约 30 万字双语的《亚洲地貌圈与板块造貌构造刚要》说明专著。这样，从自制基础底图经计算机整编到写好说明专著与成功出版，再经过近十年的无数艰辛，由陈志明主编的中英双语的亚洲与邻区陆海地貌全图（1:800 万）、板块造貌构造图（1:1400 万）以及说明专著《亚洲地貌圈与板块造貌构造刚要》简称（两图一书）才最终出版，先后间断与续进共历时 18 年。

第二代亚洲“两图”可以在计算机上任意缩放，主图左上角的亚洲气候地貌区带分布图，还包括大陆地貌形态类型、剥蚀区四级构造地貌、堆积区的基底构造和表生外力地貌，以及海底构造地貌和各种动、静态的地貌符号，显示了大量大陆与海洋内外动力成因与形态的基础信息。而附图——板块造貌构造图——在表现陆海基本构造地貌单元及其近代构造活动性的基础上，主要根据大陆周边海底扩张速率及其在陆内通过某些测地学数据的再分配，对大陆板块、亚板块的现代运动速率给予矢量化——也可谓是对母校杨怀仁教授倡导现代造貌动力的矢量化——其对认识亚洲与邻海近代大地貌成因及其板缘与板内地震初动成因具有重要意义。

2012 年，《亚洲与邻区陆海地貌全图》（1:800 万）、《亚洲与邻区板块造貌构造图》（1:1400 万）获得我国测绘系统优秀地图作品的最高奖“裴秀”金奖。这是我国地图作品的最高奖项，堪比建筑工程“鲁班奖”和土木工程“詹天佑奖”。

2014 年，南京地理研究所与制图合作单位南京市测绘勘探研究院有限公司一起再获得了“亚洲地貌计算机制图”的国家发明专利（专利证书号第 1494129 号，2014 年 10 月 8 日）。

2018 年 5 月，陈志明大型专著《板块构造与地貌形迹—亚欧太造貌构造响应》正式出版见书。该书分上、下两册，130 万字，是他从上述“亚洲两图一书”延伸的自主创新研究。正如出版社在专著出版封套上标注：多国合作，历时 18 年——成就了亚洲地球科学的重要成果。之所以耗时 18 年，这与主编单位提供计算机编图与制版的经费不足有关，使得合作的计算机制图项目经常被中断，对方不时会停下两者合作去完成其它盈利任务而造成作者无奈等待的结果。但主编利用等待时间进行了综合交叉的分析研究，并写下地貌——地质——地球物理（古地磁）交叉研究的心得，完成了厚厚两本打字书稿。专著问世后，除国内同行先后通过电子邮件和来信赞许外，国内外三家专业杂志先后发表《书评》，分别从不同侧面高度评价陈志明专著的新成果，其中南京大学地理与海洋科学学院、著名地貌学家朱大奎教授在《地理学报》2020 年二期评介说：陈志明该书是以板块构造理论为基础系统论述全球大地貌，全球大构造，是一全新的研究工作……是地貌界的陈景润式人物也。

近几十年，是中国大陆经济恢复增长较快的时期，也是近代社会许多人的灵与肉赤裸裸拜倒在权力与金钱脚下甚至亡命般皈依膜拜的时期。股票、期货、炒房、彩票、贸易，游戏、赌博、舞场与电影……无数诱惑放在公众面前，总有一款适合你。但是，外部世界再精彩再花哨再迷人，偏偏与陈研究员无关。一年三百六十五天，双休与节假日，他极少休闲，一直潜心投入他所热爱的研究工作上。门外是花花世界，而门内的他仿佛是一尊老僧，心意入定，几十年如一日陪伴他的似乎只有青灯古佛，满寺风声。

这样的局面久而久之就对于其家庭形成了一种考验，不是每个人都痴情于枯燥难懂如板块地学这般的纯学术研究，面对花花世界的各种挑逗，家人们必须学会不断调整心态以嵌入一家之主的一心研读圣贤书的模式中去。

陈志明与妻子齐萍之育有一子一女，长子陈士力定居在墨尔本。次女陈心恬较熟悉英语和计算机，是父母在工作和生活上离不开的好帮手。在家人眼中，陈志明一生获得的成就之所以在其同届学友中很少有人可以比肩，这既来自于他对自然真理的无限敬畏和好奇求解的性格，更与他祖祖辈辈虔诚基督教信仰有关。基督徒必远离罪恶，诚实为人处事，在敬业爱家与爱世人信念的熏陶下，使陈志明养成了谦虚谨慎、忠厚待人、努力进取的品格。在开放改革后的一段思想困惑时期，每逢周末晚餐后，陈一家三人乘坐公交车到山西路教堂参加礼拜，暑去寒来，风雨无阻。陈在退休无助的环境下，一个人负重前行最后写出皇皇巨著，这是一项非虔诚基督徒难以完成的艰巨任务，而只有心灵纯静潜心追求自然真理的探索者才能够实现。

陈志明与时俱进去积极适应电脑和互联网时代的经历，在旁人眼中也是很不容易的一件事。上个世纪九十年代后期，意会到电脑和互联网的潜在巨大价值，陈志明在写作中一直努力地去学用电脑，学会利用网络查阅国外资料，选择和利用网络最好的翻译软件翻译自己的书稿并处理与英语国家专家的来往书信等。这一切对于一位七、八十开外的老学友来说则是比较难得的，好在家亲和办公室的研究生都可以随时请教，这使他在学用电脑、手机及其网络使用等现代技术方面，成为一名“返老还童”的好学生。

热爱体育是陈志明的嗜好。南大毕业参加工作后，他常于业余时间返回母校到体操房里与原教练和队友一起练习双杆及鞍马。所内上、下午工间操时间，他带领同事作广播操，他还是研究所与中科院南京分院的篮球代表队成员。他的乒乓球也打得不错，许多研究生都比不上他。70 岁后，他观看电视除每日新闻必看之外，最爱看央视 5 频道，热切关注国内外竞技体育大赛，特别爱看国家强项如举重、乒乓与女排等项目，观后时常倍受鼓舞，并联想到成功人生必须要有刻苦奋斗精神，“输人不输阵，爱拼才会赢”是闽南社会世代相传的座右铭。

说起宗教信仰，需要提及一下陈志明的二哥陈志仁。他曾远赴菲律宾一边读书进修美术与音乐，一边打工教授中小学语文与美术，苦干几年后与当地华人结婚。后来由于菲律宾排华，在他三舅史祈生的帮助下，去纽约定居并在一家市立广告公司任美术广告师，每周都到他三舅纽约教堂里去敬拜与担任教务。在市场五花八门的广告中，他推崇正宗诚信而排除“不雅标记”的盈利广告，辛劳工作十多年。临近退休时，他谢绝公司经理对他延退的请求，毅然选择全职义务承担在他三舅教会的神职工作。说到陈的三舅——史祈生，曾是一位东南亚著名的传教师，而三舅母当年于厦门大学英文专业毕业，是一位有十几部著作的“神学作家”。史祈生以一名来自菲律宾基督教会牧师的身份，后来到纽约创办首家华人教堂。1961 年 10 月 1 日，史祈生假柏街(Park Row)158 号的恩望教会(Grace and Hope Mission)，成立了纽约中华海外宣道会(Oversea Chinese Mission)。五年后，史祈生凭信心购买了位于喜士打街（Hester Street）的十层大厦----占士儿童中心，共有五万四千平方英尺，可谓是当时海外使用面积最大的华侨教会了。在陈三舅和三舅母以及陈志仁等族亲的共同努力下，现在大纽约市的华人教堂已从一座老教堂发展到六家分教堂，在金钱第一的花花世界里，拯救过无数失落者的灵魂。

后来陈二哥继承三舅的事业，成为了纽约最大华人教堂的牧师和长老，他现已是 96 高龄，还时有电话联系国内亲人。当初陈志明作为 IGU 自然灾害委员会“有投票权的”的国际委员曾于 1993 年接受美国国家地理学会邀请参加在华盛顿 DC 区的国际会议大厦召开的国际地理大会，以纪念哥伦布发现美洲新大陆 500 周年，老布什总统召引数十家商业财团巨擘赞助此次召开的国际地理学术盛会，包括支付与会者的来回机票等。会后陈志明“人生地不熟”一人斗胆乘坐华盛顿夜火车于凌晨到达纽约机场，五十年未遇的兄弟开心地欢聚一周。此间，陈游览了纽约“自由女神”塑像等景点，还见证了他三舅遗产即二哥现任长老的纽约最大华人教堂。此外，陈二哥还特别陪着一辈子痴迷地质地貌的弟弟参观了纽约著名的自然博物馆，使其大开眼界。自然博物馆乃是美术家哥哥和地学家弟弟两人共同激赏的地质地貌科学与精美装潢艺术交融的极佳结合。馆前气派精美的露天大地球仪，馆内恐龙从盛行到灭绝及其自然环境变化的厅馆，还有第四纪大冰河期与间冰期及其地质地貌变动与人类活动相适应的巨大橱窗等……真可谓是地学自然史与装潢造型艺术结合的最佳科普宣传教育的大博物馆。

三十多年前，苏联学者曾指出地球泛大陆在南北半球至少有两次甚至四次旋廻的交替演化规律，这令陈志明十分惊奇。此后他以极大的好奇心求解成因，开始学习天文学与经典力学，并坚持“退而不休”全力推入“大地貌——地质构造——地球物理”交叉和旋转地球动力学研究，这是他“问天”的一种巨大努力。时至今日，陈志明已基本认识到，泛大陆开合在南北半球交替演化的动力成因在于：地球随着太阳系环银河系大公转，再叠加银河旁星系（大小麦哲伦）环银河公转，两者对地球引力的强弱变化受到约十一亿年周期的控制。这一理论的提出和证实属于最新发现。

陈志明在手边最近完稿的近百万字的《板块学说现代发展：兼论构造运动的地貌标志与旋转地球动力》一书中，他“问天”的基本结论归纳如下：

一是揭示板块运动並非铁板一块的整体运动而是可分层的运动，这对解析亚欧超级大陆变形与陆内地震活动具有重要意义。

二是大陆漂移板块碰撞运动並非直线运动，所以如喜马拉雅等碰撞山系都是非对称与左右偏斜，乃是顺、反时针的左右旋转式碰撞，而且左右两种旋撞模式必造就不同的山盆地貌及其剥蚀与沉积规律与岩浆活动及其相关矿产的分布，对整个地学界与实用具有非凡意义。

三是新著作中对全球构造与大地貌研究有许多新发现，如全球板块左右旋转的运动规律，特别是在地球自转作用下，运用两形成机制破译所发现的板块运动规律，这对于发展地球科学基础理论具有重要意义。

2021 年秋，南京地理与湖泊研究所在一份《致敬老科学家，让科学家精神薪火相传》的资料中写道：“陈志明是地貌界的陈景润式人物，1994 年就退休的他追逐科研的脚步从未停下。几十年来，陈志明专注地貌图的编制，大区域构造地貌图的研制，退休后仍然坚持每周工作 7 天，节假日也很少休息。数十载笔耕不辍，不为名不为利只是要完成自己的理想志愿。他在科研路上不忘初心，笃志前行。陈志明始终保持一丝不苟，精益求精的科研态度……陈志明用毕生诠释着一个科研工作者的坚守，以心血为后来人书写传承。”

人生苦短，所思绵长。陈志明感慨说，活到了中老年才懂点人生真谛，知道了要纪念抚养子女们长大的父、母亲并继承他们善良、辛劳和奋发一生的努力。陈志明在学会电脑用于工作时，就把开机密码设定为“养谦三子”，以此来深刻领悟天父借双亲赐给陈志明“志明”二字立身做人的无穷含义。

初稿于 2021 年 10 月 19 日

本文有较多删节

www.ingramcontent.com/pod-product-compliance
Lightning Source LLC
Chambersburg PA
CBHW080943190726
48293CB00009B/2633
* 9 7 8 1 9 5 0 7 9 7 4 8 6 *